U0819923

2018 年 **第 4 辑** 总第 10 辑

FRONTIER EXPLORATION
OF JUDICIAL JUSTICE

公正司法前沿探索

黄海龙 ◎ 主编

法律出版社
LAW PRESS · CHINA

编委会

主　　编：黄海龙

副 主 编：刘继盛　林玉棠　戴红兵　梁　梅　卢上需　丁　山　零海康

编　　委：何艳斌　韦国超　周　腾　梁文华　杨智军　黄　坚　林　立　张培健　文秋德　陈　敏　滕志华　曾　艳　韦武斌　李忠林　刘拥建　刘红云　成　广　杨晓春　黄洪波　梁月奎　梁　文　廖少昆　梁炳扬

执行主编：陈　影

执行副主编：黄朵成

执行编辑：赖正直　莫媛琳　许春莉

卷首语

党的十八大以来，以习近平总书记为核心的党中央从战略和全局出发，绘就了法治中国建设的宏伟蓝图，对人民法院工作提出了新的更高的要求，人民法院担负着更为重要的职责使命。人民法院既要承担正确实施宪法和法律的责任，又要注重案件处理的政治效果和社会效果，实现案结、事了、人和。当前，随着司法体制改革的不断深入，人民法院面临的新类型和复杂疑难案件不断增多、处理难度不断加大、新情况新问题层出不穷。人民法院比以往任何时候都更加需要重视理论建设和理论研究，比以往任何时候都更加需要重视探究和总结司法规律，比以往任何时候都更加需要重视调研工作。调研课题是人民法院一个阶段、一个时期焦点、难点问题的集中载体，开展重点课题调研是研究和解决法院工作面临的新情况、新问题的重要手段，可以为法院的科学决策提供信息和理论参考，为正确适用法律提供依据，对于法院工作具有多方面的价值和意义。法院工作压力越大，越是要通过调研找出路、谋发展，越是面临新情况新问题，越要通过调研研判形势积极应对。

广西各级人民法院一直高度重视调查研究工作，将调查研究工作提升到关系中国特色社会主义审判制度自我完善和发展、关系人民法院工作全局、关系人民司法事业兴衰成败的基础工程的高度，树立调研是高质量审判的重要理念，“一把手”带头垂范，加强调查研究的组织领导，重视调查研究人才队伍建设，完善调查研究的工作机制，在广西法院营造比学赶超的良好研究氛围，全面开创广西法院调查研究工作新局面。

2014 年以来，广西高院实行重点课题招投标制度，坚持以中国特色社会主义理论体系为指导，坚持调查研究工作为执法办案第一要务服务，为人民法院科学决策服务，为人民司法事业科学发展服务的宗旨，紧紧围绕事关人民司法事业长远发展的重大理论和实践问题，着力研究人民法院如何牢固树立社会主义法治理念，着力研究中国特色社会主义法律体系形成后人民法院如何确保宪法法律的正确实施，着力研究人民司法工作规律，每年针对全区法院的重点任务和司法审判实践中的热点、难点问题组织全区法院广大法官有针对性地开展研究，取得了一大批优秀理论研究成果。许多调研成果已经转化为指导司法实践的规范性意见，有力地服务了广西人民法院各项工作和广西经济社会发展大局。

本书选编的 7 篇调研文章是 2017 年度广西高院招投标课题结项验收中，专家评选出的优秀课题，是该年度调研成果的优秀代表。这些优秀调研成果的一大特点是，主要出自一线法官之手，这些调研文章融汇了法官们在司法实践中的思考和探索，由此而形成本书具有前沿性、实务性和思辨性的鲜明特点。虽然本书收录的调研文章是从法官视角撰写的，但理论与实务相得益彰，实证分析和法理剖析相互结合，诠释出法官缜密的法律思维和创造性的法律适用能力，以及深厚的司法实践经验积淀，具有较高学术研究价值和实践借鉴意义。

本书还从另一个侧面展示了广西法官求真务实、心怀天下的担当精神，反映了广西法官在提升自身素质、加强职业化建设上的不懈努力。他们既重视一个个具体案件的审理，也重视司法规律的探寻；既重视司法实务问题，也探索司法理论前沿问题。罗纳德·德沃金有句名言：“法院是法律帝国的首都，法官是法律帝国的王侯。”法学是博大精深的科学，司法活动是专业化程度极高的专门性活动，因此具有较高的专业理论素养是一名合格的职业法官不可或缺的基本素养之一，培育和造就专家型法官、实践型学者是法官职业的内在要求。这种理论素养的培养一方面来自书本知识的学习，同时更重要的是来自司法实践经验的积累、总结、提炼和升华。令人欣慰的是，广西法院和法官已经开始直面挑战，未雨绸缪，身体力行地在法学理论研究这片沃土上辛勤耕耘，努力提升着综合素质和专业素养。法官们在繁忙的审判工作之余，在审理好大量纠纷案件的同时，注重审判调研，密切关注司法研究的前沿动向，勤于钻研思考，坚持不懈地进行理论探索和经验总结，及时总结审判经验和不断提升审判水平，他们不仅在诠释法律内涵、弥补立法不足、化解难题纷争，有效地完成繁重的审判执行任务方面彰显了司法智慧，而且对司法实践工作中具有理论和实践意义的问题、案例以及富有成效的经验等及时收集整理、深入分析研究、认真归纳总结，日积月累，终有所获。本书收入的这些调研文章，来之于审判，求之于理论，用之于实践，是法官们从自己独特的视角对“法治”这一宏大时代主题的解读，积淀了法官们的思想、智慧和情怀。通过字里行间，我们可以透视一个积极进取的法官群体的形象，感受到一个个学习型法院浓郁的进取氛围。他们这种刻苦钻研的精神和理论创新的勇气值得赞赏。由此，我们看到了司法改革前进的力量。

希望能有更多的法官以更大的热情投入司法研究这片沃土上，学而不倦，“判”“述”相连，佳作不断，为我国法官的职业化建设贡献自己的一份力量。

目　录

Contents

壮族习惯法在司法审判中的适用

覃塘区人民法院课题组*

本课题以广西主体民族壮族为研究对象，以近10年来的基层法院司法判例为研究蓝本，对壮族习惯法在司法审判中的适用进行深入的理论探讨和实证研究，并借鉴参考了西北藏族、回族等地区法院的先进经验，力求形成完整的理论框架和可供操作的措施模型，以便在广西司法系统中推广应用。作为广西的主体民族，壮族在长期的历史发展中，形成了大量在群体内部行之有效的习惯法。这些习惯法对于维护壮族社会的稳定与和谐发挥了巨大的作用。目前，壮族广泛分布的广西基层社会正面临着构筑现代司法制度的重要历史使命，但在建设过程中，壮族的传统习惯法却被作为落后的法律文化遭到有意的排斥和抛弃，使这一民间法治资源对现代司法体制可能具有的价值因此而无法显现。尤为重要的是，对于西部法制建设的基础——基层司法建设来说，壮族习惯法被视为主要的障碍和阻力，其与现代司法建设在价值取向、现实利益、终极目标等方面的共通性被忽略。因此，本课题密切结合基层司法实践理念，从诉讼学和法理学的视角出发，运用历史与现实之间的纽带，将壮族固有法律文化精神层面中积极的、正面的因素导入国家的司法审判体系之中，这对于传承和保护壮族文化遗产，促进民族地区特色司法文化

---

* 课题主持人：黄敏开，覃塘区人民法院党组书记、院长。课题组成员：袁翔珠，桂林电子科技大学法学院教授；林伟，覃塘区人民法院民二庭庭长；陈秋霞，覃塘区人民法院民二庭法官助理；田春红，覃塘区人民法院法警大队副大队长；李倩，覃塘区人民法院研究室副主任；梁舒寒，覃塘区人民法院刑庭法官助理。执笔人：袁翔珠，桂林电子科技大学法学院教授；林伟，覃塘区人民法院民二庭庭长。

建设具有较强的社会意义。

一、壮族习惯法在司法审判中适用的现状

从调查的情况看，大部分法官都反映，目前壮族习惯法主要在民事审判领域大量适用，其中婚姻、继承、借贷、财产侵害、损害赔偿等领域最为突出，而在刑事审判和行政审判领域较少涉及。刑事审判主要集中在性犯罪、盗窃、滥伐林木等具有地方特色的犯罪领域，行政审判只有在土地确权案件中有零星适用。这一调查结果与课题组之前的预计是相符的，因为在民事领域，尤其是家事纠纷方面，法院大量适用公序良俗原则和意思自治原则，且大多以调解方式解决当事人的纠纷，弹性较大，习惯法适用的空间较大。因此，民事领域需要大量约定俗成的民间规则和秩序的介入，这样最终的审判结果才能最大限度地符合壮族群众的利益，才能把矛盾降到最低程度，避免把群众之间的冲突转化成国家法与习惯法之间的冲突。而刑事审判与行政审判刚性较大，国家法全盘主导，几乎没有留给习惯法空间，所以习惯法的适用非常有限。此外，壮族习惯法还在执行、送达、陪审环节中有所适用。（见图 1）

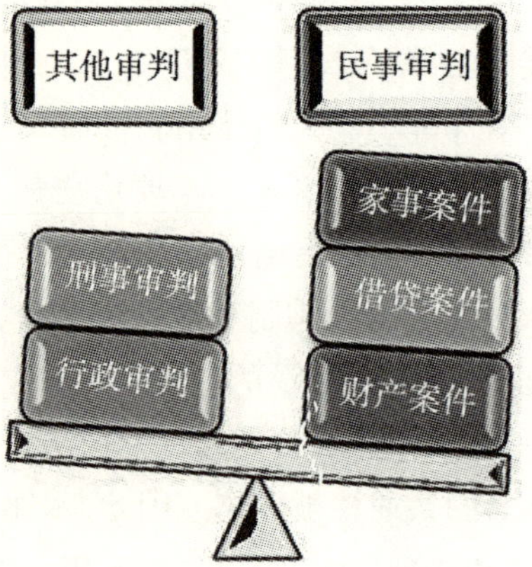

图 1　壮族习惯法在司法审判中的适用情况

（一）在民事审判中的适用

在针对法官的调查问卷中，89.31% 的人认为风俗习惯主要适用于民商事领域，而在具体适用的案件类型中，选择最多的是婚姻类，占 87.42%；其次是继承类，占 74.84%；物权类占 40.88%；侵权类占 32.7%；合同类占 22.01%。由此可见，在民事审判中，习惯法主要适用于婚姻、继承等家事纠纷。

1. 在家事审判中的适用

(1)关于离婚案件中彩礼的返还

在壮族离婚案件的审判中,习惯法影响最大的就是彩礼的返还问题。彩礼是以结婚为目的,男方向女方所支付的一定数量的货币和实物,目前在壮族农村地区仍很盛行,几乎是婚姻成立的前提条件。据课题组对覃塘区、百色、河池多个壮族地区的调查,目前各地关于彩礼返还的共同习惯法是:彩礼的标准按照本地生活水平约定俗成,随着经济的发展,目前大部分地区是1万~3万元。彩礼的退还主要看双方的过错:结婚前男方悔婚的,则无权要求退还彩礼;女方悔婚的,则必须全额退还彩礼。结婚后男方提出离婚的,或男方有过错的,如虐待,则不得要求退还彩礼,且还要赔偿女方;女方提出离婚的,则需要退还一定金额的彩礼。在针对壮族群众的调查问卷中,有38.38%的人认为如果离婚双方应该退还彩礼和嫁妆;34.34%的人认为应该看离婚的原因;13.14%的人认为要看谁先提出的离婚;8.08%的人认为要看结婚时间的长短;只有6.06%的人认为不必返还。基于此,壮族地区的法官在审理此类纠纷时,都会结合民间习惯法,充分运用法官自由裁量权,根据双方结婚时间的长短及双方的经济情况来决定彩礼返还情况。虽然最高人民法院关于聘礼的返还已有司法解释,但具体的案件审理起来仍然千变万化,非常复杂,这就要法官运用自由裁量权,在司法解释的总体指导下,在不违背地方善良风俗习惯的前提下,决定合理的返还幅度,给当事人一个心悦诚服的判决。

首先,结婚时间的长短是判决是否退还彩礼的一个重要依据。一般结婚时间较短的,根据公平合理原则,法院都会判决适当返还,此时彩礼可视为附条件的民事行为;但如婚姻持续时间较长,彩礼早已用于双方共同生活,一般不支持退还。如覃塘法院介绍,本地石卡镇有过一起退还彩礼的案件,男方给了女方钱、戒指之类的物品,由于双方结婚时间比较短,法院就判决退还。但如果双方结婚时间较长,一些实物如摩托车、电视机已没有退还意义的,则认定为夫妻共同财产,不再退还。覃塘民一庭的法官也说,短时间内如一年半载就离婚的,如果女方有过错的都要退还彩礼给男方。如覃塘另一名法官说:不符合司法解释的肯定不能退还,我审过几个要求退还彩礼的案件,一般都不支持,因为条件不符合。如有一起离婚案件双方年龄比较大,都60多岁了。夫妻二人是事实婚姻,没有办结婚证,子女是80年代出生的,双方婚姻关系已存续二三十年。开庭的时候男方提出结婚的时候给了女方家钱财,要求退还。由于双方未履行合法的结婚手续,且共同生活时间较长,不符合相关规定,因此法院没有支持男方的主张,只是判决解除双方的关系。河池中院介绍,本地的彩礼主要是钱及金银首饰、肉、酒等物品,各地标准有所差异。法院审理时,主要看彩礼有没有用于双方的共同生活,没有就全额退还;结婚后很快就离婚的,就适当退还。

其次,彩礼金额的多少也是判决是否返还的重要依据。目前随着民间愈演愈烈的攀比风,彩礼的数量也水涨船高,给男方家庭造成了严重的负担,为此,司法审判也本着公平合理的原则,纠正这一社会不正之风。覃塘某法官在2001年主办过一起离婚案件:结婚时双方年龄仅19岁,未达法定婚龄,未办理登记,但按照当地习俗男方向女方支付了2.5万元的聘礼,并办了酒席,女方也过门了。但过门才几天,双方就闹矛盾,女方就反悔了。男方起诉到法院要求返还彩礼,当时2.5万元在经济落后的覃塘区是很大一笔钱,比一般的彩礼要多。由于结婚时间比较短,且数额较大,我们就尊重当地的风俗习惯,进行调解,最终双方同意二八开。即女方花费占20%,还应退还男方80%,因为女方家也办了酒席,花了一些钱。如果女方没过门,没有共同生活的话,就得100%返还。虽然当事人双方认可了,但女方家父母却不愿退回,法官就在村公所让其亲朋好友做说服工作,最终做通了女方父母的工作,彩礼顺利返还。如果结婚时间较长,彩礼已全部用于双方共同生活,一般不再予以返还。

最后,返还的方式基本为货币。那坡地区关于彩礼返还的民俗习惯是,女方悔婚的话,必须退彩礼,男方给多少就退多少,男方悔婚的,一般就不退了。彩礼返还时找双方的老人或屯里的长辈主持,算清楚退多少钱。现在民间的传统习俗也发生了变化,如以前养一头猪也不容易,结婚时杀了猪要分一半肉给女方家请客吃饭,如果女方退婚的话必须退实物,但现在的观念也不一样了,一般都是折价退钱,比如一只鸡折多少钱,米折多少钱等。如果起诉到法院,法官对此类案件主要以司法解释为依据,但也考虑本地的风俗习惯。东兰县法院介绍:本地壮族礼节比较多,结婚见面礼大八字、小八字,彩礼几千元至几万元都有,没有一定的标准,看自己的能力,结婚前男方要到女方家拜访很多次,每次见面都要给女方见面礼,如绣花钱、门帘等,繁文缛节很多,所以彩礼有现金也有实物。离婚的时候,现金一般支持退还,但礼物一般算是赠与,不退还。按照这个原则处理的当事人基本上都不会上诉。凤山法院也表示:彩礼如果是大额的现金,又有明确证据的,符合司法解释,就判决适当返还。本地彩礼除送很多钱外,还要送给女方家猪肉200~300斤,用于请客吃饭,但吃的东西一般不支持返还。隆林分院的做法是:对于彩礼男方要求返还实物的,法院考虑到这些财物都用过了,双方也结婚有一段时间了,就折合成价格,按一定比例返还。此外,如果男方提出离婚,女方一般都会要求赔偿"青春损失费",由于这种要求没有法律上的依据,法院一般不支持,只能在财产上适当倾斜。覃塘民三庭的法官介绍:本地农村结婚一般不给房子，大都是给彩礼，离婚时由夫妻双方协商是否返还，一般都会达成协议哪些物品归谁。随着经济的发展，现在群众的思想比较开明，大部分男方离婚都会给予女方补偿，因为外地的媳妇比较多，湖南、四川的都有，离婚后女方生活比较困难。不过根据本地习俗，女方的嫁妆是从彩礼中拿出部分来置办的，所以离婚的时候，如果男方要求退还礼金的，女方就会要求扣除嫁妆。

（2）关于入赘婚离婚问题的处理

入赘婚是广西壮族较为常见的一种婚姻形式，受历史传统的影响，广西入赘婚比例在全国居高，虽然与从夫居婚姻相比数量很少，但也在一定范围内存在。入赘婚解决了无子户的养老继承问题，其社会贡献是值得肯定的。但赘婿在不同地方的社会地位是不同的，有些地方平等对待，例如，覃塘地区壮族90%都是从夫居婚姻，但对于赘婿，一般没有歧视。在壮族聚居的港城镇六八村对入赘婚也没有歧视，跟一般的村民一样，就当成本村的男人对待。但在河池、百色一些地区，赘婿不可避免地会受到来自女方家兄弟、叔伯等的排挤和歧视，也会引发一定的家庭纠纷。

入赘婚在司法上主要存在三个难题：第一个司法难题是赘婿对岳父母是否享有继承权。按照习惯法，赘婿上门的主要功能就是顶门立户，为岳父母养老送终，并将来继承岳父母的家业。但现行国家法律只规定女儿有继承权，女婿一般情况下没有继承权。而民间一些地方也不承认赘婿的财产继承权。如那坡县某乡镇法庭曾受理一起确认合同效力纠纷案件，其中涉及入赘婚财产分割问题。某男子入赘到当地一户人家，夫妻双方育有一子一女，女儿成人后也嫁到本屯。后夫妻双方都过世了，留有遗产。妻家的亲戚操办了丧事，但在分配遗产时，却未分财产给女儿，女儿起诉到法院，要求分得一部分父母留下的林权和宅基地。法院做了大量的调解工作，最后妻家侄子的工作做通了，但侄媳妇的态度却很强硬，说丧事是由他们操办的，而且该男子本就是上门入赘的，什么都没有带来，无权分割妻家的财产，其子女也没有财产继承权。最终法院只好按照法律的相关条文作出判决，由子女平均分配了该夫妻的遗产。现实中法官对于赘婿的遗产继承权多是按照《继承法》第10条规定的“丧偶女婿和丧偶儿媳对岳父母和公婆尽了赡养义务的列为第一顺序继承人”的精神，根据赘婿对家庭所做贡献的大小，适当给予。只要赘婿对岳父母尽到了赡养义务，都应当承认其继承权。如那坡县就判决过一起继承案件，最终上门女婿分得的遗产比嫁出去的女儿还多一点，因为该上门女婿对岳父母尽到了主要的养老义务，承担了儿子的义务，按照权利义务对等原则，理应多分。还有一种类似情况是寡妇招赘也参照上门女婿对待，这完全符合法律规定的精神。因为根据壮族民间的风俗习惯，女儿出嫁后，一般对父母不再履行赡养义务，最多逢年过节时来探望一下，给点零用钱等，而父母的赡养义务主要是由上门女婿和儿媳妇承担的，所以多分给他们财产既符合国家法律的原则和精神，也符合民间习惯法的精神。

入赘婚的第二个司法难题是离婚时的财产分割问题。按照民间入赘婚的传统，家里只有女儿的家庭才会招男子上门，因此入赘的男子大多较贫穷，基本上是净身入户，所以一些地区不承认赘婿对岳父母家的财产分割权利。如百色有些村村规民约规定，如外来男子要入赘到本村，只有同意不分本村土地的条件，才被允许迁户口进来，因此赘婿的财产权往往得不到认可。在大部分壮族地区，入赘婚的主要功能是解决传宗接代顶门立户的问题，所以赘婿享有分割岳家财产的权利，但前提条件是履行赡养岳父母的义务并善待妻子，否则将被赶出岳父母家并丧失财产继承权。如隆林县，如果是上门女婿要求离婚的，其绝对不能带走孩子，也不能带走财产，但这样却给审理法官带来难题。有些上门女婿在女方家生活了十几年，户口也迁到了女方家，本家已没有户口、土地、房屋，一旦判决离婚，净身出户，会发生极大的生活困难问题，因此当地法院只能判决将赘婿户口所在地的土地分一些给他，以保障其基本生活。也有些案件女方家的房子、土地无法分割，只能分一些可分配的东西，如摩托车等给赘婿，以平衡双方权益。目前那坡法院面临的难题是入赘的女婿是否能分得女方家的征地补偿款，这需要相关的司法解释和政策意见进一步明确。

第三个难题是子女抚养权的问题。按照民间习惯法，入赘婚所生子女一般随母姓且承顶女方家业，一旦离婚，子女尤其是男孩，一般都归女家所有。如凤山县，男方入赘到女方家后，生的小孩要随女方姓三代，三代之后可以随父亲的姓氏，该法院有一位陈姓法官就是如此，其曾祖父入赘到曾祖母家，其祖父、父亲、哥哥、姐姐都随曾祖母姓黄，到了他这一辈又改回了曾祖父的姓氏陈姓。顺应习惯法，入赘婚一旦起诉到法院离婚，在子女抚养权方面，法院法官的做法是：一般会照顾女方原来的姓氏。如子女已经登记为女方的姓，男方要求更改子女姓氏的，一般不支持。就入赘婚本身性质而言，入赘婚子女都长期在女方家生活，而男方在本家几乎已无身份和财产，离婚后把子女判给男方，既没有良好的抚养环境，也不利于子女的成长，因此在判决子女抚养权问题时，即使按照法律所规定的有利于子女成长的原则，最终的结果也与民间的入赘习惯法是一致的。如百色市右江区法院曾审理过一起入赘离婚案件，男女双方都是右江区人，男子入赘了几年后，坚决要求离婚，当时孩子已上二年级，双方都想要孩子抚养权。后法院根据司法解释征求孩子意见，孩子要跟妈妈，于是就判给了女方。当然，一些特殊情况也有例外。如覃塘法院一位资深的法官曾审理过一起入赘离婚案件，覃塘一男子上门到贵州，育有一子。多年后他带着儿子离开女家回到本地，妻子也跟着回来要孩子的抚养权。男方在本地的家已不存在，房子也烂了，只想落叶归根。后因男方年老有病，而且儿子也长大出外打工了，所以女方就放弃了，主动撤诉了结了此案。

由于入赘婚不是常见的婚姻形式，因此现行法律涉及的不多，但对于入赘婚比例较大的广西来说，存在很多难以解决的法律问题，如覃塘法院 2018 年就受理了一起“奇葩”的入赘离婚案：广西某地男子入赘到覃塘区山北乡，户口也迁了过来。但其入赘几年后女方去世了，该男子继续生活在亡妻家中，并续娶了本地一个妇女，还育有一名 2 岁的小孩。现该妇女向法院起诉离婚。而该男子前妻家庭对离婚很抵触，认为其不负责任，提出如果该男子离婚的话，将不再接纳他，即该男子不能再在前妻家生活。目前法院已驳回该离婚诉讼，但如果女方继续提出离婚的话，仍会造成一定的司法难题。该男子在前妻家的身份、地位、财产等在法律上都难以确定。

（3）关于换亲离婚问题的处理

虽然换亲制度目前在壮族地区已不复存在，但在以前经济困难落后时期，也曾有发生，由此引发的离婚问题也属司法难题。在覃塘地区，老一代村民中就有相互换亲的，50～90 年代都有，一般是 3 家换亲。据覃塘法院的法官介绍，曾经处理过 3 起这样的纠纷，双方当事人的年龄都很大了，基本都五六十岁，离婚全部是女方主动提出的，因为换亲大多是女方家姐妹多，而男方家经济条件不好，因此双方肯定是没有感情的，有的还涉及男权主义和家庭暴力等。换亲离婚案件面临的主要麻烦是：按照传统习惯，三方家庭有一家要离婚，另外两家也要离婚，因为三家的婚姻是共同体，一损俱损，一荣俱荣，一起离婚案件同时牵涉到好几家的婚姻关系。而实际情况往往是一家提出离婚，另外两家的关系却相处得很好，不愿意离婚。面对这种情况，法官的处理态度是，离婚是自由的，不得强迫要求他人离婚。这就需要法官尽量做调解工作，让三家互相协商不要离婚，实在做不了工作的再按实际情况处理，对于提出离婚的那一对当事人按照正常离婚办理，其余两家则依然维持婚姻关系。

（4）关于子女抚养权的处理

壮族在长期的社会发展中，已逐渐进入了父系男权社会，因此对男性继承人非常看重，这导致一个很重要的习惯法：离婚时女方一般不得带走子女，尤其是男孩，其必须要留在夫家，即使丈夫去世妻子改嫁也是如此。这也给离婚审判工作带来了一定的困扰。如覃塘区岭岑村的村民说：离婚时，如果双方有两个孩子，就一方一个，一般是男孩跟男方的多，女孩可以由女方带走，但如果只有一个儿子的肯定要留在男方家。港城镇六八村的习惯法是，离婚时如果女方没有特别要求，子女都会留在男方家，抚养费由双方协商。因此小孩大部分都跟父亲，而且女方离婚一般也不想带子女。这边有一个很重要的习惯，即小孩是属于男方的，就算女方带走改嫁到别人家，继父也只能是白白帮亲父养大，长大后子女还是会回到亲生父亲这边，而且要承担亲父的养老责任。一个比较极端的案例是发生在那坡县法院的抚养权案件，该案例被法院拍摄成真实的微电影《希望》，还获得了全国法院系统奖励。案例的主人公是当地一个父亲失踪的小男孩，孩子的伯父为了把孩子留在家里，甚至骗孩子的妈妈说孩子死了，致使该男孩成为"亚孤儿"。虽然伯父本人盗窃、独身，喝醉酒就毒打小孩，但这个男孩是他的慰藉，他就算偷东西也要给这个小孩一口吃的。

在司法审判工作中，虽然法官严格遵守"哺乳期一般判归女方，10岁以上征求孩子意见"的法律规定，但仍会很大程度上照顾壮族"承顶香火"的习惯法。在覃塘区法院调研时，法官都异口同声地谈到办理此类案件的原则。如一位资深的民事林法官说：现在许多离婚都是由女方提出的，一般男方都要求子女抚养权。我们审理时主要看小孩在哪儿生活，尽量不改变居住环境，根据具体情况决定。覃塘法院民一庭一位法官说：离婚案件子女的抚养权问题，都按照法律规定，也适当照顾农村的风俗习惯。如果只有一个子女的，若在哺乳期，1～2岁的，就判决跟女方；若没有特殊情况，且男方家极力要求的，都判给男方；如果是2个子女就比较好办，判决一方一个。但如果有一方劳动收入比较少，不管孩子的，就判给另一方条件较好的，主要看是否有利于小孩成长。覃塘法院韦庭长说：子女归谁关键看生活环境，着重考虑这个因素，如何有利子女成长，比如子女的生活习惯、喜好等。一般小孩大了，超过10岁，就看小孩自己的意愿，重点是哪一方有利于小孩，经济是主要考量因素。壮族的习惯法是儿子必须要跟男方，我们也要考虑。如果儿子判给女方，那男方就闹得比较凶，如果判给男方，男方就闹得少。壮族重男轻女的思想比较严重，很多男的只要求得到小孩抚养权。覃塘民三庭法官说：除非特殊情况，现在法院都根据法律解释判决子女抚养权。但本地离婚女方一般把子女都留给男方，自己拿点经济补偿就走了。如果有两个小孩，男孩就跟男方，女孩就跟女方，女方都能够理解，因为农村的风俗习惯，观念如此，都比较能接受。

其他壮族地区的情况也大致相同。如东兰法院介绍：子女抚养权受本地农村传统风俗影响，都争取留在男方家，男方争取要子女，尤其是男孩，女方一般也接受，只有女方有一定经济基础的才争夺子女抚养权。法院一般根据离婚之前小孩跟谁，就判给谁，实际上子女还是在男方家生活的多，因此法院最后调解判决子女跟男方的还是比较多。即使子女跟母亲改嫁了，以后长大了回来继承遗产，或者在继父家生活不习惯，再返回亲父家群众都能接受，户口回迁、继承遗产都没有问题，父亲这边的财产，包括土地都可以分给这些子女。只要当地村集体同意，我们就接受。凤山法院介绍：本地重男轻女比较严重，如果离婚的话，孩子如果是男性的，男方就争得比较厉害，如果只有一个孩子，双方条件相当，双方也愿意，一般法院还是会判给男方，由女方付抚养费。现在农村离婚女方提出来的多，只要男方同意离婚，女方一般不怎么争取子女、财产，男方也愿意抚养，农村很注重传宗接代，即使女方不付抚养费，男方也愿意抚养。百色中院一位长期在隆林办案的法官说：我曾经在靠近云、贵、桂三省的古障法庭办案，当地壮族妇女结婚的年龄都很小，很多人十四五岁就结婚生小孩了，由于这些年轻的妈妈自己都还未成年，所以小孩一般都放在男方父母家抚养，自己出去打工，看了外面的花花世界，回来就离婚，还要争小孩，但法院考虑到孩子一直跟男方父母生活的实际情况，一般都会判决孩子继续留在男方家。不过一般情况下女方都不想要孩子的抚养权。河池中院的法官也说，虽然法律在财产的分配与子女的抚养权上倾向于女方的权益保护，但本院在实际判决子女抚养权时仍会倾向于把男孩判给男方，因为父亲会教给孩子勇敢、担当等性格，但男方有赌博等不良习惯的除外。也有离婚时子女判给女方，但女方再婚时男方提出变更子女抚养权的案件，这要看具体情况。

目前在子女抚养权方面，还存在男方去世、祖父母能否获得孙子女抚养权的问题。如果丈夫死亡妻子改嫁要带走小孩的，法院就要找到家公家婆做调解工作。例如，那坡县法院介绍：子女抚养权怎么分配，本地的习惯法是，由于边界地区可以生两个小孩，一般是男归男，女归女，尤其是男孩比较受重视，所以男孩的抚养权一般是判给男方。比较难办的就是父亲去世了、母亲改嫁了、爷爷奶奶不肯放孙子的情况，有时即使孩子的父亲不在了，家公家婆死都不放孩子，因为男孩要接香火，所以抢男孩的情况比较多。这种观念与法律有冲突，重男轻女，一般法律不会支持，但农村有些习惯还是要照顾。这种案件不好处理，特别是父亲是独生子的，爷爷奶奶本来白发人送黑发人，现在又失去孙子，在精神上会遭受很大的打击，失去生活下去的支柱。一些爷爷奶奶甚至表示不要抚养费，只要把孩子给他们，法官有时都不知怎么判。例如，有个孩子的父亲去世了，母亲要抚养，最后法院只好调解，说服母亲同意由爷爷奶奶抚养孩子，但前提条件是爷爷奶奶抚养孩子没问题，经济能力也可以，教育各方面都跟得上。覃塘区也发生过类似的抚养权案件。该案中，丈夫意外死亡，但爷爷奶奶跟孙子孙女有感情了，不让再婚的女方带走小孩，女方起诉，法官适当考虑和支持了老人的请求。因为最高人民法院发布过指导性案例，如果小孩跟爷爷奶奶、外公外婆感情很深，也有利于老人、小孩的，可以判决由祖父母、外祖父母抚养小孩，特别是丧偶的，孙子女对老人来说是一种精神寄托，因此应充分考虑老人的诉求。

壮族习惯法对男性继承人的重视有时甚至超越了血缘关系。如覃塘区的(2017)桂0804民初359号离婚案：女方(原告)刘某与前夫育有一名2岁的男孩，2014年带着该男孩改嫁给男方(被告)覃某，该男孩一直跟男方共同生活。2016年女方起诉离婚，男方虽然同意双方离婚，却不想让女方带走小孩，主动提出愿意抚养这个男孩。并提出，如果女方不给小孩，就要补偿男方这几年的抚养费。经法院调解后，女方也愿意把小孩留给男方抚养，并一次性支付男方抚养费2万元。村民也都同意这一做法，法院就制作调解书认可了双方的协议。这一案件可谓充满了人间温情，感人至深，也是壮族习惯法与现代法治深度融合的一个典型实例。

(5)关于出嫁女的继承权问题

在传统的壮族习惯法中，女儿是没有继承权的。在针对壮族群众的调查中，只有26.26%的人认为出嫁的女儿能继承娘家财产，35.35%的人表示不能，还有28.28%的人表示要看父母的态度，10.10%的人认为要看家里财产的多少。如覃塘岭岑村村民说：女儿有困难的，娘家可以帮一点，支持一下，但不能分给女儿遗产，尤其是女儿已经出嫁的，如果未出嫁，还可与兄弟一样享有财产，但出嫁就不一样了。就算有些人家的女儿读书多一点考上大学的，也没有回来争娘家财产的。港城镇六八村的一位村干部说，本村未出嫁的女儿没有独立财产，出嫁的女儿也没有继承权。如果女儿出嫁了还回娘家来争财产，是很丢人的事，如果这样社会岂不是乱套了？按照我们的风俗出嫁女是没有继承权的。覃塘法院一位林法官也说：本地风俗一般来说财产都是给儿子，不给女儿，除非家里特别有钱，或女儿特别得宠，父母可以分给女儿。另一位韦法官也说：女儿依照传统习惯是没有娘家财产继承权的，就算父母愿意给村里也会有意见，因为担心出嫁女回来分村集体的土地。

所以至今在农村地区，壮族依然遵循古老的习惯法，女儿不享有继承权，妇女自己一般也不会去争取。但城镇地区现在却越来越多地出现出嫁女回来争遗产的案件，原因有二：第一，农村地区财产少，女儿可争的意义不大，但城镇地区经济发达，尤其是近年来房地产价格居高不下，父母遗留的房产是一笔非常可观的财产，一些女儿开始积极争取自己的经济权益。第二，城镇地区文化信息发达，一些妇女在接受了现代法治的洗礼后，也产生了强烈的维权意识。据覃塘法院法官介绍，樟木镇曾发生过一起出嫁女的继承权案件，娘家的老人过世后，遗留街上的房产，但该妇女的两个兄弟一个去世了，在世的那个想全部继承房产，就没有分房产给她，女儿就起诉到法院，在法院的协商下最终分给了她一部分。覃塘法院的韦庭长说：按照传统的习惯，女儿没有继承权，特别是农村，嫁出去了父母的财产就跟女儿没关系了。但在乡镇发生过女儿争夺遗产继承权的案件，几兄妹打官司，因为父母的遗产多，价值高，但农村没有这种事情。覃塘民三庭的法官说，按照农村的传统，妇女一般没有继承权，父母一般不会分田地给女儿，因此妇女出嫁后很少再回娘家继承，财产都是留给儿子。但在城镇地区，以前父母没有什么遗产可继承，现在在街上起了房子的家庭，出嫁女都会要求分割财产。那坡法院也介绍：本地农村习惯是女孩子嫁出去不回来分父母的遗产，有些父母生前就已经把遗产处理了，与哪个孩子住就多分一点。但在县城不一样，一套房子动辄价值几十万元，出嫁的女儿就要争了，这样的案件一旦起诉到法院都按《婚姻法》规定公平判决。

2. 在借贷案件审判中的适用

壮族的民间借贷一般分为两种：第一种是亲戚、朋友之间出于互助的救济性借贷，这种借贷一般都是口头约定，既无借条，也不约定利息和还款期限，所以是否返还全看债务人的自觉自愿，老赖会受到舆论谴责，且丧失社会信誉，以后不会再有人借钱给他。第二种是纯粹的商业借贷，这是盈利性的，因此一般都会有书面的借条，明确利息和还款期限，且利息一般畸高，也就是高利贷，这种借贷容易引发纠纷。例如覃塘岭岑村的老人说：如果你因为办大事向我借了钱，轮到我办大事时你要还给我，不讲利息。但债务人不按时返还也没办法。如果我跟某人关系不好就不借钱给他，老赖主要是靠口碑宣传，他的名声、威信不好，以后大家就不再借钱给他。本地商业借贷都是口头约定，即使有借条的利息也不写在里面，如果利息高过国家的规定，就算告到法院也不支持。返还期限肯定要约定，一般都是口头约定每个月去收利息，3分或5分，债权人到月底就去讨要。如果债务人不按时返还的，数目大的债权人就告到法院，数目不大的话就自己去追讨回来，追不回来就算烂账，村里没有出现过暴力讨债的情况。

对于起诉到法院的借贷案件，法官主要审查两个方面：一是证据，如果债务能形成证据链，就支持；二是审查利息是否超过国家规定，超过的部分不予支持。如凤山法院介绍：农村借钱都是亲戚朋友借钱，都没有借条，也不要利息，如果起诉到法院只要事实成立，形成证据链，法院都会支持。对于高利贷案件，主要看证据。覃塘法院民一庭的法官说：民间借贷如果发生在亲友之间一般不约定利息，都是临时救助困难性质的，双方都没有多赚资金。但经营性借贷一般都约定利息，大部分人都讲诚信，借款还钱，天经地义，不能要赖。覃塘法院林法官介绍：本地借贷一般都约定利息，放高利贷尤其要约定利息，双方当事人为了规避法律，常常把利息包含在本金里，例如借条写借对方 10 000 元，其实里面包含了 2000 元的利息，实际上只借了 8000 元，约定每个月是 5 分息，每个月给付超息，后来被告给不起了，原告就起诉到法院，被告说是高利贷，我们就讲求证据规则，最终原告承认是高利贷，那就首先扣除非法利息，凡是利息超过国家法定标准的，就不予支持。有些借贷纠纷起诉到法院，但也有找黑社会去追债的，有的案件如赌债就是找黑社会去追钱，结果把债务人打伤了，那就得追究刑事责任。覃塘法院的韦庭长说：现在民间借贷一般都约定有利息，没有约定的很少，很多也约定有还款期限。拖欠不还的民间有过，通常是通过黑社会来追讨，把债务人像绑架一样抓去，但债务人没有想到去报案，很多债权人也不想用这种非法手段追债，因此绑人现象很少，起诉到法院居多。绑人的案件 90 年代有，这几年来没有出现过，明智的选择还是起诉。

由于许多民间借贷不约定返还期限，因此拖欠的时间很长，很容易超过法定诉讼时效，但根据最高人民法院的司法解释，如果当事人不提诉讼时效，法院就不主动过问，直接按照实体法判决。据覃塘法院某法官介绍：20 世纪八九十年代借贷的金额很少，大多就借 2000 ~ 3000 元，一般不写借条，也不约定返还期限，都是什么时候有钱还就好，但是债权人什么时候需要钱要提前通知债务人，以便债务人准备，一般都不会拖欠不还。现在借贷的利息大部分都不书面写出来，都是口头约定，5 分、6 分息都有，有 1 个案件借条是 1997 年写的，借贷金额为 5 万元，双方没有写还款期限，但明确约定利息是 2%。债务人过了很久也不还，一要就推托没有钱，债权人一直催，后来拿不到钱就向法院起诉了。这笔债务没有超过 20 年，当事人没有提诉讼时效，法院就直接审理事实。19 年的利息累计共 20 多万元，法院对利息部分进行了调解，最后调到 15 万元，本来债权人就是为了出口气，最终双方达成协议了结了此案。百色中院介绍：本地借贷很少要求利息，只有起诉到法院的，才要求利息。一般很少有人提诉讼时效的问题，只有 1 ~ 2 个当事人会提时效问题。这主要是代理人的问题，本地律师的力量很薄弱，如西林县的律师不超过 10 个，所以当事人通常聘请的代理人都是司法所工作人员或政府机关的干部，这些人不懂诉讼时效，所以不提，只有律师才提时效问题，但律师的代理费太贵，一般当事人请不起。有一起借贷纠纷，律师的代理费比原告主张的借款本金还高，律师每次要一点钱，累计起来就成了很大一笔钱，后来原告还输了官司，原告就到处闹事。在调查问卷中，48. 48% 的人认为如果有人借自己的钱超过两年还能要回来，19. 19% 的人认为要看欠债人的态度，17. 17% 的人认为不能,15.15%的人认为要看法官的判决。这说明大部分群众对诉讼时效是没有认识的。

3. 在风水、坟山案件审判中的适用

在不动产及相邻权的纠纷中,也往往牵涉到习惯法的适用。壮族群众的自然崇拜观念很深,起房子、建祖坟等都非常讲究风水,如果他人妨碍了自己的风水,甚至不惜诉诸法律来排除妨碍。如覃塘法院东陇法庭曾审理过一起因修照壁破坏风水而导致的诉讼,最后法院以保护通行权判决了此案。凤山法院也介绍了类似的案件:某村民的家门前面有另外的村民葬的祖坟,坟主经常去烧香上坟,该村民认为家门口有个坟不吉利,要求对方迁走,但对方却不同意改葬,该村民只好向法院起诉,最后法院判决把坟迁走。东兰法院介绍,本地坟山纠纷很多是由于风水问题引起的,如壮族有一个重要的习惯是不同姓氏的坟不能杂葬,如黄家的坟葬在韦家的坟上面,韦家就认为挡了自家的风水,压住了本族的发展。有一个案件是某村民的祖坟半夜被人拆了,该村民想向法院起诉,却不知道告谁,因为不知道是谁拆的,也没有证据,后来有几个人主动出头说我们就是不让你葬,于是该村民就起诉了这几个人。坟山在法律上没有规定,属于空白领域,只能用习惯法来调解。因此前述案件韦家起诉到法院后,法院就采用调解方式,建议黄家给韦家挂红,给几千元钱赔偿,而韦家也从此认可黄家祖坟的位置,不再追究,双方都可以继续上坟。

还有一种情况是某座山是黄姓的祖宗山,但包产到户后政府把该山作为责任山分给了其他姓,而黄姓每年清明时节仍然去上坟,由此产生冲突。这两年修路征地纠纷多了一些,也是因为祖宗山和祖坟问题引起的。这种案件一般法院不受理,因为确定土地所有权本应是政府的职责,却把矛盾引向了法院。当事人为了避免法院不受理,就把起诉的理由写成侵犯土地所有权或损坏建筑物、财产等。法院审理此类纠纷的经验就是尽量调解,其实只要葬坟者主动去跟承包权利人说"我家老人过世了,要葬在祖宗山上,希望你能允许"之类的话,对方都会通融的,但如果不取得对方的允许就硬性葬坟,对方就很生气,容易引发矛盾。这主要是群众认识不到位导致的。实在调解不了,法院也不能以群众所说的祖宗山、坟山为准,而是以政府的责任山、责任地为事实和依据,按照法律来强制性判决。

4. 在民事案件调解中的适用

壮族地区存在大量的民间法官,如寨老、布伯、社老、族老等,他们自然产生,利用自身的威望和经验为群众排纷解难,调解纠纷。目前法院大量吸收这些人,充分利用他们在民间的威望和影响力,协助法院调解民事纠纷。如覃塘岭岑村一位村民说,本地有民间法官,有一些在村里讲话比较有权威的人,壮族把调解纠纷叫请老,有纠纷就坐下来协商,没有不听老人话的,老人的决定都听。村委会做工作,做不下去,就找老人去做。该村一位做过寨老的老人说:村老、族老现在还有,小族、大族都有一个代表族头,每个村都有几个能说上话的人,每个小生产队也有一个。乡镇干部、村干部下来都要找村老,大家一起解决问题。村民有纠纷找到村老、族老的,就按事实情况解决,劝双方看开一点,有很多问题是误会。我帮村民解决纠纷几十年了,都是小的问题,兄弟之间的也有,夫妻之间的也有,还有些人想占人家的地,或者家里几兄弟分田地,也找我去分。我原来是生产队队长,所以土地分配我比较懂,大样就由我就去分,定到哪里就到哪里。没有大问题,大问题由政府处理。六八村的村长说:农村肯定有族老、族头,他们在家族里有威信,村民很相信他们的话,大家都有这样的习惯,如果发生纠纷就说"叫某某伯过来",政府、村委都要靠这批人协助做工作,村民很信任他们,发挥了很好的作用。村委是最基层机构,要靠这批人来协调,包括征地等事务,村老、族老跟村委的关系肯定是好的。

在调研中,各壮族地区的法官也对这些民间法官的作用予以充分的肯定,如覃塘法院韦庭长说:本地有民间法官,如果没有的话我们就不得了了,因为群众起诉的都是鸡毛蒜皮的事,让这些民间权威人士用调解的手段去解决,他们很多是从经验、道德角度去解决,效果肯定比法院硬性判决解决要好很多,而且从根本上化解了争议,效果肯定好,没有遗留的矛盾纠纷。村委解决村里的事情,一般都会去找这些民间法官,他们都是在族里、村里有威望的,如果没有找他们,他们还会闹点事,简单来讲,去村里,首先要找他们,他们配合才能办好事。乡邻关系都要找村里的老人了解情况,让其帮做思想工作,因为他们有威望,经过他们做工作,我们再做工作,先讲道理再由我们讲法律,工作就比较好做,一般通过老人做工作,效率、效果好得多。2017年我们法院受理了一起排水纠纷,原被告双方是同一个村里的兄弟,但关系处得不好,被告不准原告经过自己的田头排水,原告从外面回来很生气,就去法院起诉。法院去找当地的老人、村委出面调解,老人就劝原告说,同村的兄弟本来可以坐下来协商,你这个兄弟比较好表现自己,想法和别人不一致,他这样做不对,毕竟你在外面做一点工作,要跟村里的大家搞好关系,原告接受这些意见;老人又找被告这边,告诉他按照法律肯定要疏通排水,不能阻止别人排水,被告也承认不是不给原告排水,是对方态度不好。老人又和原被告一起到现场去看,双方都愿意疏通,最终做通了工作,达成了协议。凡涉及民间纠纷,法院都先找村委和群众工作中心,乡邻关系先找他们,他们解决不了,再由法院判决。村委、乡镇一般都是先找他们做工作。

百色中院介绍，寨老一般是一个家族威望比较高、公正的人，是自然而然形成的权威，不是选举产生的。例如，春天田水很少的时候，两家很容易因为放水发生矛盾，上面的田放了肥料、农药，流到下面的田，导致下面田里的庄稼死了，每年都会发生这样的纠纷，这时候就需要寨老来调解。寨老就劝双方，不仅你家要有饭吃，别人家也要有饭吃。寨老会制订一个合理的分配方案，你家放一天，我家放一天，这样就解决了。目前百色中院有一个机制是全国推广的，就是多元化纠纷解决机制，这一机制把矛盾消灭在基层。那坡法院在这方面做得很有特色，已经推广到了每个村屯，结合地方特色，在边境、少数民族地区，执行得很到位。下一步准备扩展到刑事、执行方面。在调查问卷中，高达 84.28% 的法官回答在处理涉及习惯法的案件时一般采取主持调解的方式解决，25.79% 的法官赞成当事人和解，只有 5.03% 的人选择了依法作出判决。（见图 2）

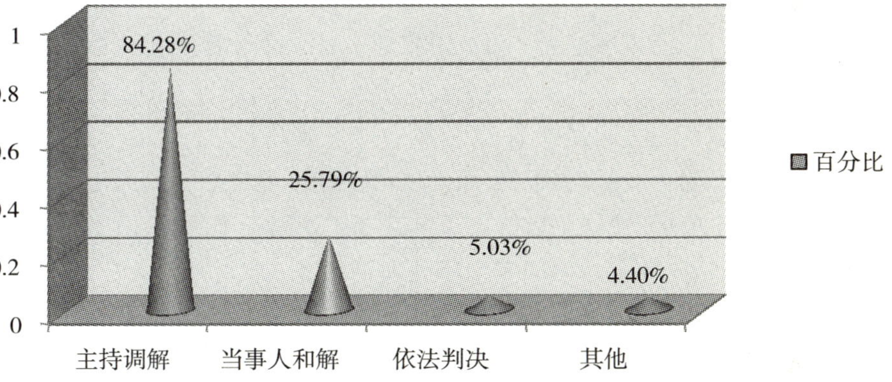

图 2　关于“你是通过什么方式解决涉及习惯法的案件的”数据分析

（二）在刑事审判中的适用

习惯法在刑事领域适用对于许多人来说是难以接受的，因为《刑法》是最刚性的法律，犯罪与刑罚必须严格遵照法律一丝不苟。在针对法官的调查问卷中，只有 25.79% 的人认为风俗习惯可以适用于刑事领域。但在民族地区，并非铁板一块，少数民族在历史上形成了一整套自己的刑事习惯法，对于杀人、伤害、强奸、通奸、盗窃、械斗、赌博等犯罪都有自己的评判标准和处罚方式，这些习惯法代代相传，在他们的头脑中留下了深深的烙印，超越了他们对国家法的理解。如果司法机关在审理这些刑事案件时完全不考虑壮族的传统习惯，那么按照国家法所作的判决很难让群众信服，容易引发群众的抵触和抗拒，反而降低了刑法的权威性。实际上，民族地区的法官长期以来一直在运用《刑法》所授予的量刑幅度等做一些适当的变通，使《刑法》能够在民族地区得到更好的执行。所以，习惯法在刑事领域的适用只存在于量刑方面。

1. 在强奸罪中的适用

强奸是一种严重侵犯妇女人身健康权和性自由的恶性犯罪，壮族传统的习惯法也对这种犯罪有严厉的惩罚，据覃塘岭岑村老人介绍：本地群众对强奸犯很歧视，大家都不理他，以前由族头出面放在猪笼里，拿去让村民一起批斗、戏弄，曾经发生过1例打死人的案件，村里人和被害人的家属打死了强奸犯。强奸本族女人的就有这种情况，以前法律意识不强。虽然现在习惯法已经很淡化，但习惯法仍在一定范围内发挥作用。如许多地方发生强奸案后，采取赔钱、挂红、赔礼道歉等民间方式私了，不诉诸法律。但民间常因协商不成功或赔偿难以达成一致从而最终上升到司法机关。如覃塘法院某刑事法官说：本地强奸罪传统习惯法就是赔偿，看女方的态度，不报案肯定是赔钱，报案的那就是没有谈妥。河池中院刑一庭法官介绍，本地少数民族对强奸等行为的确有传统习惯法，但如果发生强奸的事实，一般司法机关都是按照法律来判决。例如，凤山县发生过一起强奸案，某村民的妻子被村里另一个男子强奸，但他案发后很长时间都没有向司法机关报案，而是采用民间处理方式，跟强奸者说只要你向我道歉，挂了红，赔300元钱就可以解决。但后来还是闹到了法院，因为对方死要面子，不愿意挂红，最后法院就按照国家程序处理了本案。农村是熟人社会，人际关系错综复杂。某妇女被强奸后就报了案，向公安机关陈述了强奸事实，公安机关就传唤了强奸她的男子，男子也承认双方发生了性关系。但一个星期后，女方主动到派出所说是自愿的，经了解是因为男方拿了米、肉、酒到女方家去赔礼道歉，但该案已进入司法程序，最后法院按最低刑期量刑判决。凤山法院也介绍，在刑事领域，习惯法主要适用在量刑方面比较多一些。本地有一个习惯，如果发生了强奸案件，司法机关没有发现并干预的话，就会民间平息，主要采取赔偿的方式，被害人要10万元、8万元、5万元不等，但如果司法干预了，进入司法程序，也会考虑本地的风俗习惯，酌情减轻、少判，但幅度不大。2008年，本地1名男子多次奸淫1名不满14岁的幼女，两家通过协商决定赔女孩家5万元，男子也给付了。但后来该幼女懂事后自己又向司法机关报了案，结果该男子被司法机关判了五年有期徒刑，被告人在被送往监狱服刑时又向法院起诉，要求返还之前支付给女方的5万元赔偿款，法院驳回其要求不予支持。

壮族在婚姻的缔结上普遍实行自由婚，男女双方在年龄很小时就可以通过坡会、集会、歌圩等活动自由结识、自由交往，并发展成同居或婚姻关系，这导致壮族男女两性关系相对开放,并不像汉族的传统文化那样有浓厚的贞操观念。但未成年男女在性交往方面的自由也很容易引发奸淫幼女案的发生。如百色中院介绍:壮族长期形成的民俗习惯,比如隆林传统的跳坡节、火把节,是一种男女交友活动,青少年很小年就出来参加,在交往中容易发生与不满 14 岁的未成年人发生性关系,很容易构成强奸罪,这种案件一般在量刑方面会有所考虑,强奸罪毕竟是暴力犯罪,一般不判缓刑,但因这种原因发生的一般都会判决从轻处罚或缓刑。有的案件双方家长想去商谈,要几千元钱,但商谈不下,就报警了,因为父母觉得女儿受委屈了。在震惊全国的隆林"百色助学网"奸淫幼女案中,因为受害人分属于各个民族,案发时年龄都很小,时间又很长了,当地的风俗习惯及父母都认可女孩子到了这个年龄就可以做这种事的,所以很多被害人都不出来,都默认了,而且很多受害人也怕受到歧视,而该案的爆料人也是听别人说,并没有确实的证据,最终隆林法院只能根据现有的证据从重判处了十六年有期徒刑,但仍然受到社会舆论的巨大压力,许多人问为什么不判无期徒刑或死刑,其实主要是由于证据不足。

正是基于上述原因,目前壮族地区强奸罪存在的最大问题就是犯罪人低龄化的问题。壮族普遍盛行早婚,许多未成年男女在年龄很小的时候就同居、结婚或发生性关系,家长对这种行为也不予干预,这很容易构成奸淫幼女罪。如覃塘法院刑庭法官介绍,本地强奸案每年有 2 ~3 起,现在强奸案都很少的,场基去年有 1 起。未成年人犯强奸罪的,都是与初、高中同学出来玩,自愿发生性关系的,但他们不知道未满 14 岁不论是否自愿都构成犯罪。刑庭庭长也说:今年强奸案很少,以往多。强奸罪的隐蔽性很高,发生强奸罪后,女方碍于情面不愿报案,而男方只要不坐牢也愿意私了,应该会有这种情况。由于涉及个人隐私,作为一个女性,家里也尽量不愿意泄露。再加之农村对被强奸的妇女多多少少有一些歧视,这些被害人都不在本地就学、就业,都会选择去外地就业或就学,到一个没人认识的城市去生活。目前强奸案的被害人年龄都偏低,有的才 12 岁。造成强奸罪低龄化的原因:一是家长不重视教育;二是学校教育不足;三是被害人自身不注意;四是性教育方面缺失,有些被害人甚至把性方面当成一个夸耀的事。有个女孩通过别人认识了一个男孩,见面就问对方是否处男,男孩说没有这方面的经验,女的就说今天晚上一定要让你破处,后来男孩的家里又来了几个男孩把女孩轮奸了,造成了女孩身心上的极大伤害,而双方都是未成年人。家长也缺乏教育,不注意保护自己的女儿,其实很多强奸案都发生在周末,通宵上网导致的,家长也不管。有一个案件被害人是未成年人,说是被两个人强奸,而被告人都是未成年人。法院通知被害人的父母前来,但其父母离异,都不愿过来。未成年人犯强奸案主要看被害人的态度,一般司法机关都找到被害人家属,动员被告人家属赔偿,可以有效化解社会矛盾。如果积极赔偿的话,被告人可以判处缓刑。

对于因早婚同居导致的强奸罪,法院在审理时也会酌情考虑,在量刑时予以照顾。河池中院介绍,本地少数民族早婚现象比较普遍,有一个女孩未满14岁,其父亲也不管她,村里有个亲戚把她介绍给一户山里的瑶族人家。她在那户人家生活了2~3个星期,期间与该户人家的儿子发生了性关系。女孩的父亲发现女儿不见了,就到处问,知道女儿的行踪后,父亲也希望把女儿的婚事办下来,但男方家很穷,拿不出彩礼,只给了3~4万元,婚礼没有办成,父亲就向公安机关报了案。山里的瑶族小伙子听说后就在叔叔的陪同下从山里出来投案,在半路被警察抓住。本案在审理时,一审未认定自首;上诉到中院后,二审法院在量刑时,充分考虑了当地的风俗习惯,考虑到瑶族普遍早婚,而且认定其主观上有自首情节,因为他当时住在山里,有完全的人身自由,却没有逃跑,还主动来投案,后来主要依靠自首减刑到一年半。

2. 在盗窃罪中的适用

壮族传统的习惯法体系中,对盗窃罪的处罚方式因盗窃者身份不同而存在差异。一般在群体内部发生的盗窃案,处罚相对较轻。如覃塘岭岑村的习惯法就是:以前发生盗窃案,如果财物价值不是很大,只要有证据证明是小偷偷的,把赃物拿回来就好了,以教育为主,一般就是警告一下小偷,打一顿,如果失主没有证据,就不理他。覃塘法院的某庭长也介绍:本地农村发生盗窃案件,双方关系好一点的,只要退回赃物,就不计较。如果盗窃者带不走财物被当场抓住的,顶多揍一顿,只要能赔偿失主损失,农村一般不怎么追究。凤山县法院也介绍,盗窃案如果数额不是很大的,小偷返还的话,赔完就了结,不再追究小偷的责任。

但如果盗窃者是外来的,而且盗窃价值大的财物处罚就很严厉。在壮族群众的心目中,小偷从外面来本地偷东西,怎么处罚甚至打死都应该。据覃塘法院刑庭法官介绍:本地曾经发生过几个盗窃案件演变成严重的群众性刑事犯罪的案件。如有人进村偷狗,群众觉得你是犯罪分子,就可以打你,理智一些的村民就马上找司法部门,不理智的就喊村民"打死他!""打死他!"结果你一拳我一脚,打死了小偷。最近发生过2起这样的案件,司法机关都以故意伤害致人死亡处理,死者虽然是小偷,但也有生命权。其中一个案子通过政法委出面协调,被告人又尽力赔偿,最终被害人家属同意谅解。按照司法解释的精神,被害方谅解的,所处的刑期可以减少,一般故意致人死亡都判10年以上有期徒刑,我们就从轻判决,双方群众都比较满意,收到了良好的社会效果。其实这种案件很难认定,大家都打了,只不过被告人承认了,别人不承认,所以我们尽量从轻。

在壮族传统的刑事习惯法体系中，有“严于盗而宽于奸”的特征，即对盗窃罪的处罚比对性犯罪的处罚要重，这主要是因为大部分壮族地区经济较为落后，物资匮乏，一旦被盗很容易引发生活困难，因此民间对盗窃行为的处罚较严厉，而经济较发达地区对盗窃罪则略为宽容，由此形成了对盗窃罪因经济发展水平不同而出现量刑不同的现象。如河池中院刑庭的一位法官介绍：本地盗窃案属于高发，按照《刑法》判刑起点是5000元，判6~8个月。在河池西部的东巴凤地区，盗窃5000元一般判1年至1年半，扒窃几十块判8~9个月，判得比较重，因为这些地区经济欠发达，群众太穷了，所以民风很好，盗窃案很少，一旦发生就判得较重。在笔者家乡（东兰）的那个村子，有次几个外地人来偷羊，并躲进了山里，全村都出动去把山围了起来，每家分摊300元钱，围了很多天，最后小偷待不下去了，自己主动打电话给110要求解救。但是河池东部的宜州属于发达地区，犯盗窃罪的主要是吸毒人口，案件高发，重刑对他们没有作用了，已经麻木了，抓小偷更多的是警示作用，所以处刑较西部地区稍轻。

3. 在滥伐林木罪中的适用

广西境内多山，缺乏可耕种的平原，壮族群众在长期的历史发展中形成了发达的山区林业生产模式，他们与生俱来的生态保护意识和丰富的植树经验使广西的林业资源源源不断，成为中国的林业大省，因此林业也成为壮族主要的财产形式和收入来源，几乎每家每户都承包有一定面积的山林，很多壮民世代以种树砍山为生，并在这方面形成了一些独特的林业习惯法。这也是广西特有的现象，但也因此造成壮族群众很容易犯一种罪——滥伐林木罪。这主要是因为，伐木必须取得林业部门颁发的采伐证，但现在林业部门对采伐证控制得非常严格，一般群众很难办到，而许多群众在因治病、给孩子交学费等急需用钱的时候，难以或来不及办理采伐证，就擅自砍伐了自己承包的山林以解燃眉之急，因而触犯了《刑法》。对于此类犯罪，审判机关多考虑当地的实际经济状况，适当地轻判、少判。

凤山法院介绍，判刑时会通盘考虑本地的风俗习惯，如滥伐林木处罚比较轻，因为本地是林业县，群众的主要经济来源是林木，而林木采伐证又有严格限制，很难办下来。如现在9月要开学了，小孩要上学了，家长要交学费，没有钱，只能砍自家承包的树，而且农民很不理解：我自己种的树为什么砍了就构成犯罪？因此这样的案件一般会从轻。百色中院也反映，滥伐林木案主要是因为采伐证有严格控制，因此如果农民砍自己的树用于生产生活的，法院一般都从轻、减轻处罚。那坡法院也反映，由于砍树指标很难办，所以凡为了小孩读书、建房砍了林木的，都判缓刑，以免造成整个家庭生活困难,无人照顾。例如,今年上半年有一起滥伐林木罪案,被告人是个贫困户,乡里为了扶贫,号召农民改种经济作物,被告人为了脱贫,就响应乡政府号召砍伐了自家承包的山林,数量较大,超过了 50 立方米,最终法院综合考量案情后酌情判 3 缓 4(有期徒刑 3 年,缓刑 4 年)。与此类似的是因祭祖坟而引发的纵火罪。那坡法院反映,祖坟对当地壮族的意义太重大,群众扫墓时都要放鞭炮,因此不慎造成失火烧了山林,有人虽没有烧到山林但烧了枯草。对此类案件主要看面积是否达到 2 公顷、是否赔偿、是否取得谅解、是否自首,如果被告人失火后能积极赔偿取得受害人谅解,并有自首情节,都可以判处缓刑,毕竟是过失犯罪。

4. 在刑事附带民事审判中的适用

习惯法在刑事附带民事诉讼中适用的效果是最好的,这主要存在于杀人、伤害、交通肇事等案件中。按照壮族传统的习惯法,如果致人死亡或伤害的,主要是赔偿财物,并不要求对方抵命或人身执行,如明代桑悦《记壮俗六首诗》其一曰:“动讲襄公九世仇,通情洗面只赔牛。”(壮人杀人,不抵汉法,以赔牛若干了事,谓之“洗面”)[1]清代康熙三年庆远推官谢天枢的《土司议》就论曰:“睚眦相仇杀,人寻数世不止。杀人者,法不死,计其家头畜多少输所死之家,不用汉法抵罪。”[2]因此,法院在审理此类案件时,也充分利用这些习惯法,调解好刑事附带民事赔偿部分,以安抚被害人及其家属情绪,保证刑事审判部分的顺利进行。凤山法院反映,当地壮族的习惯法是,打伤了人就赔对方医疗费,直至治愈为止即可。壮族群众很朴实,认为你欠我多少就赔多少好了,想法很简单。因此,如果伤害案件当事人自己就民事赔偿达成协议,法院可以从轻判决。法院也鼓励他们调解,因为只要民事赔偿达成协议,刑事部分就很顺利,否则受害人意见很大。如果被告人造成被害人伤害又没有赔钱,受害人很容易闹事。百色中院介绍,当地农村壮族习惯法规定,杀人后被告人要负责办理受害人的后事,包括买棺材、送猪、米等,很多就是赔钱,视为丧葬费,现在一般赔 14 万元左右。被告人如果履行了上述义务就能取得被害人家属的谅解,这样被害方就不会再闹了,情绪就会平复一点。那坡县法院也认为,此类刑事案件被告人如能积极理赔,量刑从轻效果会更好。

---

〔1〕 (清)汪森:《粤西诗载》(五),桂苑书林编辑委员会校注,广西人民出版社 1988 年版,第 6 页。

〔2〕 (清)李文琰总修:[乾隆]《庆远府志》卷 9,艺文志上,26 页,故宫珍本丛刊第 196 册,海南出版社 2001 年版,第 303 页。

5. 在其他犯罪审判中的适用

民族地区的许多犯罪都是由本地群众根深蒂固的习惯法观念而导致的，如非法拘禁、拐卖女婴、赌博、械斗等。在审理这些案件时，法院都会酌情考量当地的风俗习惯。百色中院就介绍了一起发生在2015年的非法拘禁案。某夫妻女方是云南人，男方有外遇，女方就叫了全家人将通奸双方当场抓住，并把两人拉上一辆面包车拉到云南罗平去关了两天，第三者是被强迫抓上车，丈夫则是自己跟上了车，女方及其家人要像旧时代通奸者被浸猪笼那样的习惯法来惩罚两人。虽然后来放了人，但女方已构成非法拘禁罪，被依法起诉。女方及参与此案的亲属包括其哥、嫂等十几个人全部被抓。第一次开庭时因被告人办理了取保候审，因而缺席，法院综合考虑案情后判处了被告人缓刑，结果被害人就说法院偏袒被告人，整个家族来了很多人把法庭全部堵了，足见群众的法律意识还有待加强。

此外，还有一些犯罪，如拐卖婴幼儿犯罪，是由于壮族浓厚的重男轻女的思想导致的，如东兰法院和百色中院介绍：在计划生育时代，有些地方不遵守计划生育政策，许多夫妻为了生男孩，就超生了很多女孩，父母难以养活，就把她们卖掉了，法院考虑到本地群众思想文化的实际水平，而且因父母主要是出于生计所为，所以此类案件一般其父母都会轻判。还有赌博，农村文化娱乐活动少，许多人常年在外面打工，过年回家与亲友聚在一起打牌打麻将，很容易构成赌博罪，还有许多群众由于愚昧而参与六合彩，这些案件一般也会轻判。

械斗也是壮族地区容易发生的刑事案件之一。近年来，很多承包商到农村搞土地开发，由此也酿成了很多纠纷，这主要是经济利益冲突导致的，为此法院在审理这些案件时要充分了解案件的实际情况，如覃塘法院林法官介绍：此类案件都是生产队因征地、征山林引发的，以生产队为单位，族头在其中起很重要的作用。2006年，本地上坡陇的村多家把山林共962亩山林发包给了一个承包商，但该承包商与村民之间纠纷不断，都是些小问题，如承包商在修路的时候，没有给村里族头的侄子做包工头，而且小气不给村民上山砍树枝，因此村民就提高租金，一年比一年高，后来闹得挺大，双方之间民事案件有百多件，刑事案件1件，是承包人的儿子被打死了。2012年，本案直接在中院审理，以财产损害为案由，审的时候全院待命，因为很多当事人都围堵法院。到我审的时候，吸取前面的经验教训，进出几层安检，每次开庭都是录音录像，明知道没有调解可能，但还是对当事人做了系统工作，劝说当事人理智一些，也做了双方律师的工作，又追加了21个当事人，双方觉得我的工作很细，都没有上诉，后来我去回访，虽然我没有全部认可其起诉理由，但他们都觉得公平公正。因此，审理涉及械斗等大型群体性的案件，一是工作要细，二是软件硬件要跟上，黄练镇那边有9个类似的案件都没有上诉过，也都执行了。

（三）在行政审判中的适用

行政审判是习惯法较少涉及的领域。在广西壮族地区的法院，一是行政诉讼案件数量整体偏少，如覃塘法院一年行政案件只有2～3件，而凤山法院一年也只有10多件；二是因行政案件本身的性质决定，大部分都是严格按照国家行政法律法规政策审理，几乎没有习惯法生存的环境，可谓习惯法适用的“冻土层”。在针对法官的调查问卷中，只有23.27%的人认为风俗习惯可以适用于行政诉讼领域。但即便如此，习惯法仍有生存的空间。这些空间主要涉及壮族非常重要的一个习俗——坟山观念。壮族是一个历史悠久的民族，重传统、重祖先，并发展出浓厚的祖先崇拜情节，因此，祖宗山、祖宗坟在壮族群众心目中的地位非常重要，政府相关部门在作出有关土地、山林确权等具体行政行为时，要充分尊重当地群众在这方面的习惯法。而在审理由此引发的行政案件时，法官也需要适当考虑壮族群众的习惯法。

据河池中院行政庭的法官介绍，壮族地区法官在审查具体行政行为合法性的时候，会适当考虑当地人民群众的风俗习惯，为此，行政机关在行使自由裁量权要充分尊重本土风俗习惯。例如，2016年该院曾审理一起土地确权的行政诉讼案件，当地政府在为一块坡地作出确权的时候，未尊重当地壮族葬坟的风俗。案件原告在该坡地上种植了作物，但案件第三人在该坡地中间葬有几座祖坟，因此将该坡地作为祖坟山，家族每到清明节都要举行盛大的祭祀祖坟仪式。然而，当地政府在确权时，却把整个坟山划归给原告，只把坟墓划给第三人，这导致第三人每年祭祀非常不方便，因为只有坟墓属于第三人，而周围的土地都属于原告，无法自由进出，因此法院最终以处理决定明显不当撤销了政府机关的确权决定。

基层法院对此也有反映。行政案件审理法官指出，一些政府部门在作出具体行政行为时，往往不注意维护壮族群众的坟葬习惯，常常导致司法上的困扰和难题。如东兰县就发生过多起挖坟纠纷，某个山头是某个姓氏的族传山头，解放前是坟山，解放后却又被政府部门划归到了别人的名下，因此发生很多确权纠纷。法院在审理此类行政案件时常常难以判断，陷入举证困境。那坡县法院行政庭法官介绍：当地龙合乡也曾发生过坟山纠纷。当地壮族喜欢把家族祖坟集中起来埋葬，因此坟圈会慢慢扩大范围。但林业部门去丈量土地的时候，并没有把农户承包的山林、土地上他人的坟葬单独刨出来，一般村民指着这块土地说是我的，就笼统按照农户说的确了权，而且在证书上也不反映这些坟葬面积，导致很多林权证、土地证书面记载面积与实际面积不一致。虽然墓葬的所有权人每年仍然去祭祀,承包权人也不予干预,但一旦发生墓葬纠纷,由于证书无法反映,法院一般只能以举证不能驳回墓葬所有权人的诉讼要求。

(四)在陪审机制中的适用

习惯法在人民陪审制度中也可以得到充分适用。例如,覃塘法院一位资深民事法官介绍,在当地的壮族群众中,族头讲话特别有威望,如果两个家族之间产生了冲突,族头出来说句话,就可以制止纠纷。族头还可以凝聚整个家族的力量,帮助解决家族的困难。如某家族有几个兄弟,在2004~2005年的时候,其中一个兄弟的孩子考上了大学,族头要求每个兄弟每月要拿600元给侄子读书,这笔钱在当时已经算很多了,因为普通人每月的工资奖金也没多少,这足见族头的巨大权威力量。覃塘法院充分利用这一民间力量,建立了一个家事纠纷联动机制,吸收很多这样的族头等民间权威人士做人民陪审员,将他们拉进来做民事纠纷的调解员。这些人民陪审员比较熟悉当地的风土人情,如在调解前陪审员会问当事人是哪个地方的人,法官觉得很奇怪,后来才知道不同地方的人性格不同、贫富情况不同,对案件的反应也不同。在他们的协助下调解成功率很高。东兰县法院也反映,人民陪审员可以作为法官与当事人之间一个桥梁,如某个案件的人民陪审员恰巧与双方当事人比较熟,在他的协调下,调解顺利成功。人民陪审员还可以监督司法审理的公正透明。凤山县法院表示,有些案件专业性较强,就从该行业中选择陪审员,提供专业性的意见,从而可以加强审判,一些案件的调解也可以顺利实施。那坡县的人民陪审员各个乡镇都有,由群众自己报名,然后法院考核。考核时把人民陪审员的人品、德育放在第一位,最重要的是群众能认可他的话。人民陪审员主要有两个功能:一是对法院的监督,这个功能是主要的,一般案件在哪里就找哪个地方的陪审员;二是法治宣传的作用。

百色中院也介绍,本地村老、寨老也有,一般年纪比较大,或威望比较高,说话才管用,但办案时也要把村干部叫上,因为村支书说话也管用,有一位法官所在的法庭管2个乡镇,就聘任了2个村支书做人民陪审员,送达工作都交给他们,他们帮法院做了很多调解工作,主要是离婚纠纷、借款纠纷、两兄弟赡养纠纷等。人民陪审员还能起到法治宣传的作用。百色助学网奸淫幼女案宣判后,社会反映很大,如果人民陪审员能帮法院在群众中宣传一下,那样效果就最好。那坡法院介绍:本地寨老是屯里有威望的老人,村民有纠纷就会找来寨老,由他调解,但现在的老人也懒得管这些方面的事,基本上由村干和村里的调解委员会代替了。本院在每个村都有聘任人民陪审员,每个村都建立了调解员、调解室,对解决纠纷有很大作用。因为大家信服某个人才选他做村干部,所以他说的话大家还是认可的,如两兄弟争财产、婚姻案件等都邀请这些人民陪审员调解,法官再在旁边做工作,调解工作就很好做,所以那坡法院案件数量一直很少,跟这个调解委员会有很大关系,那坡法院在百色市的法院中调解率很高,70% ~80% 的案件都是调解结案,人民陪审员起的作用还是很大。

(五)在其他审判程序中的适用

1. 在执行环节的适用

(1)关于离婚案件女方取回陪嫁物的执行

嫁妆是壮族重要的婚姻习俗,也是在妇女无继承权制度下对妇女的一种重要补偿,是专属于妇女的重要财产。按照壮族的习惯法,离婚后女方如愿意可以带走嫁妆。贵港港城镇六八村的习惯是,女方离开家时,可以拿走自己的专用物品以及嫁妆。覃塘区岑岭村的习惯是,如果刚结婚没多久就离婚的话,应退还女方嫁妆,女方娘家人来把嫁妆扛走。即使结婚时间长,如果男方在离婚中存在过错的话,女方不但可以要求赔偿,还可要求取回嫁妆。覃塘法院一名长期办理执行业务的韦法官追忆了执行取回陪嫁物的案件。20 世纪 90 年代由于经济不发达,群众生活水平不高,陪嫁的物品在当时都属于贵重物品,因此离婚时女方主张取回嫁妆的还挺多的,当时取回嫁妆案件的发生率比较高,而要回陪嫁物的概率也比较大,因为女方认为这些东西是其从娘家带过来的,离婚取回理所当然。1997 年,韦法官在贵港市港南区思怀乡大岭村就执行了一起这样的案件。离婚双方共同生活 6 ~7 年,育有 2 个小孩。男方在广东做大厨,月收入 4 万元,在当时属于高收入阶层,因有外遇而导致夫妻闹矛盾离婚。法院判决离婚,子女均随女方,男方一次性支付女方子女抚养费 2.5 万元现金,此外,女方还要求取回陪嫁物。当时的陪嫁物是四大件,包括录音机、自行车、缝纫机、手表,还有个人陪嫁的棉被和衣服。法官去执行的时候没有汽车,只好到石坎派出所要了一辆手扶拖拉机,去男方家拉这些物品,男方家的人还不错,调解通了,东西全部拉了回来,一共拉了两手扶拖拉机。女方连尿桶都要拉回来,还要把小罐里的米全部倒完拿走,被韦法官阻止了,法官说家里还有老人家,留一些给他们。在另外一起西山乡的陪嫁物取回执行案件中,女方连沙发都要取回拉走。

现在此类案件的执行用人民币折价的比较多,因为社会基本的趋向都在转变,法院也倾向于折价,不主张实物执行,原因有三:其一,实物执行拉走会导致男方没有面子。在乡土熟人社会,壮族群众都看重脸面,法院在众目睽睽之下派车到男方家拉东西,往往导致男方家里人跳出来阻止,增加执行的压力。其二,随着社会经济的发展,人们已不再注重实物,而更注重直接获得货币。如有些男方当事人会泄愤说:“这些东西都用过了，我不要你的，你拉走吧！”还有的男方当事人甚至直接把东西拉到法院来当场交接，因为家里留这些东西也没有用。还有男子再婚的，新嫁来的妻子也不愿用原配的东西。其三，实物执行法院须派车派人力，会增加执行成本，因此实物执行越来越难。现在法院主张对双方当事人多做调解工作，共同协商陪嫁物品的价值，直接支付货币补偿。如果值多少钱说不清楚，那就双方讨论一个合理的价格，如某物原来买的时候值 100 元，现在折价 80 元，适当地按人民币折算。再如，双方意见不一致，你说值 1 万元，我说值 8000 元，那就让双方定下来再作调解，最终按 8000 ~ 9000 元确定价值，还有的按结婚时间直接折半，效果也不错。目前为止还没有为了嫁妆纠纷上诉的。

(2)关于子女抚养权案件的执行

据执行法官的反映，在离婚案件执行中难度最大的是小孩抚养权。诚如前文所述，壮族的传统是子女要留给男方，尤其是男孩，因此经常发生将子女判决给女方抚养但男方不给小孩的情况。在这方面，法院随时面临着习惯法与法律的冲突。受父系观念的影响，男方家族总认为小孩是我的根，放出去就成为外姓人了。如果把孩子给女方，别人就会笑话说你们家族连自己的孙子都看不住，是整个家族的耻辱，这种民风、民情与法律产生严重的抵触，导致现在很多子女抚养问题都没法解决。例如，在计划生育时期，法律规定判决子女要优先照顾结扎方，但一些小孩判给女方后男方觉得很亏，认为小孩的根在男方家，不管法院怎么判，男方都觉得小孩应该留在男方家，不能被女方带走。这给法院执行的时候造成很大的困扰，像法院抢小孩一样。覃塘的韦法官就在樟木镇执行过一起这样的案件。某家庭丈夫因执行公务病死，夫妻双方育有 2 个子女，长为男孩，幼为女孩，仅 4 岁，法院判决长男孩归男方家，女孩归母亲。但是小孩的伯、叔认为女孩属于本家族，不准女方带走女儿，因此该女孩一直在男方家生活。至女孩 10 岁的时候，女方向法院申请强制执行女儿的抚养权，女孩的叔伯就把她藏到樟木镇与武宣县交界的石炭镇某村，法院找不到小孩，女方就整天到法院来闹。后来法院就趁天没亮过去找到小孩的叔伯，明确告知其如继续抗拒执行，将被拘留。由于其仍拒绝交出女孩，法院只好拘留了叔，让伯回去找女孩，后来伯就将女孩带了回来。但叔伯主张，他们抚养女孩从 4 ~ 10 岁，女方应补偿 6 年的抚养费，女方赔了 7000 元，案件得以解决。但法院带走小孩的时候，小孩因与父家亲戚感情较深，大声哭闹，不愿跟女方走，小孩的婶、伯娘也哭哭啼啼，拉着孩子，场面难以控制，围观群众都传出来说法院在抢小孩。

另一起类似的案件是，覃塘某村一男子因交通事故去世，与妻子育有 2 个小孩。

后妻子改嫁到邻村后，因男方家不肯给小孩，女方只好向法院起诉要求孩子的抚养权。法院依法判决后，孩子的叔伯、爷爷仍不愿意给孩子，法院做工作也不同意，后来在法院的努力调解下，男方家终于同意把女孩给女方，但男孩坚决不给。后来伯父协助把女孩用摩托车送到镇上来交给法官和女方，但女孩死活不愿意上法院的车，激烈哭闹。虽然最终孩子被母亲带走了，但由于母女长期没有共同生活，缺乏感情，该女孩的性格十分叛逆，母亲又管不住。后该女孩跟别人打架，把人打伤了，要求赔偿1万元，母亲又把女儿退回到法院，说是男方家没教育好。许多法官认为，现在案件要讲求可执行性，法官最怕遇到这种案件。法律的尊严体现在执行，体现在公平公正，但执行这样的案件，往往损害法律的尊严，也难以体现公平和公正，因此执行案件也应当适用和顺应民间习惯法，找到最合理的执行方式。

(3)关于坟山纠纷的执行

在坟山案件的司法执行过程中，也存在壮族习惯法的适用问题。如河池中院执行庭的法官介绍，习惯法对司法执行工作有很大的影响。一般来说，民事判决都是按照国家强制性法律与司法解释作出的，但一些当事人认为判决与他们的传统观念有冲突，因而导致固有的习惯法对执行工作造成阻碍。例如，在一起土地侵权案件中，原告拥有一片山林的合法产权。由于该山林在当地风水很好，于是被告就强行把自己的祖坟葬了进去，原告起诉后，法院依法判决被告的行为属于非法侵犯土地财产权，应当迁移祖坟，恢复原状。原告依照判决申请强制执行，但法院在强制执行时却遇到阻碍，原因在于，迁祖坟在本地壮族中是一件大事，要举行很多郑重烦琐的祭祀仪式。如果强硬执行的话，法院是否要按照当地传统的迁坟仪式，允许被告杀猪、杀鸡等来执行，如果不依照这些仪式，很容易造成被强制执行人情绪失控，因而导致激烈的抗拒行为，如果按照传统的仪式，当地老百姓听说后又会指责法院还搞封建迷信活动？这给司法执行工作造成了很大困扰。那坡县的法官也承认，壮族迁坟的时候，要举行很多仪式，整套做下来可能要用5000多元钱，因此对祖坟的迁移尽量不要强制执行，最好让双方当事人协商解决，无论通过什么方式，执行工作都必须非常规范，关键是要完成执行。

(4)关于利用壮族传统节日对“老赖”问题的执行

目前，司法执行方面最令人头疼的就是“老赖”拒不执行问题，这些“老赖”主要存在于借贷纠纷、合同纠纷和劳资纠纷中。他们“玩”失踪、“玩”财产转移，和法院“捉迷藏”，导致很多案件虽然已经判决却执行不了。一些壮族地区的法院利用民族习惯法，成功找到了执行“老赖”的突破口。壮族有很多隆重的传统节日，如三月三、七月十四等，在这些节日中，即使是一些“老赖”也必然会回来参加，每逢此时，一些法院的法官就放弃自己的休假，抓住这些宝贵的机会去蹲守、围堵“老赖”们，迫使其最终执行判决。例如，凤山县法院执行庭的法官说，本地壮族有自己特有的节日，平时许多群众都在外面打工，在现代化的节日如元旦、五一、国庆等他们反而不会回来。而七月十四是本地壮族非常隆重的节日，在外面的人都会回来过节，每到这时候法官就不休息，去等着、守着这些“老赖”，抓住他们还钱。本地春节之前有个杀年猪的习俗，每个家族都举行，会请很多人吃饭，全家族的人都必须回来参加。在 2017 年春节前，一起劳务合同纠纷的“老赖”请人做工却不付工资，平时不在家，法院执行人员打电话也联系不到人。法官就从村委了解到他家是腊月二十七日杀年猪，他一定会回来。于是法官就在那天在现场堵住了他。法官向其讲明利害关系后，该“老赖”从窗户里丢出了 2 万元执行款，使案件最终得以执行。

此外，法院还可以利用民间的红白喜事传统来执行案件。如另一起劳务纠纷的“老赖”，执行法官查了其银行账户没找到财产，但根据其平时的消费习惯，推断该“老赖”应该有钱。今年农历 3 月，法官打听到他有个叔公去世出殡，按照本地壮族的习惯，家族的晚辈都必须要参加葬礼。不出所料，法官果然在葬礼上当场抓住了他，并把他带到法院，该“老赖”急着回去参加葬礼，就打电话让别人送钱过来，案件得以成功执行。那坡法院也反映，对于那些长期拒不执行生效判决的“老赖”，法官一般利用春节“老赖”回家探亲的机会将其拘留，因这些人惦记着回家过年，最终同意执行财产，大大提高了执行率。有些人质疑这样执行案件似乎不够人性化，但法官们表示事先只要做好沟通、普法工作，大部分群众都会理解的，而且对这些“老赖”也早已事先多次告知其法律规定了。在上述案件执行中，周围的群众均没有表示异议。

2. 在开庭、传唤、送达环节的适用

在开庭时间、地点的选择上，也要充分适用壮族的习惯法。据那坡法院介绍，当地法院开庭的时候一般不安排在七月半、农忙时节，因为七月半是当地壮族最隆重的节日，要充分照顾壮族群众的文化传统和风俗习惯。在法庭的开庭地点上，东兰县的“拔哥流动法庭”值得赞扬。东兰是革命先烈韦拔群的故乡，因此东兰法院继承其深入农村发动最底层群众革命的精神，创立了“拔哥流动法庭”。该法庭借用拔哥在群众中的影响力，下到乡村去为群众办案，在田间地头开庭、调查、沟通情感，引导当事人慢慢讲述自己的烦难纠纷，以方便群众诉讼，同时宣传法治。该法庭的口号就是“宁可累法官，不能累群众”，可谓广西的“马锡五式审判”方式。当然该法庭也存在一定的困扰，因为有些当事人不一定愿意在自己家或村寨开庭。虽然旁听群众非常欢迎这种开庭方式,因为他们喜欢看热闹,像看舞台戏一样,但这却不利于保护当事人的隐私,如离婚案件下乡审理,会公开当事人家庭隐私,还要受到舆论谴责,抚养权纠纷也是如此。有时下乡去审理,当事人为了面子干脆就撤诉了。同时法院一般下去办案的工作人员都较少,遇到双方当事人人多势众的情况,很难控制场面,容易产生群体性的冲突。

习惯法在法院传唤、送达环节也有一定程度的适用。例如,那坡县就曾有一个传唤的案例,法院怎么传唤一个村民都不来,但法院委托村长一叫他就来了,后来了解到该村长是个道公,当地的壮族很迷信,什么事都要请道公,因此该村长在村民中享有很高的权威和地位。该村民考虑到以后要经常请村长做法事,所以村长一叫他就来了,坐在那里老老实实听法官讲话。在送达方面也要充分考虑壮族的习惯法。如在震惊全国的隆林"百色助学网"奸淫幼女案中,有个女孩作为受害人出来指证,公安机关为其做了笔录,后移交检察院后,检察院须将一些司法文件送达其签字确认。但检察院却直接把司法文书和材料邮寄到了该受害人工作的地方,由于信封上用红色大字醒目地印有司法机关的名称,而这个案件当时在全县、全国已是尽人皆知,这件事立刻就在该受害人的工作单位、村里、家里传开了,其家族中叔伯知道后,非常歧视她,认为她让整个家族蒙羞,就要求该受害人离开本地,出去工作几年再回来。后来该受害人在案件审理过程中特意表达了自己的不满,认为司法机关应当尽量保护她的隐私,这实际上已对她造成了二次伤害。这是一个深刻的教训,它告诉司法机关,即使在送达这样的环节,也要充分考虑当地的少数民族风俗习惯,应谨慎注意,尽量用对当事人更好的、更隐秘的方式来送达,以保护当事人的利益。

二、民族习惯法在司法审判中适用的困境

(一)缺乏国家法统一明确的规定

尽管民族地区的法官在审理有关少数民族的案件时,会多方考虑少数民族的风俗习惯,但由于目前国家法在这方面没有统一的适用准则,所以司法审判在这方面缺乏明确的依据,难以在台面上体现出来,很多法官也认为在适用习惯法方面放不开手脚。在调查问卷中,73.58%的法官认为在司法审判中适用习惯法存在的主要阻碍是认定和选择适用的标准模糊。如覃塘区法院一位资深民事法官表示,本地习惯法对我们没有约束力,我们审理案件时是不看的,只根据法律。覃塘法院的刑庭庭长也说,我们并没有因为被告人是少数民族就从轻处理,都是依法处理,民族方面的因素考虑的比较少一些,民族是一个次要条件。其他一些壮族地区的法官也明确表示,审

理案件以国家法为唯一标准,不考虑适用习惯法。百色中院的法官也说:百色比较落后,虽然有些村寨的村规民约规定不准抢劫、赌博、盗窃,如果违犯了会受到怎样的处罚,但我们定罪量刑时一般不考虑。不仅广西本地的法官如此,课题组在其他少数民族地区调研时,也听到法官们表达了类似的观点。如甘肃省临夏回族自治州中级人民法院的法官说:法律上不存在适用习惯法,没有这方面的规定,虽然本地伊斯兰教法对群众的影响比较深,但主要在民商事这块,在刑事上没有适用习惯法的问题。东乡县法官说,成文法方面有问题,可以提出来,但在具体案件的审理上还是要按照法律规定。

这方面最典型的体现就是,课题组在调研中请求法院提供相关案件的判决书时,大部分法院都表现出一定程度的紧张,他们会推脱说,判决书中并没有任何习惯法反映出来,都是严格依照法律判决的,即使你们拿到判决书也看不出来什么。这的确是一个事实。例如,课题组在临夏州东乡县法院调研时,几乎所有的法官都大谈特谈当地的"口唤"制度(当事人给对方宗教上的允诺)及其对司法审判的影响,但当我们向法官要求相关判决书时,他们婉转地拒绝说,我们的判决书中都是按国家法律规定表述的,没有反映口唤的。由此可见,由于缺乏国家明确统一的规定,法官在适用习惯法时,可谓小心翼翼,不敢越雷池一步,即使在事实上已考虑了民族习惯法,但绝不能在书面的判决书上留下任何痕迹和证据,以免引起争议和追责。显然,由于缺乏适用习惯法的明确立法依据,司法实务工作者还是存在很大的顾忌和畏惧。

立法在司法审判适用国家法方面缺乏明确统一的规定,导致民族地区法院在审理涉及少数民族风俗习惯的案件时,难以把握,陷入困境。甘肃省甘南州法院审理的"开合钱"案件就是一个典型例证。甘南藏族自治州中院告诉我们:在司法判决中很少把民族习惯法写入审判书中,因为现在很难确认这个民族习惯是否符合公序良俗。如本地的卓尼、临潭县结婚盛行"开合钱",即男方婚前在彩礼之外,另行向女方支付的购置嫁妆的费用,且愈演愈烈,由此引发了大量的民事和刑事案件。男女双方结婚时,男方不但要给彩礼,还要给开合钱,这是对妇女陪嫁的一个补偿,本意是增添婚礼上的热闹,在卓尼、临潭县原来"开合钱"是彩礼的一半,现在与彩礼一样多,至于女方陪嫁什么男方不能过问,女方拿多少就是多少,男方也没办法。"开合钱"不是普遍性的,如迭部县民风比较纯朴、牧区比较开放,婚嫁态度也比较开明,对彩礼没有过多要求,只要双方愿意就结婚,但在临潭、卓尼这已经形成了一种陋习,在谈恋爱期间,女方所有的开销都由男方负担,甚至女方去逛个庙会,男方都要给 2000 元。目前甘南中院对此类案件的处理方式存在疑问,比如本地在民事案件中的开合钱,是否应归入彩礼？应否退还？目前基层法院做法不一致，有的法院认可；有的认为对男方来说有失公平，判决书中判女方退还；有的法官认为"开合钱"问题，法律没有规定，可以不判退还；这导致同一案件在不同的基层法院出现不同判决的情况，判决如何完全取决于法官的认知水平。"开合钱"也成为本地民转刑案件的一个主要源头，发生率很高。因婚姻家庭引发的杀人案件，最近就有2起。男方为了结婚给了女方很多彩礼和开合钱，可是婚后几个月后女方又欲分开，男方激愤杀人，开庭的时候连旁听群众都觉得到了不杀不快的程度。一方面男方很可怜，从结婚开始就处于一种极不平等的地位，一旦离婚人财两空；另一方面女方也很可怜，因为"开合钱"全部落入了女方的父母手中，其本人并没有拿到，离婚的时候，即使法院判决女方返还"开合钱"，也不可能完全执行，因为女方根本没有能力偿还。这是甘南州目前存在的一个最大的问题。为了解决此类案件，甘南州中院曾经向甘肃省高级人民法院提交过请示，请求高院对此类案件作两个批示：第一，认定"开合钱"是属于男方的赠与，还是属于彩礼；第二，此类案件中能否将女方父母追加为被执行人，但省高院一直没有给答复，而是希望中院向最高人民法院请示。目前，此类案件只能按照法官个人的理解来审理。如有的法官个人观点认为，如果男方认为是一种赠与的，那就不能要求女方返还，如果不是，其要求返还的话，应当由男方的父母向法院起诉女方的父母，另案起诉，因为目前法律对这一问题没有统一规定。

（二）习惯法与国家法存在严重的冲突

习惯法能够在司法审判中适用，前提条件是习惯法与国家法之间存在契合性，如果二者不能有机融合，当然难以适用。现在习惯法存在的最大问题是，首先，其许多内容观念与国家法律严重冲突，难以调和。其次，习惯法的地域性过强，因地区不同而不同，通常是一个山头一个调，一个村一个做法，一个民族一套法，其适用范围和对象都非常有限，难以统一规范，给司法适用造成很大困境。最后，习惯法的随意性和感性化也与国家法格格不入。由于习惯法产生于乡土社会、熟人社会，注重人情和教化，有时表现出一种随心所欲的任性，弹性非常大，这使得刚性的、规范化的、理性程度较高的国家法难以把控。例如，对于盗窃犯的态度，群众的看法与国家法截然不同，许多人认为打死小偷无罪。覃塘区法院一位资深法官说，我曾遇到小偷进村偷狗，被村里人打，结果打成重伤，构成了刑事案件。课题组在宜州市屏南乡调研时，看到该乡墙上、电线杆上到处都写着打死小偷的标语，如"偷狗者进村小心小命！""打死偷狗贼！""偷狗者，你只要敢偷，你会有一天被打死"等，触目惊心，下面还公然署名"群众"，（见图3）这与法治的观念大相径庭。甘南州中院介绍，在州府所在的合作地区，群众对盗窃行为存在一些陋习，即不认为盗窃是一种犯罪，如果某家的儿媳妇能偷东西，还被认为是一种能干的表现，当地的藏族妇女常背着一个背篓在街上转，方便趁人不备窃走财物。同时，当地认为男人不偷不抢是没本事，男人要能抢。而且村子里形成了一种互相包庇的习惯。当然，现在这种陋习已慢慢消失了。

图 3　课题组在宜州市屏南乡拍到的标语

目前，壮族地区习惯法与国家法冲突最严重的莫过于出嫁女的继承权问题，因为这牵涉另外一个棘手的法律问题，那就是出嫁女对父母的赡养义务。按照权利义务对等的原则，壮族民间的习惯法认为，既然出嫁女没有继承权，也因此不再承担父母的赡养义务，这导致一些赡养纠纷难以审理，即使判决了，也难以执行。例如，宜州市法院提供了一个典型案例，某村有一对夫妻，生育有5个子女，2个儿子，3个女儿。因为当地重男轻女，养儿防老，因此这对夫妻在身体还好的时候就已经写好了财产分割协议，没分给女儿，全部分给了儿子。但后来老夫妻多病，做农活不行了，2个儿子看老人多病，都不愿赡养父母，另外3个女儿都嫁到外地去了。老人遂向法院起诉，但只告了两个儿子，法院就追加了3个女儿作为被告。开庭的时候3个女儿意见很大，说我们什么财产都没得，还要我们赡养。最后法院调解，5个子女都要承担相应的赡养义务。3个女儿表示，我们生活在外地，我们不能分得财产，法院还判决我们要给父母钱，我们可以给钱，但我们照顾不了父母很多。最后子女集体把父母送到了养老院。这个案件的社会效果不好，本来父母养5个儿女在村里是很值得骄傲的，但没想到老人的晚景却如此凄惨。这个案件判决后，执行也是个问题，嫁出去的女儿也找不到人。这种传统的风俗习惯与法律的冲突很明显，法院只能按照法律规定来认定，希望从道德上来感化子女，可是父母什么财产也不分给女儿，判决上面又要女儿赡养老人，这的确有些不公平。那坡法院也介绍了类似的案例，有一起交通事故赔偿案件，某老夫妻的儿子因交通事故死亡，但肇事方赔偿老人的赡养费的时候只赔偿了1/3，因为这对老夫妻还有两个女儿，她们也应当承担相应赡养义务，但实际上在当地壮族习惯中女儿是不承担赡养义务的。

习惯法与国家法的冲突是显而易见的，因此，如何让群众了解国家的法律，改变传统的根深蒂固的思想，是司法审判适用习惯法要解决的一个很大的难题。

（三）习惯法难以达到国家法的要求

要在司法审判中适用习惯法，还有一个难题是习惯法很难满足国家法的要求。首先，关于民事行为履行法定手续的问题。很多壮族群众的行为虽然具备习惯法上的效力，但却未履行国家法的手续，结果该民事行为未产生法律效力，因此很难得到国家法的保护。在这方面最典型的就是婚姻登记问题。许多少数民族群众因年龄未到等其他原因，结婚时只按照当地风俗办了传统婚礼，没有去相关部门登记。虽然当地群众认可他们的婚姻，但一旦发生纠纷起诉到法院，则在法律上无法认定他们婚姻的有效性，只能按解除同居关系处理，这导致当事人的权益难以得到《婚姻法》上的保护。如宜州人民法院民一庭的法官介绍，本地壮族结婚的风俗习惯是只要摆了酒席，群众就认为其是夫妻，可以居住在一起了，附近的乡民都认可，但实际上两人并没有办理登记手续。通常两人生活了几年，夫妻之间有了矛盾，起诉到法院要求离婚，但法院发现他们并没有领取结婚证。这种案件在壮族地区很多，当事人往往以离婚案件为由起诉到法院，而法院只能按解除同居关系处理。在审理过程中，当事人说双方已经摆酒了，乡民认可了，日常生活中也说“谁的老婆”“谁的老公”等，但由于法律不承认事实婚，因此法院不可能认定双方存在合法夫妻关系，只能由他们自己去处理，子女一定要双方共同抚育成人，但提出的财产分割要求就不予支持，想要得到判决，那只能先去办结婚证，不然不可能判决。这样的案件最难处理的就是财产分割，由于不能按照夫妻共同财产处理，对女方很不公平。有一个案件女方到男方家同居了 8 年，小孩也有了，女方来了后就把老房子拆掉了，男女双方共同筹钱建起了新房子，但分割的时候对女方很不利，因为房子登记在男方父母名下，土地又是集体的，这种情况下法官只能运用自由裁量权，在分割财产的时候适当照顾一下女方。

其次，习惯法上的行为证据方面很难达到法律的要求。群众很多习惯法上的要求和主张往往得不到司法上的支持，很大一个原因是缺乏相应的证据支撑，难以认定。而当事人由此对司法审判产生失望、认为其过于苛刻等负面情绪。在这方面最典型的就是彩礼和嫁妆返还的证据问题。民间彩礼和嫁妆的交付都是采用实践交付的行为，一般不写书面证据，因为那样很伤面子，可一旦离婚要求返还时，双方往往对是否交付和交付的金额产生争议，这又难以用证据证明。例如，覃塘区法院一位资深民事法官介绍了一起案例，男女双方经媒人介绍后订婚，男方自称给了女方 39 999 元，其中 30 000 元是礼金，9999 元是一个封包，结婚不久之后女方要求离婚，男方要求退还礼金，按国家法律的规定，这种情况是可以退还的。但女方不同意退还，而且也不承认收到了这些礼金，而男方却提供不出相应证据，当时并没有写收条。男方找到几个证人，都是自己的亲属，无法成立证据链。最终法院没有支持男方要求退还礼金的要求。河池中院也介绍：本地存在一个问题，就是给付彩礼的时候是装在信封中，由男方给女方，双方都不会当面拿出点数，结果离婚时男方主张 5 万元，女方主张 3 万元，这就涉及男方如何举证的问题。嫁妆的返还也存在同样的问题。有一起案件男女双方都是白裤瑶族，因男方家暴女方起诉离婚，一审判决离婚，在庭审中女方主张自己有五套衣裙要拿回来，她声称这五套衣裙都是白裤瑶的民族服装，其为手工制作和刺绣的，一套值 1000 ~ 2000 元，但因女方举证困难，最终法院不予支持。

最后，对于司法审判的要求，习惯法也很难满足。如东兰法院介绍，河池中院曾经发回重审一个继承权的案件，中院要求确认该户家庭中的成员谁种哪一块地，但在当地，壮族都讲究一个大家庭共同生活在一起，父母兄弟姊妹孙儿孙女其乐融融，每个家庭的土地是不分的，都是由家庭成员共同耕种，如果分开的话，那就是分家了，只有分家的时候才分田地。因此，对于法院提出的要求很难满足。此外，无论是西北地区还是广西,亲戚朋友之间借贷一般既没有书面协议,也不约定利息,更毋论还款期限等,一旦发生纠纷起诉到法院,法院一般很难支持利息要求,甚至有时连本金都难以认定,这很难使当事人的经济权益受到法律的保护。在调查问卷中,32.30%认为在司法审判中适用习惯法存在的主要阻碍是习惯法自身存在的局限性。

三、民族习惯法在司法审判中适用的理论与现实依据

尽管具有诸多障碍,但民族习惯法在司法审判中的适用,无论在理论还是实践上都具有很大的可行性和必要性,这也是民族地区司法工作者的共识。近年来,西部的司法工作者在这方面展开了大量的理论研究与实践探索。课题组就习惯法的司法适用问题在西部民族地区调研时,得到了当地的支持。如临夏回族自治州中院的马军院长对本课题给予了极高的评价。他称赞本课题的选题是一个非常敏感的话题——少数民族习惯法在司法审判中的适用,如何让少数民族优秀的传统文化与司法审判结合起来,发挥作用,题目很切合时弊,具有吸引力,调研提纲也设计得务实、严谨。临夏和广西都属于民族地区,有相同相近的发展阶段,因此在这一问题上有许多共通之处。他还介绍,甘肃高院院长梁明远(藏族)近年来也很重视民族法治这块内容,还有设在舟曲县的国家法官学院也很注重这方面的研究,曾召开过法院与高校的研讨会,北大、清华等高校和中央民委都积极参与,在法官中产生了很大的影响。会议还汇集各方观点,出版了一套24万字的书。最高人民法院周强院长也率领法官、一流法学专家到临夏中院参观。国家法官学院的扎西处长也介绍,前两年我们刚开始起步研究民族地区法制建设,设立了民族法律文化研究室,是正处级单位。甘南州中院院长也在甘肃省人大会议上提交了一份习惯法在司法实践中运用的议案。由此可见,在西部地区,民族法治是一个越来越热的话题,也是需要各方有识之士来共同探讨的问题。

(一)理论依据

没有法律制度是完美的,也没有法律制度能平衡所有人的利益。国家法具有刚性、统一、明确的优点,是一个国家不可或缺的基本法律体系。然而国家法也存在一些天然的缺陷,如"一刀切",难以顾及特殊需求;原则性过强,对于一切具体的现象缺乏指导;统一、硬性的规定难以适应多民族、多文化国家的民族、地区差异性。例如,甘肃省法官学院甘南分院教务处处长扎西才让谈到,有藏族牧民提出:《民法通则》都是按照汉族的习惯法制定的,但藏族的民族习惯法为什么没有纳入进去?国家法在藏区实施过程中,对于草山纠纷显得无力,在这方面就需要习惯法的适用,效果要好

很多。藏区的很多对社会有益的习惯法应该纳入法律轨道中去。如果司法审判以国家法为唯一判决准则,就会出现脱离实际的现象,难以获得群众的认可。如临夏州中院的马军院长指出:如果我们的法律一直束之高阁,停留在书本上,那司法审判工作就会停留在书本上。如轰动全国的于欢"辱母杀人案",有人说现在的法官已经不懂社会了,引起全国人民公愤的话是该案判决书中写道:"在母亲受到侮辱时,应当如何如何"这种设想太理想化了,法官提出一些超然的方法,不接地气,当然难以得到群众的认可。

在民族地区,国家法必然要直面习惯法的挑战和碰撞,这是不可避免的。如何处理好国家法与习惯法的关系,如何将良好的习惯法吸收到国家法体系中,让它为法治建设发挥作用,是民族地区法治面临的一个重要命题。事实上,鉴于国家法的统一性和权威性要求,直接让国家法照顾一族、一区的利益显然是不合理的,也是不公平的,在制定法中硬性植入习惯法的内容也不太可取,最科学务实的方式就是允许司法审判中适当适用习惯法,这既不伤害国家法本身的权威性与公信力,又照顾了民族地区的特殊性,是一举两得的方式,值得推崇。

少数民族群众对习惯法有自己的理解,习惯法在他们的社会中具有很高的权威,效力高于其他的社会规则,包括国家法。例如,凤山县人民法院的法官说:习惯法就是民间性规则、习俗,是口口相传的。河池中院的法官说:虽然进入现代社会后,习惯法的作用已经淡化,但在许多壮族老百姓心目中,习惯法就是他们自己的法律。因此,国家法要想在民族地区顺利实施,必须要处理好与习惯法的关系。如甘南中院的法官说:习惯法与国家法具有很大的差别,习惯法的价值观建立在宗教之上,国家法的价值观建立在法律之上,如回族、藏族认为世界是由神缔造的,所以国家法要被少数民族群众接受,一个重要前提就是保证他们的习惯法。国家法官学院的扎西处长指出:习惯法在提法上不应该叫习惯法,应该统称为民族习惯。民族习惯法中的合理部分应当得到适用,例如,赔命价代表了藏族对生命的看法,这不仅是对个体生命价值的尊重,也是部落荣誉感的体现,如果不能获得赔命价,人就走不到人前头。此外,受宗教观点的影响,藏族群众会自然而然地同意活佛、头人、高僧大德的说法,如果把他们吸收到司法工作中,会容易形成群众心理上的认同,否则适用国家法的效果也不好。

事实上,虽然习惯法与国家法存在一定的冲突性,但二者的契合性还是主要方面。习惯法和国家法在很多方面都是暗合与一致的。习惯法对国家法可以起到明显的补充作用,尤其是在文化差异比较大的民族地区,习惯法完全可以弥补国家法过于统一和原则的缺陷。在调研过程中，临夏州和甘南州的法官都不约而同地谈到佛教戒律及伊斯兰教法对当地群众的巨大约束作用，并因此使当地的民刑事案件都相对较少，极大地维护了法治和社会稳定。例如，甘南中院的拜专委指出，佛教提倡的也是惩恶扬善，拯救灵魂。我们坚持公序良俗原则，将良俗运用到审判实践中，对于违反人伦的恶俗我们加以抑制、摒弃。善良的风俗习惯可以弥补法律的漏洞，尤其是在有些法律规定的不具体、很笼统的情况下，以习惯法来弥补国家法的不足，效果很好。甘南州卓尼县的刑事案件很少，一年也就 20 ~ 30 件，其中强奸案就极个别，一年就 1 ~ 2 件，这其中活佛起了很大作用，宗教戒律严格约束了人们的行为，群众不一定知道法律，但肯定知道宗教戒律。吸毒、赌博的人如果到寺院向活佛诅咒发誓了，就不会再有吸毒、赌博行为，活佛说一句话，他就遵守了，这比法治宣传起的作用要大。藏族纯牧区牵涉到财产的案件，找活佛解决效果很好。碌曲、玛曲、夏河三个纯牧区的县民事案件很少，去年一年三个县的民事案件都只有十几件，因为群众有自己的解决方法，90% 的案件都在民间解决了，法院的民事判决书很少使用。

因此，习惯法与国家法契合性最大的表现，就是良好的习惯法与国家法是没有矛盾的，不会发生冲突。同样地，临夏州中院和东乡法院的法官也介绍了当地的伊斯兰教法对群众行为的约束力：临夏州的少数民族人口占 48%，很多人信仰伊斯兰教。伊斯兰教存在 1400 年了，迄今为止仍然有强大生命力，一定有它的道理。民族文化渗透到少数民族的灵魂中，是在血脉中自然流淌的。从道德层面上讲，我们所信仰的宗教更多贯穿于思想和生活习惯当中，给我们提供的是一种思想和行为的底线。从法律层面上讲，伊斯兰教的戒律很严格，禁止杀人、放火、贩毒，伊斯兰的戒律中有七十种罪与国家刑法是完全吻合的，所以严格依照国家法律实际上也是与习惯法相吻合的，因此群众对我们的民族政策很尊崇。我们也在观察法治现象，看到民族习惯、宗教信仰在整个人的思想教化、行为教化方面具有很好的调整和规制功能。如在广河、东乡，信教群众达 98%，这些地区虽然案件也在增长，但增长的幅度很小，自从立案放开后，上半年案件增长只有 50%，和一些不信仰宗教的地区如永靖相比，后者的增长率很高，这背后的原因值得深思。此外，临夏州中院还谈到了伊斯兰法与国家法在诸多方面的契合性：首先，按照伊斯兰教的仪式举行婚礼时，丈夫要在阿訇面前向妻子承诺，欠了妻子多少钱，所以结婚后就必须对人家好，如果丈夫把妻子休了，离婚了，就得把钱还给妻子，作为赔偿。所以习惯法随时提醒丈夫要对老婆好，告诉人们什么是善良，引导人们建立一个和睦的家庭，朝着社会的良性方面发展。其次，与壮族习惯法相比，伊斯兰教法规定女子有继承权，只是其份额是男子的一半。最后，在民商事借贷方面，国家法禁止高利贷，宗教法也是禁止高利贷的。伊斯兰教禁止利息，尤其是禁止高利贷，在教法上，高利贷是一种犯罪。宗教法禁止约定利息，就是保护弱势阶层的利益。因此，我们要增强司法能力，就要更多地去了解地域文化，辨析一些东西，用好本土资源，在解决民族地区日益增长的社会矛盾和冲突方面，找到一些更好的方法，这对于提升司法能力具有重要的意义。但是这还要看我们司法如何去利用这些资源，如何把先进的民族和宗教文化引用到司法当中。这就如同现在的生态保护一样，一方面我们要保护好生态，但要看到生态的自我调节功能，同样的道理，国家要管理好民族自治地方，另一方面也要把民族地方的自治功能发挥出来。民族地区的法官都要有这样的认知，不论是硕士、博士，法官都要思考如何融入当地的民族文化，如何通晓当地的民族习惯，尊重当地的民族习惯，否则就起不到司法自治的功能。

课题组在各民族地区调研的过程中，收集到各个民族的法谚，从中可以发现，少数民族群众的法律意识一点不比发达地区的人差，只不过他们所遵守的是代代相传的习惯法，如果把他们这种对习惯法的忠诚和恪守精神转移到对国家法的信仰上，其能量是不可估量的，实现民族地区的法治社会也就指日可待了。（见表1）在针对法官的调查问卷中，高达74.21%的人认为要选择性地在司法审判中适用当地少数民族风俗习惯。62.89%的法官认为社会公众包括当事人在内，对适用当地民族风俗习惯解决纠纷的态度是“接受、较为满意”，只有1.89%的人表示群众会“排斥、不满意”。由此可见，从法官到群众，其对适用习惯法的呼声还是很高的。

表1　课题组收集的各民族法谚一览

民族	谚语	含义
藏族	触犯法律者，亲子不饶恕	喻铁面无私，严格执法
	罪犯不纵容，无辜莫妄惩	喻量刑准确，不畸重畸轻
	马再暴烈也在鞍子下，人再顽劣也在法杖下	喻人们都要受一定的法律约束
	以法惩他人，自身先守法	喻自身不正难正他人
	举善驱恶，扬清激浊	喻支持正义，惩处邪恶，清除坏的，发扬好的
	天空开阔鸟路狭，大地广袤监牢窄	喻人们不论做什么事，都不能超越国家的法律范围

续表

民族	谚语	含义
藏族	法律重如山,判案直如箭	喻执法严明,判决公正
	王法是金鉅,佛法乃绸结	喻王法严厉,佛法周密
	触犯法律者,亲自不恕饶	喻铁面无私,严格执法
	不经三思不判案,后果如何难预断	喻判断案情要考虑再三,十分慎重
	饮了当地水,要守当地法	喻不论住在什么地方,都要遵守当地的有关规定
蒙古族	从理者兴,违道者亡	
	法能熔钢	
	贪心者最终落法,说谎者最终损己	
	国家的法律无误,群众的眼睛雪亮	
维吾尔族	我用此利刃来裁断诉讼,决不让诉告者耽延时日	
	公正的法度是苍天的支柱,支柱倾斜,参天断难撑住	
	法律顶天立地	

(二)实践依据

1.民族地区的特殊性需要适用习惯法

我国少数民族地区地理环境、气候生态差异很大,民族人文更是千姿百态、异彩纷呈,可谓“十里不同风,百里不同俗”,要在这些地区统一实施单一的法律体系,是很不现实的。因此,要解决民族地区的特殊性与国家法治普遍性的矛盾,非习惯法不能实现之。正如临夏州中原马军院长所说,在法理上,习惯法是法律渊源之一,司法实务部门应当考虑如何吸纳、甄别其中的内容,以加强司法认知。在民族地区,习惯法代表的是一个传统,凝结的是一个民族的智慧,它涵盖了一个民族的思想、宗教、道德以及道德所支配的行为。许多民族地区的司法部门才存在几十年,但民族文化却存在了几千年,源远流长。例如,临夏是中国的腹地,两大高原的结合部,农耕文化与游牧文化的交会点,一头连着中原,一头连着西域,是民族文化融汇的地方。东部发达地区的经济是超速发展的,而这里是渐进的,整体上还是很落后,必然留存有更多传统的东西。除了经济上的特征外,临夏州民族比较多,有31个少数民族,包括回、东乡、保安、撒拉、蒙古、满、土、藏等,全州人口215万,其中少数民族占了59.2%,绝大多数少数民族信仰伊斯兰教,穆斯林群众密集程度是中国最大的,号称“小麦加”。鉴于临夏州在经济、文化、民族上的这些特殊性,民族地区的司法审判一定要接地气。即使同为穆斯林,心性、性格都不一样,办案时法院也应顾及民族内容的特殊性。比如东乡那里有矛盾,法院的车可以一直开到村民大门口,法官要会说东乡土话,但在何德乡,如果法院的警车开到村民大门口,群众就不高兴,说:“你是要抓我吗?”因为当地说的是一种独特的土话。一个法官上去说了土话,群众明白了,一会儿手抓羊肉都端上来了。所以司法部门要考虑如何去适应群众,而不是让群众来适应司法。人家是梅花螺丝钉,我们就要用梅花改锥,不能用普通改锥。实际上,用民族习惯法去解决矛盾,是一种更高级的方式,从语言上、情感上,问题得到彻底、干净的解决。

事实上,习惯法中有许多内容是非常先进的,甚至超过了法律的功能,在千差万别的民族地区,能起到更为精确的调节作用,在国家法难以覆盖和到达的地方,发挥巨大的规范功能。例如国家法官学院的扎西处长谈到:青藏高原被称为“中华水塔”,是全中国的水源地,不能被污染,一定要保护起来,但目前国家在这方面没有政策,政府也没有采取什么措施,只能靠习惯法来保护。藏族有深厚的生态保护意识,仅在水源地保护方面,就有非常系统的习惯法。水源地信仰,这是藏族人人皆知的。藏传佛教认为只要有水源的地方就有龙(藏语“勒”),如果污染水源,不仅本人会受到神灵的惩罚,家族的牲畜都要受到惩罚,西藏、青海、甘肃都有这样统一的认识。牧区、农区水源地保护非常突出,每个村里都有一个水源地,每个部落都有水源地保护的习惯法。我老家(青海省海南藏族自治州)只要经过水源地,必须轻手轻脚地通过,不能太大声说话,不能倒垃圾,不能大小便。泉水出来的泉眼必须盖东西,不能用勺子、碗在水源地喝水,洗漱起码离泉眼三步以外,三米以外才能洗东西。藏族对神山神湖的崇拜起源于他们对自然的敬畏。藏区大的神山有18座,小的神山难以数计。神山神湖不能狩猎、不能砍木头、不能采伐野生树林、不能采挖沙子,这起到了很好的保护环境的作用。前一段时间甘肃夏河县出现了藏民因保护神山与政府的对抗,外地的老板过来开矿,老百姓坚决反对,特警、武警部队都过来了,老百姓坚决不同意,男女老幼一起上山不准砍伐森林。甘南草原之所以保护得这么好,跟藏族生态保护的习惯法观念有很大关系。保护湖泊、山林、草场、树木,这是习惯法中的精华,是有益的部分。这样的内容,环境保护法、旅游法都应该纳入进去,以法律的形式固定下来,这样才能起到更好的保护作用。

2. 习惯法能够促进司法审判的执行

习惯法运用得当，是可以很好地促进国家法的实施的。在调查问卷中，76.10% 的法官认为适用风俗习惯最重要的司法价值是“更好地解决纠纷”，24.53% 的人认为能够弥补法律漏洞，23.9% 的人认为可以提升裁判结果，19.5% 的人认为可以提高办案效率。如临夏州中院谈到，在死刑执行过程中适用民族风俗习惯可以起到保证死刑顺利执行：在执行死刑方面，我们充分尊重民族习惯，开展临终人文关怀。前年最高人民法院出台了关于这方面的相关规定，但我们 20 多年来一直是这样做的。本地执行死刑的任务很重，一般死刑犯的思想波动很大。许多死刑犯都是信仰伊斯兰教的，穆斯林讲求前世后世，讲求平静，在刑事执行死刑方面，汉族直接拉去火化，而少数民族则要求净身，阿訇念“讨白”经，这样死刑犯心理上就很平静。所以法院就尊重民族习惯，按照民族丧葬习俗，允许阿訇来为死刑犯举行宗教礼仪，阿訇的话对死刑犯能起到很大的安抚作用，对缓解犯人情绪、减少对抗起到了很明显的作用。在实施了人文关怀后，很多犯人都从容赴死，从而保证了死刑执行工作的安全。

甘南州的法院也谈到习惯法对刑事案件的抑制作用。如按照当地藏族习惯法，村子里如有人犯了重大刑事案件，这一家人就没法在村里住下去了，会被全村驱逐出去，政府就要另外找地方给他们安置，不然其就无家可归。这样也对违法犯罪行为起到一个约束作用，所以牧区杀人案件很少发生，而没有这种习惯法约束的农区，杀人案的比率就较高。此外，甘南州法院指出：命价是藏族多年来流传下来的风俗习惯。藏族以部落为主，你杀了我们部落的人，就要赔给我们命价，被害人跑到被告人部落去谈判命价。命价实际上相当于国家法上的死亡赔偿金，这对刑事案件的审理起到了积极的作用。因为赔了命价后，被害人就不再干预、插手刑事部分的审判。到法院审判程序的时候，该案的民事部分已经解决了，因为双方当事人已经就赔命价、赔血价按照习惯法的程序和标准达成了一致协议，因此被告人很老实，认罪态度很好，事实是怎么样就是怎么样，法院该怎么判就怎么判，而且被害人还主动要求司法机关减刑、少刑。所以本地发生了杀人、伤害案件后，先让司法所、大僧介入，引导当事人双方在命价方面达成协议、谅解，这样后面一系列不太好的行为就不会发生了。赔命价的实际效果好，当事人愿意接受，可以与国家法共同发挥作用。这些活生生的实践案例，都告诉我们习惯法和国家法的相互促进和相互融合是主流，我们要把握住这一主流，把它上升为民族地区执法的常态和固定模式。

四、加强壮族习惯法在司法审判中适用的途径与对策

(一)确立习惯法适用的准则

在调研中,民族地区的法官都积极地呼吁,对于习惯法在司法审判中的适用,国家应当制定出一个明确的准则。这样各地的法官适用习惯法才能有法律依据,才能规范、科学地适用。在调查问卷中,68.55%的人认为习惯法在司法审判中适用的完善路径是“健全体制——法治化归导”,63.52%的人认为要“更新观念——重视适用”,61.64%的人认为是“明确标准——孰良孰恶”,35.22%的人认为要“导入路径——申请或依职权”。事实上,钩沉史海,我们会发现,在历史上,习惯法一直是司法审判的依据之一。例如,清代为蒙古、新疆、青海、西藏等单一成分少数民族地区制定《蒙古律例》《回疆则例》《西宁番子治罪条例》《钦定西藏章程》,这些立法大多是当地少数民族习惯法的汇编,例如,允许蒙古族互相之间的杀人、伤害案件,可以通过赔偿数目不等的牲畜来解决,并明确允许适用“盟誓”的方式结案;允许西藏采用赔命价、赔血价的方式解决案件。而对于民族成分相对复杂的西南苗疆地区(包括贵州、广西、云南及四川、湖南、广东的一部分)则规定,如果是少数民族之间的案件,准许适用当地的民族习惯法“苗例”解决,不必适用大清律例。至民国初期,当时的大理院明确规定了适用习惯法的四项准则:一是公众的认可度;二是具有一定的时间性;三是属于法律事务;四是符合公序良俗。而且当时的大理院还对全国的民事习惯进行了一次系统的摸底调研(遗憾广西未被调查)。其后建立的民国政府则制定了当时的国家基本法律“六法全书”,其中“民法典”第一条就规定:“有法律者依法律者,无法律者依习惯,无习惯者依法理”,这一条毋庸置疑地授予司法审判适用习惯法的权力。

借鉴历史,我们也应当制定适用习惯法的准则,最好能以最高人民法院司法解释的方式出台,这对民族地区的司法审判工作必然具有巨大的指导意义。在调研中,许多法官都指出,最新出台的《民法总则》明确规定可以适用“习惯法”,是一个对司法工作利好的消息,以后他们不必畏手畏脚,可以放心大胆地适用习惯法了,可谓获得了“尚方宝剑”。这是一个典型的表现,但还不够,虽然实体法上已有了依据,但若要司法审判能直接适用习惯法,最直接的依据仍然来自程序法。课题组建议,可以参考民国初期大理院的四准则,设计适用习惯法的准则,群众的认可度、存在时间的长短、内容的法律性和善良性都是重要的考量标准。我们还可以借鉴西方国家尤其是判例法国家的做法来设置准则,如英国的法律对于习惯法存在时间的标准采用“固定点”的方式,即以理查德一世加冕的那一年为准,在那之前就存在的,即为习惯法。这些

都给我们提供了很好的参照和思路。为此,顶层应当设计出良好的制度。在调查问卷中,88.67% 的法官认为善良风俗的确立标准应为“合理性”,80.5% 的法官认为是“合法性标准”,44.03% 的法官认为是“普遍性标准”。

（二）为习惯法制定地方性标准

如果说少数民族习惯法能被纳入法治化轨道,那么民族地区的老百姓应该是受益最大的。习惯法最大的弊端就是不确定性和地域性,既然如此,我们应当授予地方立法机构为本地习惯法制定地方性标准的权力,这样才能为习惯法这匹“野马”戴上“笼头”。例如,就民间现在越来越高的彩礼问题来说,地方立法机构就可以出台一个具体的标准,为司法提供审判依据。现在民间彩礼没有固定的标准,法官审理起来也很棘手。如临夏州的彩礼现在一般是十几万元,最高的二十多万元,这纵容了社会上相互攀比和虚荣心膨胀的风气,实际上已经成了一种恶俗。要彩礼是习惯,但高彩礼不应该主张,由此产生的社会矛盾是非常尖锐的,已演变成了两个家族之间的对抗。为此,临夏州人大常委会对彩礼限定了一个额度,不能超过 6 万元,虽然民间超过该数额法律难以干预,但一旦到法院打官司,法官就可以以 6 万元为标准审理,凡 6 万元以内的,予以支持,超过的部分,不予保护。当然彩礼各地的标准不一样,不宜一刀切。课题组在凤山调研时,凤山法官在判决彩礼返还时确定的标准是:如果男方所付彩礼与当地人均收入相当的话,就判决用于共同生活,不再返还;如果严重超过当地人均生活水平,如 10 万元,并造成了男方家生活困难的,要适当返还。这一返还标准还是非常科学合理的,值得推广。

此外,对于少数民族民间盛行的赔命价、赔血价实际上也可以制定一个具体的标准。赔命价原是赔偿受害人家属以维持其生活的良好制度,但在执行过程中,由于人的私利膨胀,愈演愈烈,脱离了原来的规定,一年比一年高,一年比一年粗暴,造成了社会问题,国家放任了,社会放任了,司法实务部门也放任了。现在赔命价、赔血价越来越高,青海地区已涨到了 50 万元,甚至出现了杀一个人就发财的情况,因为一旦出现命案,并不是杀人犯自己家全部承担赔命价,而是整个部落分摊。若部落有 100 户人家,每家分摊 1 万元,就是 100 万元,赔给对方 50 万元后,剩下 50 万元,除了付给寺庙一些宗教费用外,就是自己的。此外,还应该把赔命价中的概念统一起来,如在赔命价赔偿的方法、方式中,交通费、死亡赔偿金、劳务费、丧葬费等,都是法律承认的部分,可以直接保留,但如敲胸脯费(死者亲属的哭泣费)、汽油费、掉头费(劝被害人亲属回心转意的费用)、劝返费(凡是参与向被告人示威的人都要付给往返的费用)、做法事的费用,是现代法制所不允许的,但依照习惯法必须要有。为此,立法机关应当确定一个上限，这个上限必须具有可操作性，是一种技术性的政策，如规定不能超过上一年度当地人均收入水平的10%~20%，这样一计算就能明确数额，20~30万元就解决了。目前青海省兴海县就出台了一个红头文件，按照当地的平均生活水平确定赔命价的标准。这一标准也是符合损害赔偿法律的规定的。河池中院也提出：关于杀人、故意伤害案件的民事赔偿标准，当地审委会应定一个标准，因为有时判下来，死人赔1万元，伤了赔5万~6万元，有悖法理。如果确定了标准，本院就可以判令酌情支付多少万元，更有利于司法审判。

（三）在司法审判中尊重民族习惯法

1. 把民族习惯法作为案件事实

目前，在国家没有明确规定司法审判适用习惯法的情况下，把习惯法作为案件的事实加以确认，并以此作出判决是一个明智的选择，虽然这种事实不一定在判决书中体现出来，但却可以让判决结果既符合国家法的要求，也顺应习惯法的要求，使当事人能更自觉地履行法院判决。如临夏州在婚姻方面有许多重要的习惯法，法院在审理离婚案件时，都会尊重这些习惯法，并把这些习惯法作为案件事实加以认定，并以此作为判决的基础或条件。首先，按照伊斯兰教法，如果丈夫对妻子说了三个“不要”，那么在宗教上两人已经离婚了，虽然在法律上这不是合法的离婚方式，但是如果起诉到法院，那法官就要判离婚了。一般法官都会询问离婚双方，男方是否已说了三个“不要”，如果已经说了，那法律上也要判离了。因为从法理上分析，若丈夫已说过三个“不要”了，双方感情已经彻底破裂，已无和好的可能，所以法律上也只能判决离婚。在这点上，法律顺应了习惯法，习惯法为司法审判提供了事实依据。其次，习惯法规定离婚后有待婚期，只有男方给了“口唤”，即在宗教上宣布两人正式解除婚姻关系并允许女方再婚的允诺，女方才可以改嫁，否则女方就无法再婚。“口唤”可以是明确的承诺，也可以是行为，有些男方把女方送回娘家这种行为就构成“口唤”，有些必须要口头表达出来。如果女方在未获得男方“口唤”的情况再嫁，在宗教法上就构成了重婚。假如法院强行判决，男方不给“口唤”，女方一辈子没办法再嫁，在真主面前没法交代。如果法院调解不成，第一次判决不准离，第二次判决离婚，但男方不给“口唤”，在宗教上这个妇女实质上是没有离婚。因此，法院在判决离婚的案件中，也会要求男方在法庭上或通过法院转达“口唤”给女方，以便让女方能够再嫁。有时法院就会动员女方给男方一些钱，1万~1.5万元，让他有钱再去娶一个妻子，好争取男方的“口唤”。虽然这不会反映在判决书中，但确实是必须要履行的一个手续，否则法院的离婚判决书也很难在习惯法上生效。最后，按照回族习惯法子女必须随男方，女方不能带走,法院一般也严格按照这个判。因为抛开习惯法不谈,从社会实际出发,当地经济落后,少数民族妇女缺乏独立的经济地位和生存能力,女方带着孩子也不好再婚,生活的肯定不如意,不利于小孩的生活与成长,因此把小孩判给男方,对男方有利,对女方也有利,对孩子更有利。否则很可能造成对三方尤其是孩子很不利的局面,如卓尼法院介绍了一个案件,法院将孩子判给了女方,女方把自己的户口转走了,但孩子的户口男方不让转,结果到了上学年龄,孩子的户口转不出来,上不了学,给实际工作造成困扰,这种问题很多。因此司法审判要把地域的特点融合进去。

由此可见,在司法审判中适用习惯法,并不一定要把习惯法上升到国家法的高度作为判案的直接依据,这样做不仅让法官难以接受,也很容易引发大众的争议和不满,还会动摇国家法的权威地位。在调查问卷中,80.5% 的人认为习惯法在司法实践中化解纠纷的功能地位是"作为调解援引、指引或依据",42.14% 的人认为是"作为法律事实援引、指引或依据",只有 37.74% 的人选择"作为法律规范援引、指引或依据",选择"作为执行援引、指引或依据"的也只有 33.96%。(见图 4)37.37% 的壮族群众也认为法院可以根据壮族的习惯法判决案件。可见,把习惯法作为案件事实加以认定,这种方法非常灵活,也非常人性化,可以在"不着痕迹""暗度陈仓"的情况下在司法审判中适用习惯法。

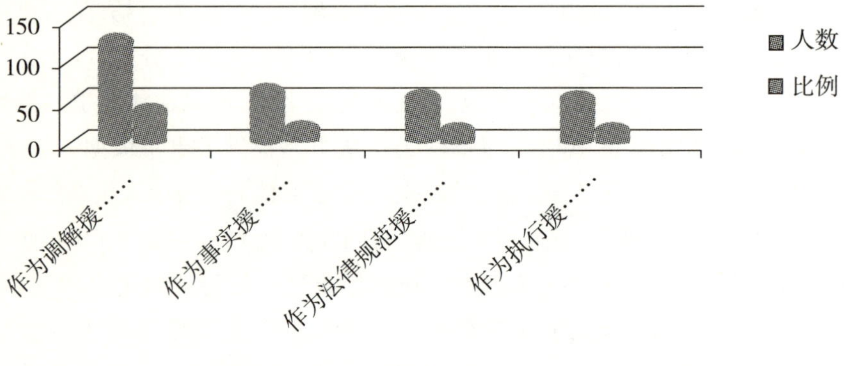

图 4　习惯法在司法实践中化解纠纷的功能地位调查数据

2. 对民族习惯法予以司法确认

在少数民族地区,许多案件习惯法有自己的解决办法,这部分案件实际上可以交由习惯法去解决,司法不必每一件案件都亲力亲为,插手干预。对于少数民族习惯法已经决定又不违反法律的事务,司法审判不必画蛇添足、节外生枝,可以直接以判决书或调解书的方式予以确认,解决纠纷。这样不仅可以节约司法成本,还能更为顺畅地让群众接受司法判决和调解，最重要的是，反而提高了国家司法的效力。因为在这样的案件中，群众虽然在习惯法上达成了和解，但因担心其效力而请求司法再给予国家法上的确认，此时司法机关只需顺水推舟即可。这说明，在群众的心目中，国家法的效力是高于习惯法的。这样不但尊重了习惯法，也没有损害到国家法的权威地位。课题组在甘南和临夏了解到许多司法确认的判例。

一个典型的案例就是发生在甘南中院的一起经济纠纷：某浙江施工队老板到本地建设一个项目，建设方是本地的藏族人，但是施工方投资之后才发现建设方没有资质，南方施工队就要求撤资，起诉到甘南法院，建设方到法院来说“要钱没有，要命一条”，案件陷入僵局，后施工方了解到当地藏族习俗后，找到了当地一个著名活佛的管家，在该管家的协调下，双方达成了协议，并把协议拿到法院来要求司法确认，法院就直接确认了结了此案，这样处理比国家法硬性判决解决得更好。另外的事例是，临夏州是茶马古道所经之地，自古以来在买卖牛羊的交易中形成了传统的习惯法，即不明码标价，而是买卖双方在袖筒互相拉一下手，价钱都是不透明的，往往一头牛卖给不同对象时价钱差异很大，当地称为“皮胎里买毛”，如果此类交易产生纠纷起诉到法院，法院也对这一交易习惯予以充分尊重，对交易价格予以确认，只对当事人主张的交易的其他内容进行审理。此外，临夏州在行政诉讼中，涉及乡政府处理的家庭土地确权案件，法院会尊重家中长辈分配子女土地的习惯法，予以司法确认，不完全依照土地法去强行判决。正如甘南州一位法官所说：“在司法层面上，一些可以由习惯法解决的问题完全可以由民间法官担当起来，我希望习惯法可以成为构筑民族地区法治体系的坚强基石。”

司法确认还体现在临夏州的“口唤”制度。“口唤”在临夏州社会生活的各个方面都存在，任何有矛盾、有过节的地方，都可以用口唤，相当于执行和解。“口唤”一定要明确说出来，它不仅仅是口头上的，还是当事人发自内心的喜悦和同意，是当事人非常自愿的行为，法院不可能强制一方当事人给对方“口唤”。“口唤”不能撒谎，双方当事人心里知道对方说没说。而且“口唤”不能撤回，是不可撤销的。“口唤”必须要有证人在场，没有证人在场无效。“口唤”的效力在于彻底根除了当事人之间的矛盾。“口唤”普遍使用在伤害、打架案件，被告人必须得到被害人的谅解，即“口唤”，这解决了相当一部分矛盾。此外，“口唤”还适用于借贷纠纷中。债权人给了债务人“口唤”后，俩人的债务纠纷才能正式解除。例如，在一起调解结案的借贷纠纷，甲欠乙 10 万元钱，甲还不起，找遍了亲戚朋友借也没有凑够，就去找乙请求减免，乙就口头说免掉 2 万元，这种情况非常多。在另一起经济纠纷中，双方当事人一个主张 5 万元，一个主张10万元，后来主张5万元的当事人去沙特朝觐，回来后主动到法院交了10万元钱，托法院转交给对方，但对方宣称自己不要了，却不给前者“口唤”。最后法院拿这笔钱没办法，只好上交到财政部了。债务人去世之前要找债权人给一个“口唤”，内容就是我还不起了，你能不能免掉债务。突然去世的，也可由债务人的子女、长子、阿訇等请求债权人给个“口唤”。因此，对于当事人自愿作出“口唤”免除债务的案件，当地的法院都以制作调解书的方式予以确认。虽然最终在司法文书上表述并没有出现“口唤”的字样，但却是双方当事人真心同意的内容，司法只是赋予其法律上的效力而已。这些做法都值得广西壮族地区的司法审判学习和借鉴。

3. 把先进的民族习惯法提升为法律

少数民族习惯法并不像许多人想象的那样，都是落后的陈规陋习，其中也包含着许多先进的理念和制度。例如，西方许多国家都有个人破产制度，而我国目前现在只有法人破产制度，还没有个人破产制度，这是法律上的一个空白点。但令人惊喜的是，我们一些少数民族的习惯法中竟然很早就有了个人破产制度，这实质上已经超越和领先了国家法。例如，青海藏区就盛行有个人破产制度。在当地的藏族习惯法中，由于意外事故造成家庭成员死亡、残疾、丧失劳动能力，无法还清债务的，该家庭就组织村里人和寨老举行一次“债的盛宴”，或称“债的分界”，在会议上把自己所有的债务人、债权人召集来，宣告破产。藏民一年当中破产1~2次的很多，比如有人做冬虫夏草生意，把家里亲戚朋友的钱都借上集中起来去做，结果被骗，钱还不上了，就把所有的亲戚朋友集中到一起，说明全部债务是300多万元，但家里现在只有10万元财产，把家庭财产折价抵偿债务后，其余债务就全部免除了。只要举行了“债的盛宴”，双方都签字画押了，任何时候都不允许再追债。有些藏民接触了现代法治后，认为自己的权益受到了侵害，就到法院去起诉，法院往往以非法集资罪判刑，当事人又后悔了，要撤诉，因为他只要求债务人还钱，并不想司法机关抓人，已经发生了好几起这样的案件，在青海、四川、甘肃、西藏都有。这实质上是一个非常值得关注的制度。如果这一制度能被国家法采纳，以法律的形式规定出来，其不仅顺应了民族习惯法，也完善和丰富了国家法的内容，对司法审判工作的提高作用更是毋庸置疑的。

(四)扩大法官自由裁量权的适用

在成文法系国家，法律条文是司法判决最直接的依据，法官行使自由裁量权的空间较小。尤其是我国受一元制法律体制的影响较深，一般法官能找到法律依据的，就不再行使自由裁量权，以免引起不必要的争议和麻烦。但在少数民族地区，大量国家法与习惯法交叉的领域，特别是法律规定得比较笼统或法律没有规定到的地方，法官完全可以通过行使自由裁量权,大胆地适用习惯法来处理案件,这样更能适应当地的民情。毕竟法官的自由裁量权是法律赋予的,运用这一权利将习惯法融合到司法审判中,是一种务实的选择。在调查问卷中,67.3%的法官表示,当风俗习惯与现有法律规范不一致或存在冲突时,会在自由裁量权范围内考虑适当引用,只有30.82%的法官表示会直接适用国家制定法进行裁决。

在法官行使自由裁量权方面,临夏州和甘南州在离婚案件中彩礼和嫁妆返还问题上的运用是十分值得借鉴的。临夏方面穆斯林很多,结婚时有些地方的彩礼高达20万元,最少是12万元,法院在办理离婚案件时争点主要是彩礼返还问题,按照习惯法彩礼一旦归女方所有,不可以退还,但国家成文法规定是要退的,所以法官在判决这一问题时,都运用自由裁量权。一般都是按共同生活时间的长短来定返还比例,以两年为界,结婚两年之内离婚的考虑返还50%,一年之内的退60%,半年之内的退70%。例外情况是,如果女方家实在困难,可以判2万~3万元,条件好一些的永靖县高一些,东乡低一些。但是法官也在考虑关于时间界限,两年是否合理,能否更长一些。东乡法院作为临夏州的基层法院,也参照中院的退还标准行使自由裁量权。当地不同地方彩礼标准不一样,县城是7万~8万元,东乡族要13万~14万元,因为本地条件很差,男子娶不到媳妇,而平川一带要低一点。如果女方悔婚全额退还,男方悔婚不予退还。结婚后离婚的,按照教法规矩,男方主张离婚的,不能再主张返还财产,女方提出解除婚姻的,要返还50%~70%,所以法院审理离婚案件时,一般男方提出离婚则返还要求不予支持,女方提出离婚就结合习惯法和女方的经济情况处理,按照两年、一年、半年分别以50%、60%、70%的比例判决退还。

与临夏州相隔不远的甘南州卓尼县法院存在法官行使自由裁量权的情况,主要是在彩礼、嫁妆返还和确定过错责任案件中,其他方面运用较少。这里退还彩礼的比例与临夏州相比又有所不同。当地农村彩礼在8万~12万元,离婚主张返还彩礼的,法官通常按照家庭情况和结婚时间长短来自由裁量,结婚时间少于三年的,返还彩礼80%;三年以上的,返还50%以上,幅度较小;结婚十年以上的不再返还,按照民间的说法:“老牛滚坡不全还。”女方提出离婚的,如果在彩礼退还上主动一点,同意退,愿意退,离婚就比较容易一些。按照法官自由裁量的返还标准,双方当事人极少达不成一致意见,没有出现过过激行为。嫁妆20年前基本上是返还的,但现在生活条件好了,就不再返还了,由法官自己掌握。嫁妆毕竟少,返还得少,都是个别返还。而且嫁妆都是家用电器、家具之类的,不好返还,前几年就因为法官执行退还这些东西,出现被群众围攻的情况,所以现在都将嫁妆从彩礼中扣除,一律不返还。在甘南州玛曲县的离婚案件当中,法官的自由裁量权主要适用于男方对女方的赔偿上。如果夫妻俩闹矛盾,妻子自己跑出去的和被赶出去的男方所给的赔偿不一样,妻子自己跑出去的话男方就赔得少,被男方家赶出去的话就赔得多,赔偿的标准按结婚时间长短算,结婚短的按天数算,即以一天外出打工的工资标准计算,结婚长的话按财产算。如果夫妻俩有子女的话,一般判男的随父、女的随母。此外,在临夏州的借贷案件中,对于利息的处理原则是,当事人主张的按国家法律办,不主张的按宗教法办,主张不明确的由法官自由裁量。这些做法可以用在今后壮族地区的司法审判中。

(五)注重调解,提高基层司法的效率

少数民族对于国家司法审判有一种天然的抵触心理,正如甘南州中院民庭庭长所说的:少数民族习惯法在人民群众的日常生活中是一个作用点,也是很好的纠纷解决机制,当事人觉得把纠纷起诉到法院来是把人民内部矛盾上升为敌我矛盾。俗话说"告人一状,十年不忘"。正因如此,少数民族普遍非常重视以调解的方式解决相互之间的矛盾,因为少数民族社会都是熟人社会,如果以对抗性较强的司法审判方式解决纠纷,对其今后处理相互间的关系影响很大,而以调解方式解决,对于零伤害修复双方的关系具有重要的意义。所以当地的法院也尽量利用民间力量调解案件,不轻易动用国家司法判决。习惯法在甘南州发挥了很大的作用,甘南州的两级法院一直都很重视,一直在引导习惯法的作用,让它在法治的轨道上来解决问题。政法机关对当地宗教人士都予以特殊地位和尊重,并在调解程序中加以应用。如在离甘南州法院不远的甘肃民族师范学院,其领导的构成有汉族、藏族,还专门聘请了一位赛仓活佛担任副校长,这在宗教上对学校起到一个保护作用。学校隔壁有一个村子,叫支河马村。有一次有个学生精神上出了点问题,跑到村子里的神山,用火柴点燃了神山上的经幡,整个村子沸腾了,连小孩子都不原谅这种行为,全村跑到学校去闹,认为这一行为亵渎了神山。活佛出面协调后,双方形成了协议,赔偿金从天价变成了十几万元。如果学校的学生发生了刑事案件或各种法律问题,起诉到法院,法官第一时间想到的就是这位活佛的地位,由他出面顺利解决问题的可能性比依法判决的方式更大。

由于广泛利用调解的力量,甘南州的司法审判调解率很高,极大地维护了社会稳定。甘南州中院民庭庭长说:民间调解主要是在民事案件的赔偿中发挥作用,可以委托宗教上层人士、民间权威人士等开展,藏族群众依靠高僧大德,回族依靠阿訇,包括诉前调解、诉后调解,调解达成协议后,当事人请求法院进行司法确认,我们就以司法调解书的方式予以确认,习惯法对法院有很大作用。碌曲、玛曲、夏河三个纯牧区县的民间调解组织比较多，好多问题都解决在萌芽状态。村子里有威望的老人组成调解委员会，一般有七八个人。牧区的草场纠纷比较多见，甘南州通过习惯法解决草场纠纷，重视和发挥调解在草场争议中的作用，确定了许多草场的界限。民间调解的效力也受到习惯法的保障，因为民间的调解委员会作出决定后，如果一方当事人不服，到法院去起诉，这一家在村里的地位就有很大影响，以后这家有什么事，别人都不去帮，受到仇视、孤立。民间调解的效果是显而易见的，如碌曲县自 2014 年 1 月至 2016 年年底共受理各类民事案件 192 件，其中离婚案件 60 件，调解结案的就有 24 件，占到离婚案件结案总数的40%；其次是撤诉的 20 件，占 33%；判决结案的只有 16 件，仅占 26.7%。卓尼法院也说：本地刑事案件附带民事赔偿部分，一般不上法院，双方当事人私下就把命价处理了，不让公安介入，继承案件 90% 以上都在民间内部、宗族内部处理了，起诉到法院的也就 1 ~2 件。当地有一个老年调解组织，称为茶检组织，由德高望重的老人组成，每次调解说的话都算数。我们在案件调解中，到少数民族地区去，都采纳这些长老的意见。

临夏州法院也非常重视调解的作用，采取宽严相济的政策。案件需要调解的，如果涉及民事方面的一些问题，就会依靠阿訇等民间调解力量。在杀人、伤害案的刑事附带民事赔偿案件中，冲突往往是家族化的，双方人都比较多，抬着尸体冲到法庭来，闹得比较大，这时还是要请阿訇过来调解，如果刑事附带民事解决好了，被告人也可以从轻或减轻处罚。东乡法院也介绍，刑事附带民事案件如果能邀请到宗教上层人士——当地称“老人家”参加，达成赔偿协议的话，可以减轻被告人的刑事处罚。临夏州的合德乡法庭一年受理案件 100 多件，但判决的只有 5 个，其他案件全部是调解或撤诉结案，调撤率达到75%，因为当地大量的民事冲突都表现为家事和社会交往过程的矛盾，都是可以用习惯法来调和的。

上述做法很值得广西壮族地区法院采纳和学习。一些法院也注意运用调解的力量，如覃塘法院针对调解性较强的家事案件，建立了一套家事纠纷联动处理机制，在各个村寨设立、培养家事纠纷调查员和调解员，并制定了家事纠纷人身安全保护实施办法、家事案件审理指南、家事调查员工作规程和家事调解员工作规程等文件，极大地促进了家事纠纷的调解工作。隆林法院积极让村干参与调解，如有一对夫妻离婚，仅仅因为丈夫头天晚上喝酒，第二天早晨起不来床，妻子一直责骂，后来丈夫就提出离婚。开庭时刚好有一个村干到乡镇法庭来办事，法庭就邀请他帮忙调解，他成功劝返了这对因一时之气离婚的夫妻。但是，利用民间权威、建立民间调解组织，这些工作还需要加强。民间调解适用的都是民间的习惯法、古理、道德、风俗、情感来感化当事人，是在司法审判中适用习惯法的一个很好的契机和介入方式。在调查问卷中，47.47%的壮族群众认为法院调解的时候应该有村老在旁边协助。

（六）改造恶俗

要被司法审判适用，习惯法本身必须是善良的、健康的，符合社会公益和道德的，这是适用的前提。受历史文化的影响，习惯法本身也包含一些落后的、有悖社会公益的内容，这部分内容司法审判不仅要甄别和摒弃，而且要主动用司法判决予以纠正，这样才能彻底改造习惯法，使其更能适应国家法，这样二者才有融合的可能性。例如，很多少数民族的习惯法规定女儿没有继承权，而许多少数民族妇女本身也不主张继承权利，主动放弃。遇到这样的案件，法院应当告知当事人法律的规定，纠正群众的观念，维护妇女的正当权益。还有一些地方对上门女婿有歧视，离婚的话，土地、财产都没有份，这种情况也需要通过司法审判来改变，纠正对入赘婚的偏见。

在刑事案件中，最突出的就是械斗的恶习。百色中院谈到民间的械斗恶习，村与村之间因为土地等发生利益冲突，全村老弱病残全部出动，如果哪家不出动的话你家以后有什么事村里人以后就不管了。2016年大年初七，隆林县某法庭旁边两个村的人在一起喝酒，酒后冲动动了手，双方各自回村去叫人，两个寨一共来了50～60人，打砸了一个商铺。覃塘法院2005年的6244号案件是两个村争林地，双方当事人找了长矛、弓箭械斗，结果打死了人，变成了刑事诉讼，法院最后判了几个人刑罚，可是在审判过程中，村里家家户户集资打官司，到法庭旁听的时候，还买了冰淇淋来分，被告人出去时像英雄一样，向群众招手。对于此种恶俗，法院要坚决适用国家法，严厉打击，严格判决，告诉群众这种习惯法国家法是绝不支持的，必须将其抛弃。在调查问卷中，高达58.59%的壮族群众也认为械斗应当受到刑事制裁。

除了本身的陋习外，有一些习惯法最初是良好的风俗习惯，但逐渐演变成了不良的习俗，这些也必须予以改正和制止。国家法官学院的扎西处长也谈到藏族一些陋习，如赔命价原本是保存劳动力，对生命价值予以尊重的习惯法，但有些地方不管是过失还是故意杀人，都漫天要价，只要赔命价没有达到对方的要求，没有得到被害人亲属的谅解，老人就把被告人的整个家族，有的是一代人，有的是三代人，驱逐出去，甚至包括被告人父母的姐妹。有的即便得到了对方的谅解，但是前提条件就是驱逐出境。驱逐出去以后，被告人的家庭成员无法享受国家的惠民政策，如草山补偿款，要全部交给受害方，承包的草山全部划给对方，或被告人所有的房屋全部划归给被害方，或者摊派村里赔偿。驱逐出境的时间有3年、5年、10年三个等级，期间所有的国家政策与收入全部交给被害方，被告人家庭净身出户。如一户藏民有6口人，因杀人案要赔对方命价，家族、部落、村子全部摊派赔偿，还不够，就把草山全部押给对方，然后6口人被驱逐出境，当时是12月的隆冬季节，没地方吃没地方住，有个亲戚给了他们600元，在县上租了一个简易的平民房，租金300元一个月，又买了一些粮食，6口人住在一间屋子里过冬，只好向政府求助。这种赔命价已经完全偏离了法治轨道，侵犯了群众的人身和财产权益，必须予以制止。此外，在致人死亡案件中的“派兵”问题也很严重。所谓“派兵”，就是受害人的村里或部落聚集很多人去对被告方施加压力，这一习惯法设置的初衷是比较好的，受害方人多施加压力主要是以前政府力量比较薄弱，习惯法就依靠部落力量。被害方许多人嘴里喊着：“如果不赔偿，要把你全家踏平！”实际上只是动口不动手，这时候必须要有一个第三方，比如三老、寺院的和尚、喇嘛、部落头人等出面协调，如果没有上述人员，即使一个过路的人都可以作为第三方，第三方介入后，这种行为就必须停止，只停留在口头上的威慑，不付诸行动。因此，这一习惯法最初的设置是比较合理的。但现在“派兵”演变成了“出兵”和打砸抢，发展到把被告人家里的房屋都点火、烧毁，甚至有些恶劣的行为把面粉、吃的全部撒在地上，把房屋的立柱砍断，拿汽油去泼，手段越来越野蛮。这就属于习惯法发生了畸形发展和异化，从良性向恶性发展，这绝对不是习惯法，而是借习惯法之名发泄个人私愤，司法审判一定要坚决制止和纠正，严惩不贷，用严厉的刑罚去除这些恶习，保证习惯法的健康发展。

（七）充分加强人民陪审员的作用

在民族地区，人民陪审员其实是一个可资利用的制度。如果要在司法审判中适用习惯法，人民陪审员可以起到媒介和桥梁作用，他们本身就是习惯法的巨大资源库。西北民族地区在这方面给我们提供了很好的借鉴，他们在吸收陪审员时，注意选任对象的多元化和民族化，采用自荐与考核相结合的方式录用，非常注意陪审员的专业培训，并实施严格的淘汰机制，以保证陪审员队伍的质量。而且他们在基层司法审判中广泛使用陪审员参与案件审理，收到了很好的效果。

临夏州两级法院在多元化建设过程中，注意吸收各阶层、各民族、各领域的人作为人民陪审员。全州现有陪审员100多名，方方面面的人士都有，其中少数民族的比例比较高一些，地方上威望比较高的人也有，因为其对群众有影响，比如宗教上层人士，如吸收回族的阿訇过来，因为当地伊斯兰教派很多，宗教长老能起到一定的调节作用，司法调解当中叫一个宗教人士效果会比较好，车乡、广和地区比较多一些，藏族则是活佛起的作用大一些。此外，法律专业毕业的大学生也被聘请为人民陪审员。东乡法院的人民陪审员一共有22个人，基本上都是东乡族，在省院、中院培训过，大部分是村支部书记及在当地有威望的人，包括学东、乡老、去沙特朝觐过的人、教长、清真寺的住持、人大代表等。挑选人民陪审员，主要看平时是否热爱公益、比较活跃、拥护党等条件，各个县、乡都有陪审员。民事案件基本上都有人民陪审员参加，达到70%~80%，刑事案件也有参加。法院利用社会上所有能利用的力量进行调解，陪审员都在村里面担任一定的职务，他们的调解作用比较大，一些宗教人士如阿訇参与调解纠纷，效果也很明显。叫陪审员协助调解，他不来不行，叫1~2次不来，就予以撤换。甘南州的卓尼县法院共有人民陪审员26个，与入额法官的人数相当。不同行业的都有，主要是乡镇干部、村委会村主任、村支书、教师等，基本上都是藏族，因为全县总人口的60%都是藏族人。陪审员的选任可以由个人毛遂自荐报名录用，也可以由乡村基层组织、社会团体推荐，法院再培训、聘用，一般一届申报一次，有自动退出的，也有长期担任的。法院只要是普通案件都要人民陪审员参加，刑事、民事案件都有。人民陪审员每年都组织专门的培训，主要是职业道德、法律条文等内容，一般3天。

相比之下，广西壮族地区的基层法院存在陪审员不够民族化和底层化、发挥作用不大、培训不到位、淘汰机制不严格等弊病。在调查问卷中，41.5%的法官承认本地法院部分只是吸收了村老、族老、寨老、社老等作为人民陪审员，且作用一般。如东兰县法院的人民陪审员按最高院1:1的要求全部配齐，共有28个人，与现在入额的30多个法官人数几乎相等。法院在选任陪审员时，没有民族成分、性别限制，主要是村干部及医疗、卫计委、妇联、交通、农业、社区等部门和单位的人员，选拔方式采用自荐、社会推荐及与法院做思想工作相结合，因为有人不愿做。陪审员在中院通过视频统一培训。只有普通程序才用到人民陪审员，有的人民陪审员说我参加诉讼最大的收获就是知道了法律关系。在合议的时候，陪审员往往不知道案件的焦点，就只能同意法官的意见，在事实认定、判决方面作用不大。主要是现在实行法治透明，让外面的人参与进来显得审判公正一些。凤山县法院的人民陪审员共有30多个，主要是各个部门、各个行业的，农业、党支书、主任、干部等，壮、瑶、汉三个民族都有，但性别、民族都不考虑。选任主要是推荐制，通过人大任命。平时陪审员不怎么来，因为有些是乡下的过来不方便，有些很忙，固定来的也就是3~4个人，他们有比较多的时间过来。人民陪审员在司法审判中发挥的作用不是很大。那坡县法院的人民陪审员是义务工作，法院只给交通补贴。

由此可见，我们应从以下几个方面改进人民陪审员的工作：第一，民族地区的基层法院在选任人民陪审员时，应将民族背景和习惯法认知程度作为两个重要的考核指标,要注意吸收那些熟悉本民族习惯法。在少数民族中威望较高的人士,尤其是那些长期担任民间法官的寨老、村老的人。这些人士参与到司法审判中,会增加司法机关的亲和力,其本身所蕴含的习惯法知识储备,也为司法审判中适用习惯法提供了天然的参考依据,同时陪审员也可以利用自身的优势,在民事调解等工作中发挥巨大的效能。在调查问卷中,52.83%的法官承认本地法院主要是通过咨询民俗专家或宗族长老的方式了解当地民族习惯的,而高达58.59%的壮族群众认为村里威望较高的人应当被任命为人民陪审员。第二,加强培训,目前对人民陪审团的培训大多存在停留于表面、培训不深入、形式化明显、时间短、偏理论缺乏实践等问题,为此,我们要把对人民陪审员的培训落到实处,使他们能将自身的习惯法储备与国家诉讼法律制度融会贯通,真正成为二者的纽带与“冰人”。第三,对人民陪审员应给予一定的待遇,以提高其参与审判的积极性。实际上,可以把少数民族习惯法纳入非物质文化遗产保护的范畴,让拥有和掌握习惯法知识的民间法官成为非遗的传承人,这样他们不仅有了资金上的保障,也能把习惯法作为一项事业传承下来,由此司法审判工作就成了非遗传承的载体和实践基地。最后,要建立严格的奖惩制度,对于出席审判率高、表现好、结案率高的人民陪审员,应给予一定的奖励;而对于长期不开展工作,空挂其名的人民陪审员,应给予一定的处罚,及时淘汰,以保证整个陪审员队伍的素质和能力,这样才能真正起到联系群众与司法审判工作的作用。

(八)培养双语法官,加强智慧法院建设

在民族地区的司法审判中适用习惯法,首先必须要保障少数民族群众的语言诉权,即要允许群众使用自己的语言参与诉讼,这就要求法官双语水平要达到非常高的程度。广西少数民族众多,地方性语言体系繁杂,这给审判工作带来不少困难,也不利于群众诉讼权利的实现。虽然有些法院如凤山法院法官的本地化比例很高,个个都是多语种法官,可以与当事人实现无障碍交流,但有一些法院还是遇到双语审判的困难,尤其是现在法院大量招考非本地年轻法官后,这一问题凸显出来。

如东兰法院就介绍了一起案例,有一次有两个瑶族老夫妻从深山里走出来到法院离婚,男方提出离婚,而且会讲瑶话、壮话,法官会讲壮话,因此可以与男方交流,但女方只会讲瑶话,法官不懂瑶话,无奈之下只好临时让原告替被告做翻译,但一些实质性的问题还是需要被告本人意见,幸好当时法院的政工科长长期生活在瑶山附近,懂瑶话,就叫他过来翻译,询问瑶族老奶奶是否同意离婚,这一案件才得以顺利审理。还有一件执行案件涉及瑶族群众,就带了该政工科长一起去,最后促使双方当事人达成了和解。东兰法院一位法官介绍了民族语言障碍在司法审判上造成的窘况:县城

都是讲桂柳话的还好,但我刚到法院时,被分配到昌口法庭去做书记员,当地是纯壮族地区,群众只会讲壮语,我当时不会讲壮话,庭审的时候只能听庭长翻译完才能记录。现在的年轻人都不讲壮话,但法官不会讲壮话的话司法调解的功力就少了一层,一些壮话翻译成汉语意思不到位,所以一般外地来的法官都安排到县法院的刑庭、民一、民二,不能到下面的乡镇巡回法庭,因为他们听不懂壮话。我们曾经招了一个研究生,是桂林恭城人,被分配到乡镇法庭做书记员,因为听不懂本地壮语,第一次庭审竟然没有在笔录上写一个字,只好重新开庭审一次,由庭长逐字逐句翻译再做庭审笔录。由于语言障碍及诸多因素,后来该研究生考公务员去了北海中院,离开了东兰。百色中院谈到双语审判时也指出:本地处于三省交界处,有时云南、贵州那边的当事人过来参与诉讼,没有翻译,只能让当事人把想说的话用汉字打在电脑屏幕上,我们再解释给对方当事人听。懂多种语言的法官拥有天然的优势。最近百色中院一个法官(副院长)刚去世,他本人是苗族,会彝、苗、壮、汉四种语言,所以他审理案件的调解率就特别高,很多当事人对他的评价很高,包括他的扶贫对象,一听说他去世了,骑着摩托车就要从山里过来吊唁,被我们劝阻了。

由此可见,只有做好民族地区司法的双语审判工作,才能保证民族习惯法在司法审判中的适用,为此,我们应加强以下三个方面的工作:

第一,大力培养少数民族法官,增大法官本土化的比例。少数民族法官本身具有民族背景,对本民族的文化具有强烈的认同感,又有天然的语言优势,如果增大他们的比例,可以极大地减少少数民族群众与司法审判之间的障碍,促进融洽的关系。在针对壮族群众的调查问卷中,37.37%的人认为应该由壮族法官来审理壮族人的案件;36.36%的人认为审理壮族人的案件时法庭应说壮话。在这方面东乡县法院的做法值得提倡,该院现有干警 70 人,其中东乡族 54 人,占 77.1%;现有班子成员 9 名,其中东乡族 7 人,占 77.8%,现有法官 22 名,其中东乡族法官 14 人,占 63.6%,本土化和本民族化率都很高,这极大地拉近了群众与司法审判的关系。面对现在民族地区基层法院招人难的问题,国家应当在很多方面出台政策进行倾斜保护,如降低招考门槛、法律职业资格考试的少数民族优惠照顾等。

第二,加强双语法官培训。近年来,国家非常重视双语法官培训,如国家法官学院甘南分院就承担了这一重要的任务。2011 年甘南州建立了双语培训基地,2012 年建立了全省双语法官培训学院,就近培养甘南州双语法官,2013 年 5 月最高人民法院在当地设立双语法官培训基地,编制 50 人,目前到岗 36 人,共 6 个部门,建筑面积 15 000 米,拥有双语法庭、模拟法庭、数字化法庭等专业性场地。舟曲河流域的双语案件都在这里开庭审理，如碌曲县人民法院一起3名被告故意杀人案的审理就在这里进行，因3名被告人都是藏族人，学院提供了藏语翻译，进行了开庭庭审，极大地维护了藏族群众的诉讼权利。学院的多功能大厅能容纳240人，视频会议室、图书和电子阅览室可以容纳3000人，学院设立了少数民族文化展览馆，并创办了96期《民族法治研究》，双语法官事业在迅速开展。该学院每年都举行双语法官培训，最重要的成就就是翻译出版了一套十本藏族法律教材，包括《宪法》《民法》《刑法》等，还编订了十多本双语法官培训讲义。（见图5、图6）这是学院的骄傲，受到了最高人民法院的高度评价。最高人民法院院长出国时将这套书作为礼物送给西方国家，这表明中国对少数民族权益的保护。东乡县95%以上的案件需要用东乡语进行审理，2016年以来，为了提高少数民族法官执法办案能力和水平，法院鼓励干警学习东乡语，在庭审中使用东乡语，将“法言法语”通俗化、本地化，极大地方便了群众参加诉讼，赢得了百姓的信任。在广西本地，一些法院也开展了这方面的工作，如那坡县是一个壮、汉、苗、彝、瑶聚居的地方，是广西陆地边境线最长的县，该院最大的特色就是加强双语法官培训，建设特色司法。那坡法院建立了一个民族法文化展示厅，将该法院自建院以来的各种文献、档案、司法工作成就显示出来，还专门设立了一个民族文化板块，对法官、干警进行了很好的民族文化熏陶。这些做法都值得在全广西推广，以加强双语培训工作。

图5　国家法官学院出版的藏语法律教材

图6　国家法官学院双语培训讲义

第三,加强智慧法院建设。要加强双语审判,人员的培训固然很重要,但最重要的是,我们要利用现代化高科技手段建设智慧法院,实现少数民族当事人的无障碍交流。在这方面,甘南州中院的信息化工作值得推崇。甘肃省近年来积极推进智慧法院的建设,兰州中院、甘南中院、酒泉中院、敦煌法院等,都以科技为翅膀,运用多种语言体系开展双语审判。甘南州中院的智慧法庭系统刚刚装备完毕,其科技化水平在国内也是较高的。据该法院拜专委介绍,由于本地区少数民族众多,60%的案件都是藏族案件,语言较为复杂,如同为藏族,安多藏、康巴藏之间的语言就不通,而法官在审理时,要同时为双方翻译,费时费力,而且影响法官的思维和当事人的情绪,有时还会出现误译、漏译的情况,审判效率很低。现在在法庭上全部安装了整套同声传译系统,当事人和旁听观众只要戴上专用耳机,法官的话会同声翻译成藏语、少数民族当事人的话也会同声翻译成汉语从耳机里传出来,从而能够顺畅地进行审判,最厉害的是,法庭上还设有电子显示屏,法官的话和当事人的话可以同声翻译成各种语言在屏幕上显示出来,实现庭审无障碍交流,极大地提高了审判效率,也增加了庭审的透明度。(见图 7、图 8)据了解,同声传译系统于 2011 年在夏河县法院第一次适用,审理震惊中外的"3 · 14 事件"被告人,即个别藏人用自焚的方式对抗法律。由于这个案件受到全世界的瞩目,因此为了保障被告人的诉权,保证其在法庭上的辩解权利,做到不仅在实体方面要证据充分,而且在程序方面也要保护人权,防止人权侵犯。同声传译系统初试锋芒,使得该案的审理大获成功。现在整个州法院都安装了这套系统,只要是藏族当事人的案件都在使用,实现了常态化,较好地展现了"一带一路"中国法官的形象。为此,广西也应开展智慧法院的建设,在广西法院安装这样的少数民族语言同声传译系统,更好地实现双语审判,以适应民族法治需要。

图 7　甘南州中院的同声传译系统

图 8　甘南州中院的智慧化审判系统

五、结语

在调研的过程中,我们深切感受到这一课题的重要意义,感受到民族习惯法在司法审判中适用的巨大需求和迫切性。我们听到许多来自发达地区及非民族地区法官的质疑:“国家法律是统一规定的,怎么能适用习惯法呢?”“习惯都是陈规陋习,怎么能在司法审判中适用呢?”但我们在民族地区得到更多的是共鸣,不同民族、不同地域的法官都表达了他们对习惯法重要性的认知,让我们在欣慰之余,也感到肩上责任的重大。在司法审判中适用习惯法,本是中国优秀的法律传统,现在这一传统却被许多人摒弃,“唯法律论”甚嚣尘上,这就需要我们少数民族地区法官付出重大的努力,尽力去改变目前司法界的狭隘认识,通过多元化的机制实现民族地区法治建设的目标。

习惯法在司法审判中适用是一个实践性很强的课题,因此我们在论证之初,就把课题的实施方案定位为深入基层的“接地气”线路。壮族习惯法是“活”的法律,它依然活跃在壮族的婚姻、家庭、抚养、赡养、继承、土地、山林、财产等领域,甚至体现在刑事和行政领域。为此,我们在设计调研提纲和调查问卷时,直接从上述问题的审判入手,务实细致,没有去问那些大而化之的问题,比如“你如何看待国家法与习惯法的关系”“如何在司法审判中适用习惯法”,如果是那样的话,我们只能得到一些冠冕堂皇、泛泛而谈的肤浅观点,却无法深入生活内部,掌握最核心的内容。我们坚信,壮族习惯法在司法审判中的适用是由一个个具体真实的案例构成的,是正在发生的法文化现象,而不是一堆概念的堆砌和抽象的理论原则。我们希望通过真实地呈现壮族习惯法在司法审判中适用的实际面貌,切实地找到二者对接的正确途径和方式,

本次课题实施过程的“院校合作模式”,也得到了许多法院的赞赏,他们纷纷向我们求教法院与高校合作的途径和方式,体现出高校与法院联手的高度必要性及迫切性。的确,法院有审判经验,有大量的实例,但却缺乏进行理论提升的精力和积累;另外,高校学术存在曲高和寡、闭门造车的忧患,二者的结合实在是“天作之合”,取长补短,互取所需,共同完成的课题既有理论的高度,又有实践的深厚铺垫,是法学研究的发展趋势。少数民族的法治建设,是一条漫长而艰巨的道路,需要集合各方的力量才能完成,希望本次课题的实施能为这一伟大目标的达成贡献菲薄的力量。

关于广西人民法庭开展特色司法服务工作的调研报告

——以南宁市马山县法院“贝侬”调解法为切入点

马山县人民法院课题组*

特色司法服务是充分发挥审判职能，为经济建设的发展提供保障的重要方式和途径。它是能动司法的重要体现，也是实现定纷止争，维护社会和谐的应有之义。在经济发展迅猛的信息时代，特色司法服务能有效回应千变万化的社会需求，已然成为司法体系中的重要组成部分。

2015年10月26日至29日，党的十八届五中全会审议通过《中共中央关于制定国民经济和社会发展第十三个五年规划的建议》。此次会议是我国即将进入全面建成小康社会决胜阶段召开的一次重要会议，奏响了实现中华民族第一个百年奋斗目标决胜的时代号角。[1] 2016年3月，第十二届全国人民代表大会第四次会议批准了“十三五”规划纲要。会议认为，“十三五”规划纲要全面贯彻了《中共中央关于制定国民经济和社会发展第十三个五年规划的建议》精神，提出的“十三五”时期经济社会发展的主要目标、重点任务和重大举措，符合我国国情和实际，体现了全国各族人民的共同意愿，反映了时代发展的客观要求。最高人民法

---

* 课题组主持人：秦戈兵，马山县法院党组书记、院长。课题组成员：陈璐瑶，马山县法院古零人民法庭副庭长；蓝小锋，马山县法院办公室副主任；陆莎，马山县法院办公室副主任。

〔1〕 参见《奏响全面建成小康社会决胜的时代号角——论认真学习贯彻党的十八届五中全会精神》，载《求是》2015年第21期。

院副院长江必新提出，人民法院要以“十三五”规划作为行动纲领，改革创新、奋发进取、攻坚克难。要牢固树立创新、协调、绿色、开放、共享的发展理念，围绕“努力让人民群众在每一个司法案件中感受到公平正义”的目标，结合司法审判工作实际，找准工作结合点、着力点，充分发挥司法职能，切实肩负起人民法院在实施“十三五”规划中的重大职责使命，为协调推进“四个全面”战略布局、实现中华民族伟大复兴的中国梦不断作出新的更大贡献。“十三五”时期，人民法院要从多方面思考和谋划司法审判工作，为如期全面建成小康社会提供更加有力高效的司法服务和法治保障，为开创治国理政新境界作出新的更大的贡献。[1] 司法服务已经成为当前和今后各级法院重要的工作之一。

基层法官人员稀缺、案多人少的矛盾日益凸显，加之案件审判的周期过长、案结事不了，加剧了司法资源与群众法律需求的矛盾。随着法律意识水平的不断提高，乡土案件纠纷也随之增多，人民群众对司法服务的要求也越来越高。在司法改革加快推进的时代背景下，面对不断涌现的矛盾纠纷，法官需要不断深化司法改革的理念，创新工作机制。

在上述背景下，马山县人民法院古零人民法庭结合大石山区壮村瑶寨“重感情、重情义”的民俗特点，因地制宜，探索“贝侬”调解法（“贝侬”在壮语中指兄弟姐妹、朋友或者关系特别好的人），在矛盾纠纷较多、地理位置较偏远的少数民族聚居地设立“贝侬调解室”，采取邀请矛盾双方共同认识的“贝侬”参加调解这种特有的工作方式，取得了近三年来结案率均为100%，调解率达84.22%、90.52%、95.42%且连年上升的好成绩，提高了解决基层矛盾纠纷的质效，实现了法律效果和社会效果相统一的良好目标。马山县法院课题组以此为契机，积极以该院“贝侬调解法”为研究的切入点，研究当前广西基层人民法庭开展特色司法服务工作过程中所存在的问题，探索解决存在问题的相应对策，以期使研究的成果可行、可复制，为推进特色司法服务工作提供理论支撑。

一、人民法庭特色司法服务的理论检视

（一）特色司法服务的历史发展脉络

特色司法服务并非固有名词，而是法院系统为适应社会尤其是经济发展形势的

[1] 江必新：《司法审判保障“十三五”规划实现的重点、盲点与亮点——兼论人民法院司法审判工作如何为经济社会发展做好司法服务和法治保障》，载《法律适用》2016年第5期。

变化于近几年发展而成,其历史渊源可通过梳理我国人民法庭的发展脉络得知,最早可追溯至我国人民法庭建立初期。

1. 初级阶段

为了充分发挥人民法庭制度的功能,1963年7月最高人民法院制定了《人民法庭工作试行办法》(以下简称《办法》)。《办法》从几个方面对人民法庭制度进行了规定:"人民法庭的任务包括,指导人民调解委员会的工作;进行政策、法律、法令宣传;处理人民来信,接待人民来访;人民法庭应当从便利群众出发,采取驻庭办案和巡回就审相结合的工作方法。人民法庭在办案中,从调查事实到决定处理,要听取基层干部的反映,倾听群众的意见,自始至终地依靠群众。"可以看到,早在人民法庭建立初期,我国司法已明确将人民法庭的职能定位于服务基层组织及群众。从改革开放至20世纪90年代末期,我国人民法庭遭遇重创后进入恢复与重建阶段,当时审判案件、指导人民调解、法制宣传、参与社会治安综合治理四项工作构成人民法庭在恢复和重建时期的主要工作职能。该时期与人民法庭建立初期的政策相比,增加了人民法庭参与社会综合治理的职能,而该项增加的职能对人民法庭的功能定位影响至今。

2. 发展阶段

20世纪90年代以来,我国政治、经济、社会形势发生了巨大变化,人民法庭原有的设置模式和工作机制已经不能完全适应现实发展的需要,需要进行改革和调整。按照面向农村、面向基层、面向群众的要求,在人民法庭的功能和定位没有改变的前提下,强调便利当事人进行诉讼的原则。

3. 完善阶段

由上述可知,服务基层组织和群众是人民法庭的重要职能,在"十三五"规划的时代背景下,习近平总书记提出"一带一路"重要经济发展框架,广西作为"一带一路"经济圈的重要门户,结合近年来司法为民的理念,2016年5月,时任广西高院院长黄克同志强调广西法院应当抓住契机,用五大发展理念统揽法院工作,立足当地实际,创新特色司法,为地方社会和谐稳定、现代农业和企业发展做好司法服务,为广西加快实现"两个建成"目标提供更加有力的司法保障。[1] 至此,特色司法服务被明确提出,并在全区各级法院得到不断的实践。

(二)人民法庭特色司法服务的概念

结合现有的理论及调研情况,课题组将特色司法服务的概念总结归纳为,所谓特

〔1〕 黄明强:《创新特色司法为社会稳定企业发展做好司法服务》,载《广西法治日报》2016年5月18日。

色司法服务,指各级法院将司法审判职能与社会需求相结合,充分尊重当地群众或组织的政治、法律、文化、宗教等因素,地方法院立足本地实际,发挥各自优势,支持通过联调、仲裁等非诉讼方式解决纠纷,建设营造和谐稳定的社会环境,为当地的社会经济发展提供司法的服务和保障。广义的特色司法服务中的审判职能包括刑事、行政、民商及执行,狭义的仅指后两者。由于本课题的研究对象为人民法庭,受基层人民法庭职能的限制,本文仅讨论狭义的特色司法服务,即以民商、执行审判职能为前提的特色司法服务。在此基础上,人民法庭特色司法服务主要指基层人民法庭立足本地,充分尊重当地文化习俗和发挥基层环境的优势,将法庭的司法职能与基层群众法律需求相结合,在不违反法律或法规的强制性规定的前提下,灵活运用文化习俗化解基层矛盾纠纷。

(三)人民法庭特色司法服务的主要特点

为对特色司法服务工作展开深入的研究,仅仅理解其基本概念是远远不够的,还必须具体把握特色司法服务的主要内容,这不仅有利于我们加深对理论内涵的理解,还有助于下一步发现开展特色司法服务实践中的问题所在。

1. 公正高效审理民商事案件,营造和谐正义的基层社会环境。特色司法服务的前提是司法审判职能,脱离审判职能的特色司法服务是不具有生命力的。随着老百姓法律意识水平的不断提升,基层矛盾纠纷不断涌现,乡土案件亦随之增多。在此情况下,基层人民法庭要积极回应地方基层群众及组织的司法关切和需求,大力加强民商事审判工作,为基层建设营造良好的法治环境。具言之,在审理民商案件时,基层人民法庭要全面贯彻法律面前人人平等原则,坚持平等保护各方当事人的合法权益,有效维护诚实守信、和谐正义的基层乡土环境。要全面统筹协调,找准人民法庭工作与基层经济建设的结合点和着力点,研究其规律性,灵活创新,在法律层面提升基层人民法庭审理案件的工作水平。要立足基层乡土的实际,坚定不移地走中国特色社会主义法治道路,夯实我国基层政权的法治基础。

2. 发展本土特色多元化纠纷解决机制,依法及时化解基层乡土矛盾纠纷。各地基层人民法庭在解决矛盾纠纷的过程中,要克服冰冷的法律判决与乡土民俗水土不服的难题,充分尊重当事人文化、宗教、民族习惯等因素,立足本地乡土实际,灵活创新解决基层矛盾纠纷的机制,支持当事人通过联调、仲裁等非诉讼方式解决纠纷。完善商事调解、仲裁调解、人民调解、行政调解、行业调解、司法调解联动工作体系,发挥各种纠纷解决方式在解决基层乡土矛盾纠纷的优势,不断满足当事人纠纷解决的多元需求。例如,南宁市兴宁区法院五塘人民法庭近年来积极探索“族老调解法”,通过邀请当地有威望的“族老”加入纠纷的调解中，提高矛盾纠纷的调解率；又如，马山县法院古零人民法庭，自 2013 年以来，将有调解期望的案件进行科学研判后，联系矛盾纠纷双方当事人共同认识的“贝侬”，利用当地壮村瑶寨少数民族群众重感情的民俗特点，请“贝侬”作为特邀调解员参与案件的调解，该做法使古零人民法庭取得案件调解率连年上升的好成绩。

3. 特色司法服务职能延伸至基层组织。除解决诉讼或非诉讼矛盾纠纷外，根据人民法庭职能的相关规定，基层人民法庭还承担指导人民调解、法制宣传、参与社会治安综合治理等职能。因此，特色司法服务职能延伸至基层组织是其重要的外延。具体而言，主要包括基层法庭面向当地党委和政府、司法所、基层人民调解组织如村委会、居委会等提供司法服务及适时参与基层基础建设几个方面的内容。事实上，此项职能的发挥亦是建立在当地的乡土实际之上，顺应当地基层群众的需求及意愿，基层人民法庭为基层组织的行政工作提供司法协助，或是在一定程度上具有行政色彩，如某地司法所利用当地少数民族节日上街赶圩之际，到街圩进行普法宣传，邀请该辖区法庭法官一起对群众进行普法教育，这是普遍基层法庭都参与过的。不论形式如何，特色司法服务职能延伸至基层组织的目的都被归结为化解基层矛盾纠纷，巩固基层的政权基础。

（四）当前结合民族习惯开展特色司法服务的必要性

通过上述的调研实践可以看出，当前人民法庭开展特色司法服务的地域主要集中于少数民族地区，而与之相关联的是民族习惯。民族习惯是指少数民族在其发展过程中由该民族自发形成的文化、习俗，包括全体民族社会成员共同制定并共同认可遵守的村规民约等。由于民族习惯是少数民族地区文化的集合，是我国法律体系的重要渊源，与特色司法服务的开展息息相关，课题组将从以下三个方面阐述当前结合民族习惯开展特色司法服务的必要性：

1. 民族习惯与特色司法服务相辅相成

（1）民族习惯与特色司法服务的内在价值相契合

习近平总书记提出“推进国家治理体系和治理能力现代化，必须解决好价值体系问题。培养和弘扬核心价值体系和核心价值观，有效整合社会意识，是社会系统得以正常运转、社会秩序得以有效维护的重要途径，是国家治理体系和治理能力的重要方面”。民族习惯根源于少数民族群众多年来的生产生活实践，其自然形成的公平、正义、和谐互助等根植于内心的价值观念得到少数民族地区人民群众的自觉遵守和推崇。而特色司法服务要求人民法庭公平正义审理案件，维护地区社会和谐的内在价值正好与之相契合，由此说明民族习惯与特色司法服务具有融通之处，注重民族习惯的吸收将对特色司法服务工作的开展大有裨益。

(2)民族习惯有利于促进社会治理政策的贯彻执行

少数民族地区普遍来说经济发展较为落后，自然环境恶劣，基础设施薄弱，贫困人口众多，解决此类问题的有效途径是特殊政策的倾斜。特殊政策往往是根据该区域少数民族特有的风俗和习惯来制定，即按照民族习惯量体裁衣，给予相应的政策支持。符合民族习惯的政策与群众的观念一脉相承，自然而然能够获得少数民族群众的认可和遵守。这些特殊政策的制定本身就是为了解决制约少数民族地区发展的问题，除了为经济、教育等提供便利外，还包含了许多为群众提供司法便利等特色司法服务在内的具体政策，这些政策得到贯彻执行可以为特色司法服务工作的开展扫清障碍。

(3)民族习惯法是调处乡土纠纷的良剂

由于少数民族地区生产生活的风俗习惯特殊，其产生的乡土纠纷也具有一定的独特性，民族习惯法是少数民族群众全体制定并认可的村规民约，其普遍蕴含的公平、正义、和谐等价值理念与我国法律理念一致。除此之外，一些特有的民族习惯法不但与我国法律价值理念相吻合，还能有针对性地解决特殊矛盾。如瑶族群众历来有男方上门的联姻习俗，男方上门与汉族嫁女习俗一致，结婚之前由女方给予男方一定的彩礼，如双方离婚，则女方可以找男方返还彩礼。按照这个习俗，当地群众易于接受女方找男方返还彩礼的现象，这为人民法庭在受理此类问题的案件时提供了一定的处理依据。

2. 司法成本的前后对比

长期以来，偏远的基层人民法庭面临着经费紧张的困境。在当前交通、人力成本不断上升的情况下，司法成本也随之上升，人民法庭在案件的司法成本控制上面临着巨大的考验。(见表1)

表1　开展“贝侬”调解工作法前后对比

	人员经费	办公办案	设施装备	时间成本
开展“贝侬”调解工作法前	县份范围内差旅50元/人次，县份外100元/人次	车辆维修费700元/月，油费600元/月，伙食费400元/月，办公耗材300元/月		平均每个案子展开调解2次，平均耗费时间3小时

续表

	人员经费	办公办案	设施装备	时间成本
开展“贝侬”调解工作法后	贝侬参与调解 50 元/案	车辆维修费 500 元/月，油费 500 元/月，伙食费 400 元/月，办公耗材 300 元/月	“贝侬”调解工作室（桌椅台凳 2000 元，电脑及打印机 5000 元）	平均每个案子调解 1.5 次，平均耗费时间 2 小时

（1）办公设施与装备。“贝侬”调解工作法在具体实施时，涉及的最大的花费是设置“贝侬”调解工作室，古零人民法庭的调解工作室设置在该辖区的乔老村村委楼内，工作室根据壮族“贝侬”们喜欢围圆而坐谈心的特点而设，承担着与“贝侬”一道开展矛盾调解、巡回普法及判后答疑、回访的作用，给“贝侬”调解时提供了一个距离较近、有亲切感的调解工作室。设置该工作室的费用在 5000～10 000 元之间，根据工作室的需求，主要配备调解用的桌椅与电脑等办公用品。

（2）人员。调解法中最重要的因素是“贝侬”，“贝侬”在调解中起着决定性的作用。因法官调解很多时候无法一次就调解成功，往往要多次往返于村寨之间，无形中耗费了大量的人力、物力，该院执行的“贝侬”补助为 50 元/案，相比于传统的法官调解，调解率大幅度上升，调解成功的概率增大，节省了人力与经费成本。

（3）时间。在“贝侬”的帮助下，调解的时间成本也有所下降，由原来的平均调解每个案子耗费 3 小时降低为 2 小时，缩短了调解时间，为案多人少矛盾的解决节约了时间成本。

3. 群众满意程度提升

案件的结束不是案卷上的结案，而是真正的定纷止争、案结事了，尤其在基层人民法庭，如果不能妥善解决纠纷，将会导致闹访、缠访等“后遗症”。（见表 2）

表 2　群众满意程度提升指标对比

	2015 年	2016 年	2017 年
服判息诉率	98.32%	98.16%	97.27%
撤诉率	26.26%	16.56%	11.48%
信访案件数	0	0	0

从古零人民法庭的各项案件效率指标里可以看出，“贝侬”调解法的实施取得了良好的效果，该法庭的服判息诉率和撤诉率都保持良好的态势，信访案件数量近几年

都为0件,充分说明了群众对案件的满意程度。在法庭每年的群众满意度测评中,群众满意程度也是逐年上升,调解法取得了良好的社会效果。(见图1)

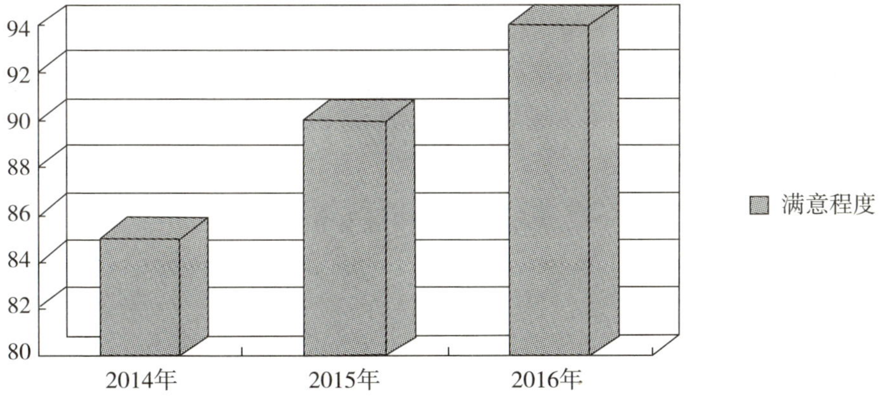

图1　古零人民法庭群众满意程序调查

二、广西人民法庭开展特色司法服务工作的基本情况

广西作为以壮族为主多民族聚居的西部边陲省份,在全国所有省份中社会经济发展水平较落后,截至2016年年末,全区常住人口4838万人,下辖有14个地级市。

近年来,随着广西经济的不断发展,城镇化进程加快,新农村建设走向深入,日新月异的变化与观念、利益之间不断碰撞,各种社会矛盾与纠纷摩擦愈加激烈,农村地区大量的纠纷难以依靠单纯的审判解决,开展特色司法服务成为法院化解纠纷的一剂良药。

广西有壮、瑶、苗、侗、仫佬、毛南、回、京等少数民族,少数民族总人数居全国第一位。广西特殊的区位又使当地开展特色司法服务时更多样化,带有明显的民族特性。

(一)人民法庭审判与执行特色司法实践

近年来,广西全区社会经济发展迅速,随之而来的是各种矛盾纠纷的不断增加,人民法庭收案数量持续走高。在持续增加的案件数量背景下,全区各地不断涌现百花齐放的特色司法服务。

1. 人民法庭特色司法服务概况

目前,广西全区共有324个人民法庭,其中2017年5月新建、恢复、重建法庭25个,有36个分布在民族自治县(州)。

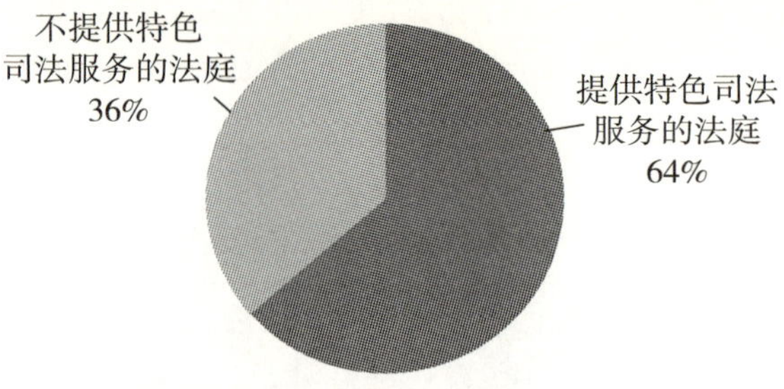

图2 人民法庭提供特色司法服务占比

在全区324个人民法庭中，有206个人民法庭提供特色司法服务，占全部法庭的64%。（见图2）

（1）地域分布。在提供特色司法服务的法庭地域分布上，38.2%的人民法庭分布在桂北地区，28.8%的人民法庭分布在中部地区，33%的人民法庭分布在桂南地区。在地域分布上呈现出向少数民族聚居地及边疆地区倾斜的趋势。

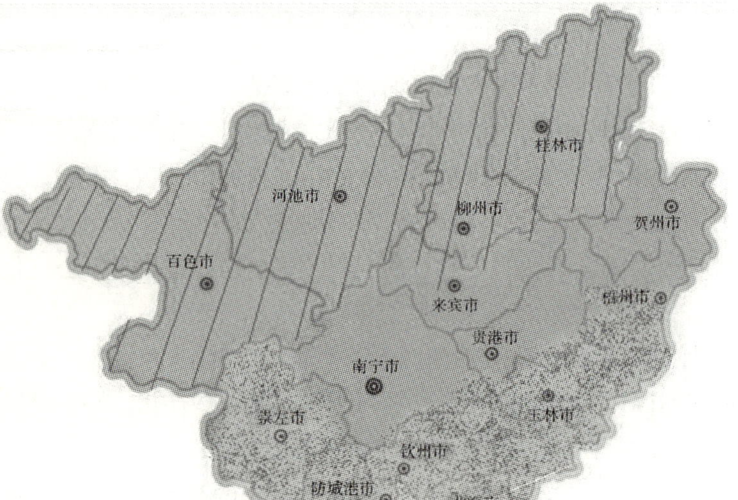

图3 广西提供特色司法服务的人民法庭分布

（2）少数民族的影响。在少数民族聚居区域，几千年的民族传承，使得各个民族有着截然不同的民族习俗和风土人情，孕育诞生了各具特色的民族地方"规则"，这些规则在民族聚居的地区或习惯上，仍然起着维护乡里民规、宗族宗教的作用。在这样的背景之下，这些少数民族聚居区域也孕育了各具特色的司法服务。

与非少数民族聚居区域相比，少数民族聚居区域开展特色司法服务的数量更多，涉及的特色司法服务种类更趋于利用乡规民约来服务当事人。（见图4）

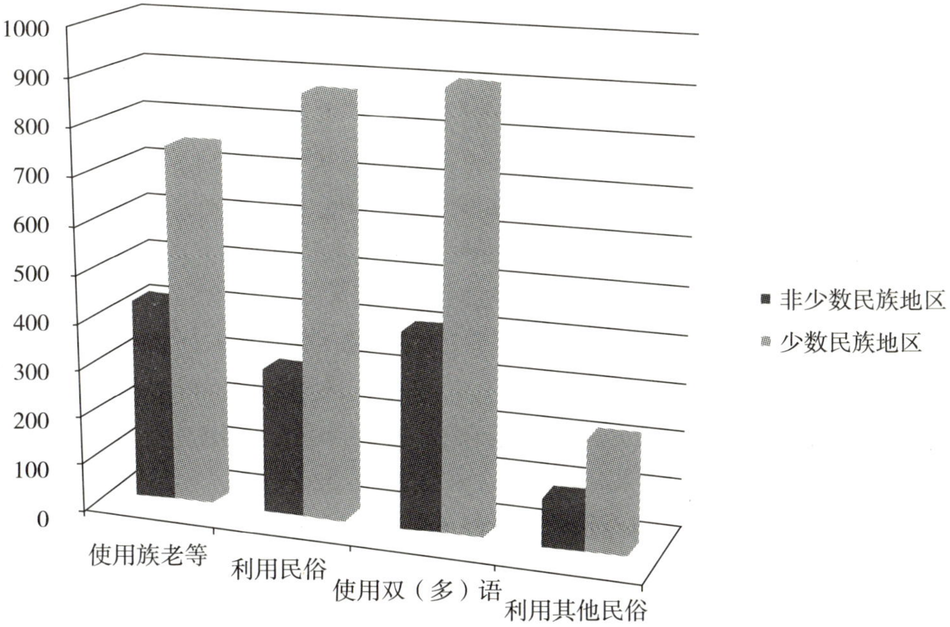

图4　不同地区提供特色司法服务对比

（3）与经济相关联。特色司法服务人民法庭的分布与当地经济情况有关联，发达地区经济纠纷明显较欠发达地区更多，提供特色司法服务的方式更加多样化，案件类型也较欠发达地区更为丰富。

发达地区所提供的司法服务偏重于信息化与科技化的特色司法服务，得益于当地的经济发展，可以提供如远程视频立案调解、QQ调解、微信立案等一系列跨越时间空间的便民司法服务。（见图5）

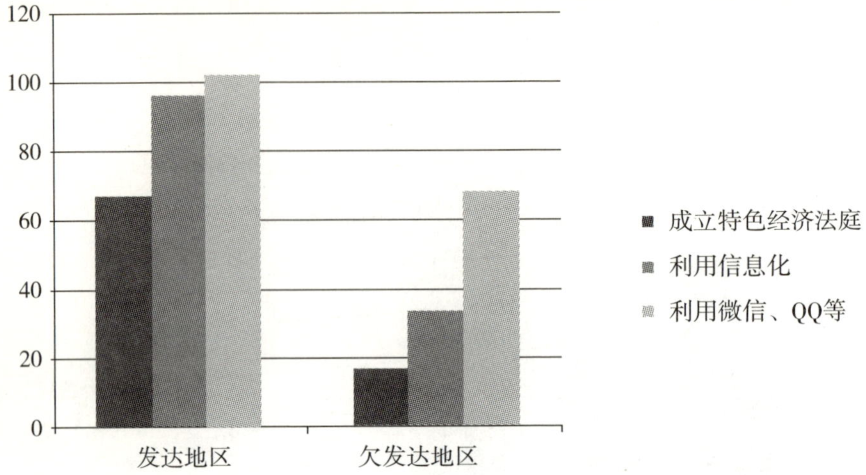

图5 发达地区与欠发达地区提供特色司法服务对比

2. 人民法庭运用特色司法服务案件的类型

当前,广西人民法庭案件呈现逐年递增的趋势,案件量的增长给法庭带来了巨大的办案压力。(见表3)

表3 广西人民法庭收案

年份	2012年	2013年	2014年	2015年	2016年
收案数/件	50 050	56 176	60 179	64 208	67 704
结案数/件	50 243	54 824	58 151	62 032	65 231

而与此相对的,人民法庭的人员数量都较少,共有1146名在编干警,367名聘用人员,1263名陪审人员,其中参与到特色司法服务中的在编干警为698人,聘用人员为183人,人民陪审员为732人。对于连年增加的案件数量,人员数量并没有明显的增加,这加剧了案多人少的矛盾。(见图6)

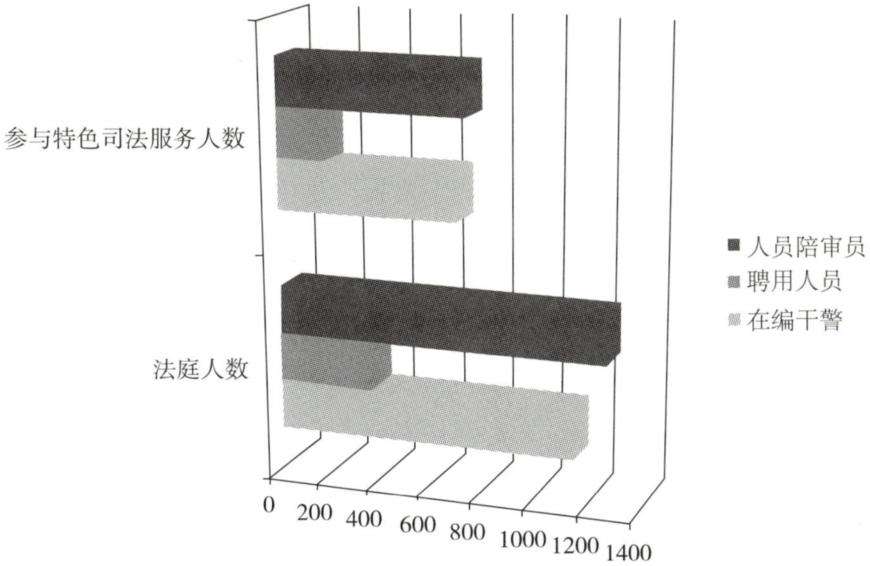

图6　人民法庭特色司法服务参与人员占比

在所有使用特色司法服务解决的案件中，有27%为离婚纠纷案件，22%为民间借贷纠纷案件，21%为山林土地纠纷案件，16%为乡邻纠纷案件，其余为其他案件。

欠发达地区，在运用特色司法服务的案件中，离婚纠纷和民间借贷纠纷案件的比例更高，分别达到31%和26%，这与欠发达地区的法庭收案案件类型有关，在该地区这两类案件占到人民法庭收案类型的一半以上，因为欠发达地区经济不发达，相较于发达地区案件类型更加单一，且这两类案件更加需要以特色司法服务来定分止争，达到良好的矛盾化解效果，平息案件争端。而在发达地区，案件类型较为丰富，包括离婚、民间借贷、合同买卖、交通运输、土地承包等多种案件类型在内，各个发达地区根据其特殊的经济区位优势，来提供相应的特色司法服务。

如西乡塘法院的金陵人民法庭，它的所辖辖区是南宁市远近闻名的水果之乡，尤以香蕉种植为甚。而随着种植业的发展壮大，辖区蕉农与外地客商的摩擦也不断增加，法庭为了规范蕉农与外地客商所签订的购销香蕉合同，减少风险，每年都与各乡镇政府联合举办村干部和村民法律知识培训班，提高蕉农的法律意识，还主动与辖区内的22家规模企业和50多个村屯建立了服务联系点，提供相关的特色司法服务。

3. 人民法庭开展特色司法服务的方式

当前,人民法庭的特色司法服务主要通过三种方式来开展,即通过人来开展、通过特色内容来展开或通过其他途径来开展。

(1)山区。以“人”为基础的特色司法服务。这些分布在民族聚居地的人民法庭所开展的特色司法服务多以“人”为基础内容,即所开展的特色司法服务是通过纠纷解决过程中的人的因素来展开的,“人”可以是法庭所在辖区范围内的族老、村干部或有威望的村民,在法庭提供的特色司法服务中,这些人的因素作为沟通的桥梁,在案件的调解过程中提供了富有民族特色的帮助,为迅速拉近当事人距离,缓解矛盾纠纷提供了可能。如兴宁区法院五塘人民法庭的“族老调解”,马山县法院古零人民法庭的“贝侬调解工作法”等。

(2)民俗浓厚地区。以民族特色为主的特色司法服务。即指各种结合当地民俗风情综合实际所提供的特色司法服务,是各地人民法庭自发形成的一套服务方式,具有浓郁的边疆民族特色。此种特色司法服务最大限度地考虑了人民法庭的地方实际,从当地民情出发,在特色司法服务的实施中形成了一套较为独特的服务方法,贴近群众生产生活,获得了良好的服务效果。如北海市法院的驻村法官“七个一线”工作机制、百色市法院的“壮语巡回法庭”、河池市法院的“山区巡回法庭”等。

(3)经济发达地区。以“新科技”为主的特色司法服务。随着人民法庭所在地的经济社会不断发展,当地的特色司法服务也被烙上了时代的印记,这些处于较发达地区的人民法庭,依靠科技的进步发展,为当地居民提供科技含量更高的特色司法服务内容。如南宁市法院的“微信立案”、桂林市法院的“律师网上立案”、融水人民法庭的“视频电话”联络机制等。

(4)沿边地区。特殊沿边贸易服务。沿边地区边贸经济不断发展,在“一带一路”的影响下,与东南亚的经济联系日益紧密,随之而来就有越来越多的边贸纠纷。区内的沿边人民法庭纷纷开展了以边贸巡回法庭为主的特色司法服务。如东兴市法院为方便解决中越两国的边境贸易纠纷,特在东兴边民互市贸易区成立了中国首个“中越商事纠纷特别巡回法庭”,专门用于调解解决两国边境贸易的商事纠纷,并下设江平镇、巫头村和万尾村3个办案点开展工作。防城港市防城区人民法院针对那良镇与越南边境线长,以及近年来中越边民往来和互市贸易纠纷日益增多的特点,成立“那良边境巡回法庭”,积极打造“无讼边境”。在边境线的全部村委会均建立“法庭调解联络站”,特别是在峒中口岸和里火口岸派驻驻村法官,加强与海关、口岸等部门及村委等联动,第一时间化解涉及边境贸易的矛盾纠纷。

此外,特色司法服务还倚靠涉外调解员的帮助。利用外籍人士的帮助,因为外籍人士常年生活在中外客商身边,通晓两国语言,又对中国的情况比较了解,在纠纷调解方面有特殊的优势。如凭祥法院积极引入第三方力量参与调解涉外法律纠纷,其所辖的浦寨边境贸易巡回法庭联合该市司法局共同聘请越南籍涉外调解员,特别设置"外籍人民调解员",从浦寨互市点推选出自愿参与、热心调解、边贸经商经验丰富的两名越南籍涉外调解员,参与解决涉外纠纷。龙州法院还特别设立专门的联络员,由司法局及法院各自设立一位联络员来负责协调涉外纠纷,在越南籍犯罪嫌疑人及被告人参与刑事诉讼时,还可以为当事人聘请翻译,这有效保障了涉外当事人的诉讼权利。

(5)沿海地区。沿海巡回法庭。区内沿海地区集中在防城港、北海与钦州三市,沿海地区风光秀丽景区众多,且贸易日益繁华,纠纷不断增加。沿海地区人民法庭的特色司法服务以各类服务旅游与港区贸易的巡回法庭为主。

如北海市银海区法院针对游客流动性大,停留时间短等特点成立了银滩旅游法庭,安排值班法官与审判团队进驻银海区银滩、侨港等热门景点,设立受理点巡回办案,将法庭前移至游客身边,为游客提供法律咨询服务,并受理旅游投诉,现场立案、调解,就地维权,建立起诉、立案、调解、执行一站式工作机制,更快、更有效地维护游客合法权益。

防城港市港口区人民法院于2014年年底在企沙工业区管理委员会成立广西法院首个"工业巡回法庭",下辖3个工业园管委会及防城港市三大产业园,集中审理辖区涉工业企业案件,为工业企业发展提供优质高效的司法保障和服务。该院出台实施《法院服务重大工业企业发展实施意见》,探索、构建服务工业企业发展的有力措施,实行"一企业一法官"制度,定期定点为企业提供优质法律服务,并且利用工业巡回法庭进行普法宣传,选择有代表性的案件到工业园区和企业巡回开庭,就地办案,就地调解,以案说法。

(6)其他特色司法服务。在特色司法服务的发展过程中,各地形成了一些可以复制推广的特色司法服务方式,在总结之后推广到全区使用。如在旅游景点所在地成立旅游巡回法庭、在经济开发区设立经济巡回法庭等,为当地提供具有特色的司法服务。如贺州市法院的"无假日法庭",防城港市法院的"边境巡回法庭",崇左市法院的"驻边调解室",有效服务边境贸易,"巴马景区巡回法庭",宁铁法院的"司法服务站"等都为当地的发展提供了法律服务。

4. 人民法庭应用特色司法服务案件的主要做法

(1)规章制度。以特殊的步骤规定特色司法的运行模式,将实践过程中所运用到的司法特色服务做法通过总结升华最后固定下来,总结共性突出特性,形成一整套的规章制度,将特色司法服务固定化模式化,更便于推广与运用。没有经过书面总结的特色司法服务容易在人员交替变换时流失,此种特色司法服务的规章制度在提供服务之时对法庭法官更有指导意义,让人员流动较为频繁的法庭能够一直将特色司法服务延续。

如防城区那良法庭推行"五个坚持"工作法,包括坚持使用"面包车法庭"作为巡回载体,积极深入各村屯巡回办案,法庭坚持法官下访、坚持四级联调(法庭与司法所、派出所、村委会联动调解)、坚持法制教育、坚持司法建议(发现行政部门在社会综治中出现漏洞,及时提供司法建议)。

江南区法院经开法庭巧做"有心人",积极与辖区社区、村委会联系,合作共建便民司法服务站,采取"需求收集—沟通联系—定点咨询—定期回访"特色司法服务模式,定期到社区、村委"坐堂"问诊释疑,为老百姓提供法律咨询,打造老百姓家门口的法律服务站。

柳城县法院凤山法庭所在地禅文化氛围浓厚,结合这种文化凤山法庭制定了"能调则调,当判则判,调判结合,案结事息"的工作方针,以调解作为工作重心,在调解中注重和镇妇联以及镇司法所紧密联系,打造三位一体的调解机制。实行每案必调解,形成了"诉前、庭前、庭中、庭后全程调解"工作机制。

陆川法院马坡法庭创新实行"五个一"法庭工作机制,一是一镇一法官,二是一月一巡回,三是一镇一陪审员, 四是一审一公开,五是一村一联络。

(2)倚靠当地群众。人民法庭在处理案件的时候,通过当地的人为案件处理提供帮助,形成了一套以人民调解为基础的特色服务模式。

如在广大农村地区,"族老"精通当地的语言,了解当地风俗,熟悉地方历史,在农村地区威望极高。兴宁区法院五塘法庭就充分利用"族老"的这一优势,把"族老"这一力量引入调解之中,寻求多元化纠纷处理路径,将风俗习惯、道德情面与法律有机结合,提高了村镇群众的纠纷自治能力和司法的社会治理能力。法庭在解决纠纷时,充分利用其"族老调解机制",形成了"族老"全程参与的调解机制:一是"诉前分流",甄别出有调解可能性的案件,邀请"族老"进行诉前调解;二是"庭前分流",在送达阶段邀请"族老"协助找到送达对象,并进行庭前调解;三是"庭审分流",邀请已任命为人民陪审员的"族老"参与庭审,将法官当庭释法与"族老"情理调解相结合。

如兴宁区法院五塘法庭将风俗习惯、道德情面与法律有机结合，利用“族老”提高了村镇群众的纠纷自治能力和司法的社会治理能力。

案例一 当事人董某仅凭一张借条便将另一当事人腾某诉至法院，要求其偿还自己30多万元债务。而被告腾某却迟迟不肯露面，给庭审工作带来难度。办案人员经“族老”在乡邻中了解到，原来涉案债务系赌债，被告因惧怕原告故不敢现身。在“族老”的积极调解下，最终，双方当事人自行和解。

案例二 李某与何某两家出现了旷日持久的矛盾纠纷，如果只是进行判决，将难以真正案结事了。于是，办案人员邀请同村“族老”参与调解，“族老”对当事人动之以情、晓之以理，利用双方长辈的渊源，与法官配合，情、理、法并用，最终使得双方和解。“族老”的威信虽不具有法律上的强制力，但在乡土社会中往往能够更好地约束各方言行，避免过激言行造成“二次伤害”。

(3)利用风俗习惯。利用当地特殊民俗为法庭当事人提供特色司法服务。因许多人民法庭都处在少数民族聚居区域，所接触到的当事人很大部分为少数民族，尊重各地区的民族习惯，顺应习惯融入案件及纠纷中，拉近与当事人的距离，并将民俗风情用于法庭文化建设之中，为当事人提供富于民族特色的法庭基础设施服务，让当事人倍感亲切，提高案件解决效率。

如东兴市的江平法庭，充分利用了东兴市江平镇作为我国少数民族——京族的唯一聚居地，且依山傍海沿边的特殊地理位置及风俗民情。其法庭的文化室将海洋、京族及法庭文化进行了融合，打造出特殊的法庭文化景观。主要为京族文化板块及海洋文化板块，用图文结合的方式介绍了京族的传统节日、生活习俗和饮食文化，海洋方面则介绍了白鹭、红树林等特色生物与渔民的日常劳作，在实物展出上则有京族特色民族服装、独弦琴等，还将地板特意设计为玻璃式，里面装有取自当地的海沙、贝壳等，让步入其中的当事人仿佛置身于风景优美的金滩。

(4)提供语言服务。汉语方言有粤语、西南官话(桂柳话)、客家语、平话、湘语、闽语六种；壮语方言有北部方言和南部方言，其中武鸣壮语被公认为全区官方标准壮语；其他少数民族语言有苗语、瑶语等。

这样的现实基础，使得人民法庭的法官在下乡办案过程中，多是接触到使用民族语言的当事人，为当事人提供语言类的特色司法服务是最具有普遍性的。在调研过程中，几乎所有的人民法庭都会配备有至少一名能够熟练运用当地语言的法官或者书记员，为当地群众提供语言服务。

如百色田东县法院的“壮语巡回法庭”。田东是一个以壮族为主的多民族聚居县，很多边远乡村尤其是上了一定年纪的村民根本不会说普通话。田东县法院为让司法活动更接地气，积极构建“一心四点”壮语办案格局，即以院部“诉讼服务中心”为中心，带动平马人民法庭、思林人民法庭、印茶人民法庭、义圩人民法庭四个巡回办案点，以点带面，密编一张覆盖民商事审判的壮语办案网。

钦北区人民法院大寺法庭为钦州市首个壮语巡回法庭，大寺法庭管辖大寺、大直、那蒙、贵台四个乡镇，辖区人口达 31 万人，其中壮族人口占 70% 以上，会讲壮话的人口甚至多达 80%，是钦州市钦北区壮族主要聚居区。辖区地处偏僻，当地群众主要使用壮语交流，仍保留壮族的一些生活习惯，当地一些年纪较大的村民习惯使用地方语言，甚至不会使用汉字及普通话。大寺法庭配设精通壮语的审判团队审理涉壮语诉讼案件，并邀请具有丰富壮语审判经验的三名退休老法官作为壮语巡回法庭咨询员，参与壮语案件调解并传授壮语审判经验，以便发挥壮语老法官以老带新和利用他们在当地影响力的作用化解纠纷。

(5)以便民为宗旨。在开展特色司法服务的过程中，便民类的服务是最为普遍的，此类司法便民服务以巡回法庭最为普遍，但随着近年来的社会经济发展，便民类的司法服务也加入了更多的科技元素，为更多的法庭当事人提供跨越时间和空间的司法服务。

如融水苗族自治县人民法院融水法庭积极探索智慧法庭“移动 + 互联网 + 审判”的办案方式，不仅在法庭安装相关的视频设备，当事人可以通过视频设备直接与法官进行手机视频通话，避免了当事人的来回奔波，还通过微信视频连接的方式进行调解，节省了当事人的诉讼成本，提高了审判效率。

凤山县法院针对凤山群众交通不便出行难、文化落后法治维权难、诉讼不便打官司难的“三难”实际，构建了“庭、站、所、点、员”五位一体联动的山区巡回法庭。一是充分利用审判资源建立起“五位一体”山区巡回法庭，设立“大巡回法庭”来负责原有三个法庭的辖区巡回审判，在各村(社区)设立巡回法庭办案点，就地立案、就地调解、就地开庭、就地结案。二是构建“五位一体”山区巡回法庭审判工作模式。构建“庭、站、所、点、员”联动的“五位一体”巡回审判模式，把审判工作网络触角延伸到每个村屯(社区)。三是制定和规范山区巡回法庭审判工作流程。为规范“五位一体”山区巡回法庭审判工作模式，制定巡回法庭操作规程；坚持调解优先；坚持调判结合的方针；规范巡回办案范围；规范巡回审判点；选配好巡回办案法官。四是加强对基层调解组织的业务指导。巡回法庭法官利用下乡办案机会，对基层人民调解组织和人民调解员进行业务指导和业务培训，通过典型事例，以案说法，使基层人民调解组织和调解员更好地掌握涉及山区群众纠纷的法律法规及司法解释、调解方式方法及调解书的制作，有效提高基层人民调解组织和人民调解员解决纠纷的能力和水平，促进农村矛盾纠纷的化解。

（二）壮族地区特色司法服务——马山县法院古零法庭“贝侬”调解工作法的成效及作用

广西是壮族自治区，区内分布着大量的壮族聚居地区，孕育着富于壮族特色的民俗风情。在这样的地理和人文环境中，根植于民族土壤之上的壮族地区，诞生了许多充满民族特色的特色司法服务。

1. 壮族地区“贝侬”的情况及作用

费孝通在《乡土中国》一书中指出：“从基层上看去，中国社会是乡土性的。”[1]“可是乡土社会并不是这种社会，我们可以说这是个‘无法’的社会，假如我们把法律限于以国家权力所维持的规则；但是‘无法’并不影响这社会的秩序，因为乡土社会是‘礼治’的社会。”[2]在广西，传统的壮族地区就是典型的熟人社会，纠纷当事人认为一旦将自己的“家事”通过法律途径来解决，那就相当于将自己的“家事”晒在光天化日之下，左邻右舍的舆论会对当事人造成巨大压力，甚至有可能让当事人无法在乡土的社会中立足。所以长期以来，农村地区的道德、习俗、传统和习惯远远比法律观念更深入人心。

“贝侬”是壮语，在普通话中是“兄弟”的意思，“贝”是“兄”，“侬”是“弟”，“贝侬”指的是兄弟姐妹、朋友或者关系特别好的人。在壮乡这个熟人社会中，村民与村民之间多是沾亲带故的关系，这就使得农村地区在人与人之间、村与村之间形成了一张熟人网络，农村地区的纠纷解决方式往往凭借这张熟人网络来解决。“贝侬”就是该网络中的经纬线，起到了联系协调的作用。长期以来，壮乡地区解决矛盾纠纷都有通过“贝侬”来连线搭桥的传统。

2. 工作法开展情况

位于广西南宁市马山县法院的古零法庭，在长期的调解工作中，结合当地民情特色，独创“贝侬调解工作法”，形成了一整套较为规范的流程，具有现实的参考意义。在审判实践中，该院法官到村寨开展调解工作时发现村寨中的村民们大都相互认

---

[1] 费孝通：《乡土中国》，北京大学出版社 1998 年版，第 6 页。

[2] 费孝通：《乡土中国》，北京大学出版社 1998 年版，第 49 页。

识，村民们产生矛盾、争执不下时，有中立的“贝侬”过来劝解，因此法官们积极地寻找双方都信服的“贝侬”参与到调解工作中来，收到案结事了、圆满解决矛盾纠纷的效果。

如在一起案例中，该民间借贷纠纷的当事人原告与被告是一对堂兄弟，原告称被告向其借款 3 万元，逾期未归还且多次追讨未果，让原告感到“心寒”。该案件在调解过程中，被告多次辩解没有向原告借款，而原告说的追讨未果“视而不见”的情况更是没有发生，双方一度僵持不下。主办法官多次对双方亲友进行走访，发现原告和被告有一名共同好朋友韦某。韦某见到原告与被告因借款纠纷导致兄弟关系恶化，也是心急如焚。主办法官遂邀请韦某参与到案件调解中。最终在法官与“贝侬”韦某的共同努力之下，化解了双方的矛盾。

该院构建“贝侬”调解工作法的核心四步骤：第一步是科学研判，在立案阶段，对案件的案情简易程度、可调撤情节以及案件双方当事人的亲属进行信息收集和分析，对案件优先考虑用调解的方式来解决，并征集矛盾双方的意见。矛盾双方同意调解的，则组织人员对其人际关系、社会背景进行摸底排查，详细了解矛盾双方是否有共同认识的好友或者亲戚。

第二步是确定案件调解员。调查中，如果双方拥有共同的亲戚朋友，则邀请他们一起参与调解。如果双方没有共同的亲朋好友，则在当地寻找较有威望的人，协助调解。在初步确定好调解员后，法官与调解员做调解前沟通，让调解员全方位了解案件情况，若发现调解员存在过度偏袒当事人中某一方的情况，则判定此调解员不适宜参与此次调解并更换人员。

第三步是由法官组织调解。法官组织在“贝侬”调解室开展调解，矛盾双方及其亲友“围圆”而坐，由“贝侬”中年纪最小的至最大的依次发言，最后由年纪最长的“阿贝”总结大家的意见，向矛盾双方提出解决方案。

第四步是法官作审查确认。“阿贝”提出解决方案后，矛盾双方同意该方案的，由法官对调解结果进行审查，调解结果符合法律规定、不伤害社会公序良俗的，由法官根据调解结果制作调解书，双方签字后即调解成功。

该院 2016 年 1 月至 2017 年 8 月通过“贝侬”调解工作法解决 1573 件矛盾纠纷，3000 多名当事人通过“贝侬”调解握手言和；2014 年至 2016 年，年均调解率为65.16%，居南宁市法院首位。

（三）人民法庭特色司法服务职能延伸实践

在人民法庭的特色司法服务工作开展过程中，特色司法服务职能延伸是比较普遍的一种服务方式,通过为其他的政府部门和社会组织提供司法服务,为法庭所在地的当地党委政府提供司法服务,参与社会综合管理是目前人民法庭的基本职能之一。并且作为一种双向的沟通帮助,职能延伸还能作为一种司法联动,与其他部门形成合力,共同处理矛盾纠纷,提高解决纠纷的效率。(见图7)

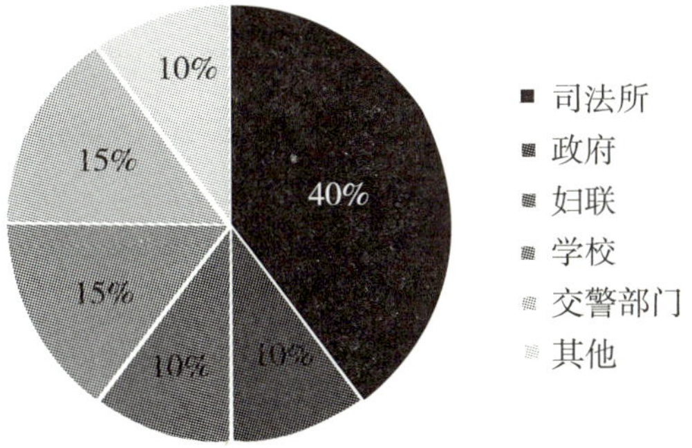

图7　法庭特色司法服务提供部门分布

从调查的法庭来看,其主要向司法所、政府、妇联、学校、交警部门提供各类司法服务,并将司法服务延伸到当地的各部门,积极参与当地综合治理。(见图8)

1. 党委和政府

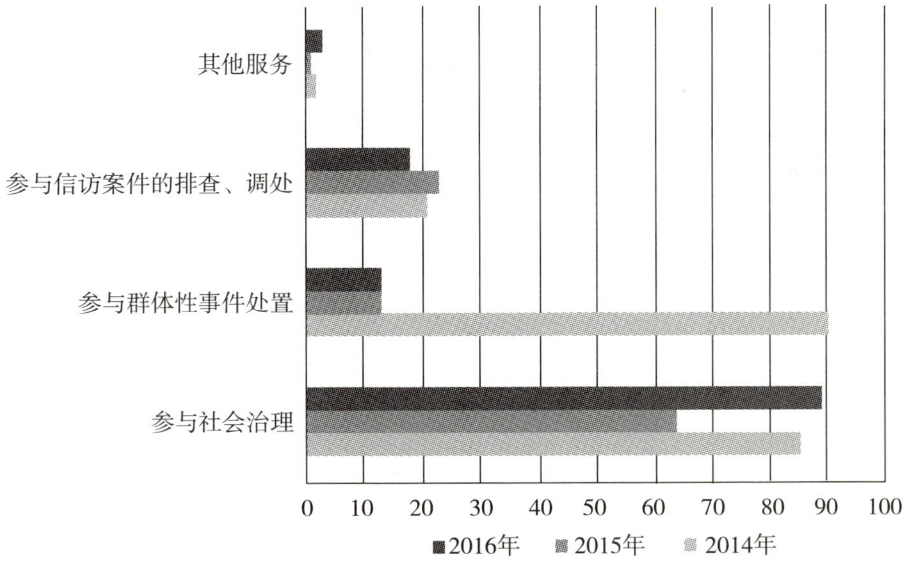

图8　法庭为当地党委和政府提供司法服务类型

为当地党委和政府所提供的特色司法服务主要为参与社会治理、参与群体性事件处置、参与信访案件的排查与调处及其他服务。在上述服务中,法庭参与社会治理的力度最大,人民法庭按照当地党委和政府的指示参与各项社会综合治理活动较多,如各类活动的安保、各类宣传活动的法律咨询等。

2. 司法所

延伸到司法所的特色司法服务以参与法律宣传教育为主,这也是人民法庭日常工作中不可缺少的特色司法服务之一。作为当地的司法职能部门,通过法律宣传提升当地群众的法律意识水平是人民法庭的重要工作之一。(见图 9)

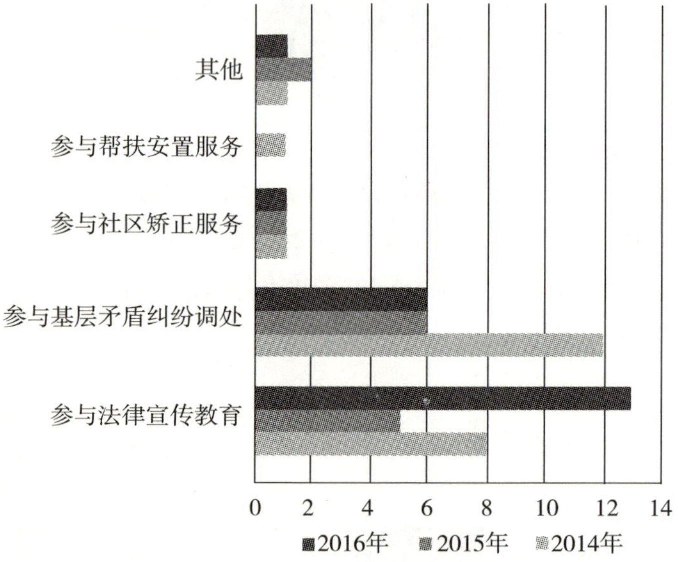

图 9 人民法庭为当地司法所提供特色司法服务类型

3. 当地基层人民调解组织

人民法庭积极与当地基层人民调解组织建立合作关系,每年为当地基层人民调解组织提供各类服务,主要集中在参与预防、化解矛盾纠纷上,主要体现为人民法庭的诉前联调工作。人民法庭与当地人民调解组织共同做好诉前联调工作,为案件的妥善处置提供了前提,有效减少了各类纠纷进入诉讼程序的概率,缓和了案多人少的矛盾。(见图 10)

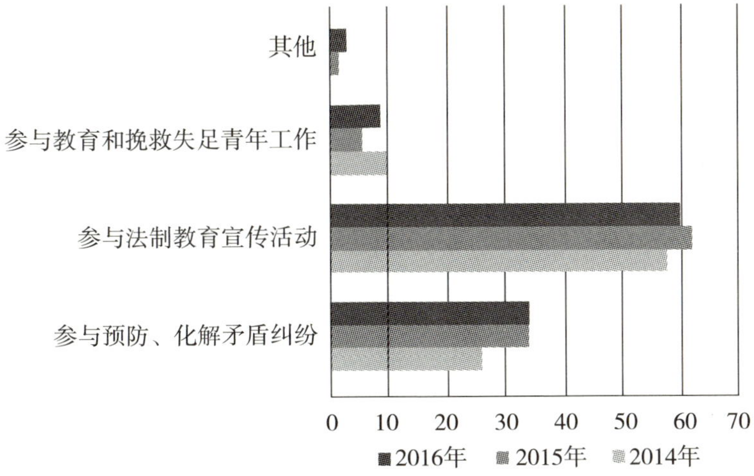

图 10　人民法庭为基层人民调解组织提供司法服务类型

4. 基层基础建设

在基层基础建设上，人民法庭主要参与依法行政的指导，在农村地区则表现为对各部门行政活动提出法律建议，在基层选举中提供法律依据，规范基层行政活动行为。人民法庭参与乡村建设多为清洁乡村工作，值得注意的是，自 2016 年开展精准扶贫之后参与扶贫开发工作数量激增，人民法庭干警还要兼任农村指导员下村进行扶贫活动，故人民法庭为基层扶贫提供了莫大助力。（见图 11）

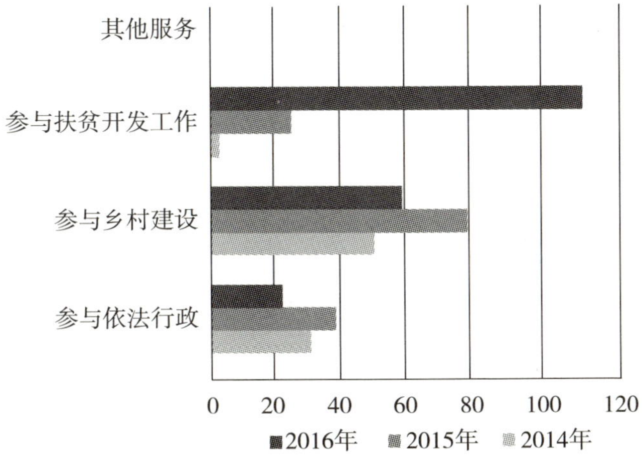

图 11　人民法庭参与基层基础建设类型

表 4　三个人民法庭提供特色司法服务对比

法庭名称	设立特色司法服务机构	使用特色司法服务方法	2014 年						2015 年						2016 年					
			使用特色司法结案(件)	所占比重(%)	使用特色司法调解(件)	所占比重(%)	使用特色司法撤诉(件)	所占比重(%)	使用特色司法结案(件)	所占比重(%)	使用特色司法调解(件)	所占比重(%)	使用特色司法撤诉(件)	所占比重(%)	使用特色司法结案(件)	所占比重(%)	使用特色司法调解(件)	所占比重(%)	使用特色司法撤诉(件)	所占比重(%)
五塘人民法庭	“十里花卉长廊”旅游巡回法庭,“王竹村巡回办案点”“联合调解室”	“村干部联合调解”“族老联合调解”“司法所村委诉前联调”	141	100	9	6.38	13	9.21	160	100	29	18.12	33	20.62	153	100	32	20.91	20	13.07
思陇人民法庭		双语审判	45	100	22	48.9	10	22.2	50	100	20	40	15	30	52	100	18	34.6	16	30.8
汪洞人民法庭		建立别具少数民族特色的平安建设机制;“借域调解,因地制宜”	200	78.8	150	75	30	15	268	76.3	198	73.8	36	13.4	277	79.1	212	76.5	40	14.4

(四)人民法庭特色司法服务工作的评析

1.特色司法服务工作的优势

以开展了“族老调解”的五塘人民法庭、“双语审判”的思陇人民法庭及以人民调解为主的汪洞人民法庭为例。

三个人民法庭都为当地群众提供了特色司法服务,三个人民法庭使用特色司法服务结案的案件数量逐年增加,使用特色司法服务调解的案件数量亦逐年增加,说明特色司法服务为审判提供了帮助。通过使用特色司法服务,三个人民法庭的审判指标呈现良好态势,调解和撤诉都有所提高,减少了法庭的审判压力,为案件的真正定分止争起到了积极作用。

(1)民族地区——双语优势。广西民族众多,语言环境复杂,凭借单一的普通话无法与群众沟通,更无法拉近与当事人的距离。如宾阳县法院的思陇法庭,该地区使用的方言既不是南宁本地的白话,也不是壮族地区的壮语,而是该地区经过多种语言融合的“土话”。该法庭法官在庭审中使用方言,充分消化吸收了当地的语言,将开庭的法律语言变得更通俗易懂,有效方便当地群众参与诉讼,获得群众的一致好评。如该法庭曾经审理过一起合同纠纷案件,当事双方都是该地区本地人,在庭审开始之前,法庭就根据双方当事人的意见,采用双语开庭审理案件。而到了审理案件争议焦点的时候,法官则使用通俗易懂的方言来询问当事人。如遇到当事人或代理人不明白要求“翻译”的时候,审判员也会将方言翻译成普通话,再告知当事人和代理人。双语服务有效提高了审判效率,还能迅速拉近与当事人的距离。思陇法庭在2014年共受理民事案件148件,结案148件,该法庭80%的案件都通过双语庭审,一大部分案件在开庭审理之前就已经能够调解结案。

(2)壮族地区——贝侬优势。壮族以群居为主,十里八乡自古有联姻的习惯,在壮乡间形成了一张熟人的贝侬网络。

如有一起案例,离婚后女方取得女儿的抚养权,但男方拒绝支付抚养费并外出打工。该院利用男方所在村有威望的族老及男方亲属联络男方,并在男方返乡过节时组织相当于“社区会议”的联合调解,通过“贝侬”解开男子心结,修复双方关系,最终男子愿意定期给付抚养费。

利用熟人网络可以有效缓解案件的尖锐矛盾,特色司法服务能融入当地特殊实际,通过当事人信任的熟悉节点来有效疏通当事人的心理郁结,并通过熟人网络来联络当事人,为审判、送达、执行等各个环节提供帮助,有效提高乡土环境下的办案效率,缓解案多人少的矛盾。

（3）偏远地区——群众优势。利用当地群众的联系优势，能有效为案件“提速”。如兴宁区五塘法庭围绕“族老调解”机制完善法庭设施，设置有专用的“族老调解”法庭。法庭布置以方便“族老”调解为宗旨，法庭内贴有“族老”座位分布示意图，在法官席与当事人席之间设置“族老调解席”，极大地方便族老旁听、协助调解，营造轻松交谈的气氛，以便于化干戈为玉帛。该院还适时为参与调解的“族老”提供工作餐，确保“族老”参与调解协助工作的积极性。并先后与辖区的乡镇政府签订了互动、联动协议，将“族老调解”机制纳入联动司法范围，进一步明确了在当地政府协助下的“族老”选任程序以及将“族老调解”形成常态化加以规范引导和管理。法院共吸纳了30名“族老”，来源覆盖辖区超过40%的村镇社区。其中，退休村支书、村委书记9人，其他村族长辈21人，仅2014年五塘镇法庭由“族老”参与纠纷调解的案件达19件，其中14件顺利化解，5件通过诉讼程序进行纠纷化解。

2. 特色司法服务工作的不足

（1）模式散乱难以复制推广。各地特色司法服务的模式仍处在“各自为政”的状态，特色司法服务方法不一，这些各种各样的特色司法服务的模式都比较散乱，分布在全区各地，难以归纳总结形成高效率的特色服务模式，仅靠各个法庭根据各地情况与法官的主观判断来提供司法服务，难以进行复制推广。

（2）过度依赖“人”的因素。目前以“人”为主要因素的特色司法服务过于依赖于“人”，如在族老调解这个模式中，族老发挥着关键作用，但虽然族老有特殊的解决矛盾的优势，但是一旦出现当事人不受族老约束情形，这种“人”的因素就失去了作用。所以目前这种过于依赖“人”的特色司法服务的弊端就是难以保证特色司法服务的成效。

3. 特色司法服务工作的主要成效

（1）提高矛盾纠纷解决效率。在人民法庭的工作中，主动提供特色司法服务的最直接优势就是提高矛盾纠纷解决的效率，通过特色司法服务可以有效减少法庭人员案多人少的矛盾，不断提高结案效率。

（2）主动满足群众需求。特色司法服务作为一种有效的服务手段，最明显的作用便是可以主动满足目前人民群众日益增加的司法需求，各地根据不同的实际所形成的特色司法服务，为当地的人民群众带去了易于接受的司法服务，能够真正满足群众的司法要求。

（3）贴合当地民情实际。特色司法服务之所以能称为特色，是因为其富含当地特色的特点。特色司法服务多为结合了当地实际的司法服务，因其特殊的民俗风情，有效贴合当地的实际,融入当地骨血之中,更易为人民群众所喜闻乐见的法律服务方式。

三、广西人民法庭开展特色司法服务工作存在的主要问题

(一)法律理念与乡土意识之冲突

1. 多数法官乡土服务意识不足

如图12所示,通过对基层法庭法官的走访,课题组发现基层法庭参与当地非诉讼矛盾纠纷的处理、协助党委政府或其他行政部门完成行政事务的现象的是非常普遍的。而对于提供司法服务的态度,多数法官表示,派出法庭是人民法院的一个职能部门,其职责就是对诉讼案件进行审理,至于其他如协调乡镇政府调处未诉讼至法庭的基层矛盾纠纷、参加与审判业务无关的普法宣传、基础建设等职能,一是其与审判职能无关;二是办案精力有限,不能兼顾其中;三是某些矛盾纠纷诉前无法解决,最终诉至法庭,这样一来,法官就有了先入为主,对案件审理产生不公的嫌疑。基于以上原因,基层法庭法官认为只要将眼前诉讼案件这一亩三分地耕耘好即可。而与此相冲突的是,乡土矛盾纠纷其本身的"熟人社会"特质对强硬的法律需求并不大,许多矛盾在通过各方领域的人员评判、说理,能在"道德"上自圆其说之后即可化解。因此,基层法庭法官的服务乡土意识不足是开展特色司法服务过程中的突出问题。

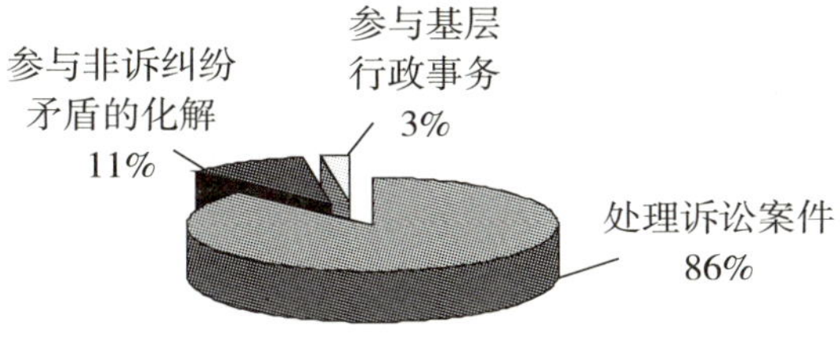

图12 法律服务情况

2. 少数群众轻调解重判决

人民法庭所面向的当事人多数是基层的群众,有相当一部分是欠发达山区里的居民。虽然当前我国老百姓的法律意识水平已经有了明显的提升,但是法律知识仍跟不上意识的发展,许多基层群众的法律知识水平还比较落后。主要表现为群众到法庭打官司轻调解重判决:一是认为不开庭就不是打官司,在处理案件的过程中,法庭一般会遵循"调解优先"的处理原则,主持当事人进行调解,但实践中会出现一些当事人,认为交了诉讼费就是来打官司的,打官司就必须有法官坐在审判席上开庭,不

然就是白交诉讼费的现象；二是认为判决书比调解书法律效力更强，有当事人不愿调解解决矛盾纠纷的原因是，“判决”与“调解”二者从字面意思上相比，判决似乎比调解更强硬，只有拿到的是判决书才能说明自己的纠纷经过了法院的审理。以上的有趣现象从侧面说明基层群众乡土文化浓厚，法律知识较为欠缺，导致基层法庭特色司法解决矛盾纠纷的优势无用武之地，在一定程度上阻碍了特色司法服务的开展。

（二）法庭法官自身角色的偏离

1.重视纠纷解决的合理性，忽视程序的合法性

在我国当前特定的学术语境下，可以将审判活动中的活动大致区分为“落实规则”和“解决纠纷”两种模式。前者是以落实法律规则的方式来解决纠纷，而后者则强调超越了规则的界限，凡是可以用于解决纠纷的资源，一概利用。在上述两种模式中，人民法庭法官的审判活动明显更倾向于后者，显示出对纠纷解决的高度重视以及对实体结果的合理性追求。需要说明的是，基层法庭的法官每天所面对的纠纷绝大多数发生在熟人之间，通常无法或很难获取真实可信的证据，加上缺乏律师对诉讼争议的整理与格式化，缺乏规范的公文化材料，当事人又不熟悉现代法律的格式要求，在此种情况下，人民法庭法官的首要任务就是要迅速且有效地处理案件，因此，解决矛盾纠纷、息事宁人在无形之中就成为法庭法官最主要的关注点。加之特色司法本身要求解决纠纷时法官需充分将本土的特殊文化或习俗考虑进来，这加剧了法官为了达到解决纠纷的目的，从而努力地从当事人的角度出发去评价案件和思考问题。更有甚者，为了解决纠纷，法官甚至将神圣的法律进行某种变异、转化与模糊。在事实层面上而不是法律规则层面上解决问题，解决问题的路径不是规则导向而是结果导向。这种解决具体而烦琐的事实与法律规则之间矛盾的本领，可看作法庭法官所掌握的特有技术之一。

2.过分倚重乡土经验知识，淡化法律纠纷途径

法官作为基层社会的一分子，在案件的评判过程中不可避免地会为各种因素所干扰，其中最多的还是“乡土经验知识”。吉尔兹曾指出：“法律就是地方性知识；地方在此处不只是指空间、时间、阶级和各种问题，而且也指特色，即把对所发生的事件的本地认识与对可能发生的事件的本地想象联系在一起。这种认识和想象的复合体，以及隐含了对该原则的形象化描述中的事件叙述，便是我所谓的法律认识。”〔1〕

〔1〕［美］吉尔兹：《地方性知识：事实与法律的比较透视》，邓正来译，载梁治平主编：《法律的文化解释》，上海三联书店1998年版，第129页。

如在一起帮工案件中，李某与王某同住一个村，平时关系要好，李某修缮房屋，请来自家兄弟姐妹帮忙，王某主动要求帮忙，李某推辞，王某坚持，后因操作不当王某摔伤。按照当地习俗，被帮工者只需请帮工者吃饭，不用付劳动报酬，在帮工过程中，帮工者受伤了，出于邻里之间的互助情谊，被帮工者亦无须赔偿，只需给一个红包表示慰问即可。但远在外地上大学的王某的儿子告诉王某，根据相关法律的规定，李某必须负责，这便引起了李某与王某之间的纠纷，受理该案的法庭为解决矛盾，运用当地的习俗来解决了该纠纷。不得不说，上述案例只是冰山一角，基层法官在处理邻里矛盾纠纷时，往往依赖当地乡土经验知识解决矛盾纠纷，而导致法律规则的不断淡化。

3. 法官被动"兼职律师"，审判职能被稀释

囿于地域、交通、信息等方面的原因，在许多地方，普通农民难以接近城市里的律师，加之律师提供法律服务所需的费用之高昂，是普通农民所负担不起的。从规则层面上看，目前我国理论上所提供的法律仅仅适用于工商社会和都市生活，侧重强调规则性，这些在农民看来可谓可有可无。而由于农村生活受到生产生活条件以及社会组织形态（熟人社会）的限制，其所需求的法律与前面所说的法律具有很大的差异。农民需要的法律救济通常较为具体、细致，具有一定的地方性色彩，并且一定要求对方当事人有能力履行或是司法机关有能力执行。正是在上述两方面因素的限制下产生了农民对法律服务的制度性需求，这些迫使人民法庭法官的职业角色发生微妙的变化或位移——他不仅仅是法官，而且也是另一种传播农民所关心的法律信息以及提供相关法律服务的法律工作者，即同时发挥着作为律师的角色职能。如在一起赡养纠纷案件中，一位丧偶老母亲共有六个子女，一直负责照顾她的大儿子突然停止了赡养，这位老母亲起诉至法庭要求大儿子继续赡养。按照法律的规定，六个子女对这位老母亲都负有赡养的义务，应当将其他五位子女一并起诉，为了省去诉讼的麻烦，承办该案的法官只能告诉这位老母亲让其将其他五位子女一并起诉。充当律师职责是基层法官办案过程中经常遇到的，也是基层法官对乡土群众提供的"特色"司法服务之一。

（三）对司法服务需求概念和边界把握不清

"满足公众的需求是司法的核心功能"，而如何在最大限度地满足公众的需求，其前提在于摸清司法需求的主体和公众的需求有哪些。基层人民法庭在提供司法服务时，直接面对的服务对象主要有两种：一是广大基层的人民群众，二是包括党委和政府、行政司法、人民调解组织以及各村委会、居委会等在内的基层组织。但在司法实践中，许多基层人民法庭对司法需求的概念和边界把握不清，在一定程度上增加了工

作的负担,未能将有限的精力投入正确的特色司法服务中。

1. 误将当事人的满意度解读为人民群众的司法需求

基层人民法庭面对的诉讼案件多具有金额标的不大,但却与当事人的切身经济利益相挂钩;案情简单,却与当事人有着深厚的人身依附关系的特点。基层法官在处理矛盾纠纷时常常与当事人零距离接触,要取得纠纷的最佳解决办法,还需法官在多种角色之间灵活切换,在考虑将当地风土人情融入使案件在情理法中得到统一的过程中,法官早已被复杂的因素所干扰,并迷失在“以诉讼请求为依据,以当事人满意度为准绳”的误区中。在实践当中,基层法官在处理乡土纠纷时,对司法需求概念和边界把握不清,以当事人满意度为准绳的现象不胜枚举,这样的做法使基层法庭工作陷入被动,损坏了司法的权威。

2. 行政权吞噬司法权

基层人民法庭本应是基层人民法院的一个派出机构,与当地乡镇的党委和政府本无隶属关系。但由于在实践当中,许多基层人民法庭的党务关系实际上是由当地党委平级领导,加上人民法庭的经费保障不足,其建设和发展不得不依赖于当地党委和政府的财力支持,更有甚者有些基层人民法庭的人事任免也受制于当地党委和政府,因此许多乡镇党委和政府有意无意地将基层人民法庭当作其下级职能部门,随意要求基层人民法庭按照其自己的意愿处理案件。在涉及本地利益或部门利益时甚至会出现要求基层人民法庭选择有损国家和他人利益以保全地方利益、部门利益的情况,严重干扰和影响了人民法庭司法职能的正常发挥,由此就出现了“司法权被行政权侵吞”的问题。基层人民法庭本应通过审判活动积极参与地方社会治安综合治理,着力为辖区内的经济发展和社会稳定提供司法保障,这是人民法庭应尽的职责。但长期以来,由于许多乡镇的党委和政府对基层人民法庭履行参与社会综合治理职能的方式存在理解偏差,其常片面要求人民法庭以完全服从于地方党委和政府领导的这种方式参与社会治理,甚至要求人民法庭完全脱离审判工作介入地方行政执法活动、从事地方经济事务以及参加行政评议,部分乡镇党委和政府还给人民法庭下达如招商引资等的非审判性质任务。不论是基层人民法庭的党务关系由地方党委、政府领导,还是地方党委和政府要求基层人民法庭以不正当的方式介入行政执法活动,导致这些现象的深层原因都来自行政权与司法权的失衡,并最终导致行政权吞噬司法权。基层人民法庭的独立司法权一旦受损,必将失去其根本,那么,特色司法服务也将无从谈起。

(四)服务内容过度消耗司法资源

在开展特色司法服务的过程中,科学适度的服务有利于矛盾纠纷化解在基层、巩固基层政权基础，但在实践中，基层法庭受到“司法为民”理念的影响，出现其所承担的服务项目过多、任务过重情形，导致本来就稀缺的司法资源被过度消耗的现象，从而影响基层法庭常规的运行。

1. 诉讼案件的后续需求具体、繁杂

基层法庭日常处理的多为婚姻家庭类、诉讼标的小的案件，面对的常常是最为淳朴的乡土基层群众，在群众眼里，每一个案件与自己的切身利益都是息息相关的，因此，法官除了在处理案件的过程中要耐心细致外，达成调解协议之后的后续问题也需要法官的关注，而且这些后续问题常常比调解过程中的问题更为烦琐。常见于离婚案件中，双方当事人经过双方都比较的信服的“和事佬”参与调解后，好不容易达成调解协议：离婚后双方的孩子由男方抚养，女方有权利探望孩子，男方有协助女方探望孩子的义务。该调解协议签署生效不久的几个月后，女方隔三岔五打电话给主办法官，反映男方阻挠女方探望孩子并大打出手，其多次要求法官劝说男方甚至要求法官亲自带女方到男方家上门探望孩子。为防止激化新的矛盾，法官不得不去处理案件的后续问题，这势必会分散法官的有限精力。

2. 职能延伸方面的服务过多

据不完全统计，在基层法庭特色司法服务延伸至基层的工作中，基层人民法庭每年均会以参加普法宣传、协助调处群体事件、参与基层基础建设等形式，为当地党委和政府、司法所、各人民调解委员会等提供司法服务。其中，以柳州市融水法院为例，该院中心法庭在2014年度仅参与社会综合治理事务就达58次，以该法庭当年全年总收结案数量98件为对比，仅参与社会综合治理事务这项司法服务就占全年案件数量的59%，此数据还未包括其他司法服务在内。可见，基层法庭职能延伸至基层提供司法服务时，存在服务内容过度而消耗有限的司法资源的弊病。

（五）经费保障不足

建立特色司法服务体系需要经费的支持，尽管我国当前处于大力恢复和发展基层人民法庭建设的新时期，国家对基层法庭的建设投入有所侧重，但也仅限于常规的开支，而未将各地根据本地特色建立特色司法服务时所需纳入经费支配的范畴中。

1. 硬件基础设施投入的不足

由于许多欠发达的少数民族聚居区交通不便、通信仍然处于落后状态，而目前的基层人民法庭往往不能覆盖所有的村寨，通常一个基层法庭管辖多个乡镇，这样的情况导致群众诉讼极大的不便。基于此情况，有的法庭为了群众的方便，需要到偏远村寨建立司法服务联络点。以马山县人民法院古零人民法庭为例，该法庭管辖接壤的古零、古寨、加方三个乡镇，而法庭的办公地点设在古零镇上，许多居住在边远大石山区村寨的群众诉讼极为不便，为此，该法庭近年来探索“贝侬调解法”，在少数民族聚居的偏远壮村瑶寨设立“贝侬调解室”，并逐渐将其网格化管理，辐射覆盖三个乡镇，这样的做法给群众带来了便利。然而，给群众带来便利的同时却产生了经费不足的问题。随着特色司法服务的不断开展，多数基层法庭反映涉及场地建设、办公设备等具体硬件基础设施经费不足是开展工作的难题之一。

2. 酬劳不高，损害参与调解案件特邀人员的积极性

经过调研发现，基层法庭在处理案件纠纷时，为促成调解，使得案结事了，多数法庭采取根据地方特点特别邀请案外人员加入案件调解的方式。如南宁市兴宁区法院五塘人民法庭，在审理案件时，邀请村屯或街道里具有较高威望的“族老”加入案件纠纷的解决中，由于“族老”一般而言都是固定的，在案件量大的情况下采取“族老”调解的工作方法，会产生向“族老”支付一定劳动报酬的需要，假设每个案件每一位“族老”参与案件的调解应得到的劳动报酬为 50 元，按照该法庭年均 300 件，邀请族老调解案件比例为 50% 计算，该法庭每年仅“族老报酬”这项开支就达 7500 元。遗憾的是，按照该法庭的法官们反映，50 元过低，许多“族老”并不接受，这在一定程度上影响了“族老”们参与调解的积极性。类似的还有马山县法院古零人民法庭“贝侬调解”机制，该法庭像南宁市兴宁区法院五塘人民法庭一样，面临着同样的问题。

(六) 对法官个体因素的过度依赖

在基层乡土人情社会中，开展特色司法服务在很深的程度上意味着法官要依靠个人的魅力与当地群众打成一片，而成效的好坏取决于基层法官的个人因素差异。

1. 老法官力不从心

基层法庭的人员一般由资深当地老法官及年轻法官或助理构成，资深老法官普遍来自当地，他们精通当地语言，熟悉当地的文化习俗，具有天然融入当地的优势，能与当地群众建立良好的沟通桥梁，是推动特色司法服务发展的主力军。但不可忽视的是，他们的人数不多、年龄偏大、精力不足已经严重影响到法庭工作的开展，尽快补给后备力量是他们所关心的问题之一。

2. 年轻外地法官专业技能与社会经验冲突

近年来，基层法院新录入公务员具有年轻化、外地化的趋势，以马山县法院为例，该院自 2010 年以来新招录的 15 名公务员中，以入职当年低于 30 周岁为截止的数据，本地人仅占不足 27% 的比例。另外，从表格的数据看出，该院新录用公务员的学

历层次以本科及以上为主,表明该院队伍人员的专业化水平在不断提高。专业化的年轻法官或助理均具有高校的法学系统教育背景,而正是基于法治的理想,年轻法官对法律调控社会能力深信不疑,注重法律专业知识学习,忽视其他能力培养,最终导致缺乏社会经验和政治经验、缺乏对自然和社会科学知识的了解。加之特色司法服务的内涵要求年轻的法官必须掌握当地的乡土风俗特点,这是外地法官在短时间内难以满足的。因此,近年来,基层法官年轻化、外地化,缺乏乡土社会经验,是制约特色司法服务工作发展的重要因素。(见表5)

表5 马山县人民法院2010—2015年新录用公务员籍贯及学历构成

年度	本地	外地	研究生	本科	大专及以下
2010年	0	2	0	2	0
2011年	0	1	0	1	0
2012年	1	1	0	2	0
2013年	1	3	2	2	0
2014年	1	4	0	3	2
2015年	1	4	0	3	2

四、探索特色司法服务工作的路径

(一)明晰基层特色司法服务的功能与定位

1. 解决纠纷,案结事了

我国基层人民法庭制度自1954年确立并运作至今,其职能定位处于不断的嬗变之中。但发展至今日,“审判执行工作”已然成为人民法庭的核心职能。在能动司法的司法理念之下,尽管我们也强调“人民法庭可以通过审判案件、开展法制宣传教育、提出司法建议等方式,参与社会治安综合治理”,但这充其量只是审判职能的前后延伸而已。近些年,随着社会经济、文化和政治的快速发展,人民法庭的职能也随之变化。关于基层人民法庭司法职能,有学者认为,法庭的基本功能主要包括解决纠纷、配置权力、维护法律,设置司法功能的唯一目的在于解决纠纷,稳定社会;还有一种观点认为，司法不仅仅在解决争议上发挥功能，而且还施展着维护分权体制的宪政功能。[1] 尽管观点不一，但可以达成共识的是，解决纠纷是人民法庭的主要功能。基层人民法庭是开展特色司法服务工作的执行载体，基层人民法庭的职能定位直接决定着其特色司法服务的功能与定位。由于特色司法服务是为了适应大量基层乡土纠纷案件得以审结但却案结事不了的司法实践而产生，如果说基层人民法庭的主要职能是解决纠纷，那么，提供特色司法服务的意义在于通过发挥地方特有的民俗文化优势以促成矛盾纠纷的彻底了结，故特色司法服务第一层次的功能与定位是解决纠纷，案结事了。

2. 维护基层政权的稳定

当前，中国农村和城市社区基层社会对司法的依赖程度明显增强，基层人民法庭单纯的司法制度和审判职能设计已经难以回应构建和谐社会的现实需求，我们需要以现代和谐司法与和谐社会理念为指导，重新审视人民法庭审判职能作用，回应社会管理创新对基层司法新的需求、新期待。从国家制度设计的层面上分析，基层人民法庭的司法职能由单纯的审判职能衍生出了多项职能，甚至出现了削足适履地去承担一些无关的职能，如经济建设（招商引资、扶贫）、行政执法（协助征收）或其他的社会职能。这是对基层行政职能的侵蚀，不但不利于行政权能的科学发挥，还削弱了司法职能，使基层政权的生态体系遭到破坏。但这并不代表基层人民法庭就此与基层行政职能绝缘，基层司法职能与行政职能都是国家基层政权的重要组成部分，二者在基层乡土社会中相互独立、相互联系，巩固国家基层政权的稳定是二者的相同点。在此基础上，特色司法服务职能延伸至基层政权，则表现为巩固基层政权的稳定，这是特色司法服务延伸的第二层次的功能与定位。

综上所述，解决纠纷、案结事了，维护基层政权的稳定是特色司法服务的功能与定位。

（二）科学把握特色司法服务需求的范畴

要满足基层乡土群众多元化解纠纷的需求，除了明确特色司法服务的功能与定位外，还需把握特色司法服务的需求。准确把握司法服务的需求，是满足基层群众多元化司法需求的前提，亦是实现有针对性提供司法服务，充分发挥基层特色司法服务功能的目标。课题组认为，不管是当事人的司法需求抑或是更广泛意义上人民群众

---

[1] 湖南省高级人民法院课题组：《解析困扰人民法庭推进规则之治的冲突关系》，载《人民司法》2006年第9期。

的司法需求，从功能和定位的角度考量，特色司法服务的需求应从以下三个层面去把握：

1. 法律诉讼意义上的权利保护需求

司法活动启动的基础是诉讼请求，而诉讼请求的基本内容是法律上的权利义务之争。每一个诉讼案件的具体案件类型、法律关系及法律事实不尽相同，必将使得整个司法诉讼体系中案件当事人的要求错综复杂，若基层人民法庭在处理基层乡土纠纷的过程中不能厘清服务的范畴，就容易陷入“以诉讼请求为依据，以当事人满意度为准绳”的误区当中。如前所述，基层人民法庭特色司法服务以解决纠纷、案结事了为其第一层次的功能和定位。因此，这一层面的服务范畴可以理解为以启动司法程序为前提，通过司法程序运用现代司法理念评判后确认应得到认可和保护的权利，把握该尺度即可避免“以诉讼请求为依据，以当事人满意度为准绳”的服务误区。

2. 社会意义上的纠纷解决需求

司法程序通常是在发生纠纷、存在纷争的情况才启动的程序，而其追求的社会关系状态必然是定纷止争。解决纠纷在多数情况下需要以权利的法律保护（法律判断）作为前提，但在更多情况下甚至无须作出法律判断便可以解决纠纷。当前大量的ADR实践便是在不需经司法程序的启动即能妥善解决社会矛盾纠纷的有益探索，其已成为解决基层乡土纠纷矛盾的主要途径。基层人民法庭在开展特色司法服务工作时，其功能的发挥应当是处于协助其他职能部门的地位，结合当地乡土实际运用符合当地乡土的“普遍正义观”促进矛盾纠纷得以解决。在此层面上，应禁止基层人民法庭参与有可能进入诉讼程序的矛盾纠纷的事前调解。一旦此类矛盾纠纷进入诉讼程序，已经在事前有所接触的法官难免会对案件的评判先入为主，这与法律公平正义理念不相符，故课题组认为对基层人民法庭直接参与社会纠纷的解决应有所限制。

3. 特色司法服务职能延伸的需求

基层人民法庭特色司法服务不仅局限于解决诉讼与非诉讼矛盾纠纷的内涵，其重要外延是协助巩固基层政权稳定的需求。不论服务需求者是当地党委和政府、行政司法部门、人民调解组织或者是各基层组织如村委会、居委会，基层人民法庭在为以上服务需求者提供特色司法服务时，主要把握好两个界限：一是各职能部门或组织与基层人民法庭之间各司其职，基层人民法庭不能越俎代庖，替代该部门或组织行使其权力执行其事务；二是基层人民法庭向有需求的部门或组织提供特色司法服务时，其应当是处于围绕某项行政事务得以顺利完成以提供法律服务方式的协助者。如基层人民法庭不能完全代替招商部门执行招商引资工作事宜，而只能根据需要，提供招商引资的法律服务，如通过诸如举办防范发生投资纠纷的法律案例宣传活动以提醒市场主体慎重投资之类的方式提供服务。

（三）搭建与特色司法需求相适应的服务平台

特色司法服务已在基层司法实践中长期存在，但始终未能形成统一的平台。为使特色司法更好地发挥服务基层的功能，须面向特色司法服务的需求搭建一个与之相适应的平台。

1. 以地域分布、案件类型等特点为内容配备特色服务点

当前我国绝大多数基层人民法庭以行政区域的划分为建设的依据，呈现由一个中心法庭管辖几个接壤乡镇区域诉讼案件的分布特点，这对基层乡土案件纠纷的解决大有裨益。但是，不能忽略的是，随着基层社会经济发展的不均衡，这样的法庭设置已不能满足不断变化的基层乡土需求。针对这样的实际情况，课题组建议在现有的基层人民法庭分布基础上，以地域分布及案件类型特点配备特色服务点。可借鉴的实践做法为马山县法院根据少数民族聚居的特点，在纠纷多发的加方乡忠党村设立“贝侬调解室”，方便发生矛盾纠纷的当地群众到该调解室及时解决矛盾纠纷；又如桂林恭城法院，针对农业纠纷多发的案件类型特点，在该县农业生态示范村莲花镇竹山村设立“生态司法法官服务站”，让当地群众不必到法庭也能在自家门前及时便捷地诉讼。

2. 建立特色人才库

除以上硬件设施的建立以外，人才的配备亦是推动特色司法服务发展的核心因素。一是本院的司法服务队伍，要以熟悉当地风土人情的资深当地法官为队伍的主导，注重吸收和培养专业水平高，有一定基层乡土社会经验的年轻法官或法官助理，组建一支具备当地乡土经验、年龄梯度合理的特色司法服务队伍。二是聘请参与化解纠纷的人才，大量的司法实践表明，基层乡土纠纷的解决更依赖于地方的民俗文化，比起晦涩难懂的法律，基层乡土群众更信任熟悉本地民俗文化、在当地具有声望的人。在开展特色司法服务工作的过程中，聘请具备上述条件的人员加入纠纷的解决当中，这样的做法可在很大程度上促进矛盾纠纷的解决，同时，这样的做法已经被实践证明是可行的。以南宁市兴宁区法院五塘人民法庭为例，该法庭近几年来聘请当地有威望的“族老”加入案件的调解中，使该法庭的案件调解率从 2013 年的 18% 上升至 2014 年的 23%。

3. 搭建特色日常联络桥梁

由于基层人民法庭人员有限，即使是以地域分布、案件类型等特点为内容建立便捷的特色服务点，面对我国基层乡土广袤的地域实际，基层人民法庭仍然不能完全满足特色司法服务的需求。为解决此问题，课题组建议在以人民法庭为基础，建立特色司法服务辐射点的前提下，从当地实际出发，运用现代信息化技术搭建能满足日常服务需求联络的桥梁。已对此实践有所探索的有如柳州市融水法院，为解决当地辖区面积广、每个法庭辖区内的乡镇多，山区村屯之间交通不便的问题，该院自主研发法官与群众的可视电话联络系统，将法官的电话公布在法庭门口的公告栏内，来访的群众如遇到法官正好下乡情况，可进入法庭通过可视电话联络系统拨通法官的可视电话，直接与法官面对面沟通。这样的做法既高效又便捷，与该法庭、司法服务点一起组成一套兼备硬件与软件的现代化特色司法服务平台。

（四）发挥民俗习惯在特色司法服务中的效用

司法实践证明，基层人民法庭受理的各类纠纷背后或多或少都有“熟人”的影子在“作祟”。对是非曲直的辨析来自群众自身的朴素价值观与方法论往往更有利于让基层群众感受到个案的公平与正义，而理性、僵硬的法律规范往往捉襟见肘。而根植于群众内心的朴素价值观和方法论来自基层乡土的风俗习惯，运用风俗习惯办案评估结果显示，76.72%的法官认为，运用民俗习惯办理案件社会效果较好。因此，注重运用和发挥民俗习惯将对特色司法服务的开展大有裨益。那么民俗习惯作为一种抽象的文化思维，如何将其运用至特色司法服务当中，这是值得研究的重点。一是甄别民俗习惯的主体，民俗习惯本身的善与恶难以确定，在决定将某项民俗习惯引入司法服务解决纠纷时，能否以法官个人的标准来决定某项民俗习惯的是与非？答案显然是否定的，为了最大限度地使某项民俗习惯的运用更加贴合当地的道德评判标准体系，应当由法官、律师、参与调解的特邀调解员、人民陪审员以及村民代表等人员组成评委会，来自不同利益代表角度的人越多，越能均衡意见，保证该项民俗习惯接近地气，符合当地实际，进而实现乡土个案的公平正义。二是民俗习惯运用至特色司法的思维模式。在评判案件的思维过程中，运用法理进行三段论的逻辑推导是第一顺位的，但如前所述，法律理念往往与乡土文化格格不入，在此种情况下，法官适用法律而遭遇合法不合理也就不足为奇了，而民俗习惯对法理具有修正、缓和的作用，此时，法官的思维模式应调整为运用经过甄别主体筛查后决定适用的民俗习惯再次遵循三段论的逻辑进行推理，最后依据是否满足案件纠纷当事人的司法需求而得出结论。（见表6）

表 6 广西法院基层法官运用民俗习惯办理案件的社会效果评估

选项	选择(人数)	比例(%)
运用民俗习惯社会效果好	1035	76.72
不运用民俗习惯社会效果好	37	2.74
没有什么差别	35	2.59
没有比较过	245	18.16

(五)加大专项经费的支持力度

每项工作制度的建立都离不开经费的支持,对于当前基层人民法庭在开展特色司法服务工作过程中所遇到的经费不足问题,课题组认为应针对实际情况从以下几个方面加大专项经费支持的力度:

1. 硬件设施的经费投入

搭建特色司法服务平台首要考虑的问题就是要建立特色司法服务的场地及联络点的具体办公设备和用品,除争取当地党委和政府的经费支持外,不足部分应纳入各院的经费预算开支中,从经费上对特色司法服务硬件基础设施提供经济保障。

2. 软件开发的经费投入

除硬件基础设施外,搭建现代信息化的沟通桥梁同等重要。在诉讼与非诉讼司法服务需求层面,应通过微信、微博、可视电话等通信方式加强法庭与群众的联系,必要时应投入资金创新研发与符合当地客观实际的通信方式。在特色司法服务职能延伸层面,为加强与其他需求主体的联系,高效便捷地为需求主体提供特色司法服务,在条件允许的情况下,可以通过党委、政府、司法行政部门、人民调解组织及村委会、居委会等网络联合办公系统加强服务的联系。

3. 对服务人才考核和激励机制的投入

建立考核和激励的机制,对特色人才库中聘请来参与化解纠纷的人才进行考核和激励。采取半年考核一次的办法,建立科学的绩效考评机制,主要对聘请人员半年内完成协助案件处理的质效进行考评,并根据党委和政府给予经费的情况对在半年内超额完成规定工作质和量的人员予以奖励。

(六)探索类型化特色司法服务工作路径

囿于地域之间的经济发展水平、文化习俗等的不同,各地在开展特色司法服务工作时的方式和方法不能一概而论,但特色司法服务工作存在一定的共性,课题组总结共性后探索出两种相应类型化的特色司法服务工作路径,以期依靠多元化特色司法服务工作路径满足基层乡土群众的司法需求。

1. 适合少数民族聚居区的“贝侬调解工作法”

经过多年的实践总结，马山县法院近年来探索出一套适合于当地少数民族乡土纠纷化解的工作机制。马山县地理位置偏远，辖区内多为大石山区地貌，经济水平欠发达且交通不方便，以壮族和瑶族为主的少数民族人口聚居为其人口结构特点。在壮语中，“贝侬”是指兄弟姐妹、关系比较好的亲戚或朋友。受到地域特点和经济发展水平影响，当地的壮村瑶寨居民历来就有就近联姻的习俗，聚居区内的群众均以兄弟姐妹互相称谓，以增进人与人之间的凝聚力，并形成互相帮助的民间习俗，不管谁家有红、白事，当地居民都会以户为单位派出人员到家中帮忙。在日常生活中，群众之间发生了矛盾，当地居民都会请来与双方关系都比较近，双方都比较信任的“贝侬”围圆而坐，以当地的乡土民俗为标准对发生的矛盾进行评判，进而对解决方案进行参详和拿捏，促使发生矛盾纠纷的群众握手言和。马山县法院古零人民法庭利用壮村瑶寨居民“重感情、重情义”的民俗特点，将以上做法巧妙运用至平时的审判和执行工作当中，在处理基层乡土纠纷案件时，邀请矛盾双方都认识的“贝侬”加入案件的调解，极大地促进了乡土纠纷的案结事了，收到良好的成效。具体的工作流程在上述第一部分已详细介绍，在此不再赘述。经研究发现，少数民族聚居区内多有环境恶劣、基础设施薄弱、人口稀少、经济欠发达等特点，这些制约因素促使少数民族群众“抱团”、重情谊，因此，“贝侬调解工作法”是一种适合在广大少数民族聚居区内铺开的做法。

2. 适合案件量大、经济发达的基层“族老”调解法

南宁市兴宁区法院五塘法庭位于南梧二级公路旁，主要以农业经济为主，是南宁的著名“粮仓”，该区域的乡镇企业众多，涉及的经济案件纠纷较多，具有典型的经济发展水平较高、案件量大的特点。在借鉴南宁市兴宁区法院五塘法庭近年来总结出的“族老”调解法以及南宁市西乡塘区法院金陵法庭的基层社区网络化调解的基础上，课题组认为可探索研究出一条适合于经济发展水平较高、案件量大的基层特色司法服务工作路径。具体机制如下：

一是选任特邀调解员。从基层社区中选择一些符合精通当地语言、了解地方历史、熟悉本土风俗习惯，在当地有一定的威望；符合“有能力、有担当、敢说话、品德佳”的标准；优先考虑党员或曾担任过村干部、村支书、村主任等的人员；年龄一般不低于45岁等条件的人员作为特邀调解员。

二是推荐考察。由社区或村委推荐1～3名符合上述调解标准的人员作为备选，经过当地司法所或乡镇政府考察后推荐，由法庭综合考察决定是否吸纳为特邀调

解员。

三是培训建册。对上述决定吸纳的调解员开展任前培训，并将选定的特邀调解员录入名册，载明入选人员的姓名、联系电话、住所地、工作地、特长等信息，为下一步的案件调解匹配度作信息的准备。

四是定期培训和摸查反馈。重点就基层社区常见纠纷的法律规则及调解注意事项进行培训，如出现于农村常见纠纷密切相关的法律法规变更，则及时安排专项法律知识更新培训。适时对特邀调解员在调解中所遇到的情况进行摸查，以及时调整调解的方向。

五、结语

课题组认为，将特色司法服务工作定位在解决纠纷，案结事了，维护基层政权的基础上，摸清基层群众的司法需求，在经济水平欠发达的少数民族聚居区推行“贝侬调解工作法”，在经济发展水平较高的城市基层推行“族老调解法”，探索多种特色司法服务工作路径，充分发挥不同类型的特色司法服务的功能，促进基层乡土纠纷化解在萌芽状态，维护基层社会的稳定和谐，最终得以实现公平正义是特色司法服务的落脚点。在探索特色司法服务工作机制的过程中，基层法院巧妙将司法审判职能与社会需求相结合，在一般汉族基层地域，充分尊重群众或组织的政治、法律、文化、宗教等因素；在少数民族聚居地区，通过研究某些民族传统习惯对少数民族聚居地区人们的思想、行为和社会生活所产生的影响而创建与之相适宜的特色司法服务工作方法，立足本地实际，支持通过联调、仲裁等非诉讼方式解决纠纷。可以看到，在全国司法体制改革的大背景下，法院系统探索特色司法服务工作的同时亦是积极践行多元化纠纷解决改革的具体举措，这不仅为地方经济的发展提供了必要的保障，更是基层人民法院提升国家综合治理能力的重要体现。

司法责任制改革背景下审判质量效率评估体系的重构研究

广西壮族自治区高级人民法院联合课题组*

审判质量和效率是人民法院审判工作的生命和基石，亦是评价法院审判工作的重要指标，更是司法公正的重要构成要素。随着社会主义市场经济体制的不断深入，在经济社会转型跨越发展的大环境下，人民法院面临的考验日趋严峻，承担的工作日益繁重。法官们不仅要做好“矛盾化解者”和“法律捍卫者”，还要充当“社会管理者”和“群众工作者”。近年来，人民法院收案数量呈现连年增长的态势，随之而来的是存案数量居高不下、结案率偏低、案件审判质量效率不理想等现实问题，如何有效破除困局、提升审判质量效率、让人民群众在高效审判中感受公平正义，是人民法院一直关注和研究的问题。

随着司法责任制改革进程不断深化，优化司法职权配置、深化法官员额制改革、推进法官单独职务序列管理、推动法院内设机构改革等一系列新制度的全面推行，在解决旧制度老问题的同时也给提升审判质量效率带来了新问题，亟待进行探讨和解决。因此，本课题立足于司法责任制改革背景，紧紧围绕员额法官主体核心，着眼于司法绩效考核制度

* 课题组成员单位：广西壮族自治区高级人民法院审判管理办公室、南宁市中级人民法院审判管理办公室、桂林市中级人民法院审判管理办公室。课题主持人：黄海龙，广西壮族自治区高级人民法院院长。课题执笔人：邢桂枝，南宁市中级人民法院审判管理办公室副主任；莫丽琴，桂林市中级人民法院审判管理办公室法官助理；佟海霞，广西壮族自治区高级人民法院审判管理办公室主任；韦美云，南宁市中级人民法院审判管理办公室主任；庾安明，桂林市中级人民法院审判管理办公室主任。

的转型重构，探索架构科学合理的审判质量效率评估体系，全面提高执法办案的质量和效率，为审判管理提供依据，为司法改革提供决策参考，从根本上实现人民法院自身的科学发展。

一、宏观探源：审判质量效率评估体系的基础理论

（一）审判质量效率评估体系的概念

最高人民法院制定的《案件质量评估体系》对审判质量效率评估作出了明确的定义：法院年初按审判工作特点将考核内容逐项分解、设置各种测评内容，年终利用各种司法统计资料，通过量化的方法对法院、业务部门、法官个人的审判工作实绩进行客观评估。

审判质量效率评估体系是将审判质量和审判效率的管理和司法业绩考评相结合的综合性审判管理方式，也是目前各级人民法院提高审判质量效率、强化办案效果最为有效、最为直接的审判管理手段和工具。

（二）我国审判质量效率评估体系的发展历程

基于近几十年来我国法院系统审判管理工作的变化历程，可以将审判质量效率评估体系的建立和发展过程总结划分为以下几个阶段：

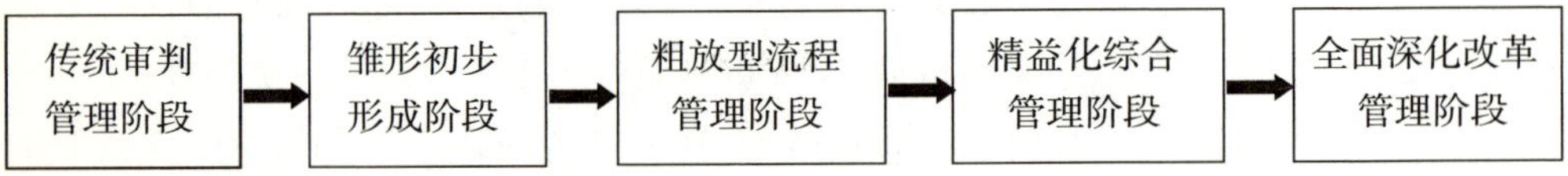

1. 传统审判管理阶段（20 世纪 50 年代初期至 1998 年）

这一阶段主要是审判基本制度的初步建立与形成。1978 年中共中央十一届三中全会以后，党和国家把工作重点转移到经济建设上来，人民法院的审判工作不断向法治化、民主化、规范化方向发展。在此期间，审判程序制度逐步建立，人民法院开始探索审判方式和开庭程序的改革，为其后现代审判管理时代的到来奠定了基础。

2. 雏形初步形成阶段（1999 年至 2003 年）

这一阶段主要是人民法院第一个五年改革纲要时期。1999 年最高人民法院在《人民法院五年改革纲要》中正式提出“审判管理”这一概念，其中该纲要第 6 条提出“建立符合审判工作特点和规律的审判管理机制，提高审判工作效率和管理水平”。其间，法院主要集中于审判方式的改革，包括立审分离、审执分离、审监分离、案件流程管理、裁判文书改革等。然而，对于如何提高审判工作的公正与效率、如何提高办

案质量与效果，并没有提出具体举措和明确要求。

在这一阶段，"审判管理"的概念逐步明晰，现代审判管理的雏形渐渐显现，全国各级人民法院开始尝试探索审判管理制度，但侧重于结果考核，而忽略过程管理，主要表现为以年度结案率为基本审判效率指标、以发回重审及改判率为基本审判质量指标的"模块型"评估体系。但这一阶段审判质量效率评估指标过于单一，一方面不能完全符合司法审判规律；另一方面不能充分反映审判质量效率的情况，因此不能全面准确地反映法院的审判工作情况，对于提高审判质量效率也难以起到积极的导向作用。

3. 粗放型流程管理阶段（2004 年至 2008 年）

这一阶段主要是人民法院第二个五年改革纲要时期，主要体现在审判管理理念的形成与强化。《人民法院第二个五年改革纲要》将"改革、完善司法审判管理制度，完善对审判权、执行权、管理权的内部与外部的监督机制"作为 2004 年至 2008 年人民法院司法改革的基本任务和主要目标，并且明确提出了"提高审判工作的质量与效率"的改革要求。其中纲要第 41 条规定："建立科学、统一的审判质量和效率评估体系。在确保法官依法独立判案的前提下，确立科学的评估标准，完善评估机制。"

按照这一要求，全国各级人民法院开始积极探索和实践，纷纷设立审判管理办公室，制定出一系列有关案件质量评查、审判流程管理以及对法院内设部门机构、干警绩效考核的规章制度，并根据实践情况逐年进行修订，取得了一定成效。这一时期法院对审判质量效率管理的主要手段是实行案件流程管理。

4. 精益化综合管理阶段（2009 年至 2013 年）

这一阶段主要是人民法院第三个五年改革纲要时期。这一时期社会矛盾日益增加，司法环境越来越复杂，因此最高人民法院在《人民法院第三个五年改革纲要（2009 ~ 2013）》中对"审判管理"的指导思想作了重大调整，对审判工作提出了更高的要求，将"从满足人民群众司法要求出发，以维护人民利益为根本"作为这一阶段的基本任务和根本目标，核心着眼于人民群众满意度，并且把"改革和完善审判管理制度，健全权责明确、相互配合、高效运转的审判管理工作机制，研究制定符合审判工作规律的案件质量评查标准和适用于同一级法院的统一审判流程管理办法，规范审判管理部门的职能和工作程序"作为人民法院司法改革的主要任务之一，进一步围绕提升审判质量、效率、效果三个方面实行精益化综合性管理，推行有效、适度的审判过程控制，从而保障审判工作的质量、效率、效果三者统一。

2010 年 12 月召开的全国高级人民法院院长会议上，再次强调要围绕“公正、廉洁、为民”的要求，建立健全审判质量评估、案件评查、流程管理、考核奖惩、监督指导等一系列审判管理制度，把审判管理覆盖到每个审判人员，覆盖到审判执行工作全过程，覆盖到审判质量、效率、效果各方面。至此，以审判质量效率评估为核心的绩效考核制度在人民法院最终正式建立，但由于各地经济发展水平、地方传统习惯、司法审判实践的差异，仍未在全国范围内形成一套统一、全面、科学、可操作性强的审判质量效率考核体系。

5. 全面深化改革管理阶段（2014 年至今）

这一阶段主要是人民法院第四个五年改革纲要时期，同时随着以司法责任制为重点的司法体制改革不断深入推进，更为明确地提出进一步提高司法质量、效率和公信力。

2014 年 7 月 14 日，最高人民法院发布了《人民法院第四个五年改革纲要（2014 ~ 2018）》，主要针对 8 个重点领域，提出了 45 项改革举措，并明确到 2018 年初步建成具有中国特色的社会主义审判权力运行体系。其中明确要完善法官业绩评价体系，即“建立科学合理、客观公正、符合规律的法官业绩评价机制，完善评价标准，将评价结果作为法官等级晋升、择优遴选的重要依据，建立不适任法官的退出机制，完善相关配套措施”，并且提出“改革法院考评机制，废止没有实际效果的考评指标和措施，取消违反司法规律的排名排序做法”。于是，在司法改革的大背景下，全国各级人民法院开始积极探索如何在原有审判质量效率评估体系的基础上实现法官评价机制、问责机制、惩戒机制与退出机制的有效衔接。

（三）司法责任制改革对审判质量效率评估体系的价值定位

纵观我国审判质量效率评估体系的发展历程，显而易见，审判质量效率评估体系的主要价值功效在于为审判决策和审判管理提供正确导向和科学依据，为优化审判资源配置、提高审判质效提供坚实基础和宽广平台。

司法责任制改革对审判质量效率评估体系提出了全新的要求。审判质量效率评估体系须实现更为全面的价值功能才能满足司法责任制改革的全新要求：

1. 促进审判流程管理的规范运行

随着司法责任制改革，司法职权配置不断优化，在审判流程管理中不断凸显司法职权的分配。因此，审判质量效率评估体系和审判流程管理有机整合，评估体系的各项指标数据采集和统计渗透到审理过程和案件流程当中，促进审判管理和案件流程的规范化。

2. 保障司法统计工作的真实准确

审判质量效率评估体系的数据,源于司法统计报表和审判流程信息表,司法统计工作的状况直接决定了数据的准确性。与此同时,数据的真实性又是进行审判质量效率评估的前提和基础,从而确保评估体系各项指标计算的严密、科学、客观。

3. 提供领导管理决策的科学依据

建立审判质量效率评估体系,通过具体评估指标数据发现审判流程或案件审理中存在的问题,通过评估结果反映法院审判工作的整体情况,为法院领导找准问题提供了科学依据,进一步提高司法决策的科学性和针对性。

4. 提高员额法官队伍的业务素质

审判质量效率评估体系与法官审判业绩考评和岗位目标考核管理有机结合,为法官做好审判工作提供有效的激励和推动作用,使法官严格自我要求,更加注重加强业务学习,研究审判工作规律,总结审判工作经验,进一步提高法官业务素质,这也契合司法责任制改革“由审理者裁判,由裁判者负责”的最终目标。

5. 提升法院审判工作的质量效率

建立审判质量效率评估体系的最终目的是提高人民法院的审判质量与效率,审判质量效率评估体系的内涵要求注重指标的全面发展,从立案、审判、执行、社会效果上下功夫提高质量,把握住案件审理程序不放松,落实措施提高审判效率,促进法院多指标综合发展,整体提高法院审判工作。

正是基于上述这五个方面的价值定位,课题组开展本次实证调研,以期通过重构审判质量效率评估体系,实现审判质量效率评估体系在司法责任制改革背景下新的价值功效。

二、微观审视:审判质量效率评估体系的司法实践

(一)实证调研之体系分析

2009年年初,广西壮族自治区高级人民法院在推进审判管理创新的过程中,制定出台了《广西法院审判质量效率评估指标体系实施办法》,设置了一整套审判质量效率量化评估模型(见图1)。

在该实施办法中，设置了公正指标[1]、效率指标[2]、效果指标[3]3 项二级指标和 26 项三级指标（其中 10 项审判公正指标、9 项审判效率指标、7 项审判效果指标），形成多指标综合性审判质量效率评估体系，对辖区各法院审判工作进行全面评估。

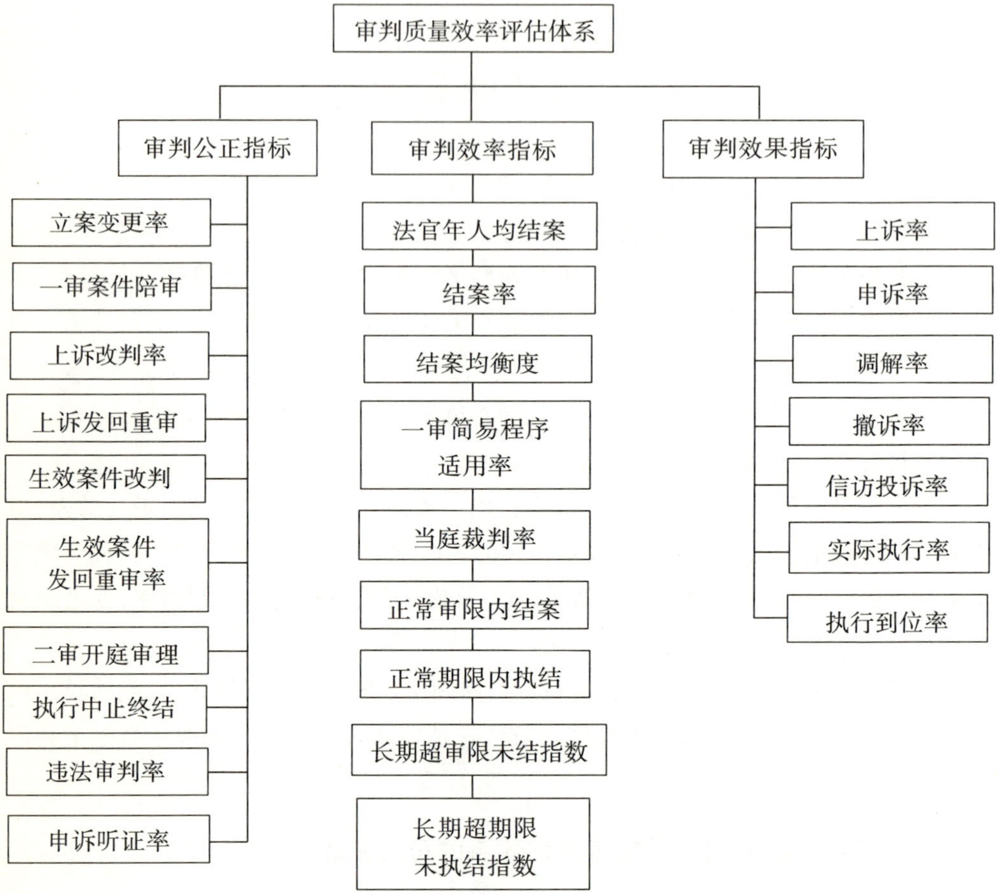

图 1　广西法院审判质量效率评估体系构成

自此，广西法院审判质量效率评估指标体系正式在全区各级人民法院施行。广西高院每季度对各中院（含所辖基层法院）的案件质量效率进行评估、排名、通报。但

---

〔1〕 公正指标：是指用于评估案件实体程序和质量的评估指标。

〔2〕 效率指标：是指用于评估办案人员审判工作效率的评估指标。

〔3〕 效果指标：是指用于评估案件审判工作的社会效果的评估指标。

这一阶段的审判质量效率评估体系没有设定各项指标的达标值，仅设置了指标权重（见表1）。

表1　广西法院案件质量效率评估指标体系指标权重设置情况

序号	三级指标	方向	权重
1	立案变更率	-	10%
2	一审案件陪审率	+	7%
3	一审判决案件被改判发回重审率(错误)	-	13%
4	二审改判发回重审率(错误)	+	8%
5	二审开庭审理率	+	8%
6	对下级法院生效案件提起再审率	+	6%
7	生效案件被改判发回重审率	-	17%
8	对下级法院生效案件再审改判发回重审率	+	8%
9	再审审查询问(听证)率	+	6%
10	司法赔偿率	-	12%
11	裁判文书评分	-	5%
12	法定期限内立案率	+	7%
13	一审简易程序适用率	+	10%
14	当庭裁判率	+	7%
15	法定(正常)审限内结案率	+	17%
16	平均审理时间指数	+	7%
17	平均执行时间指数	+	7%
18	延长审限未结比	-	11%
19	结案均衡度	+	16%
20	法院年人均结案数	+	9%
21	法官年人均结案数	+	9%
22	一审服判息诉率	+	9%
23	调解率	+	15%
24	撤诉率	+	9%
25	实际执行率	+	15%

续表

序号	三级指标	方向	权重
26	执行标的到位率	+	12%
27	裁判自动履行率	+	13%
28	调解案件申请执行率	-	7%
29	再审审查率	-	10%
30	信访投诉率	-	10%

截至 2013 年，广西壮族自治区高级人民法院已对《广西法院审判质量效率评估指标体系实施办法》进行了三次修订，最终形成了由公正指标、效率指标和效果指标 3 项二级指标、35 项三级指标组成的评估体系，沿用至今。其中，公正指标由立案变更率、一审案件陪审率、上诉改判率、上诉发回重审率等 15 项三级指标组成；效率指标由法定期限内立案率、一审简易程序适用率、当庭裁判率、法定（正常）审限内结案率等 11 项三级指标组成；效果指标由一审服判息诉率、调解率、撤诉率、实际执行率、执行标的到位率等 9 项指标组成，对主要指标的上限与下限作出了规定（详见表 2）。

表 2　广西法院审判质量效率评估指标体系

	序号	指标名称	方向	上限	下限
公正指标	1	立案变更率	-	0.35%	0.1%
	2	一审案件陪审率	+	60%	50%
	3	上诉改判率	-	2.5%	1.8%
	4	上诉发回重审率	-	1.25%	1%
	5	二审改判率	+	17%	12%
	6	二审发回重审率	+	6%	4%
	7	二审开庭审理率	+	65%	48%
	8	对下级法院生效案件提起再审率	+		
	9	生效案件改判率	-	0.15%	0.09%
	10	生效案件发回重审率	-	0.07%	0.04%
	11	对下级法院生效案件再审改判发回重审率	+		
	12	再审审查询问（听证）率	+	50%	40%
	13	执行中止终结指数	-		

续表

	序号	指标名称	方向	上限	下限
公正指标	14	司法赔偿率	-	0.005%	0.002%
	15	裁判文书评分	-		
效率指标	16	法定期限内立案率	+		
	17	一审简易程序适用率	+	75%	68%
	18	当庭裁判率	+	40%	28%
	19	法定(正常)审限内结案率	+		
	20	延长审限未结比	-		
	21	长期超执行期限未执结指数	-		
	22	长期超审限未结指数	-		
	23	结案均衡度	+	78	68
	24	正常期限内执结率			
	25	法院年人均结案数			
	26	法官年人均结案数			
效果指标	27	一审服判息诉率	+	92%	87%
	28	调解率	+	58%	40%
	29	撤诉率	+	30%	23%
	30	实际执行率	+	90%	73%
	31	执行标的到位率	+		
	32	裁判自动履行率	+		
	33	调解案件申请执行率	-		
	34	申诉率	-	1%	0.8%
	35	信访投诉率	-	1.5%	1%

由上表可以看出,广西壮族自治区高级人民法院对《实施办法》进行了进一步的修改和调整。其中,新增加二审改判率、二审发回重审率、调解案件申请执行率等10项指标,取消了申诉听证率、违法审判率等12项旧指标,一并对9项指标的计算标准作出了更为科学、合理的调整,并且在此基础上确定了审判质量效率评估主要指标合

理区间值[1]上下浮动的幅度,参考性指标[2]则不设合理区间值幅度。

由此可见,广西法院审判质量效率评估指标体系的构建,经历了一个从简单到复杂,从追求单一指标的粗放模式到多指标体系的精细设计,不断总结、不断进步、渐变渐进式的改革发展历程。此外,修改后的审判质量效率评估体系对部分考核指标设定了合理区间值,指标数据在合理区间值范围内的即为合格,部分未设定区间值的指标则作为参考性指标,充分表明案件质量效率评估指标的设计在科学化方面实现了质的飞跃。

(二)实证调研之数据分析——以广西法院情况为分析

最高人民法院于 2008 年初步建立起人民法院审判质量效率评估体系,统一了全国法院审判质量效率评估方法和评价标准,该评估体系已应用将近十年。

广西法院审判质量效率评估指标体系从 2009 年初始建立,至 2013 年已历经三次修改,现行评估体系实施至今已实施将近五年。课题组主要基于全自治区法院、南宁市法院、桂林市法院 2014 ~ 2017 年[3]的审判质量效率指标数据,就评估指标数据的变动态势及评估体系的应用情况进行实证研究分析。

1. 公正指标分析

"公正"作为衡量审判工作质量的重要因素之一,也是社会公众对法院审判质量最直接的评价方面。因此,现行评估体系公正指标由立案变更率、上诉案件改判率等指标组成,在审判管理中的权重也越发明显。

(1)立案变更率[4]

立案变更率作为评估一审案件立案质量的逆向指标,用于评估一审案件立案的质量,立案变更率越高,则反映立案质量越不高。从上述数据可以看出,广西法院立案变更率从 2015 年开始呈现连年上升的趋势,特别是 2016 年以后立案变更率与

---

[1] 合理区间值:对某一纳入评估的指标,根据审判规律及参照横、纵向对比数据,并对指标数值未来走势进行预测,在此基础上进行论证,合理确定其数值上下浮动的幅度。

[2] 参考性指标:涵盖于公正、效率、效果指标之中,是指导向不明、数据采集相对困难、需要分析论证,且仅作为评估参考依据的指标。

[3] 本次调研的数据均为 2014 ~ 2017 年数据。2013 年广西壮族自治区自治区高级人民法院对《广西法院审判质量效率评估指标体系实施办法》进行了修改,修改后的指标体系一直沿用至今,而 2014 年该指标体系真正实施应用,因此本调研课题组选取了 2014 ~ 2017 年数据。

[4] 立案变更率:立案变更数占收案数的百分比,立案变更率 = 立案变更的案件数/总立案数。立案变更的案件为:一审不予受理、驳回起诉和管辖异议裁定上诉后二审撤销的案件;立案受理后当事人提出管辖权异议,经审查异议成立移送的案件;一审判决二审驳回起诉的案件。

2015 年同期数据相比上升趋势明显,上升比率超过 3 倍以上。(见表 3)

表 3　广西法院立案变更率的指标数据情况

法院	2014 年	2015 年	2016 年	2017 年
南宁市法院	0.02%	0.1%	0.49%	0.51%
桂林市法院	0.13%	0.11%	0.94%	0.95%
广西法院	0.07%	0.11%	0.41%	0.43%

立案是审判的首要环节,案件的受理直接关系到当事人能否有效行使诉权和法院能否正确行使审判权。诉讼法规定,人民法院应对当事人的起诉依法进行审查,对符合法律规定条件的起诉决定受理,对不符合条件的起诉裁定不予受理。自 2015 年 5 月 1 日起,人民法院推行立案改革,由立案审查制改为立案登记制,对依法应该受理的案件,要求有案必立、有诉必理,保障当事人诉权。随着立案登记制的推行,法院受理案件数量剧增,在新类型案件层出不穷、重大疑难敏感类案件呈上升趋势的现状下,立案变更率的急剧上升,表明相当部分案件立案质量趋低。如果片面追求低立案变更率,那么显然违背了立案登记制的精神,侵害了当事人的诉权,给当事人带来诉讼负担;如果立案变更率过高,则不利于审判质量管理,客观上也浪费了本就紧缺的审判资源。

(2)一审案件陪审率[1]

按照审判质量效率评估体系的考核要求,一审案件陪审率作为正向考核指标,指标数值越高,反映一审法院审理案件的公开性和透明度越高。然而,上表统计的数据显示广西法院 2015 年一审案件陪审率相较于 2014 年同期骤降,下降幅度超过 20%,随后三年基本保持在下降后的这一数值范围。(见表 4)

表 4　广西法院一审案件陪审率的指标数据情况

法院	2014 年	2015 年	2016 年	2017 年
南宁市法院	82.06%	48.03%	49.27%	50.88%
桂林市法院	88.66%	74.39%	78.69%	70.61%
广西法院	88.12%	68.48%	64.28%	61.93%

---

〔1〕 一审案件陪审率:适用普通程序审理的一审案件中陪审员参加合议庭审结案件数占结案数的百分比,一审案件陪审率 = 陪审员参加合议庭结案数/一审普通程序结案数。

诚然，一审案件陪审率在一定程度上能够反映案件审理的公开透明性和司法的民主状况。但是将一审案件陪审率作为衡量案件审理公正性的一项评估指标，其合理性和科学性值得研究。人民群众参与审判只是司法公开的一种方式，它并不能完全代表司法公开的全部内容，也不能作为评价司法公正与否的指标。司法公开还应当包括案件审判流程信息公开、司法裁判文书公开、庭审直播公开、案件执行信息公开等内容。而这几项工作均作为广西法院2015～2017年的法院重点工作，并取得了较好的成绩。

过度强调甚至硬性提高案件陪审率，违背了司法基本规律。案件是否应当实行陪审制主要取决于案件的性质和类型，以及陪审员能否对案件进行公正审理。有些案件适合由陪审员参与审理，有些案件则不宜由陪审员审理。因此，案件陪审率的高低并不能反映案件审理质量问题，将案件陪审率作为评价案件质量的约束性指标不符合司法规律。

(3)二审开庭审理率〔1〕

这一指标主要反映二审案件诉讼民主状况和透明度。2014～2017年四年间，作为样本的南宁市中院和桂林市中院的指标出现相反而行的态势，桂林中院二审开庭审理率和全区平均值逐年下降，南宁中院的二审开庭审理率逐年上升，三个数据呈现出逐渐接近的状态。但作为广西法院的案件大户，南宁中院二审开庭审理率却一直低于全区平均值。(见表5)

表5 广西法院二审开庭审理率的指标数据情况

法院	2014年	2015年	2016年	2017年
南宁中院	48.72%	50.89%	60.96%	61.63%
桂林中院	90.95%	80.97%	79.98%	75.39%
全区平均值	86.32%	74.18%	71.41%	69.09%

根据上述数据分析：一方面，广西各中级法院二审案件数量差异巨大，有些法院全年有一两千件案件，有些法院案件数有上万件，案件量小的中级法院可实现全部开庭，案件量大的中级法院则难以实现全部开庭审理。另一方面，诉讼法明确规定二审中当事人没有新的理由和证据的，可以不开庭审理，所以部分案件根本不需要开庭审

〔1〕 二审开庭率：二审开庭审理数占二审结案数的百分比。二审开庭审理率＝二审开庭审理结案数/二审结案数。

理，以实现有限司法资源的效率最大化。如果不顾实际情况，盲目追求高开庭率只会使得二审开庭形式化的问题更加严重。

(4)上诉改判率[1]、上诉发回重审率[2]、生效案件改判率[3]、生效案件发回重审率[4]

表6　广西法院上诉改判率的指标数据情况

法院	2014年	2015年	2016年	2017年
南宁市法院	0.19%	0.44%	0.33%	0.30%
桂林市法院	0.50%	0.31%	0.32%	0.29%
广西法院	1.15%	0.92%	0.70%	0.68%

表7　广西法院上诉发回重审率的指标数据情况

法院	2014年	2015年	2016年	2017年
南宁市法院	0.42%	0.38%	0.40%	0.39%
桂林市法院	0.36%	0.18%	0.11%	0.17%
广西法院	0.47%	0.45%	0.39%	0.37%

表8　广西法院生效案件改判率的指标数据情况

法院	2014年	2015年	2016年	2017年
南宁市法院	0.01%	0.03%	0.03%	0.02%
桂林市法院	0.08%	0.06%	0.06%	0.05%
广西法院	0.07%	0.05%	0.05%	0.04%

[1] 上诉改判率：一审判决上诉案件中因判决错误而被二审改判的案件占比。上诉改判率=二审法院改判一审法院上诉案件数/一审法院一审判决结案数。

[2] 上诉发回重审率：一审判决上诉案件中因判决错误而被二审发回重审的案件占比。上诉发回重审率=二审法院发回重审一审法院上诉案件数/一审法院一审判决结案数。

[3] 生效案件改判率：生效案件因判决错误而被改判的占比。生效案件改判率=上级法院改判下级法院案件数/下级法院生效案件总数。

[4] 生效案件发回重审率：生效案件因判决错误而被发回重审的占比。生效案件发回重审率=上级法院发回重审下级法院案件数/下级法院生效案件总数。

表9 广西法院生效案件发回重审率的指标数据情况

法院	2014年	2015年	2016年	2017年
南宁市法院	0	0.02%	0.01%	0.01%
桂林市法院	0.04%	0.03%	0.04%	0.03%
广西法院	0.03%	0.02%	0.02%	0.02%

现行的审判质效评估体系对案件是否公正的评估仍主要以几个传统指标为准，即上诉改判率、上诉发回重审率、生效案件改判率、生效案件发回重审率（统称为“发改率”）。

通过表6至表9的数据分析，2014～2017年广西法院上述四项指标均在指标合理区间范围内，但是年度之间指标数据并未呈现明显的线性变化规律，总体来说，广西法院这四项指标趋于逐年变好的趋势。

发改率能够在一定程度上反映审判质量，但倘若不加分析地将发改率作为审判公正考核指标，则失之绝对。基于不同法官对案件证据的判断不同、对法律理解适用及自由裁量权运用的合理差异等因素，上下级法院法官可能会对同一案件作出不同的裁决。对于案件质量的判断，目前做法通常是以上级法院的最终裁判结果为依据，若二审法院对上诉案件予以维持，则一般认为案件质量没有问题；若二审法院对上诉案件改判或发回重审，则认为案件存在瑕疵。这样容易促使一审法院对于拿捏不准的案件更倾向于向上一级法院请示或沟通，这样最终导致一、二审同质化，更无异于在变相剥夺当事人的上诉权和一审法官的自由裁量空间。

（5）二审改判率〔1〕、二审发回重审率〔2〕、对下级法院生效案件再审发改率〔3〕

〔1〕 二审改判率：二审改判案件数占二审结案数的百分比。二审改判率＝二审改判案件数（错误）/二审结案数。

〔2〕 二审发回重审率：二审发回重审案件数占二审结案数的百分比。二审发回重审率＝二审发回重审案件数（错误）/二审结案数。

〔3〕 对下级法院生效案件再审发改率：对下级法院生效案件改判和发回重审的案件数占对下级法院生效案件再审结案数的百分比。对下级法院生效案件再审发改率＝对下级法院生效案件再审改判和发回重审数/对下级法院生效案件再审结案数。

表 10　广西法院二审改判率的指标数据情况

法院	2014 年	2015 年	2016 年	2017 年
南宁中院	2.45%	2.68%	2.82%	2.93%
桂林中院	2.92%	1.72%	1.95%	1.97%
全区平均值	6.55%	5.32%	3.89%	3.74%

表 11　广西法院二审发回重审率的指标数据情况

法院	2014 年	2015 年	2016 年	2017 年
南宁中院	2.86%	3.05%	3.11%	3.23%
桂林中院	1.82%	1.14%	0.54%	0.67%
全区平均值	2.65%	2.50%	2.12%	2.08%

表 12　广西法院对下级法院生效案件再审发改率的指标数据情况

法院	2014 年	2015 年	2016 年	2017 年
南宁中院	0	0	18.75%	0
桂林中院	7.69%	15.79%	0	0
全区平均值	65.66%	62.52%	55.18%	35.35%

二审改判率、二审发回重审率、对下级法院生效案件再审发改率评估的对象主要是针对上级法院即中级人民法院，正好与上诉改判率、上诉发回重审率、生效案件改判率、生效案件发回重审率评估的对象（基层人民法院）相互对应。上述的几项指标分别从两个维度评估案件审判质量，一方面充分发挥审级制度的监督功能，鼓励上级法院对下级法院依法进行监督和指导，反映上级法院对下级法院的纠错能力；另一方面则反映下级法院案件审理质量的情况。特别是在司法实践中，如果这项指标对上级法院而言作为反映审判质量的正向指标，那么容易导致上级法院对发改的使用过于随意，导致循环审判、加剧诉累、降低司法效率等问题，损害审判活动的权威性。

(6)对下级法院生效案件提起再审率[1]

表13 广西法院对下级法院生效案件提起再审率的指标数据情况

法院	2014年	2015年	2016年	2017年
南宁中院	0	0	0	0
桂林中院	1.78%	10%	0	0
全区平均值	2.34%	1.22%	0	0

对下级法院生效案件提起再审率指标作为审判质量的正向指标,主要是对再审审查案件质量的考量,鼓励上级法院对下级法院依法进行监督和指导,下级法院生效裁判违反法律规定,上级法院能否发现错误而依法提起再审,可以反映出上级法院对下级法院的纠错和监督能力。对下级法院生效案件提起再审率高,可以反映上级法院的纠错能力强,同时从另一侧面反映下级法院的审判质量可能偏低。但必须说明的是,再审程序的启动必须有法定的事由,包括出现新的足以推翻原裁判的证据、原裁判认定事实不清或证据不足、适用法律错误、违反法定程序及审判人员有枉法行为五种情形,符合法定情形的案件才能提起再审。

(7)再审审查询问(听证)率[2]

表14 广西法院再审审查询问(听证)率的指标数据情况

法院	2014年	2015年	2016年	2017年
南宁市法院	100%	100%	82%	78%
桂林市法院	96.93%	95.88%	91.7%	89.5%
广西法院	62.86%	51.94%	49.23%	47.5%

申诉、申请再审审查程序是审判监督程序的有机组成部分,实质是再审事由是否存在的审理程序,审理对象是法院生效裁判是否具备申诉、申请再审人提出的再审事由,目的是决定是否启动再审程序。这一指标主要反映再审审查案件的公开性和透

[1] 对下级法院生效案件提起再审率:对下级法院生效裁判提起再审案件数占对下级法院生效案件裁判再审审查结案数的百分比。对下级法院生效案件提起再审率=对下级法院生效案件提起再审数/对下级法院生效案件再审审查结案数。

[2] 再审审查询问(听证)率:再审审查询问(听证)案件数占再审审查结案数的百分比。再审审查询问(听证)率=再审审查询问(听证)数/再审审查结案数。

明度，鼓励法院在办理再审审查案件时，积极主动了解案件真实情况，保障当事人双方诉权。广西法院三年来的再审审查询问(听证)率逐年下降，特别是2016年开始大幅下滑，说明再审审查案件的听证比率在急剧降低。分析原因主要在于：一是2015年立案登记制与2016年广西法院员额制改革落地，审判力量向审判一线倾斜，再审审查力量相对减少，导致听证率囿于人力而减少；二是数据的变化取决于听证的数量和申请审理案件数量之间的比例变化，申请再审案件数量的增长也会对听证率的减少起到决定性的作用。

(8)司法赔偿率[1]

表15　广西法院司法赔偿率的指标数据情况

法院	2014年	2015年	2016年	2017年
南宁市法院	0	0	0	0
桂林市法院	0	0	0	0
广西法院	0	0	0	0

根据表15数据显示，广西法院司法赔偿率连续四年均为0。司法赔偿率作为审判质量的逆向指标，用于说明原审实体判决错误和执行违法情况。司法赔偿率高，反映了案件审判、执行质量差，将造成严重负面影响和不良社会效果。设置这一指标主要是有利于法院依法办案，监督各级法院及审判人员依法行使审判执行权。

2.效率指标分析

司法效率与司法公正是有机的统一体，审判效率本身就体现着司法公正，高效率地审判本身就是司法公正的内容之一，法谚云“迟到的公正不是公正”即是此义。因此，现行评估体系效率指标由当庭裁判率、法定(正常)审限内结案率等8项指标组成，在审判管理中的权重也不容小觑。

---

[1] 司法赔偿率：因违法行使审判权、执行权而发生赔偿的案件数与生效案件数和执行结案数之和的比。司法赔偿率=赔偿案件数/(生效案件数+执行结案数)。

(1)法定期限内立案率[1]

表16 广西法院法定期限内立案率的指标数据情况

法院	2014年	2015年	2016年	2017年
南宁市法院	99.96%	96.29%	99.30%	98.20%
桂林市法院	97.80%	98.14%	99.52%	98.70%
广西法院	96.39%	66.76%	95.37%	97.40%

人民法院立案时应严格遵守法定期限规定，能否在法定期限内立案体现了人民法院和立案法官在立案环节中的工作效率。从2015年5月1日起人民法院推行立案改革，由立案审查制改为立案登记制，对依法应该受理的案件，做到有案必立、有诉必理，保障当事人诉权。至此之后，案件久拖不立的情况很少发生，因此这项指标的考核意义明显下降。

(2)一审简易程序适用率[2]

表17 广西法院一审简易程序适用率的指标数据情况

法院	2014年	2015年	2016年	2017年
南宁市法院	66.27%	52.12%	43.79%	41.52%
桂林市法院	63.59%	60.05%	59.52%	57.81%
广西法院	70.64%	64.9%	63.29%	60.35%

表17的数据显示，广西法院一审简易程序适用率从2014年至2017年呈逐年递减的趋势。

简易程序制度设立的目的在于以合乎理性的规范，缓解司法资源与司法需求的剧烈冲突，减少审理环节的延宕与审判资源的投入，提高司法效率。但是并非所有一审案件均适合使用简易程序。当前，社会新型矛盾纠纷不断涌现，审判力量与案件增长量之间失衡状态日渐严重，审判程序与审判组织制度衔接中存在的问题尚未解决，导致了简易程序适用率的递减现象。

---

[1] 法定期限内立案率：法定立案期限内立案数占立案数的百分比。法定期限内立案率 = 法定期限内立案数/立案数。

[2] 一审简易程序适用率：一审案件适用简易程序审结案件数占一审案件结案数的百分比。一审简易程序适用率 = 一审简易程序结案数/一审结案数。

(3)当庭裁判率[1]

表 18　广西法院当庭裁判率的指标数据情况

法院	2014 年	2015 年	2016 年	2017 年
南宁市法院	52.72%	69.48%	20.48%	18.34%
桂林市法院	69.29%	87.84%	47.45%	32.18%
广西法院	58.16%	79.83%	52.43%	47.93%

从表 18 数据可以看出,2015 年当庭裁判率相较于 2014 年有明显提高,然而在 2016 年该项指标明显大幅下降。诚然,当庭裁判体现了即时审理即时裁判的诉讼理念,是诉讼高效率的表现。当庭裁判率高,表明庭审效率高,同时也说明法官具有较高的庭审驾驭能力和文字驾驭能力。但对案件法律关系的掌控,以及当庭宣判后十天内送达法律文书的硬性要求,对于每年承担两百多件案件审判任务的法官来说是难以实现的目标,当庭宣判率的下降也成为自然的事实。

(4)法定(正常)审限内结案率[2]

表 19　广西法院法定(正常)审限内结案率的指标数据情况

法院	2014 年	2015 年	2016 年	2017 年
南宁市法院	98.99%	98.69%	95.83%	90.01%
桂林市法院	97.02%	98.49%	98.55%	93.58%
广西法院	84.47%	87.37%	82.46%	85.17%

表 19 显示,南宁法院法定(正常)审限内结案率呈逐年下降趋势;桂林法院法定(正常)审限内结案率在 2014 ~ 2016 年逐年上升,但是 2017 年深化司法责任制改革之后面对"案多人少"的情况,该指标下降幅度明显;广西法院法定(正常)审限内结

[1] 当庭裁判率:当庭裁判案件数占结案数的百分比。当庭裁判率 = 当庭裁判案件数/结案数,当庭裁判是指人民法院在开庭审理案件过程中,经过法庭调查、辩论质证、调解等庭审阶段后,合议庭当庭评议作出裁判,或者独任庭审理结束后当庭宣告裁判。

[2] 法定(正常)审限内结案率:在法定规定的审理期限内审结的案件数占结案数的百分比。法定(正常)审限内结案率 = 法定(正常)审限内结案数/结案数。其中,法定(正常)审限不包括申请批准延长的案件。结案数不包括刑事复核案件、保全措施审查案件、特殊程序案件、破产与公司清算案件、涉外、涉港澳台案件以及其他没有审限或者不计算实际审理(执行)时间的案件。

案率有所波动,且形势不太理想。

这一指标主要作为反映审判效率的正向指标,即法定审限内结案率越高,审判效率越高,旨在鼓励案件尽可能在法定正常审限内审结,防止案件拖延导致年底积压和超法定审限的情况。但随着诉讼数量与日俱增、案件类型不断增加、审判任务日益繁重、案件积压相应增长,不断加重的审判压力使法定审限内结案的形势趋向严峻。

(5)延长审限未结比[1]

表20 广西法院延长审限未结比的指标数据情况

法院	2014年	2015年	2016年	2017年
南宁市法院	6.67%	6.17%	3.13%	3.02%
桂林市法院	6.44%	5.73%	3.52%	3.34%
广西法院	24.55%	29.70%	17.77%	16.54%

这一指标作为审判效率的逆向指标,延长审限未结比越高,反映审判效率越低。根据2014~2017年的数据分析,广西法院延长审限未结比逐年下降,反映审判效率逐步提高。

在未结案件中,一部分尚未超过法定审理期限,另一部分可能已经超过法定审理期限,即使具有法定的且合理的延长审限的理由,很多当事人也对延长审限不能完全理解,更甚者会对案件公正性产生怀疑。因此,这一指标主要促进法院缩短未结案件的持续时间,在法定审限内尽量缩短办案周期,避免违反规定随意批准延长审限的情况。

(6)结案均衡度[2]

表21 广西法院结案均衡度的指标数据情况

法院	2014年	2015年	2016年	2017年
南宁市法院	62.20%	70.95%	56.74%	52.76%
桂林市法院	62.40%	78.88%	66.14%	62.33%
广西法院	68.21%	74.91%	17.92%	44.65%

[1] 延长审限未结比:批准延长审限未结数占未结数的百分比。延长审限未结比 = 延长审限未结案数/未结案数。

[2] 结案均衡度:结案数的标准差系数与1的差。

均衡结案，主要是要求通过合理配置审判实践和审判资源，实现月、季、年审判工作平稳有序运行。实现均衡结案，具有提高审判质量、效率的积极意义。全年每个月的结案量和各月平均结案量越接近，结案均衡度越高；反之，每个月的结案量和各月的平均结案量相差越大，结案均衡度越低。从表21可以看出，广西法院的均衡结案指标呈现以下特征：一是每年结案指标不均衡；二是下降比较明显，说明案件收案数量与结案数量之间存在较严重的剪刀差。

3. 效果指标分析

所谓审判效果，应当是法律效果与社会效果的有机统一。一个高质量的裁判不仅应有良好的法律效果，同时也应有良好的法律效果。因此，效果指标在审判管理中的作用显而易见，而现行评估体系效果指标由一审服判息诉率、调解率、撤诉率等9项指标组成。

(1)一审服判息诉率[1]

表22　广西法院一审服判息诉率的指标数据情况

法院	2014年	2015年	2016年	2017年
南宁市法院	97.05%	91.63%	84.65%	85.46%
桂林市法院	90.23%	83.39%	81.67%	86.78%
广西法院	91.47%	90.01%	81.03%	86.11%

2014年至2016年，广西法院一审服判息诉率逐年下降，尤其是2016年下降幅度尤为明显。2017年对一审服判息诉率公式中数值范围进行了调整，不仅仅限于一审判决，还包括一审裁定，特别是一审结案数的范围变为一审法院对当事人提起诉讼或检察院提起公诉案件的审结案件数，结案方式不仅仅限于判决，还包括裁定、调解。

作为审判效果的正向指标，一审服判息诉率的设置目的以当事人或检察院认可一审案件处理结果的情况来反映社会矛盾在一审中得到化解的彻底性，从而反映司法工作的公信力与权威性。一审服判息诉率越高，表明对一审案件的处理结果越认可，司法的公信力越高。

与此同时应该认识到，上诉是当事人的法定权利，任何人不能剥夺，因此其上诉

---

[1] 一审服判息诉率：1与上诉案件收案数与一审结案数之比的差，上诉案件包括了当事人不服一审判决提起上诉的案件和人民检察院不服法院对公诉案件作出的一审判决提起抗诉的案件。一审服判息诉率=1-上诉案件收案数/一审结案数。

既可能基于当事人对司法公信度的信任程度，也可能取决于其对纠纷的认识和处理态度，甚至包括了其诉讼技巧。因此，当事人决定上诉受其主观因素影响较大，而非都是基于对一审裁判正当性的合理客观评价。

(2)调解率[1]、撤诉率[2]

表 23 广西法院调解率的指标数据情况

法院	2014 年	2015 年	2016 年	2017 年
南宁市法院	39.18%	33.32%	26.41%	17.61%
桂林市法院	38.85%	35.74%	35.47%	26.97%
广西法院	44.62%	39.79%	34.75%	24.88%

表 24 广西法院撤诉率的指标数据情况

法院	2014 年	2015 年	2016 年	2017 年
南宁市法院	15.69%	13.50%	13.06%	13.02%
桂林市法院	16.01%	15.98%	14.88%	14.53%
广西法院	14.91%	13.24%	12.64%	12.58%

基于最高人民法院确立的“调解优先、调判结合”审判工作原则，调解率与撤诉率两项指标被视为反映法院以调解化解社会矛盾的效果风向标，作为审判效果的正向指标纳入评估体系中。根据上述数据反映，南宁法院、桂林法院、广西法院调解率和撤诉率从 2014 年至 2017 年双双逐年下降。2017 年调解率与 2014 年同比分别下降了 21.57 个百分点、11.88 个百分点、19.74 个百分点，而 2017 年撤诉率与 2014 年同比分别下降了 2.67 个百分点、1.48 个百分点、2.33 个百分点，降幅明显。

从司法实践来看，不同性质、不同类型案件的调解难度差异较大，不同类型、不同审理阶段的案件，调解工作的“含金量”和可能产生的社会效果也大为不同，同时调解和撤诉是以当事人的意愿为基础，需要法官耗费更多的精力与时间，加上调解与撤诉

[1] 调解率：调解结案数占可调解案件结案数的百分比。调解率 = 调解结案数/可调解案件结案数。其中，可调解案件包括部分刑事自诉案件、除检察院提起外的刑事附带民事诉讼案件、除特别程序外的民事案件、行政赔偿案件。

[2] 撤诉率：撤诉结案数占一审、二审、再审案件结案数的百分比。撤诉率 = 撤诉结案数/一审、二审、再审结案数。

未必能一次调解成功或在法定审限内调解成功，而且近年来多元化纠纷解决机制日趋健全并产生一定成效，现有司法统计数据来源尚未完全实现信息化，撤诉案件的撤诉原因以及撤诉后纠纷是否完全解决无法作出全面客观的评价，因此，调解率和撤诉率在当前评估体系中的作用日渐式微。

（3）执行标的到位率〔1〕

表 25　广西法院执行标的到位率的指标数据情况

法院	2014 年	2015 年	2016 年	2017 年
南宁市法院	8.88%	4.48%	13.05%	12.66%
桂林市法院	26.40%	37.26%	14.52%	13.54%
广西法院	23.68%	21.57%	20.46%	18.97%

这一项指标主要是评估人民法院在某一时期内通过执行程序实现申请执行人金钱债权的效果，在一次执行程序中债权实现的程度越高，反映出人民法院执行工作保障当事人合法权益的效果越好。在司法实践中，由于多方面的原因，金钱债权案件并非都能在一次执行程序中得到全部实现，有的案件在一次执行程序中甚至最终只能实现部分债权。但即使是在部分实现申请人权益的情况下，人民法院在执行工作中同样也付出了努力，取得了一定效果，因此通过这一指标对金钱债权执行到位状况进行评价，引导人民法院努力实现申请人的权益。

（4）裁判自动履行率〔2〕

表 26　广西法院裁判自动履行率的指标数据情况

法院	2014 年	2015 年	2016 年	2017 年
南宁市法院	65.37%	6.48%	13.05%	14.21%
桂林市法院	48.81%	37.26%	14.52%	13.72%
广西法院	68.16%	37.55%	26.33%	20.85%

---

〔1〕 执行标的到位率：已执结金钱债权案件执行标的到位金额与申请执行标的金额之比的平均数。

〔2〕 裁判自动履行率：1 与具体执行内容生效裁判申请执行数与具体执行内容的生效裁判数之比的差，裁判自动履行率 = 1 - 具体执行内容生效裁判申请执行数/具体执行内容的生效裁判数。

执行制度是保障生效裁判具备权威的重要制度，裁判自动履行率设置的目的，在于通过当事人申请执行具有执行内容的生效裁判的情况来反映当事人履行生效裁判的主动程序。审判质量的权威性一方面依靠一审服判息诉率、信访投诉率、再审申请率等指标来评估审理阶段的司法权威状况；另一方面则是通过裁判自动履行率来评估执行阶段生效裁判的权威状况。因此，这一指标正是为了反映生效裁判的权威状况，而不是为了反映执行程序的权威状况。

（5）实际执行率〔1〕

表 27　广西法院实际执行率的指标数据情况

法院	2014 年	2015 年	2016 年	2017 年
南宁市法院	79.47%	45.95%	20.37%	17.56%
桂林市法院	78.08%	46.84%	18.93%	16.85%
广西法院	83.66%	46.23%	23.42%	21.36%

广西法院实际执行率 2014 年至 2015 年骤降，下降幅度接近 50%，其后两年一直徘徊在较低的比率。

申请执行人经人民法院确认的权益最后能否得到实际实现，是申请执行人最为关注的事情，也是影响人民法院执行权威的关键因素。实际执行率这一指标正是主要评估执行工作的质量和效果的。

早期执行结案方式包括了强制执行、自动履行、和解、终结等，但随着实践的发展，执行结案方式调整为执行完毕、和解并履行完毕、终结本次执行程序、执行中止等。特别是“终结本次执行程序”的结案方式改变了实际执行率的评价周期，而实际执行率是以最后一次执行程序的结果作为评价的时点，不涉及中间的执行次数，因该执行依据所产生的执行案件则属于未实际执行，法院的相应努力就难以在评估中得到体现。

〔1〕 实际执行率：执行完毕、和解并履行完毕的执结案件数占执行结案数的百分比。实际执行率 =（执行完毕 + 和解并履行完毕）案件数/执行结案数。其中，执行完毕或和解并履行完毕并非必须是在第一次执行程序中全部实现执行依据所确定义务的情形，也可以是后续执行程序中执行依据所确定义务得到全部实现的情形。

(6)调解案件申请执行率[1]

表 28 广西法院调解案件申请执行率的指标数据情况

法院	2014 年	2015 年	2016 年	2017 年
南宁市法院	8.65%	4.25%	3.87%	2.39%
桂林市法院	19.78%	9.08%	8.23%	6.78%
广西法院	1.89%	2.63%	2.04%	1.92%

这一指标是为了引导各级法院正确看待“调解率”,尽可能在调解中一次性彻底解决社会矛盾,并且引导注重调解案件的质量,尽可能确保各方利益的实现。在司法实践中,并非所有案件在调解时都能及时履行,而且调解是否及时履行并不成为法院是否促成双方调解的必要条件,另外,由于目前信息化水平有限,调解案件未能得到自动履行的原因较为复杂,不能有效区分,因此这一项指标只能间接反映司法调解的公信力和权威状况。

(7)申诉率[2]

表 29 广西法院申诉率的指标数据情况

法院	2014 年	2015 年	2016 年	2017 年
南宁市法院	0	0.29%	0.44%	0.50%
桂林市法院	0.50%	0.24%	0.63%	0.68%
广西法院	0.27%	0.32%	0.47%	0.59%

申诉率是上级法院基于当事人或其他有关主体之申请,对下级法院生效裁判是否需要进入审判监督程序进行审查的指标,是审判监督制度的重要补充。这一指标通过考察当事人是否提出再审申请而评估当事人对人民法院生效裁判的认可、满意状况,进而反映生效裁判的公信和权威状况,同时也用于反映生效裁判化解社会矛盾的实际效果。广西申诉率在 2014 ~ 2017 年出现轻微的上浮,但没有出现大的波动。

---

[1] 调解案件申请执行率:民事、刑事附带民事、行政赔偿调解案件执行收案数与民事、刑事附带民事、行政赔偿调解生效案件的比值。调解案件申请执行率 = 民事、刑事附带民事、行政赔偿调解案件执行收案数/民事、刑事附带民事、行政赔偿调解生效案件。

[2] 申诉率:申诉案件占生效案件的百分比。申诉率 = 申诉案件数/生效案件数。

(8)信访投诉率[1]

表30 广西法院信访投诉率的指标数据情况

法院	2014年	2015年	2016年	2017年
南宁市法院	0.02%	0.11%	0.07%	0.10%
桂林市法院	0.01%	0.12%	0.13%	0.11%
广西法院	0.01%	0.1%	0.14%	0.08%

信访投诉率指标主要用于反映当事人对个案生效裁判及执结案件的过程、结果以及司法作风等方面的综合评价,进而反映人民法院生效裁判及执结案件的社会效果。2014~2017年广西法院信访投诉率基本长期维持在较低的水平。

但在司法实践中,在信息化程度不高和甄别机制尚不健全的情况下,信访投诉发生后,后续处理结果与信访投诉事件的对应关系难以在现行统计模式中体现,有理访和无理访、初次访和多次访的确定机制不够完善,因此仅以信访投诉率这一指标很难对审判效果进行科学评价。

4.综合分析

综上所述,在广西法院现行审判质量效率评估体系之下,课题组针对2014~2017年广西法院公正、效率、效果各项指标数据一一进行了定量分析,并对指标反映的情况结合审判规律进行了定性分析。现行的审判质量效率评估体系,意图以客观、精细、定量的方法对审判质量效率进行考核。单从统计学原理考虑,考评指标越多就越能全面反映审判质量效率情况,从而达到准确认知的目的。然而,指标过多不仅增加评估管理成本,且过于繁杂的指标不仅对于法官而言难以准确把握,又同时会抑制审判质量效率评估规范、引导功能的发挥。特别是随着立案登记制改革、司法责任制深化推进,部分指标的设计已经不符合目前审判工作的实际情况,无法满足审判管理的全新要求。

[1] 信访投诉率:来信来访申诉数与生效案件数、执行结案数、司法赔偿结案数之和的比。信访投诉率=(来信+来访)申诉数/[生效案件数+(执行+司法赔偿)结案数]

（三）实证调研之座谈调研[1]

1. 座谈参与人员

针对审判质量效率的基本情况、审判质量效率评估体系在设计和运行上存在的问题及解决问题的建议，课题组分别与南宁市12个县区法院审判管理办公室以及桂林市17个县区法院审判管理办公室从事审判管理的干警进行座谈，力争达到“窥一斑而知全豹”效果。

2. 座谈提出的问题

在座谈调研中，各县区法院审判管理办公室的干警，从审判管理角度出发，提出当前审判质量效率评估体系主要存在以下几个方面的问题：

（1）考核主体及被考核对象方面：主要由审判管理办公室负责进行审判质量效率的考核评估，被考核对象通常以法院或审判业务部门为单元，考核评价各法院或各审判业务部门的审判质量效率情况，目前还未细化至各审判人员，因此对于审判人员的约束和激励作用不够突出明显。

（2）评估体系指标构成方面：现行审判质量效率评估体系指标涉及35项三级指标，过于繁杂的指标体系和较为复杂的计算公式不仅让被考核对象觉得难以准确把握，甚至作为考核主体即审判管理办公室的部分干警对于评估体系指标构成也都不甚清楚。

（3）评估体系指标的审查方面：各法院通常直接借助审判数据统计系统直接提取审判质量效率评估体系的各项指标，但由于2017年系统更新导致审判数据导入存在误差，而审判管理部门的干警对于指标的计算公式也不太了解，导致难以对评估体系指标进行人工反查、核对及计算。

（4）评估体系指标的设计及变化方面：现行审判质量效率评估体系共涉及35项考核指标，然而近年来逐渐转变为在这35项指标中设定主要考核指标和参考性指标，但是每一年纳入法院年度绩效考评的指标又不尽相同。与此同时，每年还会在这35项指标的基础上派生出新的细化指标，例如调解率细化为民事调解率，一审服判息诉率细化为民事、行政一审服判息诉率等。

（5）评估体系结果的应用方面：在当前司法实践中，审判质量效率评估体系结果的展示主要是通过审判管理办公室下发的各种专项通报或者审判执行运行态势分

[1] 座谈调研主要是针对法院从事审判管理的干警，从审判管理角度出发，提出审判质量效率评估体系存在的问题。

析，然而很多时候通报及态势分析只能流于形式，审判质量效率评估的监控、规范、引导功能并没有得到全面发挥。

(四)实证调研之问卷调查〔1〕

在司法责任制改革的背景下，随着新型审判团队和法院内部扁平化管理的探索建立，审判业务庭之间的界限逐步弱化，以审判团队和法官个人作为办案主体，独立承担审判责任的全新局面逐渐形成。

为了使审判质量效率评估体系指标设定更贴近审判实际，更好地发挥其导向作用，课题组结合司法体制改革的新要求，重点围绕案件质量评估内容、案件效率评估内容、发改案件质量认定内容等方面向广西法院员额法官进行了调查，主要针对审判质量评估体系对审判的影响、对审判人员的规范引导作用、指标的选取设计、合理值范围的设定、运行中存在的问题、司法实践中遇到的困难、评估成果的采纳反馈等方面，向广西法院员额法官发放1500份调查问卷，收回1435份问卷〔2〕。现将调查情况进行综合阐述：

第一，对评估体系的认知情况。

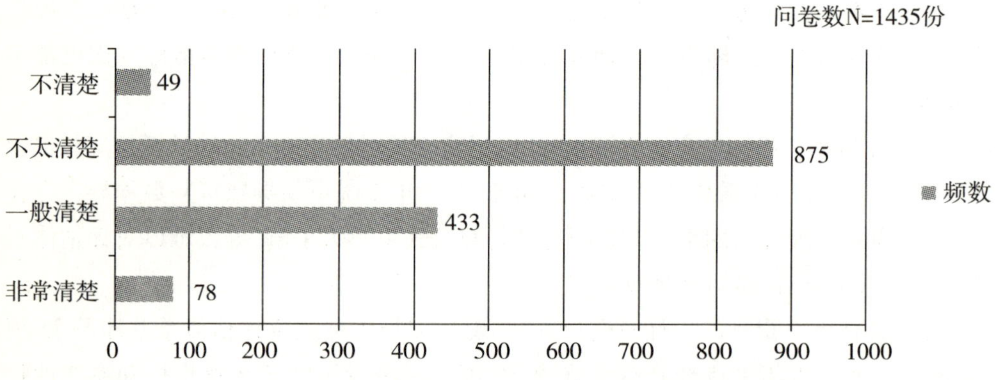

图2 对本院设置的现行审判质量效率评估体系的认知情况

由图2可知，5.44%的法官非常清楚现行审判质量效率评估体系，64.39%的法官不太清楚或者根本不清楚现行审判质量效率评估体系的相关情况。这正说明员额

〔1〕 问卷调查主要是针对法院从事审判工作的员额法官，从审理者、裁判者角度出发，提出审判质量效率评估体系存在的问题。

〔2〕 由于本次调研发放的调查问卷为不定项选择，因此阐述调查情况中，图表标题栏N为发放的问卷数，条形图表明的数值为该选项内容被选择的频数。

法官对审判质量效率评估体系的认知度并不高。

第二，对评估体系的客观评价。

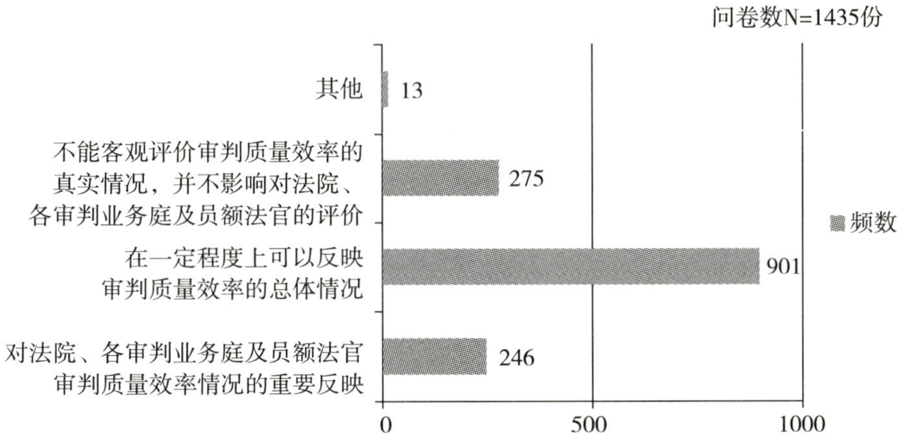

图3　审判质量效率评估体系的影响

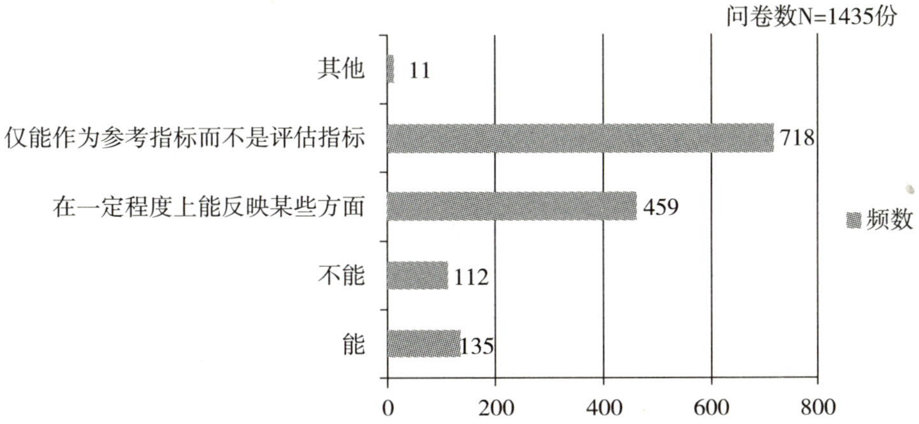

图4　审判质量效率评估体系能否对审判活动进行客观评价

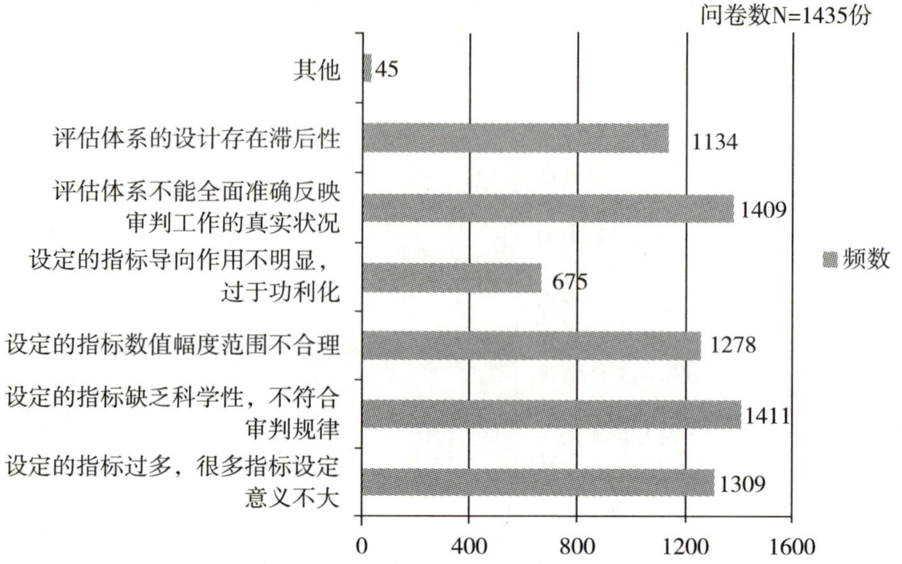

图 5　审判质量效率评估体系在设计上存在的问题

根据上述数据分析，从法官对于审判质量效率评估体系的客观评价来看，只有 17.14% 的法官认为审判质量效率评估体系是对法院、各审判业务庭及员额法官审判质量效率情况的重要反映，82.85% 的法官并非完全认可体系的重要性；另外，只有 9.4% 的法官认为审判质量效率评估指标能对员额法官的审判活动进行全面而客观的评价。

对于现行审判质量效率评估体系，员额法官认为存在的问题主要表现为：一是设定的指标过多，很多指标设定意义不大，实际执行过于复杂化，审判质量效率评估体系应具有可执行性，实现全面性与简约性相结合。二是设定的指标缺乏科学性，不符合审判规律。例如，民事一审服判息诉率设置指标数值过高，尽管服判息诉确实是审判工作的终极目标，但上诉权也是当事人的合法权利，故指标的设置必须以尊重审判规律为前提。三是设定的指标数值幅度范围不合理，在彼此无限赶超的压力下，容易诱使被考核对象经由歧路“达成指标”。四是设定的指标导向作用不明显，过于功利化。五是评估体系不能全面准确反映审判工作的真实状况。六是评估体系的设计存在滞后性。指标的设定既要具有一定的前瞻性，又要让被考核对象感觉到考核目标通过努力能够实现。如果被考核对象认为通过努力也无法实现目标，就会降低自身努力程度，从而失去评估应有效果。

第三,对评估体系的意见建议。

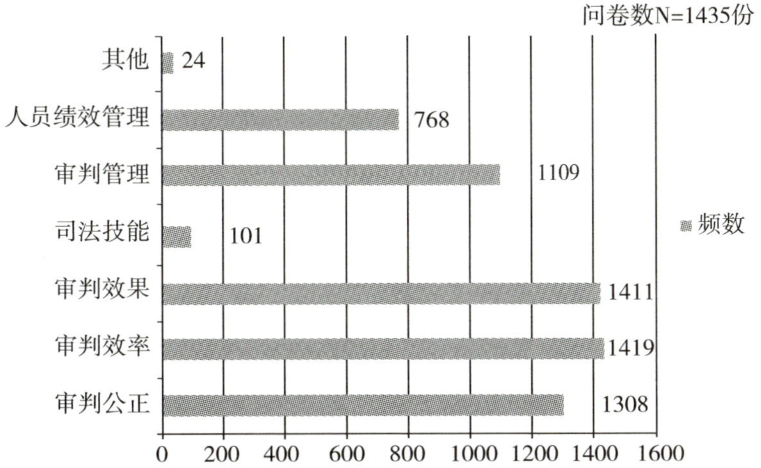

图 6　审判质量效率评估体系的内容和范围

根据图 6 数据分析,员额法官普遍认为审判质量效率评估体系的内容和范围主要应表现为对审判效果、审判效率、审判公正这三个方面的评估。

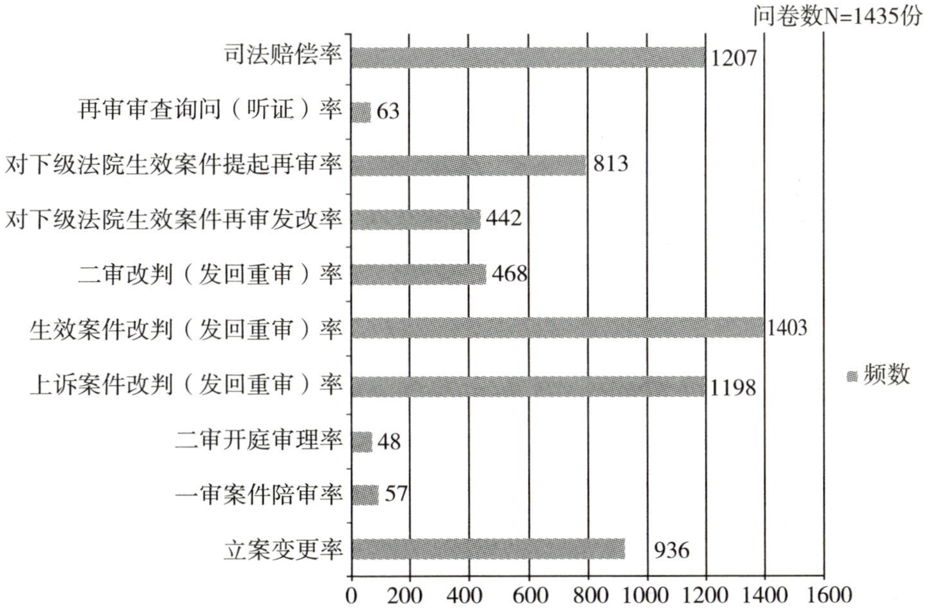

图 7　审判质量效率评估体系的"公正指标"应包括哪些指标

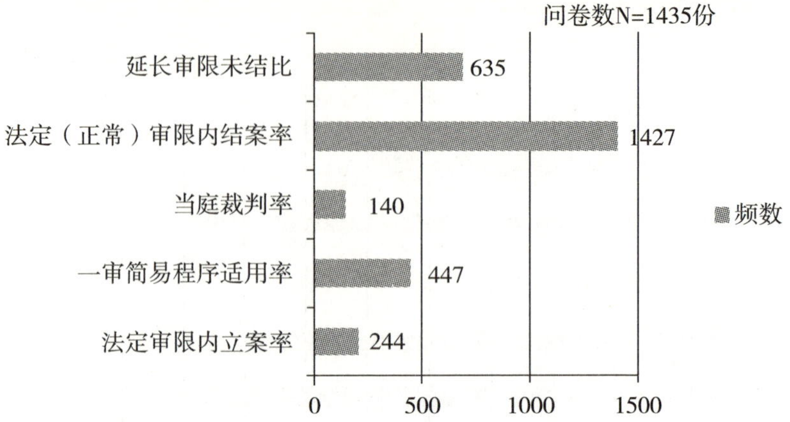

图8　审判质量效率评估体系的“效率指标”应包括哪些指标

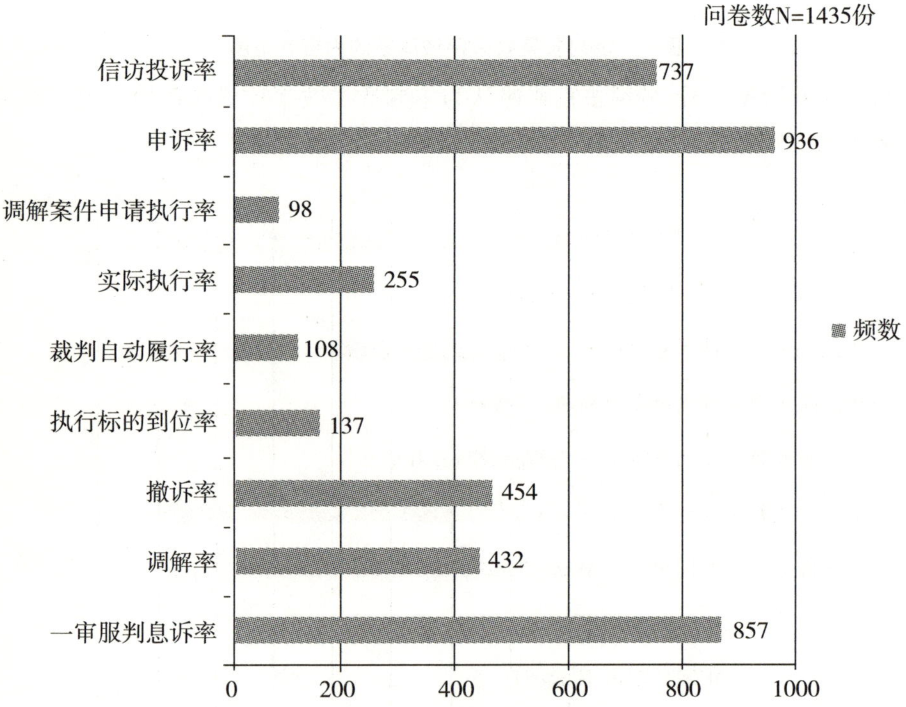

图9　审判质量效率评估体系的“效果指标”应包括哪些指标

根据图7、图8、图9问卷数据显示，员额法官对于审判质量效率评估体系的各项指标有所取舍、有所侧重。其中，认为“公正指标”以司法赔偿率、生效案件改判（发回重审)率、上诉案件改判(发回重审)率、立案变更率这几项指标为主,分别占84.11%、97.77%、83.48%和65.23%。"效率指标"则主要体现为法定(正常)审限内结案率和延长审限未结比,分别占99.44%和44.25%。"效果指标"则以申诉率、一审服判息诉率、信访投诉率为主要考核指标,分别占到65.23%、59.72%和51.35%。

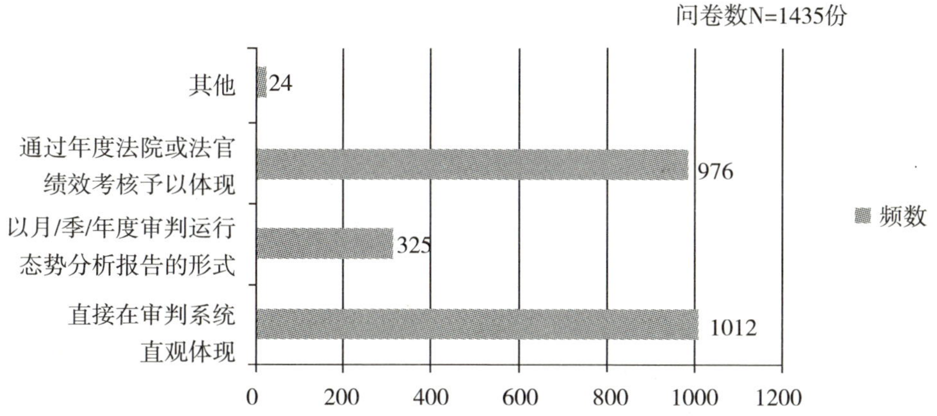

图10　审判质量效率评估体系的展示反映方式

根据图10数据显示,员额法官们认为审判质量效率评估体系的反映方式主要直接在审判系统直观体现,或者通过年度法院或法官业绩考核予以体现,对于这两种反映方式的选择比例占到68.01%和70.53%。

另外,部分法官还提出引入信息化,使大数据集中与审判质量效率考评体系有机结合,实现审判系统与司法统计的无缝衔接,在审判系统中直接将质量效率各项指标作为分析、总结、考核和评价审判质量效率的重要依据,从而可以一目了然地知道审判工作的总体态势以及本院、本部门、本人在整个组织系统中的位次,充分发挥系统的功能性。

三、现状反思:审判质量效率评估体系存在问题的分析

课题组根据对收集的各项数据、座谈会的情况反映以及问卷调查的分析,结合近几年的审判管理实践,对审判质量效率评估体系运行的效果进行了深入思考:推行审判质量效率评估,有利于推进各级法院实施全局性的审判管理,增强审判质量效率意识,提升审判工作水平,但审判质量效率评估体系在实际运行过程中实施目标与实施效果之间仍存在一定差距,在一定程度上背离了审判质量效率评估体系的最初定位与设计功能。

(一)审判质量效率评估体系设计上存在的问题

1.评估目的功利化

设置审判质量效率评估体系的目的主要在于掌握和评估各级人民法院审判工作情况,为审判管理提供工作导向和决策参考作用。实践中,由于未能准确把握评估体系的定位,评估体系的本质不同程度地被扭曲。部分法院把审判质量效率评估当成了审判绩效考评,审判质量效率指标数据成为各种评先依据,作为审判执行工作的"成绩单"。为求指标数据排名靠前,盲目追求高数据,下达硬指标或对数据进行"技术处理",导致正向指标数据虚高,负向指标数据过低,产生了"唯数据论",仅围绕各项审判质效评估指标做工作,忽视了评估的引导、激励和监督作用,甚至出现违背审判规律,向法官下达不切实际的指标考核任务的做法,导致评估结果与实际情况或者社会公众评价形成较大的反差,不能真正反映一个法院审判质量效率的高低,不能科学、合理地评价法院的审判工作。

2.指标设置缺乏科学性和合理性

近几年来,指标数据失真问题呈现蔓延化趋势,这引发了一些法院的质疑和不理解。如实际执行率、执行标的到位率高达96%,这样排名还是垫底的;调解率已达50%,评估分值还是落后;当庭裁判率已达到80%,排名还是靠后等,指标虚高问题遭到越来越多法院和审判业务部门的不满,进而对评估体系的科学性、合理性提出了质疑。以案件陪审率为例,自案件陪审率作为评估案件审理质量的指标后,为了人为地抬高案件陪审率,有的法院将一些不符合条件的公民选进人民陪审员队伍;有的法院仅从少数人员中抽选人民陪审员参与案件审理,实行人民陪审员专职化、固定化;有的法院人民陪审员在案件审理中"陪而不审、审而不议",仅仅是为了完成"陪坐"任务;有的法院案件陪审率已经达到"100%"。正是在盲目追求案件陪审率的驱动下,我国人民陪审制度的价值和功能已经在一定程度上发生变形和异化,给司法实践带来了一定的负面影响。

(1)指标之间存在矛盾

就审判质量效率评估而言,一个单项指标仅仅是从一个侧面来反映评估对象,而在评估体系中,部分指标之间存在矛盾关系。例如,设置"当庭裁判率"指标与"调解率"指标存在冲突,如果一味强调当庭裁判,一判了之容易实现当庭裁判率指标要求,但可能会削弱调解力度,同时易引起当事人的矛盾激化,这样一来对调解率这一考核指标数值不利。相反,如果一味强调调解率,则极易造成"调解功能的扩张"和"判决功能的萎缩",进而形成"调撤主导型"的审判方式,导致案件久调不结、非调不结,直接影响案件效率提升，其负面作用也是显而易见的。

（2）指标存在重合、派生、交叉关系

在评估体系中部分指标对评估对象进行分析判断具有同一指向性，如结案率和法定（正常）审限内结案率、法定（第一次）审限内结案率都能反映审判效率，并且都是依据相同的结案总量指标计算而得的，指标之间存在重合交叉，使得审判质量效率评估体系变得烦琐复杂。

（3）指标同时存在合理性与非合理性因素

例如，上诉案件发改率在一定程度上能够反映审判质量，但不加分析地将发改率作为审判质量考核指标则失之于绝对。基于不同法官对案件证据的判断不同、对法律理解的适用有所差异以及法官自由裁量权运用的合理差别等因素，一审、二审法院的法官可能会对同一案件作出不同的裁决。若二审法院对上诉案件予以维持，则认为该案件没有质量问题；若二审法院对上诉案件改判或发回重审，则认为该案件存在瑕疵。这样的思路容易促使一审法院对于拿捏不准的案件更倾向于向上级法院请示或沟通，这样最终导致了一审、二审同质化，更无异于在变相剥夺当事人的上诉权和一审法官的自由裁量空间。

（二）审判质量效率评估体系运行中存在的问题

1. 数据统计的真实性难以保障

因为信息化建设的相对滞后，面对海量、繁杂的数据，审判质量效率评估体系所需的各项指标数据大多由人工统计、手工筛选统计后汇总而得，难免会出现统计偏差和认识上的差别，无法保证数据的准确性，直接影响评估效果。

上级法院对下级法院上报的部分指标数据的核实存在障碍，出现了个别法院为追求“数字繁荣”而作假的情况。如在司法实践中，为达到上级法院下达的所谓硬性指标，部分法院通过变相措施或者技术处理人为地提高质量效率指标，从而使部分指标不能真实反映审判工作的实际情况。如为了提高调撤率，有的法院制造假的案件，事后又将这些案件以调解或撤诉的方式结案，从而提高调撤率。有的法院为了提高实际执行率，则采取执行备案登记，重复终结等方式。这些问题的存在，使得评估数据不但不能准确反映审判质量效率的实际情况，反而起到刺激弄虚作假的副作用，偏离了设立审判质效评估体系的初衷，导致审判质量效率评估数据失真，严重影响了评估的准确性和严肃性。

2. 实践中客观性和主观性因素的影响

在客观方面，以南宁市、桂林市法院为例，两市法院每年新收案件数量在广西法院居于前列，案件数量的逐年急剧上升是制约审判质量效率有效提升、导致审判质效效率指标数据不佳的重要客观因素之一。

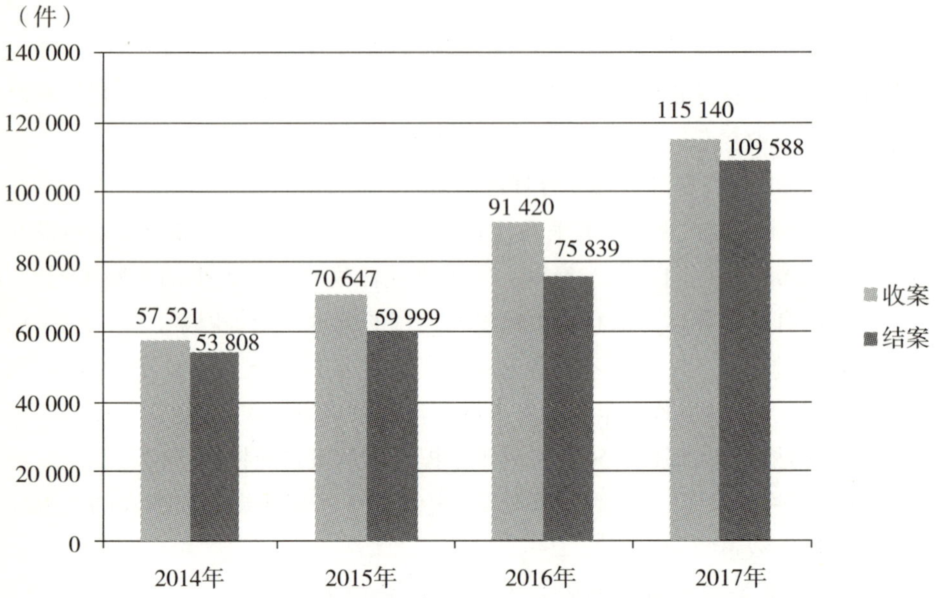

图 11　南宁市两级人民法院收结案情况

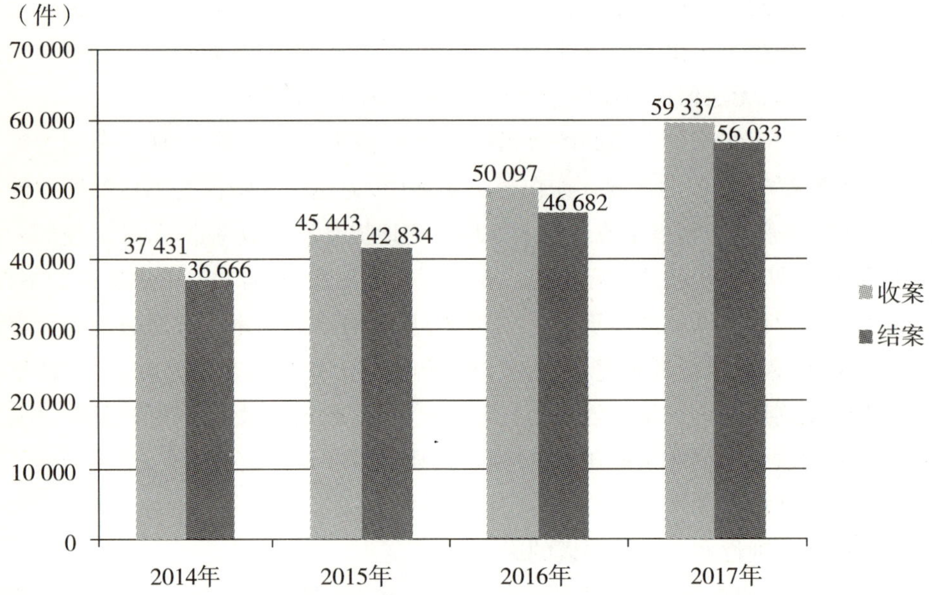

图 12　桂林市两级人民法院收结案情况

根据图 11、图 12 的数据显示，南宁市法院 2014～2017 年新收案件数量年增长率分别为 22.82%、29.40% 和 25.95%；审结案件数量年增长率为分别达到 11.51%、26.40% 和 44.50%。桂林市法院新收案件数量年增长率则达到 21.40%、10.24% 和 18.44%，审结案件数量年增长率为 16.82%、8.98% 和 20.03%。由此可见，两地法院新收案件数量呈逐年上升的态势，而相比之下的结案数量虽然也呈上升之势，但上升幅度总体低于新收案件数。

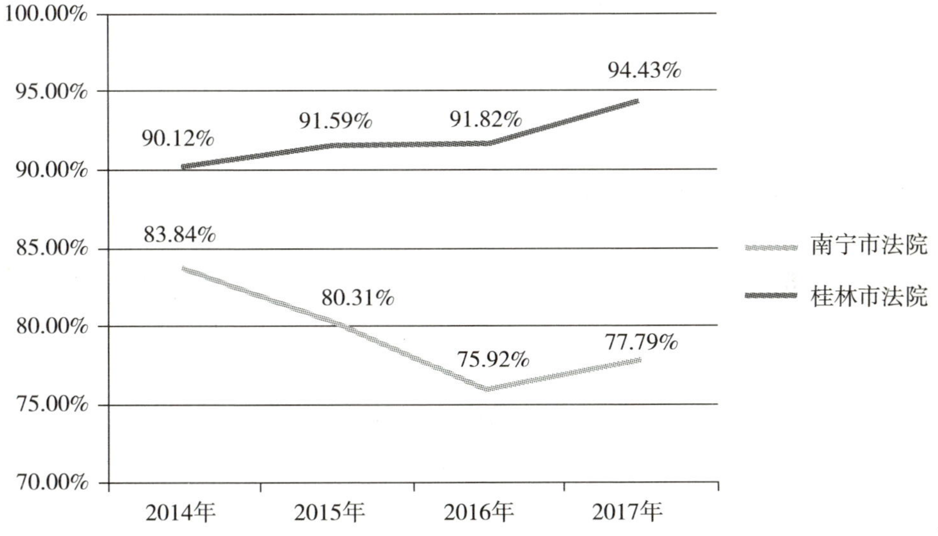

图 13　南宁市法院和桂林市法院结案率变化情况

由图 13 可以看出，南宁市法院和桂林市法院年结案率的变化情况。其中南宁市法院旧存案件数量始终居高不下，致使在法官人均结案数明显上升的情况下，全市法院的结案率不升反降。桂林市法院结案数量、结案率虽呈上升之势，但结案率的增长逐渐放缓。两地法院的案件结案率与全区平均水平的距离日益拉大，审判效率难以有效提升。另外，在一个审判年度的有限时间内，在法律对各类案件有明确审判期限的情况下，随着新收案件数量激增，在保证案件审结以及提高案件结案率的情况下，审判质量难以有效提升。由此可见，案件收案数量的变化对于审判质量效率指标数值的高低具有直接客观的影响。

在主观方面，审判质量效率高低除了受到外在客观因素的影响外，最为重要的一个决定因素仍在于法官个人的工作态度、专业能力和业务素质。一方面，法官素质的提高更大程度上有赖于个人的努力。部分法官业务能力不足，未能及时学习相关法律和政策规定，面对日新月异的案件时感到无所适从，在一些复杂案件的审判上拿捏不准，致使案件审判质量效率不佳。另一方面，审判经验的积累没有形成有效地传承，法院对新一代法官成长的影响机制并不明显，导致法官个人素质提升缓慢，审判经验不丰富致使法官对案件的审理判决存在问题。虽然可以通过合议庭评议、专业法官会议讨论、审判委员会集体讨论等方式为法官断案提供一些支持，但是由于上下级法院之间、不同法官之间对法律的认识差异等因素存在，不可避免地存在一审裁判被二审改判或发回重审，从而导致上诉案件改判率、上诉案件发回率、生效案件改判率、生效案件发回率等审判质量指标不理想。

同时，鉴于具体案件的具体情况有所差异，不同法院的管理能力不尽相同，审判管理人员的公正性、指标设计的科学性、考评体系的合理性和可执行性等因素都有可能影响到评估的客观性与公正性。

3. 新的司法政策对现行评估体系影响深远

党的十八届四中全会以来陆续出台的各项司法政策制度对法院审判工作带来的影响不容忽视。

（1）立案登记制改革。自 2015 年 7 月 1 日起实行立案登记制，这极大地方便了人民群众充分利用司法这个纠纷解决渠道解决问题，“立案难”问题基本得到解决，95% 以上的案件实现了当场立案，实现了有案必立，有诉必理，那么“法定期限内立案率”这一指标的考核意义明显下降。与此同时，大量案件涌入法院，作为反映案件公正程度的指标——“立案变更率”的合理区间值应当如何调整，才能真正全面反映法院立案工作的准确性，是值得思考的问题。

（2）司法救助政策、人民调解网络体系、行政调解体系、社区调解等多元化纠纷解决机制日益健全和完善，然而各地多元化纠纷解决机制的发展程度不均衡，这就影响到调解率指标合理区间值的设置。显而易见，合理区间值的设置是一个需要经过实践论证、修正和调整的渐进过程，不可能一蹴而就，但随着政策的变化，个别指标的设置仍应进一步优化。

4. 司法责任制改革的新需求与现有评估体系衔接不畅

当前司法体制改革推进已进入深水区，关键性问题已进入攻坚阶段，尚未得到有效解决，如人员分类只解决了员额法官问题，司法行政人员、司法辅助人员以及未入额人员的分配分流问题尚未明确；法官助理、书记员等司法辅助人员的选拔、晋升、奖励、淘汰机制尚未建立，人员和薪酬不到位，法官无法从琐碎事务中解放出来，过于繁重的工作压力直接影响到审判质量效率的提高；审判团队运作不畅、审判任务量不明确、法官业绩评价机制不到位等问题，均对审判质量效率产生了消极的影响。尽管广西壮族自治区高级人民法院制定了《广西法院审判质量效率评估指标体系实施办法》，设计并逐步完善了目前的审判质量效率评估体系，然而目前应用的该评估体系并未与当前司法体制改革有机结合，案件质量效率指标的好坏高低并不影响员额法官的业绩考评，审判质量效率评估体系与员额法官审判业绩考评体系的设计相互交叉却又相互脱节，如何将两者有机联系起来。此外，问卷调研情况反映部分法官对指标体系表示不满，进而对评估体系的科学性、合理性提出了质疑。

四、解决路径：审判质量效率评估体系的重构建议

2017 年 9 月 26 日，最高人民法院院长周强在丝绸之路（敦煌）司法合作国际论坛参加“法治文化与司法改革”专题研讨时表示，中共十八大以来，在以习近平同志为核心的中共中央坚强领导下，中国法院紧紧围绕“努力让人民群众在每一个司法案件中感受到公平正义”的目标，深入推进司法体制改革和信息化建设，大力加强法院队伍建设，努力促进审判体系和审判能力现代化，审判质量效率、法院队伍素质和司法公信力全面提升。因此，在司法改革背景下重构审判质量效率评估体系具有其必要性和紧迫性，对考评体系的重构研究具有重要的现实意义。

课题组通过上述调研，深入剖析广西法院审判质量评估体系存在的问题，结合广西法院审判的实际需求与司法体制改革的新要求，对广西法院审判质量效率评估体系提出重构设想，力求重构后的审判质量效率评估体系能更加客观、真实地评估反映审判执行运行情况，为法院科学研判形势、明确工作方向提供准确的数据支持，真正发挥审判质量效率评估体系的指引、导向作用。

（一）审判质量效率评估体系的重构设计

1. 明确评估体系的体检表功能

审判质量效率评估体系对促进审判执行工作良性运行具有重大意义，它反映的应当是审判工作实然形态，从而为审判管理提供决策参考作用。因此，客观公正是审判质量效率评估体系的评估目的，单纯将审判质量效率评估体系作为审判执行工作的“成绩单”，为追求“成绩优秀”而忽视审判客观规律，一味强调指标数据优化甚至数据造假的错误做法都是应当摒弃的。在司法体制改革背景下，审判质量效率评估体系应当承担起为司法责任制“量身打造”法官素质的功能，通过科学设置评估指标，取得最客观真实的审判数据，全面地掌握审判执行工作运行情况，在肯定取得成绩的同时，更为重要的是及时从数据变化中发现审判工作存在问题，深入研究问题背后的

工作短板，从而对审判态势进行研判，为下一步开展工作提供参考指引。因此，必须明确审判质量效率评估体系的体检表功能，避免评估目的功利化。

2. 科学化重构评估指标体系

当前法院案件成倍增长，案件质量与效率如何兼顾成为审判管理的首要问题。因此，审判质量效率评估体系既要反映出法院长期的“公平、效率”的核心价值，又要在关键指标中作平衡取舍。当前案件质效评估指标无法直接表明或者测度案件实体处理的公正程度，仅是通过对案件处理的司法程序性结果来评估实体判断的公正性，无法对案件处理的公正性得出权威的评价。因此，指标既要体现程序性的公正，也应对实体性的公正有所反映，通过对指标数据的分析掌握法院、部门的审判工作任务完成情况，进而研判审判运行整体态势。

在具体指标设置上，从对2014～2017年的审判质量效率指标数据分析、座谈调研及问卷调查情况来看，现行的评估体系在指标设计上存在重复、矛盾、统计繁杂的问题，同时部分指标设置已不符合当前审判工作新形势的需求，导致指标数据在一定程度上无法客观真实地反映审判执行态势。因此，课题组结合司法体制改革要求和审判工作实际，对现有的审判质量效率评估指标进行了相应调整，指标的设置力求简洁直接，相对简单，可操作性强。原则上选取与法院审判质量效率水平直接相关，能真实反映审判执行运行情况的评估指标，使重构后的审判质量效率评估体系更为合理化和科学化。

表31　广西法院审判质量效率评估体系新旧对比

现行审判质量效率评估指标		重构后审判质量效率评估指标	
公正指标	1. 立案变更率	质量指标	1. 立案变更率
	2. 一审案件陪审率		取消
	3. 上诉改判率		2. 上诉改判率
	4. 上诉发回重审率		3. 上诉发回重审率
	5. 二审改判率		取消
	6. 二审发回重审率		取消
	7. 二审开庭审理率		取消
	8. 对下级法院生效案件提起再审率		4. 对下级法院生效案件提起再审率
	9. 生效案件改判率		5. 生效案件改判率
	10. 生效案件发回重审率		6. 生效案件发回重审率

续表

现行审判质量效率评估指标		重构后审判质量效率评估指标	
公正指标	11. 对下级法院生效案件再审改判发回重审率	质量指标	取消
	12. 再审审查询问(听证)率		取消
	13. 执行中止终结指数		取消
			7. 裁判息诉率(原第 27 项)
	14. 司法赔偿率		8. 司法赔偿率
	15. 裁判文书评分		取消
			9. 申诉信访率(原第 34、35 项)
效率指标	16. 法定期限内立案率	效率指标	取消
	17. 一审简易程序适用率		取消
	18. 当庭裁判率		取消
	19. 法定(正常)审限内结案率		10. 法定审限内结案率
			11. 平均审理天数(新增)
			12. 结收案比(新增)
	20. 延长审限未结比		13. 超 12 个月以上未结案件指数
	21. 长期超审限未结指数		
	22. 长期超执行期限未执结指数		取消
	23. 结案均衡度		取消
	24. 正常期限内执结率		取消
	25. 法院年人均结案数		取消
	26. 法官年人均结案数		14. 员额法官人均结案数
效果指标	27. 一审服判息诉率		移至第 7 项
	28. 调解率		取消
	29. 撤诉率		取消
	30. 实际执行率		取消
	31. 执行标的到位率		取消
	32. 裁判自动履行率		取消
	33. 调解案件申请执行率		取消
	34. 申诉率		移至第 9 项
	35. 信访投诉率		

从表31可以看出，重构后的审判质量效率评估体系由质量指标、效率指标2项二级指标、14项三级指标组成，质量指标有9项，效率指标有5项，其中立案变更率、对下级法院生效案件提起再审率为参考性指标。

(1)在审判质量效率评估体系下设立"质量指标"和"效率指标"两项二级指标，取消原有的部分"公正指标"和"效果指标"。

司法公正是指司法权运行过程中各种因素达到的理想状态，是现代社会政治民主、进步的重要标志，也是现代国家经济发展和社会稳定的重要保证，是对司法实践的最高要求和对司法价值的高度概括。司法公正既是法律的自身要求，也是依法治国的要求，其基本内涵是要在司法活动的过程和结果中体现公平、平等、正当和正义的精神，因此司法公正包括实体公正和程序公正，前者是司法公正的根本目标，后者是司法公正的重要保障，二者共同构成司法公正的基本内容。在司法实践中，无论是实体公正、程序公正还是案件效果，都主要体现在案件的审判质量上，法律的权威、法院的公正、法官的形象，在很大程度上取决于案件的审判质量。只有保证办案质量，才能维护人民群众的合法权益，才能体现司法公正，抓好案件的审判质量，就等于抓住了司法公正的根本。因此，审判质量效率评估指标体系作为具体衡量法院审判工作的评价体系，将二级指标调整为质量指标和效率指标，更符合审判规律，也能真实反映司法公正和效率。

(2)取消"一审案件陪审率""二审改判率""二审发回重审率""二审开庭审理率""对下级法院生效案件再审改判发回重审率""再审审查询问(听证)率""执行中止终结指数""裁判文书评分""法定期限内立案率""一审简易程序适用率""当庭裁判率""长期超执行期限未执结指数""结案均衡度""正常期限内执结率""法院年人均结案数""实际执行率""执行标的到位率""裁判自动履行率""调解案件申请执行率"19项指标。

取消"一审案件陪审率"。2018年4月27日公布的《人民陪审员法》对人民陪审员参加审判活动的范围、条件进行了明确规定，作为社会公众参与监督审判活动、增加司法透明度的主要形式，人民陪审员参加审判活动将逐渐成为法院工作常态，在法律有明确规定的情况下不需要再作重复要求。同时，一审案件陪审率的高低反映的是人民陪审员参与案件审理程度和司法公开成效，并不能当然地体现案件质量高低，从当前情况来看，人民陪审员陪而不审、审而不议的现象依然大量存在，一审案件陪审率与案件质量之间并不存在必然关系，因此这一指标应当取消。

取消"二审改判率""二审发回重审率""对下级法院生效案件再审改判发回重审

率”。该三项指标是正向指标，考评对象是二审法院的案件质量，与此相对应的，“上诉改判率”“上诉发回重审率”“生效案件改判率”“生效案件发回重审率”则是考评一审法院案件质量的负向指标，二审法院的二审、再审改判发回重审率上升，一审法院的上诉案件、生效案件改判发回重审就会相应下降，二者考评目标一致，在设计上有重复。同时，二审、再审改判发回重审率提高也并不意味着二审法院的案件质量高，个别法院为追求该三项指标数据优化，将本可以查明事实后改判的案件发回重审，不仅浪费了一审法院的审判资源，也未能发挥二审法院对下级法院的纠错和业务指导作用，不符合审判规律和工作要求，建议取消该三项指标。

取消“二审开庭审理率”。《民事诉讼法》和《行政诉讼法》均规定：“经过阅卷、调查和询问当事人，对没有提出新的事实、证据或者理由，合议庭认为不需要开庭审理的，可以不开庭审理。”《刑事诉讼法》规定除法定应当开庭审理的案件外，人民法院可以不开庭审理，但应当讯问被告人，听取其他当事人、辩护人、诉讼代理人的意见。由此可知，法院审理二审案件时，并非全部进行开庭审理，对符合不开庭审理条件的案件可以采取书面审理、询问等方式进行审理，因此，二审开庭审理率的设置并不符合审判规律，一味地强调二审开庭审理率会浪费有限的审判资源，也不能客观反映案件质量，建议取消该项指标。

取消“法定期限内立案率”。2015 年 5 月 1 日起人民法院全面推行的立案登记制，有效地消除了“立案难”这一现象。随着诉讼服务中心的普遍建立，当事人的诉权得到更大的保障，法院立案工作效率进一步提升，因此法定期限内立案率存在的客观条件已消失，不再具备考评意义，建议取消该项指标。

取消“一审简易程序适用率”。目前广西法院在全面推广难案精审、简案快审的繁简分流工作机制和小额速裁机制，90% 以上的基层法院设立了速审（执）团队，大量法律关系简单的案件通过简易程序解决，审判力量向复杂疑难案件倾斜集中，极大地节约了办案成本，缩短了办案周期，提升了审判效率。同时简易程序的适用与案件性质及其复杂程度密切相关，适用与否应尊重一线法官的判断，因此该项指标的设置不符合现今审判实际，建议取消。

取消“当庭裁判率”。随着社会经济的不断发展，各种新型疑难案件日益增多，当庭裁判仅是案件审理中一个环节，在公民诉讼能力尚不尽如人意、证据规则尚未能深入人心的情况下，法官需要当庭认证、当庭认定事实，且庭后十天内送达裁判文书，案件审判质量与文书质量在当前审判团队尚不健全的情况下难以保证，且不能有效地提升当前审判效率，仅会造成法官的负累，建议取消该项指标。

取消"结案均衡度"。最初设立结案均衡度指标，主要目的是通过合理配置审判资源，实现月、季、年审判工作平稳有序运行。但在司法实践中我们发现，每个季度甚至每个月的收案数会受到节假日、法官休假、当地社会经济发展状况、案件类型变化以及国家和地方政策等因素影响而波动，结案数量也会随之增多或减少，如果简单强调结案均衡，法院为了保持每个月、每个季度的结案数量基本相同，在结案数量多的月份不敢报结，留下案件到结案数量少的月份再报结，以此追求指标数据达标，这明显违背了审判规律，不符合审判工作要求，也不利于提高审判效率，建议取消该指标。

取消"执行中止终结指数""长期超执行期限未执结指数""正常期限内执结率""实际执行率"。根据最高人民法院的执行工作要求，执行工作将建立独立考核指标体系，进行单独考核，因此与执行工作相关的指标不再纳入审判质量效率评估体系。

取消"再审审查询问(听证)率""裁判文书评分""法院年人均结案数""裁判自动履行率""调解案件申请执行率"。上述指标与审判质量效率并无直接关系，其数值不能真实反映审判工作运行态势，建议取消。

取消"调解率"和"撤诉率"。当前各地法院案件数量都大幅上升，相当部分的纠纷已通过社会多元化纠纷解决机制处理，法院调解成功的案件日益减少，况且繁重任务下法官已无力投入更多精力进行调解，因此建议取消"调解率"指标。撤诉仅是停止了诉讼程序，纠纷未必从根本上得到解决，以此衡量案件审理效果不符合客观事实，建议取消。

(3)增加"平均审理天数""结收案比"两项指标。传统的"结案率"指标中的收案数包含新收案件数和旧存案件数，这一指标设置对于案件数量多的法院如南宁市法院、桂林市法院来说是不合理的。由于案件基数大，案件数量多的法院与案件数量相对较少的法院相比，在结案率指标上始终处于劣势，但这一数值并不能真实反映法院办案速度和效率，即结案率高的法院的办案效率并不当然地高于结案率低的法院。平均审理天数是指所有案件从立案到结案，扣除中止审理、公告的时间，最终得出的平均审理时间，结收案比是指一定时间段内结案数与新收案数的比例。与结案率相比，平均审理天数和结收案比不受累收案件数量的影响，可以更为科学客观地评价法院审判效率，同时兼顾平衡案件数量不同的各个法院，确保评估公平。

(4)对部分指标进行修改或合并。

"法定(正常)审限内结案率"修改为"法定审限内结案率"。在司法实践中，由于案情复杂、鉴定评估、送达等因素导致审限中止、延长的情形并不少见，在正常审限内结案的比例较低，而这些问题不能当然地归责于法官，因此在充分保障当事人知情权的前提下，要求法官办理相应的审限变更手续，对法定审限内结案率进行评估更为符合审判规律。

“延长审限未结比”和“长期超审限未结指数”合并为“超 12 个月以上未结案件指数”，将超 12 个月以上长期未结案件清理工作纳入评估体系，主要基于第一次延长审限仍可由本院控制，符合当前审判工作要求，更能提高长期未结案件清理效率。

“申诉率”和“信访投诉率”合并为“申诉信访率”。两项指标评估对象相同，属于重复设立，可进行合并，但应对其数据采集内容进一步细化。

“法官年人均结案数”修改为“员额法官人均结案数”。广西法院员额法官遴选工作已完成，该项指标的评估对象应调整为员额法官的人均结案数量，这样才符合法官员额制改革的要求。

“一审服判息诉率”修改为“裁判息诉率”。修改后的指标评估对象由原有的一审裁判扩大至包括一审、二审、再审裁判，范围更广，评价更全面，更能体现案件质量。

(5)保留“立案变更率”“上诉改判率”“上诉发回重审率”“对下级法院生效案件提起再审率”“生效案件改判率”“生效案件发回重审率”“司法赔偿率”7 项指标。

保留“立案变更率”。案件立案质量的高低直接关系到当事人能否有效行使诉权和法院能否正确行使审判权，是审判的首要且重要的环节。作为衡量案件立案质量的一项重要指标，立案变更率可以较为客观合理地反映出法院在立案环节的工作质量，因此应予保留。随着立案登记制的推行，法院受理案件数量剧增，案件类型不断变化，都会造成立案变更率的正常波动，因此不宜过分强调立案变更率，以免对当事人和法院造成过度负担，可将其列为参考性指标，为评价案件质量提供参考借鉴。

保留“上诉改判率”“上诉发回重审率”“对下级法院生效案件提起再审率”“生效案件改判率”“生效案件发回重审率”。虽然多年的司法实践证明仅凭上诉案件、生效案件的发改率并不能全面客观地反映案件质量高低，但案件改判率和发回重审率确实是目前法院对案件质量进行评价的最为直接有效的判断标准。司法责任制改革要求“让审理者裁判、让裁判者负责”，如何在不违反裁判亲历原则的前提下，更合理地判断案件质量，仍需要进一步研究论证，在此之前，上述五项指标仍有其必要性，应予保留。

保留“司法赔偿率”。司法赔偿是对错误裁判的补救措施之一，司法赔偿率可以从侧面衡量案件质量，也可督促法院进一步提高案件质量，避免冤假错案的发生，因此应予保留。

3. 规范指标计算标准和合理区间值

要结合审判工作要求科学设计评估指标计算标准，指标值的合理区间范围应符合审判运行客观规律，既要使法院和法官有一定的工作紧迫感，加大力度提高审判质效，也要掌握必要尺度，确保指标数值在合理可控的范围之内，既要避免因指标值设置区间超出法院能力范围，导致法院消极懈怠或数据造假的情况，也要防止因指标设置区间过低而导致其激励作用不彰。课题组借鉴现行审判质量效率评估体系指标计算公式，进一步明确了各项评估指标的计算标准，同时在对三年来的指标数值进行计算后，科学测定评估指标的合理区间值，确保评估指标能正常运行。

表32 广西法院审判质量效率评估体系重构设计

指标名称		计算标准	方向	上限	下限
质量指标	立案变更率	立案变更的案件数/总立案数	-		
	上诉改判率	上诉案件改判数/一审判决结案数	-	2.5%	1.8%
	上诉发回重审率	上诉案件发回重审数/一审判决结案数	-	1.25%	1%
	对下级法院生效案件提起再审率	对下级法院生效案件提起再审数/对下级法院生效案件再审审查结案数	+		
	生效案件改判率	再审案件改判数/生效案件总数	-	0.15%	0.09%
	生效案件发回重审率	再审案件发回重审数/生效案件总数	-	0.07%	0.04%
	裁判息诉率	1-(上诉、抗诉、申诉案件数/一审、二审、再审结案数)	+	90%	80%
	司法赔偿率	赔偿案件数/(生效案件数+执行结案数)	-	0.005%	0.002%
	申诉信访率	(申诉、申请再审案件数+来信、来访申诉数)/(生效案件数+执行、司法赔偿结案数)	-	2.5%	1.8%

续表

指标名称		计算标准	方向	上限	下限
效率指标	法定审限内结案率	法定审限内结案数/结案数	+	100%	95%
	平均审理天数	案件审理总天数/结案数	+		
	结收案比	结案数/新收案件数	+		
	超12个月以上未结案件指数	超12个月以上未结诉讼案件数/未结诉讼案件数	-	5%	2%
	员额法官人均结案数	结案总数/员额法官人数	+		

各项指标计算标准具体说明如下：

（1）立案变更率：立案变更的案件包括一审不予受理、驳回起诉和管辖异议裁定上诉后二审撤销的案件；立案受理后当事人提出管辖权异议，经审查异议成立移送的案件；一审判决二审驳回起诉的案件。总立案数为刑事自诉、民事、行政一审收案总数。

（2）上诉改判率：上诉案件包含二审抗诉案件。一审判决结案数扣除民事特别程序案件。改判案件仅统计因原审认定事实不清、证据不足，认定事实错误，适用法律错误、量刑偏重或过轻、处理不当等改判原因，不包括出现新证据等原因。

（3）上诉发回重审率：上诉案件包含二审抗诉案件。一审判决结案数扣除民事特别程序案件。发回重审案件仅统计因原审认定事实不清、证据不足，违反法定程序，遗漏当事人、遗漏或超出诉讼请求，剥夺或限制当事人诉讼权利等发回重审原因，不包括出现新证据等原因。

（4）生效案件改判率：再审案件改判数包括本院再审改判数和上级法院提审改判数。改判案件仅统计因原审认定事实不清、证据不足，认定事实错误，适用法律错误、量刑偏重或过轻、处理不当等改判原因，不包括出现新证据等原因。

（5）生效案件发回重审率：再审案件发回重审数包括本院再审发回重审数和上级法院提审发回重审数。发回重审案件仅统计因原审认定事实不清、证据不足，违反法定程序，遗漏当事人、遗漏或超出诉讼请求，剥夺或限制当事人诉讼权利等发回重审原因，不包括出现新证据等原因。

（6）裁判息诉率：结案数包括一审、二审、再审案件结案数，结案方式包括判决、裁定、调解等。

（7）司法赔偿率：赔偿案件数包括本院为赔偿义务机关决定赔偿案件数、上级法院赔偿委员会决定本院赔偿案件数。

(8)申诉信访率:来信来访包括初信初访以及重信重访,同一年度内针对同一案件的重信重访计为一件。

(9)法定审限内结案率:法定审限不包括申请批准延长的审限。结案数包括一审、二审、再审、再审审查、司法赔偿案件。

(10)平均审理天数:该项指标应按照案件类型区分为民事案件平均审理天数、刑事案件平均审理天数、行政案件平均审理天数。以民事案件平均审理天数为例,案件审理总天数为所有一审、二审、再审民事案件从立案到结案,扣除中止审理、公告等时间后得出的审理天数总和;结案数包括一审、二审、再审民事案件结案数。

(11)超 12 个月以上未结诉讼案件指数:超 12 个月以上未结诉讼案件数指立案超过 12 个月仍未审结的诉讼案件数量。

(12)员额法官人均结案数:结案总数包括一审、二审、再审、民事特殊程序、再审审查、执行、司法赔偿、刑罚变更案件结案数。

(二)审判质量效率评估体系的运行规范

针对现行评估体系在实际运行中存在的问题,课题组通过研究分析,提出相应完善建议,以更好地推进审判质量效率评估体系的运行规范,确保评估体系有效运行,真正发挥其科学评价、指引导向和决策参考功能。

1. 加强信息化建设,推行审判大数据平台

根据最高人民法院推行智慧法院的工作要求,广西法院现行的华宇智慧审判系统中已开发审判决策、司法统计、智图报表和案件统计几大板块。在审判决策模块实现实时动态大数据分析功能,在司法统计模块实现各审判条线案件法综表的统计功能,在智图报表模块实现审判质量效率评估体系的指标统计功能,在案件统计模块实现各类案由案件的分类统计功能,上述各模块之间又能够实现相互联动、相互核对。立案、审判、执行等各节点都通过智慧审判系统进行最基础数据信息的录入,几大板块的原始数据均依托智慧审判系统,可实现数据系统自动提取和统计,从而保证数据的客观性和真实性。

由于广西法院近几年历经旧锐新审判管理系统、新锐新审判管理系统和华宇审判管理系统,因此目前影响审判数据准确性的最大因素在于三个系统之间的数据迁移是否完整准确。从当前实际来看,华宇智慧审判管理系统对旧系统中的数据迁移工作未全部完成,迁移后数据的准确性也没有充分保障,部分质量效率指标所需的原始数据缺失或不准确,导致指标数据失真,而系统反查功能的不完善也制约了人工统

计数据的质量。因此，要进一步加大审判管理系统建设力度，真正实现数据提取统计智能化，实现多维度全面评估，为科学研判审判态势提供精准数据。

2. 有效监督和管理，完善法官的业绩考评

在司法责任制改革背景下，要注重将员额法官个人业绩考评与审判质量效率评估体系有效衔接，对法院、部门整体的审判质量效率评估标准与对员额法官个人的办案业绩考评标准应当保持一致，即对员额法官个人业绩进行考核时，应当以相应的审判质量效率评估指标作为评价员额法官办案质量和效率的主要依据，科学、有效地运用评估结果加强对员额法官全方位的监督管理，促使员额法官端正工作态度，自觉发挥主观能动性，不断提高审判能力和业务素质，进而推动法院审判质量和效率的有效提升。

因此，课题组建议在全院审判质量效率评估体系的基础上扩大被考核对象的覆盖范围，将指标数据统计细化至法院各审判业务庭以及业务庭中各员额法官。这样员额法官的个人业绩情况就可以很直观地通过评估体系展现出来，以便从员额法官个体开始加强监督和管理，真正提高审判质量和效率。目前，在华宇智慧审判系统“智图报表”板块中分别开发了部门通报和个人通报两个新栏目。员额法官可以通过“个人通报”直接浏览自己的各项审判指标数据，通过“部门通报”可以看到本部门员额法官的审判指标数据情况，从而发现差距，院领导和审判管理部门可以直接通过该栏目直观了解本院各员额法官的审判质量效率评估指标的具体情况。

3. 紧扣审判规律性，确保区间范围合理化

审判质量效率评估体系各项指标的合理区间值范围应符合审判运行客观规律。为了确保指标数值在合理可控的范围之内，避免因指标值设置区间不符合客观实际，课题组认为在明确现行审判质量效率评估体系指标计算公式的基础上，依托智慧审判系统的数据统计功能，基于法院审判大数据，对近几年的审判质量效率指标情况进行云计算，通过后台程序设置对各项指标进行科学测定，从而确定评估指标的合理区间值，确保评估指标能正常运行。

五、结语

使命决定远景，远景决定结构。“司法公正与效率”是司法实践对司法价值的高度概括和总结，是21世纪人民法院工作的落脚点和出发点，是人民法院长期追求的价值目标，也是建立审判质量效率评估体系的最终目的。

随着司法体制改革的不断深化，审判质量效率评估体系还将面临新情况和新问

题,本课题组将持续关注司法实践,明确评估体系的应有作用,正确理解评估指标的价值取向,客观分析审判质量效率的真实现状,不断探索和完善满足司法体制改革要求和符合审判客观规律的审判质量效率评估体系,促使审判质量效率评估体系发挥正面积极的导向和决策参考作用,进一步推动审判工作专业化、科学化、规范化,更好地实现"公正与效率"这一世纪主题和"司法为民"的根本宗旨。

六、成果转化

根据调研情况,课题组提出了当前司法责任制改革背景下审判质量效率评估体系的重构建议,即对现有审判质量效率评估指标以撤、并、增并举的方式进一步优化,并将修改建议于2018年年初反馈到广西法院绩效考评工作领导小组。课题组的建议得到了广西高级人民法院党组的重视,2018年6月,广西高级法院党组讨论通过《2018年度中级人民法院绩效考评指标体系》,印发广西法院执行。该指标体系吸纳了联合课题组的部分调研成果,在审判质量效率考评体系中,取消了一审民事案件调解率、一审简易程序适用率、当庭裁判率、法官年人均结案数四个考评指标;将原"民事一审服判息诉率"调整为"民事、行政案件一审服判息诉率",原"延长审限未结比"和"长期超审限未结指数"合并调整为"12个月以上长期未结案件率",原"一审服判息诉率"的基数由"一审判决"调整为"结案数";增设"员额法官人均结案数"指标。这些考评指标的变化,将推动广西法院案件质量效率的评估工作往更客观、更健康的方向发展。

关于广西法院开展家事审判方式和工作机制改革的调研报告

广西壮族自治区高级人民法院课题组*

我国目前正处于传统社会向现代社会的转型时期，处于社会主义市场经济发育的初期阶段，各类矛盾呈现出急剧上升的态势。据统计，在我国众多的民事案件中，婚姻家庭类案件占 20%～30%，面对如此多发的家庭纠纷，如何妥善解决该类纠纷成为一个现实的问题。[1] 就妥当解决家庭纠纷角度而言，对家事审判中的法律、程序和工作机制等问题进行梳理、专题研究和调研具有十分重要的意义，同时这也与我国构建和谐社会、加强社会治理的政策导向相吻合，有着极强的时代意义，对于落实党的十八大、十九大精神具有重要的实践意义。

从 2015 年开始，广西法院就已经开始了家事审判改革的尝试，积极探索家事审判方式和工作机制创新，切实维护妇女儿童、老年人的合法权益，促进家庭和睦及社会稳定。自 2016 年最高人民法院开展家事审判方式和工作机制改革试点工作以后，广西法院积极争取各级党委和政

---

* 课题主持人：何艳斌，自治区高级法院审委会专职委员。课题组成员：唐海波，自治区高级法院民一庭庭长；张英伦，自治区高级法院民一庭副庭长；何厚伟，自治区高级法院民一庭审判员；周嫚，自治区高级法院办公室综合二科副科长；刘蔚，自治区高级法院民一庭法官助理；张尧，自治区高级法院民一庭法官助理。执笔人：何厚伟、刘蔚、周嫚。

〔1〕 参见孙军工：《法院所受理的案件总数中婚姻家庭案件数量最多》，载人民网：http://lianghui.people.com.cn/2013npc/n/2013/0310/c357183-20738080.html，最后访问日期：2019 年 1 月 18 日。

府的支持,在转变审判理念、强化机构人员配置、加强建章立制、创新工作方式机制、提升物质保障等方面,取得了明显的进展,广西法院创新家事审判改革工作的经验多次受到最高人民法院的肯定。通过研究,课题组将充分利用广西法院近年来家事审判改革试点工作所积累的丰厚实践,揭示家事案件运行机制中存在的问题和紧迫需求,提出有针对性、可操作性的总体思路、可行性方案和改革建议。最终的研究成果将供家事审判改革的相关立法者、司法改革的领导决策层以及实践部门参考。

一、开展家事审判方式和工作机制改革的背景分析

深入推进家事审判方式和工作机制改革,是新的形势任务对人民法院工作提出的必然要求。2016 年 12 月 12 日,习近平总书记在会见第一届全国文明家庭代表时指出,"家庭是社会的细胞。家庭和睦则社会安定,家庭幸福则社会祥和,家庭文明则社会文明"。习近平总书记还指出,要努力使千千万万个家庭成为国家发展、民族进步、社会和谐的重要基点,成为人们梦想启航的地方。党的十九大提出,要把社会主义核心价值观融入社会发展各方面,转化为人们的情感认同和行为习惯。坚持全民行动、干部带头,从家庭做起,从娃娃抓起。习近平总书记的重要指示和党的十九大精神为新时期人民法院家事审判工作提出了新的要求和方向。家事审判是民事审判的基础和支柱,改进家事审判工作,提升家事审判水平,依法妥善处理家事纠纷,对于促进家庭和谐、推进家庭文明建设、维护社会稳定具有极其重要的意义。具体而言,我国开展家事审判改革主要有以下几个方面的原因:

(一)家事制度发展的共同趋势

家事案件具有亲缘性、伦理性、隐私性、情感性、社会性,因此,家事纠纷不能简单适用其他纠纷解决的诉讼程序和方式,必须建立与有别于一般民事案件所独有的审判方式和工作机制,比如体现其非对抗性、职权主义、未成年人利益最大化、兼顾妇女、老年人合法权益保护等,妥善处理家庭关系,促进社会和谐。由于家事审判的特殊性,许多国家建立了相应的家事法院,制定了专门的家事法律,值得我们学习和借鉴。在英美法系国家,美国是最早成立家事法院的国家,大约有三分之一的州建立了特别法院审理家事案件,各州高等法院均设有家事法庭。德国在以宪法为基础、各项单行法为主要内容的家事法体系基础上,制定了单独的《德国家事事件及非讼事件程序法》,建立了家事审判的专门机构,包括地方初级法院家事法庭、州法院家事法庭、州高级法院家事法庭。澳大利亚也设立了地位相当于联邦法院的家事法院,位次最高;在大陆法系国家,日本成为全世界范围内最完备的综合性法院,我国台湾地区也

在2010年通过了"家事及少年组织法草案",在高雄少年法院的基础上成立了家事法院。[1] (见表1)

表1 世界各国(地区)家事裁判制度比较

家事审判机构名称	模式类型	代表	法律规范	模式简析
家事法院	独立于地方法院的第一审专门法院	日本	《家事审判法》《人事诉讼法》	主要审理少事家事、保护、刑事案件等
家事法庭	分为地方初级法院家事法庭、州法院家事法庭、州高级法院家事法庭	德国	《德国家事事件及非讼事件程序法》	审理有关离婚、子女抚养、监护等家事等案件
家事法庭、家事法院	大约有三分之一的州建立了特别法院审理家事案件,各州高等法院均设有家事法庭	美国	实行判例法制度,没有全国范围形成独立家事法院体系	审理有关离婚、子女抚养、监护等家事等案件
家事法院	地位相当于联邦法院一级的专门法院	澳大利亚	《家事法案》《联邦婚姻案件程序法》	审理有关离婚、子女抚养、监护等家事等案件
少年与家事法院	在高雄少年法院的基础上成立了家事法院	我国台湾地区	"家事及少年组织法草案"	主要审理涉少年案件和家事案件

通过表1,我们可以知道21世纪全球家事诉讼法发展的共同趋势是:强调家事案件的综合处理;贯彻未成年人利益最大化原则;适用或者部分适用非讼原理;注重当事人和程序关系人的程序保障;注重通过调解或和解处理家事案件;强调家事案件处理过程中的社会参与。[2] 这些思路和原则正是我们开展家事审判方式和工作机制改革过程中探索和实践的重要内容。

(二)社会稳定的题中之意

随着经济社会的发展和社会观念的转变,传统家庭价值观受到了日益强烈的冲

〔1〕 陈爱武:《家事法院制度研究》,北京大学出版社2010年版,第5~6页。

〔2〕 刘敏:《21世纪全球家事诉讼法的发展趋势》,载《中国应用法学》2017年第5期。

击，在不同阶层、不同区域中呈现不同特点，我国婚姻家庭关系不稳定问题，在社会各阶层已经有所体现。首先，传统婚姻家庭观念和稳定性受到冲击，我国离婚率居高不下而且呈逐年上升趋势。根据民政部门的统计，2014 年有 295.7 万对夫妻办理离婚手续，2015 年有 314.9 万对离婚，2016 年有 346 万对离婚。[1] 如果将民政部门的登记离婚与法院判决离婚数据相加，每年的离婚数量相当惊人，离婚涉及的人群除了夫妻双方，还包括孩子、夫妻双方父母甚至双方的兄弟姐妹，因离婚涉及的人群数量非常庞大，如果将历年的离婚数据叠加，涉及人群更是巨大。其次，家事案件的种类不断增多。过去，家事纠纷的类型主要是离婚、抚养、继承等，现在，家事纠纷的类型还涵盖了婚姻无效、婚姻撤销、生父母确认、同居关系析产和子女抚养、探视权、涉老婚姻（老年再婚产生的婚姻关系纷争）、涉农婚姻、涉外婚姻和收养关系等纠纷。再次，离婚等家事纠纷的复杂程度提高。随着市场经济的形成和发展，很多公民通过多种途径获得了大量的个人财产，如房地产、商铺物业、金融资产、公司股份、古玩字画、投资受益、股息红利等。离婚时因家庭财产构成复杂、确认困难、不易分割，由此争执不下。[2] 最后，婚姻破裂、家庭解体，对和谐稳定的家庭建设会产生很多不良社会后果，有的甚至引发刑事案件乃至重大命案，严重损害家庭成员权益，如 2017 年 7 月 18 日，甘肃省玉门市玉门镇发生一起恶性案件，犯罪嫌疑人张某某因家庭矛盾纠纷将其岳父、妻子、儿子、侄子四人杀死，将其岳母、妻嫂打伤。近年来因为家事纠纷引发的恶性案件屡屡发生，严重影响社会和谐稳定。

第一，未成年人不能健康成长。很多未成年罪犯，还有很多虽未走上犯罪道路但行为不端的不良少年，都与父母离异有关。第二，由于婚姻关系破裂，老年人无人赡养。更为严重的是，如果家庭纠纷处理不当，还会引发大量极端刑事案件，甚至发生杀害法官的恶性案件。2016 年北京昌平马彩云法官遇害，2017 年春节前夕广西陆川退休家事法官傅明生遇害，嫌疑人的犯罪动机都源于家事纠纷。家事纠纷的实质性化解，不能仅仅通过简单的一判了之结案，而要引进心理咨询、心理疏导，通过社会力量等多种方式将社会主义核心价值观渗入家庭的每个成员，通过家事纠纷的化解解开当事人的心结，促进社会和谐稳定。人民法院是家事纠纷化解的重要力量和法治保障，通过家事审判改革，可以有效推动司法、行政和社会力量整合，共同搭建综合调

---

〔1〕 转引自《民政部关于印发〈离婚率计算方法研讨结果的报告〉的函》，离婚率具体数据参见历年《社会服务发展统计公报》。

〔2〕 陈爱武：《论家事审判机构之专门化——以家事法院（庭）为中心的比较分析》，载《西北政法大学学报》2012 年第 1 期。

处家事纠纷平台。

（三）能动司法的现实关照

在本质属性上，家事纠纷具有高度的人身性、敏感性、社会性，传统的以当事人对抗为基础的解决方式已经暴露出各种弊端，而治疗性的多元化处理方式更能契合当事人的需求和司法专业化的需要。司法的作用并不仅仅在于定分止争，更在于实现法律价值，发挥社会道德价值对实践的引领功能。人民法院受理的家事案件持续上升，成为民事审判的第一大类案件，其中离婚案件占比尤高，全国法院 2014 年审结一审家事案件 161.9 万件，离婚案件 130.7 万件；2015 年审结一审家事案件 173.3 万件，离婚案件 139.1 万件；2016 年审结家事案件 175.2 万件，离婚案件 139.7 万件。[1]面对这一现状，法院需要积极履职并有所作为。

长期以来，我国家事审判由于缺少专门的家事审判法，其审判理念、诉讼程序、工作机制等与人民群众对美好生活的向往愈加不适应。与一般的民商事纠纷相比，家事纠纷具有与其他财产案件不同的人身关系，家事案件具有强烈的伦理性，特定的亲属之间既存在法律关系，又存在伦理关系，要统筹考虑纠纷解决后亲属之间如何相处、子女抚养和成长、老年人赡养等更深层次、更难处理的问题。日本学者我妻荣先生将家事纠纷的特征概括为“财产关系的合理性和身份关系的非合理性”。他认为，“财产关系是合理的关系，可以用合理的一般的解决基准来对待，而身份关系是非合理的关系，家事纠纷的基础就是身份关系，其背后潜藏着复杂的人际关系，表面上看，有财产分割、精神安慰、养育费等支付金钱的请求，其根本则是夫妻间、亲族间情感上、心理上的纠葛，即埋藏着的非合理因素”。我国有学者把家事纠纷归类于人格型纠纷，其“是指与人格关联的纠纷，如婚姻、抚养、分家析产等纠纷，这种纠纷具有相当的感情特征，由于不仅有权利义务性，还有亲属性、血缘性，所以在纠纷处理上，除了依法处理外，充分尊重当事人的意愿，进行多方面的说服是必要的”。[2]当前，家事纠纷中频发的家庭暴力、未成年子女保护、离婚案件心理调适等问题日益凸显。但在很长一段时间里，无论是大陆法系国家，还是英美法系国家，民事诉讼都采用当事人主导型的诉讼模式，呈现“对抗与判定”的基本结构，机械实行“谁主张，谁举证”原

---

〔1〕 数据转引自最高人民法院审判委员会专职委员杜万华于 2017 年在全国部分法院家事审判方式和工作机制改革推进会上的讲话。

〔2〕 刘荣军：《程序保障的理论视角》，法律出版社 1999 年版，第 29 页。

则，基本按照处理财产案件的规则来审理。[1] 尽管对抗式诉讼有诸多优点，如能体现当事人的主体地位、有利于查明案件真相、成本更低、效益更高等，但这一诉讼程序却不利于家事案件的妥当解决，甚至还具有结构性的缺陷。如果法院机械地按照对抗辩论的结果进行消极裁判，而没有区分财产诉讼与人身诉讼的差别，基本上采取审理财产案件的方法，其结果可能是严重背离婚姻家庭领域的司法正义。

而且长期以来，一些地方婚姻家庭案件被边缘化，部分法院对家事审判工作的重视程度，与家事审判工作的重要地位也还不能完全匹配；不少法官也认为婚姻家庭案件技术含量低，都是些家长里短的事，体现不出专业水平；家事审判的体制机制与案件自身特点和规律之间还不能实现高效衔接，如片面强调审限、简单化地适用证据规则、随意拆分案件情况比较普遍。这些问题造成了家事审判的司法效果不能充分满足人民群众对司法的新期待、新要求，影响了人民法院民事审判职能作用的有效发挥。因此，法院要通过改革，建立适合家事案件特点的审判方式和工作机制，让家事纠纷的化解更加人性化、社会化和多元化。

二、广西法院开展家事审判改革的实践和成效

广西法院从 2015 年起就开始开展家事审判方式和工作机制改革的尝试，广西高级人民法院 2015 年出台了《关于开展家事审判改革试点工作的指导意见》，确立了广西十个家事审判改革试点法院，走在了全国前列。从 2016 年 6 月 1 日起，最高人民法院在全国范围内开展为期两年的家事审判方式和工作机制改革试点工作，广西南宁市良庆区人民法院、江南区人民法院、崇左市宁明县人民法院及柳州市中级人民法院四家法院被最高人民法院列为全国家事审判改革试点法院。在此基础上，广西高级人民法院从 2017 年开始在全区全面推开家事审判改革试点。

（一）广西法院审理家事纠纷的基本情况

1. 家事案件数量呈逐年上升趋势，所占比重大

2015 年至 2017 年，广西法院共受理一审民商事案件 863 959 件，分别是 2015 年受理 250 505 件，2016 年受理 295 974 件，2017 年受理 317 480 件。其中，受理一审家事案件 147 487 件，受理一审家事案件占一审民商事案件的 18.07%，分别是 2015 年广西法院受理一审家事案件 47 464 件，2016 年受理 48 430 件，2017 年受理 51 593

---

[1] 王亚新：《对抗与判定》，清华大学出版社 2010 年版，第 246 页。

件。[1]（见图1、图2）

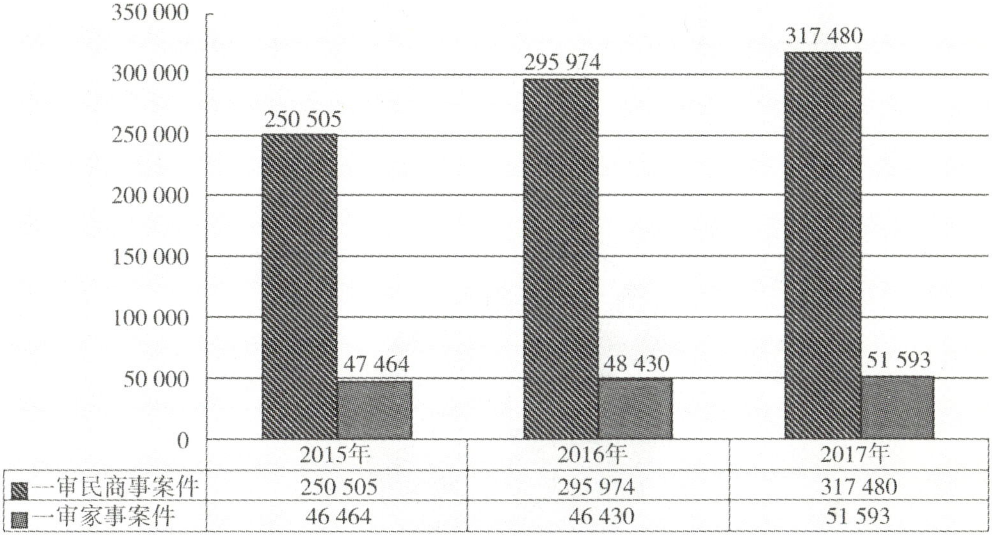

图1　2015～2017年广西法院受理一审民商事案件与家事案件对比

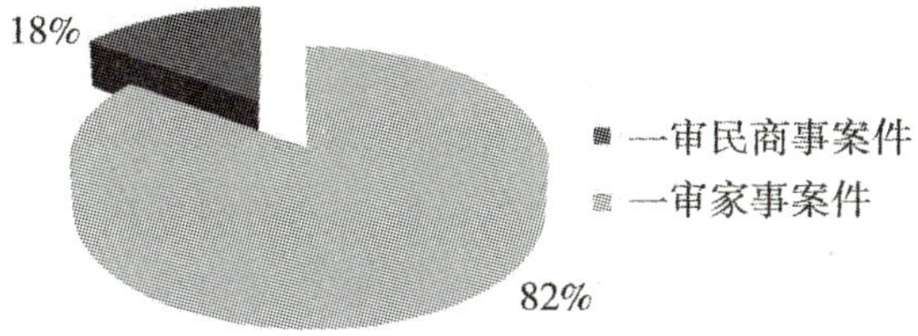

图2　2015～2017年广西法院受理一审家事案件占一审民商事案比例

从上图我们可以看出，近三年广西法院受理民事案件数量大，且呈现出持续增长的态势，其中家事案件的收结案数量也在逐年见长，比重几乎占据所有一审民商事案件的五分之一。

2. 家事纠纷类型多，分布广泛而又高度集中

2015～2017年，广西法院共受理一审离婚案件117 645件，占全区所收一审家事案件的79.77%，所占比重非常大；继承纠纷15 293件，占全区所收家事案件的10.37%；抚养纠纷7646件，占全区所收家事案件的5.18%；其他家事类型案件6903件，所占

〔1〕民商事案件相关数据来源于2015～2017年广西法院审判执行案件司法统计报表。

比例为 4.68%。(见表 2、图 3)

表 2 2015～2017 年广西法院审理家事纠纷分类情况

年度	离婚纠纷	继承纠纷	抚养纠纷	监护纠纷	探视纠纷	收养纠纷	赡养纠纷	其他
2015～2017 年	117 645	15 293	7646	2314	1547	568	478	1996

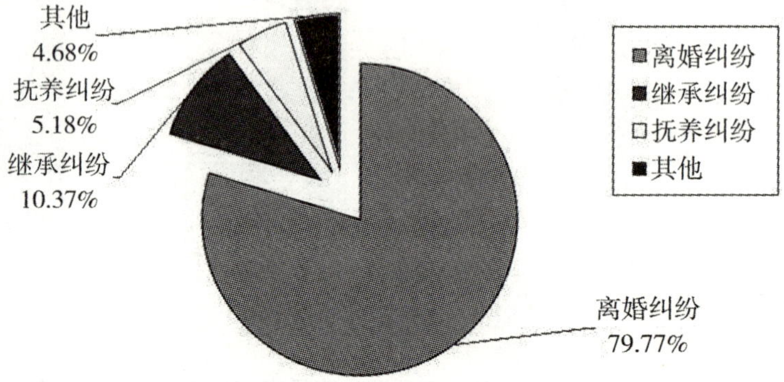

图 3 2015～2017 年广西法院家事纠纷类型

从上述图表我们可以看出,广西法院所受理的家事纠纷类型已涵盖了包括离婚纠纷、继承纠纷、抚养纠纷三大类纠纷类型,而在具体实践中,家事纠纷的类型远不止这三大类,广西法院所受理的纠纷范围还包括离婚后财产纠纷、解除非法同居关系、赡养纠纷、监护纠纷、探视纠纷、收养纠纷等二十几类纠纷。家事纠纷的类型呈现出广泛分布的特点,但案件类型在分散的同时又高度集中,其中以离婚纠纷尤为突出。

3. 家事审判工作呈现"两高一低"的良好态势

2015 年广西法院受理一审家事案件 47 464 件,结案 44 826 件,结案率 94.44%,判决结案 26 435 件,调撤结案 18 391 件,调撤率 41.03%;2016 年受理一审家事案件 48 430 件,结案 45 125 件,结案率 93.17%,判决结案 26 187 件,调撤结案 22 243 件,调撤率 49.29%;2017 年广西法院受理一审家事案件 51 593 件,结案 49 236 件,结案率 95.43%,判决结案 21 438 件,调撤结案 27 798 件,调撤率 56.46%。其中纳入全国试点的南宁市良庆区、江南区法院、崇左市宁明县法院家事案件调撤率分别达到了 76%、73.53% 和 80%。(见表 3、图 4)

表 3　2015～2017 年家事审判结案方式分布情况

年份	收案	结案	结案率	判决	判决率	调撤	调撤率	上诉	上诉率
2015 年	47 464	44 826	94.44%	26 435	58.97%	18 391	41.03%	9967	21%
2016 年	48 430	45 125	93.17%	26 187	50.71%	22 243	49.29%	7749	16%
2017 年	51 593	49 236	95.43%	21 438	43.54%	27 798	56.46%	5675	11%

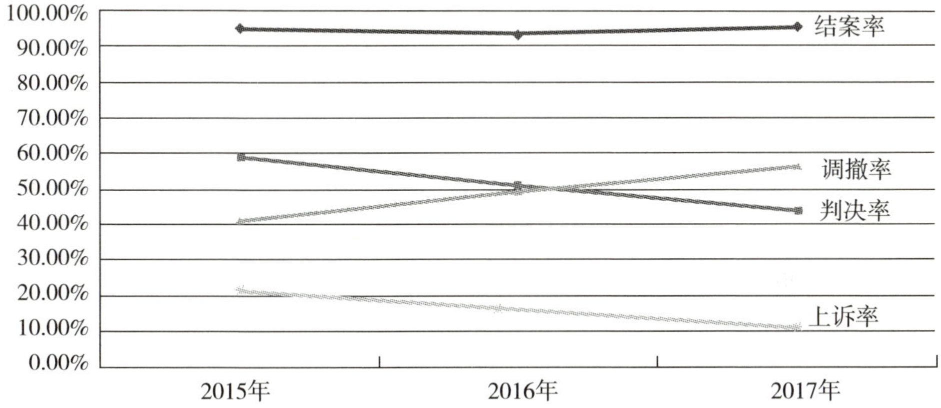

图 4　2015～2017 年家事审判结案方式趋势

首先从上述图 4 来看，家事纠纷的结案方式主要分为判决、调解、撤诉三类。近三年家事案件平均结案率都达 90% 以上。在高结案率的同时，仍保持较低的上诉率，家事案件的上诉率远低于民商事其他类型案件。这说明，自广西法院开展家事审判改革以来，从近三年的结案方式的趋势来看，呈现结案率高、调撤率高、上诉率低的“两高一低”良好态势，家事案件审判、化解效果良好。

4. 配套建立家事审判的多重保障

自 2015 年在广西全面推开家事审判改革试点工作以来，各试点法院积极设立家事法庭、巡回法庭、家事审判合议庭及相关机构，配备了相应的家事审判法官和司法辅助人员，组建专业化审判团队，确保家事案件审理有专门的场所。目前，广西南宁市良庆区、江南区、崇左市宁明县、柳州市柳城县法院、钦州市钦北区法院都设有独立编制的家事少年审判庭。此外，广西各级法院共成立家事审判中心 2 个、家事法庭 91 个、家事巡回法庭 103 个、家事合议庭 199 个、调解室 187 个、庇护室 23 个、探视室 21 个。（见图 5）

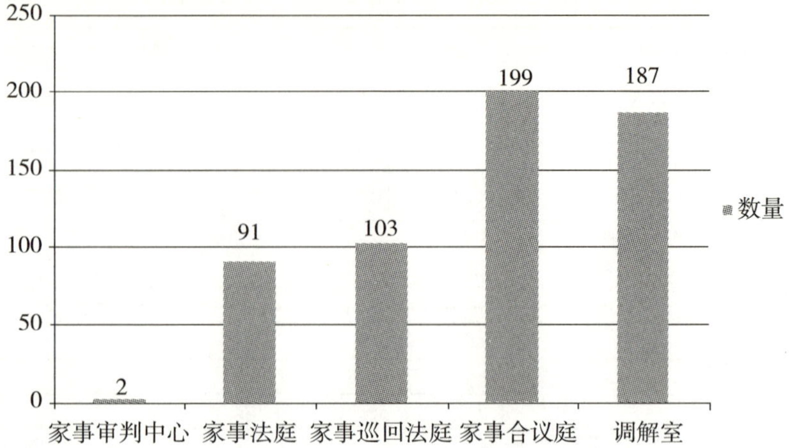

图5 广西法院家事审判机构设置情况

从事家事审判员额法官548人，其中，具有研究生以上学历67人，具有大学本科学历426人；聘任家事调查员1066个、家事调解员1044个、聘请心理咨询、辅导专家123人，从人员、制度、设施上建立多重保障，以充分实现家事案件的专业化审判。（见图6、图7）

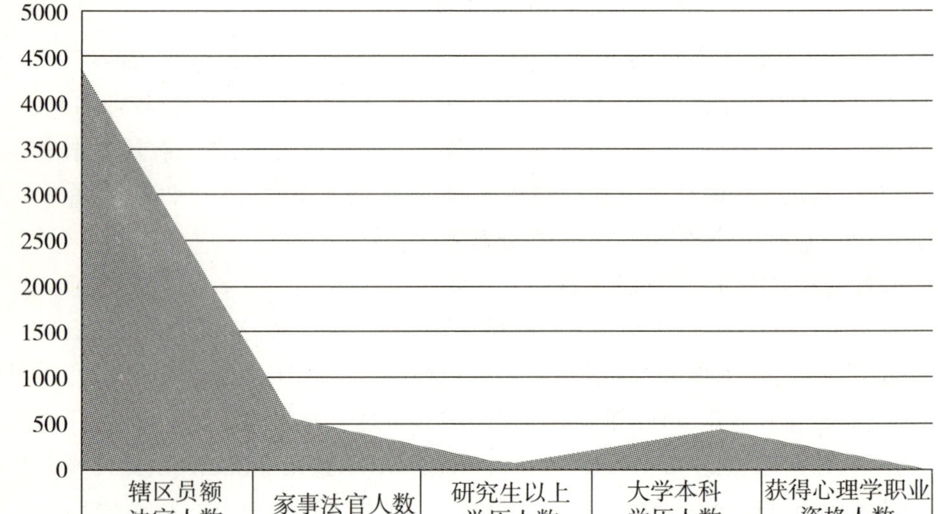

图6 家事审判人员配备情况

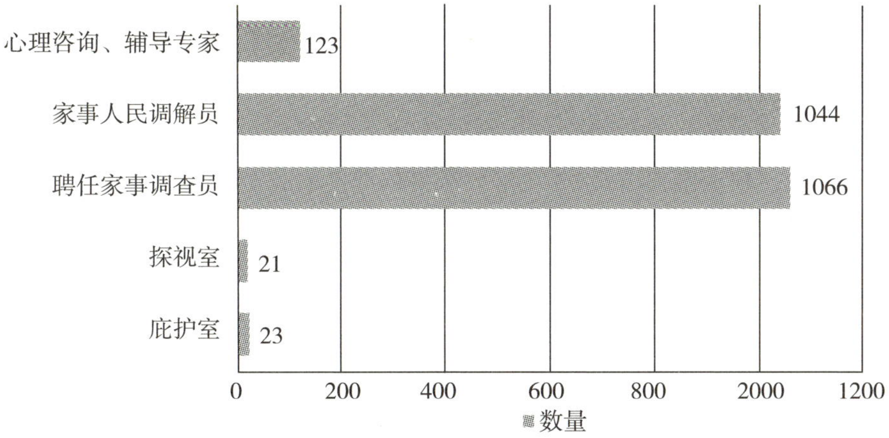

图 7　建立家事多元化纠纷解决机制情况

广西高院与广西妇联、公安厅等 12 家单位联合创建广西反家暴联动工作机制，全区 56 个辖区法院相应建立了反家暴联动工作机制，广西高院、广西公安厅、广西妇联联合下发了《广西壮族自治区家庭暴力告诫制度实施办法（试行）》，构建起反家暴工作的网络。有效预防和制止家庭暴力，广西法院共发出人身安全保护令 201 个，除个别施暴人因为不终止家暴行为被拘留外，尚未发生严重违反保护令构成犯罪的案件，有效保护了家暴受害者的合法权益。（见图 8）

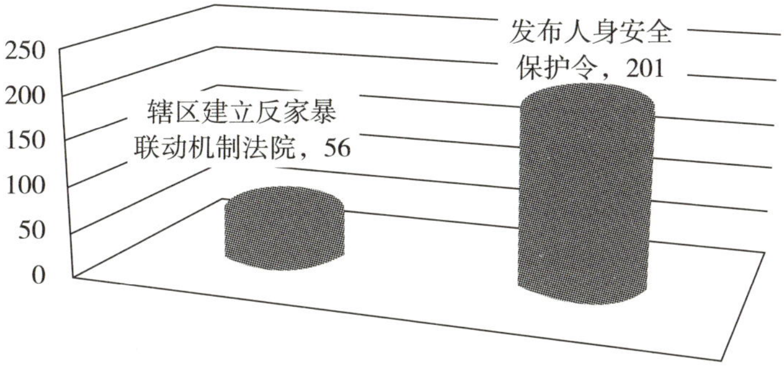

图 8　反家暴联动机制情况

（二）广西法院家事审判改革的成效

广西法院在坚持最高人民法院确定的改革方向和原则的基础上，大胆探索能推之于全国的有益审判实践。从家事审判理念、审判模式、制度建构、机构和人员配置等多个方面进行大胆创新，采取了一系列新举措，不仅改变了传统的家事纠纷审理模式,还引入了新的规则和机制,并且大力引入社会各界力量,努力开创多方联动的多元化解决机制。在短短两年时间,改革工作就取得了明显的成效。

1. 积极推进家事审判机构和队伍专业化建设

(1)成立家事改革领导小组

广西高级人民法院在出台《关于开展家事审判改革试点工作的指导意见》的基础上,于2016年成立了家事和少年审判改革工作领导小组。全区各有关法院成立了家事审判改革领导小组,由院长亲自担任领导小组组长,有的地方(如柳城县法院)由政法委书记担任领导小组组长,公、检、法三部门一把手为副组长,组织领导和协调家事审判改革工作。

(2)建立全国首家家事少年案件审理中心

在家事审判改革的实践中,广西各试点法院纷纷设立家事法庭、巡回法庭、家事审判合议庭等,组建专业化审判团队。其中,柳城、宁明县法院成立了有独立编制的家事审判庭。其中最有特色的是广西在柳州市成立了全国第一个"家事少年案件审理中心",集中审理家事和少年案件。[1] 为了更好地应对家事审判的特殊需求,实现其特定价值,广西柳州市中级法院、柳北区法院将原郊区法院办公楼改建成家事少年案件审理中心,集调查、调解、心理辅导、儿童观察、亲情会面等功能于一体。该中心于2016年6月1日正式启用,集中管辖该市四城区(城中、鱼峰、柳南、柳北)基层法院家事案件及未成年人刑事案件,形成了相对独立的家事少年案件的审理场所。[2] 该中心分别在三、四楼新设圆桌法庭、少审心理疏导室、亲情会见室、家事调查室、家事调解室、心理辅导室、儿童观察室等功能区域。其中亲情会见室通过庭前或庭后,既使得未成年刑事被告人能轻松地与家人会面,又让法官、检察官得以进一步了解未成年刑事被告人成长情况;儿童观察室作为一间亲子互动室,室内温馨的装饰格调配搭欢快的游乐设施,将更有利于家事法官从中观察孩子与家人的疏近关系。为营造家事审判文化氛围,中心还设置了以"家风、家训、家教""家和万事兴""夫妻和睦""尊老爱幼"等为主题的文化墙,运用民俗典故、真实案例宣传法律知识和人生道理。该中心办公硬件场所的独立专设顺应了家事少年案件处理的专门化、专业化要求,提供了坚实的物质基础和保障,既便于实施适合家事案件、未成年人刑事案件的集中管

[1] 参见《广西探索家事审判改革,从"一判了之"到"家庭救治"》,载新闻中心—北方网:http://news.enorth.com.cn/system/2017/12/19/034250024.shtml,最后访问日期:2018年5月10日。

[2] 参见《广西首个家事少年案件审理中心正式启用》,载柳州市中级人民法院网:http://lzzy.chinacourt.org/public/detail.php? id=4916,最后访问日期:2018年5月20日。

辖审判模式，便于集中具有相应审判经验的办案人员，在专业审判机构内统一实行审判原则、裁判尺度和工作机制，更有利于实现与相关部门建立运行的多元化纠纷化解联动机制的“软着陆”，最大限度地达到维护婚姻家庭的稳定，依法保护未成年人的合法权益的目的。目前该中心共有员额法官7名，司法辅助和行政人员35名。2017年该中心共受理各类家事案件1732件，结案1301件，调解撤诉结案818件，调撤率为67.6%，一审服判息诉率超过96%，大量案件实现诉前调解，成为青少年法治教育的重要基地，取得了化解矛盾的较好效果。

(3)成立有独立编制的家事少年法庭或家事审判庭

柳州市柳城县法院在2016年1月设立了广西首个有编制的家事少年审判庭，形成“2+4+6+3+2+1”(2名审判长、4名审判员、6名人民陪审员、3名书记员、2名执行员、1名宣传员)的家事少年审判团队，受理涉少刑事案件和涉少民事案件，以及离婚、继承、赡养、抚养等家事案件。[1] 崇左市宁明县法院于2016年8月正式成立有独立编制的家事审判庭，安排经验丰富的资深女法官负责家事审判工作，选任政治、业务素质良好、办案经验丰富、调解工作耐心、通晓本地少数民族语言的5名法官、6名书记员、4名陪审员组成家事审判团队，负责审理家事纠纷案件。在明江、海渊、桐棉、爱店四个乡镇法庭以及县民政局婚姻登记处设立家事巡回法庭，主动开展司法为民服务，深入辖区和村屯审理家事案件，构建起以各相关部门为协作单位，以乡镇、社区为诉前调解阵地，以家事调解员、家事调查员、家事心理疏导员为辅助力量的全县家事审判改革试点工作联动新机制。[2]

(4)采取家事审判合议庭模式

在广西家事审判改革实践中，由于案件数量、专业化人员或者其他配套措施的不足等，有部分试点法院和很多非试点法院既没有设置少年法庭，也没有设立家事法庭或者少年家事法庭。家事审判专业化的审判工作的开展主要有以下两种形式：一是挑选了经验丰富、善做调解工作、热爱家事审判的资深法官或者女法官组成专业化合议庭，充分发挥专业优势，依法保护当事人的合法权益；二是由员额法官组成专门化的家事审判团队，专门负责婚姻家庭、继承纠纷审判工作。(见图9)

---

〔1〕 参见赖隽群、骆丽丹：《广西首个家事少年审判庭成立》，载《广西法治日报》2016年1月19日。

〔2〕 参见陆寿青、韦兰序：《家事审判改革的“南疆样本”——全国家事审判改革试点宁明法院的探索与实践》，载《广西法治日报》2017年8月24日。

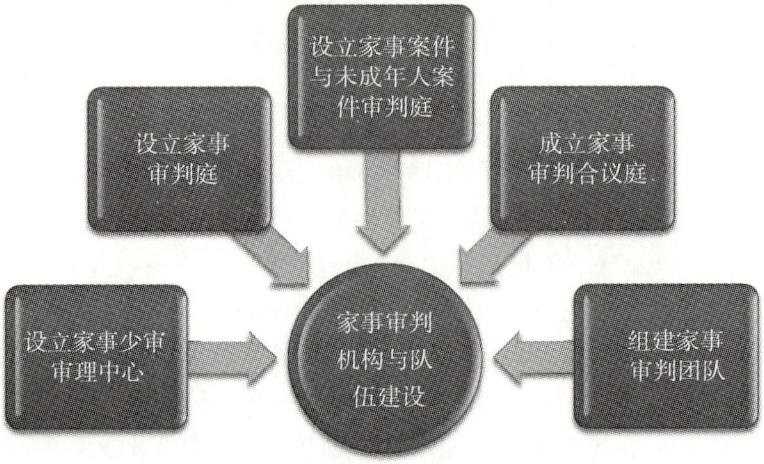

图9　家事审判机构与队伍专业化建设模式

2. 健全家事审判工作机制

与其他民事案件一样，家事案件也应有相应的审判机制，以便用于指导司法实践。广西各级法院在高院《指导意见》的基础上，学习借鉴全国各地先进经验，逐步探索推行了一些新的规则，制定了《家事少审案件工作规程》《离婚案件情感冷静期工作规程》《发放离婚证明书工作规程》《家事案件财产申报规程》《家事案件调查工作规程》《家事案件调解工作规则》《家事案件心理咨询、心理疏导工作规程》《家事案件回访制度》《关于审理涉及家庭暴力家事案件的实施意见》《人身安全保护令实施细则》《监护案件审理流程》《探视权诉讼规程》《家事案件举证指引》等19项家事少审案件配套制度。（见表4）

表4　家事少审案件审判工作规则

1	《家事少审案件工作规程》
2	《离婚案件情感冷静期工作规程》
3	《发放离婚证明书工作规程》
4	《家事案件财产申报规程》
5	《家事案件调查工作规程》
6	《家事案件调解工作规则》
7	《家事案件心理咨询、心理疏导工作规程》

续表

8	《家事案件回访制度》
9	《关于审理涉及家庭暴力家事案件的实施意见》
10	《人身安全保护令实施细则》
11	《监护案件审理流程》
12	《探视权诉讼规程》
13	《家事案件举证指引》
14	《关于未成年人刑事案件实行圆桌审判的若干规定》
15	《对未成年人罪犯进行回访、矫正、帮教实施办法》
16	《未成年人刑事案件法庭教育工作制度》
17	《关于未成年人犯罪记录封存档案管理规定》
18	《关于法院青少年法制教育基地工作制度》
19	《未成年人刑事案件审判规则》

这些制度全面总结近年来试点经验，共同构建起家事案件诉讼指导、心理咨询、调解、判后回访、反家庭暴力、家事调查等一整套工作规则，在家事审判制度化、规范化方面迈出了重要一步。上述规则广西高级人民法院已整理汇编成《家事少审案件工作规程》，已由广西高院审委会讨论通过，成为今后全区各级法院开展家事审判工作的重要指南。南宁市江南区法院制定的《家事案件调查工作规则（试行）》明确规定家事调查员的工作任务、工作方法、调查事项、调查报告的内容、保密义务、法官审查调查报告等内容，为家事调员开展调查工作及法官审查家事调查报告提供了统一的制度规范，江南区现有家事调查员超过 100 名，为法院开展家事调查提供了有力保障。2016 年 5 月，江南区法院创立的“家事调查员”制度，被最高人民法院以文件形式向全国法院推广。

3. 突出家事审判的人性化

家事案件涉及家庭成员间复杂的情感纠葛，当事人往往容易情绪失控激动，造成矛盾尖锐突出，如果不及时妥善地解决，可能会给当事人及其家庭成员乃至给社会留下安全隐患。因此，在家事审判中引入心理疏导，开展法律、心理双干预，给当事人提供必要的专业心理疏导和帮助服务，将心理疏导贯穿于案件审理的全过程十分必要。广西各地法院家事审判环境部署逐步实现家庭化，部分法院拥有了专门的家事审判场所，设有专门的家事案件调解室，在特定家事案件审理中用“父母”“儿女”“丈夫”

“妻子”等替代了“原告”“被告”称呼，安排了“单面镜”“儿童娱乐室”等设施，适时邀请婚姻家庭专家学者、心理咨询师对当事人进行心理疏导和劝解，让家事纠纷的当事人在温暖亲情的环境中开展调解，实现纠纷的实质化解和源头化解，解开当事人心结。广西各试点法院积极开展庭前评估和心理疏导，由婚姻家庭咨询师为当事人出具专业分析意见，引导当事人理性平和解决家事纠纷；委托家事调查员进行调查，加大法院依职权调查取证的力度；创设离婚案件冷静期制度，在冷静期期间实施挽救婚姻计划；成立反家暴合议庭，专门审理涉家暴案件，随时预防并处理家庭暴力事件；推出“蓝天家书”，规劝当事人珍惜缘分、坦诚面对、教育好孩子，使家事审判蕴含人文关怀；推行离婚证明制度，尊重当事人的隐私权，避免隐私泄露对家事案件当事人造成二次伤害；实行判后回访帮扶，追踪判后效果，尽可能地帮助解决问题和困难。如南宁市良庆区人民法院联合广西妇联建立首个针对离婚纠纷当事人开展心理辅导的“惜缘工作室”，共同开展家事案件的心理咨询与法律辅导工作。该法院同时与广西婚姻家庭研究会合作，专门设置心理咨询师、婚嫁家庭咨询师常驻家事法庭值班点，保证每个工作日均有两名咨询师分别在法院与家事巡回法庭值班。咨询师通过其专业知识，对离婚纠纷当事人开展“诊疗”，找出当事人之间的情感纠葛与矛盾所在，帮助双方梳理问题，对当事人处理婚姻家庭的态度、方式进行辅导，有效地填补家事审判在情感性问题处理方面存在的不足。（见表5）

表5 审判场所及机制建设改革举措

圆桌法庭、心理疏导室、亲情会见室、家事调查室、家事调解室、心理辅导室、儿童观察室、娱乐区、文化长廊等功能区域	设立少年家事法治教育基地、惜缘工作室、家事法官工作室等	开展庭前评估和心理疏导制度；委托家事调查员进行调查制度；创设离婚案件冷静期制度；推出“蓝天家书”；判后回访帮扶制度；推行离婚证明制度

4. 建立完善家事领域多元化纠纷解决机制

家事案件数量大、涉及面广，需要多方参与部门联动，合力化解，唱好“联”字诀。广西高级人民法院出台了《关于深化多元化纠纷解决机制建设的若干意见》，为人民法院推动建立家事审判多元化纠纷解决机制提供了指导遵循。全区各级法院积极推动建立党委领导、法院牵头、各方参与化解家事纠纷的工作机制，把家事纠纷联动化解机制纳入平安广西建设工作中。广西高院牵头建立了15个单位参与的家事审判方式和工作机制改革联席会议制度，明确各自在家事审判方式和工作机制改革中的职能定位，充分发挥妇联、公安、共青团等部门职能作用，形成化解家事纠纷合力。

（见图 10）

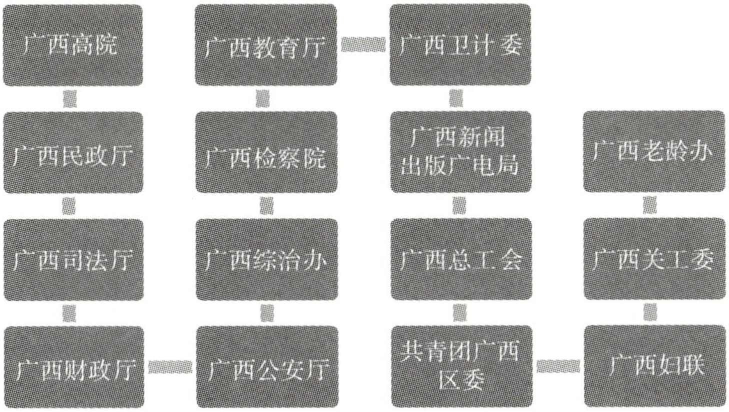

图 10　参与家事审判方式和工作机制改革联系单位

柳州市法院与市民政局成立了反家暴救助站，家事少年审判中心也设立了反家暴临时庇护室，为遭受家庭暴力或面临家暴威胁的家庭成员提供临时庇护和心理咨询服务，其与公安部门签署了《执行人身保护令合作备忘录》，截至 2017 年 12 月共作出人身安全保护令裁定 51 件，无一违反情形。多数试点法院建立了司法审判与社会组织联动的家事纠纷新型解决机制，加强家事审判诉调对接，实现了社会组织调解和法院诉讼调解的优势互补，促进了家庭和睦、社会和谐。柳州市挂牌成立了广西首个市级婚姻家庭纠纷人民调解委员会，南宁市良庆区、兴宁区也成立了类似的机构，通过多部门联动，家事纠纷案件化解取得较好效果。试点法院与当地妇联、民政局共同建立“惜缘工作室”等场所，共设立庇护中心 23 个，探视中心 21 个，聘任具有较强心理疏导能力和沟通协调能力的调查员 1066 人、人民调解员 1044 人、心理咨询（辅导）专家 123 人，提高了家事审判的社会化水平。（见图 11）

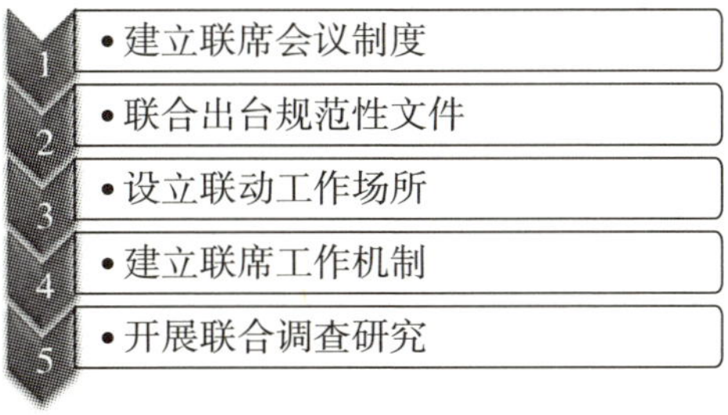

图 11　广西法院联动机制建立情况

5. 协同部署推动家事少年审判资源整合

家事审判与少年审判有着共同的工作目标,法院坚持一同部署、协同发展、共同提高。考虑到家事案件与未成年人案件同根同源、理念相通,二者在审判理念及裁判方式上的共通性因素,广西各地法院积极吸收和借鉴少年审判三十多年的探索经验和成果,注重家事少年审判改革的资源整合。此次广西家事审判改革主要有两种模式:一是少年审判与家事审判合并进行,在家事审判改革试点法院或具备条件的基层法院派出法庭设立家事少年审判庭,为设立专门家事法院开始实践探索;二是少年审判与家事审判分头试点,但围绕家事审判改革和少年刑事审判改革设置的硬件设施与司法辅助人员尽量共用,并在实践中逐步将家事与少年案件进行资源整合利用,以免重复设置造成不必要的浪费。广西各级法院少年审判工作贯彻落实"教育、感化、挽救"方针,高院对未成年人刑事案件及相关少年法庭工作实行单项量化考评,加强青少年法治教育基地建设,积极引入"心理干预机制",对未成年服刑人员的回访帮教实现常态化、全覆盖,各项工作进一步规范。对未成年被告人坚持贯彻"宽严相济"刑事政策和"教育为主、惩罚为辅"原则,广西未成年人犯罪率由 2011 年的 8.73% 下降到 2016 年的 4.68%,未成年人重新犯罪率 2016 年仅为 0.98%,在中南、西南地区综合考评名列前茅。

6. 强化家事审判改革的法治宣传教育

广西法院除采取普法进社区、模拟法庭进校园、召开新闻发布会等传统方式开展家事与少年审判宣传工作外,还充分利用微博、微信等新媒体扩大宣传效果,利用真实案例改编了一批优秀作品,如南宁市良庆区法院拍摄的微电影《非常审判》,西乡塘区法院拍摄的反家暴公益微电影《法官巧断家务事》,柳州市家事少年案件审理中心制作的法制微电影《家事》,取得很好的宣传效果。百色市中院与那坡县法院联合拍摄的微电影《希望》,成功入选全国法院第四届十佳微电影。柳州市中院、柳江区法院则定期在微信订阅号"龙城法苑""柳江法苑"更新家事审判动态专刊,将年轻人群体中传播率较高的网络词汇编入家事审判工作中,实现了寓教于乐的效果。由广西高院牵头组织的"法律同行,助力梦想"走进校园大型法治宣传教育活动,已成为我区加强青少年法治教育的一张名片。

三、当前广西法院家事审判改革存在的问题

当前,广西各地法院推进家事审判改革已取得一定成效。与此同时,广西的家事审判改革尚处于试点阶段,各项改革还处于自发摸索状态,改革也面临不少问题和困

难，如对家事改革的重要性认识不到位，理念没有及时转变，家事程序机制还不健全，法官的专业培训不足，联动机制衔接不畅，争取相关部门的配合还有难度等，这些问题在一定程度上影响了改革向纵深方向发展。

（一）家事纠纷联动化解机制运行不畅

家事纠纷中的调解工作、反家庭暴力、开展心理疏导和家事调查等，仅仅依靠一个或几个部门是难以完成的，家事纠纷的化解需要法院、检察院、公安机关、司法行政机关等多部门长期配合、落实，才能真正实现家事纠纷的源头治理、实质化解，这也是社会治理体系和治理能力现代化的必然要求。[1] 家事审判改革自开展以来，各地法院纷纷建立家事纠纷联动化解机制，由于诸多现实条件的制约，工作发展还不平衡。目前各级法院及联动单位存在人手短缺、设施有限、信息共享不够等问题，在运行中仍存在工作脱节、责任落实不到位的情况，家事纠纷通过诉讼外解决的渠道仍然不畅，家事纠纷联动化解机制不能发挥其应有功效，当事人很多时候还是习惯于通过诉讼途径解决，影响了联动机制的深入开展。有的联动机制还停留在倡导性、应急性层面，没有形成常态化、实质化的工作机制，家事纠纷领域的专职调解、委派调解和人民调解工作尚未作为重要考核指标，有关考核、奖惩配套机制欠缺，在某种程度上影响了各联动单位参与化解家事纠纷的积极性。基层相关部门工作人员对家事纠纷的处置方式不熟悉，责任不明确，存在推诿现象。在人身安全保护裁定的执行上，基层法院反映，送达裁定后，加害人有违反禁令的情形，受害人向当地其他部门举报后，具体执行部门存在职能交叉或职责不明问题，而法院本身难以直接对实施家暴的一方采取强制措施，这影响了反家暴联动机制作用的发挥。多元化纠纷解决机制工作的推进管理也不统一，有的法院由立案庭负责，有的由诉讼服务中心负责，还有的由民庭负责，各地对参与调解的律师、调解员、人民陪审员补助标准和经费保障来源，也未形成长效机制，影响着多元化纠纷解决机制的深入推进。

（二）专门的家事审判诉讼程序法缺位

从世界各国近现代家事诉讼法立法情况来看，广义的家事诉讼法包括家事诉讼程序制度、家事非讼程序制度、家事调解制度和家事执行制度。[2] 目前我国关于家事诉讼的程序没有专门规定，散见于《婚姻法》《继承法》《民事诉讼法》等条文中。虽然最高人民法院已经在《关于适用〈中华人民共和国民事诉讼法〉的解释》《关于民事

〔1〕 罗漂：《家事纠纷 ADR 机制的构建》，载《社会科学》2015 年第 5 期。

〔2〕 张晓茹：《家事裁判制度研究》，中国法制出版社 2011 年版，第 321 页。

诉讼证据的若干规定》中新增了一部分关于家事案件审理的规定，但存在数量少、不全面、不系统的缺陷。广西家事改革试点法院对家事诉讼特别程序进行了有益探索与实践，根据实际情况，针对冷静期、家事调查员、理论财产申报及法官依职权调查取证等均出台了相应的规范性文件。但家事审判诉讼程序的创新在现行法律规定的框架下还存在许多实施障碍。以“柳州市家事少年案件审理中心”为例，该中心对柳州市四个城区（城中区、柳北区、柳南区、鱼峰区）的一审家事案件进行集中管辖，突破了《民事诉讼法》关于地域管辖的规定，法院内部相关业务部门，如立案、审管部门以及部分案件当事人对此有不同意见。

另外，离婚冷静期的设置是当前很多国家为了避免冲动离婚，通过给夫妻双方一定的时间慎重考虑，从而尽可能避免冲动离婚对家庭、子女造成的伤害。但由于法院审理家事案件的审限适用于一般民事案件，冷静期能否在审限中予以扣除，是否违反法定审限的规定，特别是在夫妻矛盾尖锐、双方严重失信的情况下，是否会给当事人转移财产逃避义务留下空当；还有家事调查员的调查报告能否直接作为证据采用等，也是家事法官在审判实践中不可回避的重要难题。由于专门诉讼程序法缺位，法官审理家事案件没有明确依据，担心违反法律规定，进而当事人对家事纠纷的怨恨转嫁到法院、法官身上，容易降低法官在运用这些新机制审理家事纠纷时的内心确信。因此，这也就在根本上造成了家事改革在开展过程中，遭遇了没有程序立法保障的困境。法院的家事改革工作，没有配套的家事诉讼程序可以参照和遵循，一定程度上大大影响了改革工作的公信力和执行力。

（三）案多人少矛盾影响家事审判职能实现

广西法院家事案件数量约占民事案件总量的 20% 左右，但是广西法院家事法官目前仅有 548 人，仅占员额法官的 12% 。（见图 12）

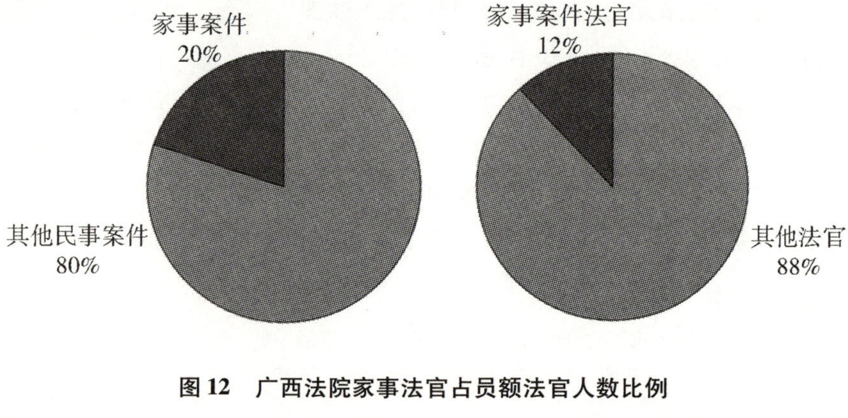

图 12　广西法院家事法官占员额法官人数比例

根据家事纠纷的特点和家事审判改革工作要求，此类案件需要做大量的情感修复、心理疏导、调查取证、帮教挽救工作，即使法律关系很简单的案件，也要耗费法官很多时间和精力：如离婚案件，无论当事人是否同意，根据法律规定都需要做调解工作；如继承案件，即使当事人没有争议，为了不避免遗漏继承人，也要做大量的身份核查工作；如涉及未成年人的案件，需要做大量的判后回访帮教工作。所以，家事案件不但程序不能比其他民事案件少，而且要做的司法延伸工作比普通民事案件工作琐碎、风险大（如北京马彩云法官被枪杀事件、陆川县退休法官傅明生遇害事件），导致部分法官不愿从事家事审判工作，并且家事案件没有系列案件，每一件案件的工作都必须分别进行，工作量非常繁重。随着家事审判改革工作中的调解、冷静期、心理疏导、判后回访等制度的试行，其会带来大量额外工作负担，家事审判案多人少的矛盾更加突出，一定程度上影响了家事审判改革的积极性和家事审判职能作用的发挥。以柳州家事少年审判审理中心为例，2017 年，家事法官人均收案 487 件，由于案多人少矛盾突出，导致很多案件无法完全履行婚姻家庭救治、家庭成员感情修复、未成年人妥善安置等职能。[1]

（四）家事审判的专业化水平不高

家事审判的专业化既包括审判场所的专业化、审判机构的专业化、审判人员的专业化，还包括诉讼程序的专业化，鉴于家事纠纷具有与一般民事纠纷不同的特点、不同的对象，家事审判专业化也成为此次家事审判改革的重点内容。家事审判专业化还面临以下几个方面的挑战：一是专门家事审判机构难设立。近年来的改革证明了家事审判专业化是大力提高家事审判质效的有效举措。但随着法院内设机构改革的推进，各地除试点法院能设立专门的家事少年审判庭外，其余各地法院很少成立专门的家事审判庭，目前广西设立有专门家事（或少年）审判庭的有 91 个法院，有的法院甚至连相对固定的家事合议庭都没有，家事案件还是和其他民事案件同样审理。二是家事法官专门队伍难稳定。长期以来，有的法官认为家事案件技术含量低，体现不出专业水平，因此不愿从事家事审判工作。此外，家事纠纷往往涉及情感矛盾，无法完全通过法律解决，有的案件如果当时人的心理问题得不到解决，无论审判是否公正都会引发事端，甚至引发刑事案件或杀害法官的恶性事件。家事审判干警长期要承受当事人转嫁的不良情绪，人员队伍存在不稳定状况，柳州市家事少年审判中心仅去

〔1〕 参见《广西首个家事少年案件审理中心正式启用》，载柳州市中级人民法院网：http://lzzy.chinacourt.org/public/detail.php? id =4916，最后访问日期：2018 年 5 月 20 日。

年就有 7 人辞职。三是审理家事案件的专业知识不够。家事审判要求家事法官拥有较高的专业化水平，家事法官不仅应当熟悉婚姻家庭审判业务，具有一定社会阅历，热爱家事审判工作，还应该具备一定的心理学、社会学知识。当前，人民法院案多人少矛盾突出，家事法官更多的是埋头办案，在基层员额法官有限的情况下，法官办案类型更多、压力更大，很难集中精力学习审理家事案件所必需的相关心理学、社会学知识，而且法院并未与社会专家学者建立长效合作机制，使得家事法官在审判调解技能、心理学知识等方面缺乏系统的培训。人民陪审员、家事调解员、家事调查员等司法辅助人员在诉讼法、心理学、社会学等方面的培训也有待加强。四是审判场所的专业化保障欠缺。家事审判工作顺利推进需要强有力的人、财、物保障。在物质装备方面，目前不少试点法院对家事审判专业场所建设进行了有益尝试，但还有部分非试点法院没有专门的家事案件调解室，家事探视中心，庇护中心的场地、物资、经费有限，目前绝大部分仅能提供临时庇护。家事审判心理干预需要社会第三方专业人才的引入，该项经费尚未被纳入政府购买服务范围或法院经费预算，工作开展难以常态化。（见图 13）

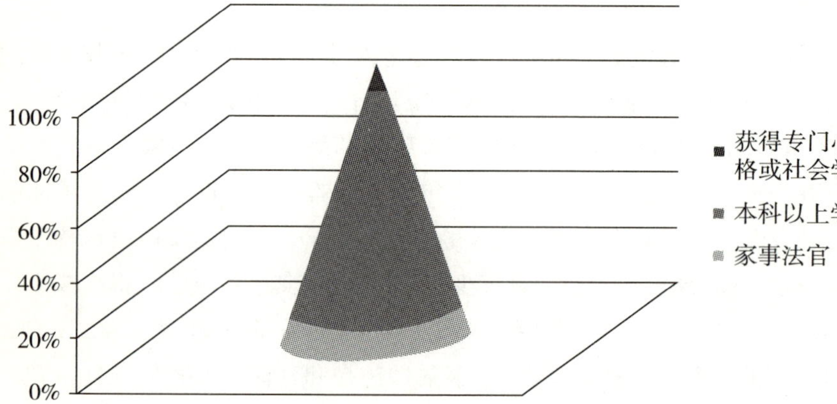

图 13　广西法院家事法官专业化情况比例

由图 13 可以得知，虽然目前在广西法院的家事法官 548 人中，有 493 人具有本科以上的学历，但获得专门心理学资格或社会学资历的仅有 10 人，家事法官专业化程度较低。

（五）审判管理未能同步跟上

科学的绩效考核制度既是对家事审判工作特殊性的明确和肯定，更是进一步推动家事审判改革的基础和保障。管理不科学、考核不合理，是家事审判工作反映较为集中和突出的问题，很大程度上影响了家事法官的工作能动性和热情。最高人民法院审委会专职委员杜万华在2017年年初召开的泉州会议上提出，要适当放宽家事案件审限，通过不计入审限或者延长审限的方式适当放宽审限，实行离婚冷静期和回访帮扶工作，开展积极的心理干预和调解工作，尽可能地修复家庭关系、钝化矛盾。[1]家事纠纷诉前调解、心理评估与情感危机干预相对需要较长的过程，而案件管理系统中并没有这方面的审限扣除，如果按照家事审判改革的要求做好情感修复工作，往往使该类案件出现超审限情况。现有审判绩效考核管理对家事法官从事的社会调查、心理疏导、调解帮扶等大量社会事务性工作无法通过现有的考核制度反映出来。[2]

（六）家事与少年审判融合上还存在较大困难

家事与未成年人刑事案件审判（以下简称少年审判）二者存在一定的共通之处，随着法院内设机构改革的推进，基层法院机构将更加精简，成立专门的审判庭不太现实，家事与少年审判融合的模式应该更符合改革方向和资源统筹。目前全区各试点法院选择的也主要是"家事+少审"相结合的改革模式，但实践操作还是存在一定困难和问题。首先，二者的审理程序、证据规则明显不同，如果只是简单地将两项工作相加，极易导致"两张皮"的情况发生，该现象已经在柳州市法院改革的过程中初见端倪。目前柳州市中院虽然已经成立了"家事审判合议庭""少年审判合议庭"，但均分属于不同的庭室，在管理上存在诸多不便；基层法院内的家事少年庭虽然同时受理家事案件的未成年人刑事案件，但仍是由不同法官承办，既缺乏统领性的审判理念，也缺乏综合办案人才。其次，对于家事案件与未成年人刑事案件之间的"过渡型"纠纷如未构成刑事案件的未成年人人身损赔纠纷、财产损赔纠纷以及与未成年人利益相关的财产类民事纠纷，尚不能纳入受理范围，不能全面保护未成年人的合法权益。最后，家事审判中的家事调查、心理疏导与少年审判中的社会调查、心理评估干预存在相通之处，少年审判中的"合适成年人"制度也可以借鉴到与未成年人相关的家事案件中，上述理论同源的事项存在同轨道操作的可能，但无论在工作制度还是在司法实践上均未开始探索。

（七）理论研究与实践结合、法治宣传尚不够深入

家事审判改革尚处于初步探索阶段，缺乏必要的司法传统和司法经验，它的发展

---

〔1〕 参见最高人民法院审判委员会专职委员杜万华在"全国部分法院家事审判方式和工作机制改革试点工作推进会"（简称泉州会议）上的讲话。

〔2〕 刘莉、南宝龙、管纪尧：《构建弹性审限，完善家事程序——天津市红桥区法院关于家事审判用时的调研报告》，载《人民法院报》2016年8月25日。

更加倚重于家事审判法律理论研究的不断深入。只有通过充分理论研究和学术论证,才能有效借鉴理论研究的最新成果,为推进家事审判改革提供科学论证和解决方案。2017年以来,广西高院与南京师范大学等高校科研机构建立合作关系,开展了合作事项,通过召开推进会、举办业务培训会、家事审判论坛、异地交流会等方式促进家事审判经验交流,促进理论研究和司法实务相结合,开展了探索。但除高院外的各试点法院尚未开始搭建交流平台、进行家事审判改革理论研究。此外,人们受传统文化的影响是深远而根深蒂固的,由于各种历史和社会原因,人们对家事纠纷普遍缺乏全面的认识,因此在日常生活和司法实践中会产生很多误区。[1] 在试点工作开展之初,新理念新举措的实施也很难在短时间内让人接纳。"家丑不可外扬"理念根深蒂固,家事案件排斥外人的介入,因而无论在调查调解过程中还是心理疏导过程中,当事人均表现出抵触的心理,隐瞒事实真相,不配合法院和司法辅助人员的工作。究其原因,主要是家事审判改革的宣传不够深入,在法院内部形成了一定的态势,但人民群众对家事审判改革的理解还不够,特别是对家事审判程序改革的目的、对家事审判中推行心理疏导、离婚冷静期、离婚证明制度、财产申报制度等宣传解释不够,没有形成浓厚的社会氛围,社会各界积极参与支持不够。

四、深化家事审判方式和工作机制改革工作的对策研究

家事改革试点工作并非一蹴而就,随着改革不断推进,人民法院在不断摸索积累经验的同时,也会面临各种障碍和困难。如前文所述,广西法院在改革的过程中遇到了一系列的困难,因此,广西法院要以家事审判方式和工作机制改革试点为契机,转变家事审判理念,以家庭为本位,进行制度和机制创新,探索建立一套"以家事审判为主导,多元化纠纷解决机制、专业化的家事审判机构和审判队伍、预防教育机制等多位一体"的家事纠纷独有的处理模式,为全国家事审判改革贡献广西智慧,创造广西经验。

(一)健全契合家事审判特点的多元化纠纷解决机制

河南省"创新家事纠纷多元化解机制"的做法被中央综治办确定为重点项目建设,具体经验做法值得我们学习借鉴。[2] 一是依托基层组织,推行诉前调解。依托基层矛调中心、妇联组织、社区调解组织、人民调解组织等设立家事调解室,实现家事

〔1〕 易可:《我国家事纠纷解决机制的完善》,湘潭大学2013年硕士学位论文。

〔2〕 张伟:《家事纠纷解决机制的调查和研究》,载《河南财经政法大学学报》2012年第6期。

纠纷源头化解,为法院减负,为社会减压的整体效果。河南多地法院对调解员调解成功1个案件给予50～100元不等的奖励。二是健全制度保障体系。河南省法院与省综治办联合下发《关于深入推进家事纠纷多元化解工作的意见》,在全省形成人民法院、各级矛盾纠纷预防化解中心、妇联、民政、司法等共同参与化解家事纠纷的工作机制。

1. 坚持党委领导和依靠社会各界支持

找准法院在构建家事纠纷多元解决机制中的角色定位,紧紧依靠党委领导、政府支持和社会力量,完善家事纠纷多元化机制建设,加强诉调对接平台建设,发挥好引领和推动作用。2017年3月,全国妇联、中央综治办、最高人民法院、公安部、民政部与司法部联合下发了《关于做好婚姻家庭纠纷预防化解工作的意见》,为与广西妇联等有关部门联动抓好这个意见的落实,广西高院在2017年年底牵头建立了广西家事审判方式和工作机制改革联席会议制度,与家事纠纷有关的15个单位都参加了,并制定联席会议工作制度,明确了各自职责,努力将家事审判多元纠纷化解机制建设放在整个多元纠纷化解网络中谋划,细化落实各自职责,充分利用好行政调解、人民调解、妇联调解、诉前调解等社会矛盾多元纠纷化解平台,进一步加强与公安、检察、司法、妇联、共青团、基层组织等单位的沟通协调,形成有效化解家事矛盾纠纷的社会合力,从源头上减少家事纠纷的发生。

2. 引入专业人员和机构协助配合

充分发挥综治中心和网格化服务管理平台作用,争取在乡镇级以上地方各级综治中心,通过公安、民政、司法行政、人民法院、妇联等单位派员入驻办公,或依托综治信息系统、综治视频联网进行信息共享和可视化办公,建立婚姻家庭纠纷多元化解的协作联动工作机制。有条件的法院,可以借助专业领域人员的协助和配合,借助专业力量及时为当事人提供心理疏导和治疗等服务,使家事案件的和解、调解及裁判更具效率。南宁市良庆区法院在这方面进行了有益尝试,与城区民政、妇联等部门联合对离婚纠纷当事人开展“心理和法律双干预”,设立了广西首个反家暴庇护中心、探视中心,指派专业人员或心理咨询师为当事人提供心理咨询服务、开展心理疏导,帮助当事人舒缓情绪、减轻压力,值得学习借鉴。兴宁区法院与司法局建立诉调衔接机制,通过人民调解委员会化解大量案件纠纷。

3. 延伸家事审判的社会辐射功能

积极与民政、司法行政、妇联等部门建立长效协作机制,建立家事案件的案后回访帮扶制度,共同帮助当事人解决实际困难,如减缓免诉讼费、给予司法救助、民政救助等，修复或重建婚姻家庭关系，促进家事纠纷的有效解决。推动建立反家庭暴力整体防治网络。广西高级人民法院修订了《关于适用人身安全保护裁定问题的解答》，广西层面和各地市也建立了反家暴联动机制，广西各级法院要总结两年多来的成功经验，努力与公安、司法行政、民政、妇联等部门健全协作机制，形成人身安全保护令有效执行的合力，充分发挥震慑效果，有效保护许多长期遭受家庭暴力的受害人特别是妇女、未成年人和老年人的人身权益。

4.建立青少年事务社工参与未成年案件纠纷化解机制

人民法院要加强与团委的合作，积极开展青少年事务社工参与涉未成年人案件纠纷化解试点工作，在涉未成年人家事少审案件的审理中引进青少年事务社工参与案件的社会调查、调解、心理疏导、回访观护和帮教等，探索建立涉未成年人纠纷化解的专业化、社会化和人性化工作机制，大力弘扬社会主义核心价值观，全力促进纠纷化解、家庭和谐、社会稳定。人民法院审理的涉及未成年人家事少审案件，可以通过委托或购买服务等形式向本地社会工作服务机构提出工作需求。社会工作服务机构接受委托或申请后，提供针对性的支持服务，或转介至有关职能部门、社工机构、社会组织实施，并负责开展跟踪督导、质量评估，努力构建完善可复制、可推广的新型涉未成年人案件纠纷综合协调解决模式。

（二）健全适应家事纠纷案件特性的诉讼程序

家事审判方式改革，需要方方面面的制度配合，但对于人民法院来说，其核心是诉讼程序的改革与探索。[1] 家事案件的特殊性、家事审判职能的特殊性，决定了推进家事审判改革应当建立一种与一般民事案件相区别的家事诉讼制度。

1.建议制定专门的《家事程序法》

无论在大陆法系还是在英美法系的社会法律实践中，都有很多为家事诉讼设立专门审理程序的先例。其中，日本进行单独立法，在《人事诉讼法》之外，制定了《家事审判法》专门针对家事案件进行审理；德国在民事诉讼体系中额外设立为家事案件专用的诉讼程序；美国在法律设立中将家事案件具体分为诉讼和非诉讼两个部分。[2] 这些国家关于家事诉讼的法律模式具体名称不尽相同，但是都共同具备为家事案件单独设立特殊程序的重要思路，从而从司法程序上予以特别对待。正是家事程序的特殊性，决定了我国应制定符合家事审判司法实践的《家事程序法》。

---

〔1〕 杜万华：《论深化家事审判方式和工作机制改革》，载《中国应用法学》2018年第2期。

〔2〕 何红丽：《家事诉讼程序立法问题研究》，载《山西经济管理干部学院学报》2012年第3期。

在制定《家事程序法》时，应根据家事纠纷所包含利益诉求的多元化来进行多元化的程序设计。对此，可参考日本的做法和我国台湾地区的“家事事件法”。[1] 日本就家事案件的解决先后制定了《人事诉讼程序法》《家事审判法》《非讼案件程序法》。我国台湾地区“家事事件法”将原先“民事诉讼法”中的人事诉讼程序部分、家事非讼程序及家事调解程序合并立法，并将现行之撤销死亡宣告、监护或辅助宣告事件从诉讼改为非讼事件，同时增设了履行确保及执行编。我国台湾地区“家事事件法”第3条依各事件类型的讼争强弱程度、当事人或利害关系人对程序标的所享有的处分权限范围及迅速裁判需求程度等的不同，将性质相近的事件类型分为五类的做法，无疑对我国家事诉讼程序和非讼程序的划分，以及各类程序处理的标准提供了有益的参考和借鉴。[2]

2. 科学界定家事案件的受案范围

对选择何种家事事件作为家事案件，大致包括如下三种方式：一是包罗式，即将以婚姻关系事件和亲子关系事件为核心的所有家事事项都囊括于内；二是将婚姻关系事件、亲子关系事件和监护关系事件三种事件作为家事事件，其他纳入普通民事诉讼程序范畴；三是仅仅将婚姻事件作为家事事件来处理。对于未成年人犯罪纳入家事法庭的情况，在日本家事裁判中可见，但日本不仅将犯罪的未成年人列为保护对象，还将那些未满18周岁但已经触犯刑法的和将来有犯罪可能的未成年人作为保护的对象。[3] 为此，建议将家事法庭的受案范围作扩大化的解释，并将家事案件的概念开放化，以适应时代发展导致的家事事件范围扩展和类型多样的现实。

3. 对家事纠纷的举证责任重新分配

家事案件的证据主张以及证据的收集有明显的特点，完全套用一般的“谁主张，谁举证”原则显然不能完全适应大多数家事纠纷案件的审理。如何合理划分双方的举证责任，在家事纠纷案件处理中具有重要的意义，这不仅涉及纠纷的有效处理，还涉及弱势群体利益的保护。一是针对某些类型的案件，家事纠纷的举证责任应重新分配。如针对家庭暴力连续性、隐蔽性的特点，应采取合理的举证责任分配原则，减轻受害人的举证责任，加大施暴者的举证责任。二是建立家庭暴力的认定及证据固定。课题组建议，针对家暴举证难、认定难的问题，应当确立固定家暴证据的规则，规

---

〔1〕 陈爱武：《家事法院制度研究》，北京大学出版社2010年版，第54页。

〔2〕 邹艳慧：《台湾地区家事审判模式对我国家事审判改革的借鉴》，载《法制博览》2017年第3期。

〔3〕 冷罗生：《日本现代审判制度》，中国政法大学出版社2003年版，第85、89页。

定公安、妇联、人民法院是家暴证据固定的主体,在接到报警或投诉后,应及时到场处置并建立家庭暴力档案,及时做好相关证据的固定工作。此外,还应明确可以认定为家暴的证据类型,包括伤情照片、诊疗材料、报警证明、证人证言、社会机构的相关记录或证明、加害人保证书,以及带有恐吓、威胁、骚扰等内容的电话录音、信件、手机短信、网络聊天记录等。三是在当事人举证的基础上,加强法院依职权调查取证的力度。法院应根据具体情况,把握依职权调取证据的范围和程度。凡是裁判涉及的事实真相,法院都可依职权调取。应明确当事人与相关人员有协助提供基础材料或线索的义务,以方便法院进一步的调查。如果当事人实际上能够提供而拒不提供资料或线索来协助法院调查核实相关事实,则该当事人应承担相应的不利后果。

(三)不断创新符合家事审判工作特点的新规律、新方法形成新制度

1. 贯彻调解优先原则

调解是高质量审判,是化解矛盾纠纷的有效方式,对家事纠纷尤为重要。我国台湾地区早在 20 世纪 30 年代修正"民事诉讼法"时,就规定了离婚之诉于起诉前应经法院调解,2012 年生效的"家事事件法"设立有家事调解专章。[1] 我国《婚姻法》《民事诉讼法》等相关法律和司法解释都有涉及家事案件调解的规定,但在司法实践中落实的效果却并不尽如人意,法院没有投入充分的审判资源、时间、精力放在调解工作上。近期,最高人民法院《关于人民法院进一步深化多元化纠纷解决机制改革的若干意见》提出探索建立家事纠纷调解前置程序的设想,彰显司法部门对家事案件调解的重视。因此,家事审判工作要把调解当作化解矛盾的利器,耐心细致地做好各阶段诉讼调解工作,把调解贯穿在审理全过程。在调解方法上要不断创新,积极试行家事案件调解前置制度,落实离婚等案件应当调解的规定,提高家事纠纷非诉化解比例,努力解开当事人的心结,彻底消除矛盾。特别是在当事人自愿的前提下,积极探索建立家事案件调解前置制度,可以试行家事法制教育前置程序,制定相应的规范性文件,组织当事人在庭前观看家事法制教育短片,然后再开庭审理案件,以帮助双方当事人消除对立情绪,缓解矛盾纠纷,提高调解成功率。

2. 强化法官职权干预与职权探知原则

要从机械遵循辩论主义和处分原则的财产纠纷审判思路,转变为强化法官的职

---

〔1〕 黄翠纹:《台湾家事事件调解的发展与变革》,载《中国应用法学》2015 年第 1 期。

权探知、自由裁量和对当事人处分权的适当干预。[1] 由于家事案件当事人及其利害关系人之间多具有紧密而又复杂的亲缘、血缘关系，且当事人举证能力通常较弱，若仅依照“谁主张，谁举证”的举证责任分配原则，难以查明事实，实现实质公平。我国家事审判改革中应确立职权干预和职权探知的基本原则，对于婚姻关系不成立、无效或可撤销，转移、变卖、隐匿财产或者与他人同居、重婚、涉及家庭暴力等当事人难以举证而又直接影响案件处理结果的重要案件事实，法院可依当事人的申请，主动调查收集证据，查明事实。这可以参照我国台湾地区的做法，建立家事调查官制度，指导家事调查员收集证据。例如，在家庭暴力案件中，适当降低证明标准，合理分配举证责任；扩大法院依职权进行调查取证的范围，强化法官职权探知职能，委托家事调查员通过走访亲属、邻居、社区、工作单位等了解当事人的婚姻生活状况与家庭情况，查明相关案件事实，维护未成年人合法利益。

3. 强化不公开审理原则

我国自古就有“家丑不可外扬”的传统习俗，鉴于此，家事案件的公开审理不利于当事人对涉及个人隐私、家庭隐私的事实开展充分质证，不利于法院全面掌握案情和探求当事人内心真意。因此，在家事案件审理中要向当事人释明，以不公开审理为原则、以公开审理为例外。

4. 强调当事人亲自到庭原则

基于身份关系的特殊性，多数家事案件当事人在诉讼中的作用不可替代，当事人亲自到庭不仅能使法院兼听则明，了解当事人的矛盾焦点、感情状况、本人意愿等，还有助于牵涉众多感情因素和生活误解的当事人消除误会，开庭前可以让其观看婚姻家庭教育专题片，播放结婚录像等，以利修复感情和挽救婚姻。因此，要强调当事人原则上应当亲自到庭参加诉讼，力求实现纠纷的彻底化解。

5. 探索灵活的审限管理模式

在检视我们的家事审判现状时，还有一个不容回避的问题，就是基于审判管理需要对法官们提出的审限内结案要求限制和制约了家事审判职能的充分发挥。我国《民事诉讼法》对家事纠纷的审限并没有相关的规定，均适用民事纠纷的一般规定即一审的期限为六个月，二审为三个月，有特殊情况可作延长。但在法院司法实践中，家事纠纷的解决在审时上暴露诸多弊端。例如，由于家事纠纷数量增激，个案解决难

[1] 石春雷：《职权主义非诉讼法理在民事诉讼中的适用》，载《中南大学学报》（社会科学版）2017 年第 2 期。

度加大，当事人态度反复而造成的审限超时问题；严格的审限制度与法官工作绩效相挂钩而引起的法官急于在审限内结案，造成案结事不了的问题等。因此，本文给出的建议就是建立弹性审限制度。在家事审判中应当转变单纯强调审限内结案而忽视矛盾纠纷化解的审判理念，除对涉及家庭暴力等受害人身处困境急需解决的案件优先审结外，对其他争议财产较多、矛盾较深、当事人情绪激烈、涉及未成年子女利益的家事案件，均应适当放宽审限限制，为法官深入了解当事人实际家庭生活状况、作出合乎客观实际并使当事人利益最大化的裁判，预留出合理期限，同时也为通过多种途径彻底化解家庭纠纷、修复家庭成员心理创伤提供条件。对于原告要求离婚而被告坚决不同意的离婚案件，经当事人同意还可以设置不计入审限的冷静期，以防止冲动离婚。比如经当事人同意可以设置三个月的冷静期或“婚姻观察期”，冷静期可不计入审限，冷静期还可以适当延长，为彻底化解家庭纠纷和修复家庭成员心理创伤提供条件，避免冲动式离婚。此外，对家事案件的审理还应区别于普通民商事案件，不能简单以裁判的作出作为审判工作的终了，从事家事审判的法官应当尽量通过耐心细致的工作将审判战线向两端延伸，一方面重视诉前调解和纠纷的防范与化解；另一方面重视结案后的延伸服务，真正为民解忧，避免因短期化、简单化处理而造成矛盾纠纷转化升级。

6. 推行审前家庭财产申报制度

针对婚姻中处于弱势的一方当事人对夫妻共同财产缺乏了解或掌控、在离婚时一般很难举证对方财产的情况，在审判实践中应建立审前家庭财产申报制度。推行离婚案件当事人如实填写财产申报表，要求双方当事人全面、准确申报家庭财产状况，并明确申报不实的法律后果，并在审理中对弱势当事人的举证期限予以适当宽延。在审判过程中，一旦发现一方存在隐匿、转移、恶意处分夫妻共同财产的情形，则应判令其无权要求分割该部分共同财产。

（四）加强家事审判机构和队伍建设，重点推进家事审判的专业化

前已述及，各国家事审判机构专门化存在多种样式或者模式，这些模式似乎各有千秋，难分上下，我国实践中家事审判机构专门化的样态也不尽相同。但从应然的层面上说，独立的家事法院应当是最好的选择，家事法庭次之，在少年法院或者少年法庭附带处理家事案件再次之，在普通法院任命专门家事法官处理部分家事案件最次。正因如此，采取最后一种模式的一些国家如法国，已经开始在现行司法制度的框架内

尝试建立像家庭事件处理部这样的机构。[1]

尽管在家事审判机构的诸种模式中,家事法院这一模式最能体现家事审判的功能和价值,综合效益也最大,但就我国现阶段国情而言,并非实行一个统一的模式为最佳。因为我国各地经济发展水平极不平衡,加之人们的思想、观念、意识等差异较大,所以,不能强求快速成立家事法院,更不能奢望家事法院在全国大面积展开。因此,我们认为我国家事法院的设置可以采取分布走的总体策略,具体而言 ,是从近期目标与远期规划两个方面来进行综合考虑。[2]

1. 近期目标

从我国目前的情况来看,家事法院的设置宜根据具体情况,考量各地情势,采取稳妥的方式渐进推进。目前,首要的工作是在一些已经成立婚姻家庭案件合议庭、家事审判基础较好的法院,率先组建相对独立的家事法庭。家事法庭应当有较为稳定的家事法官群体,有符合家事审判要求的相对专门化的兼职陪审员队伍,有相对专业的调查人员,同时,家事法庭还应当继续保持其与社会公益组织和人员的常规联系,使公益组织和有关社会工作者、志愿者能成为家事法庭的协力机关。在不具备成立家事法庭的地方,可以在基层法院成立相对专业化的家事案件合议庭,由专人负责家事案件的审理和裁判,逐步培养专业化的家事法官及相关专业人员,待条件成熟再改组成立家事法庭或者家事法院。在家事案件量较小,或者尚不具备成立家事案件合议庭的法院,可以指定专门人员负责家事案件之审理和裁判,逐步培养家事审判的专业化人才,为将来家事法院或家事法庭的建立创造条件。

2. 远期规划

家事审判机构设立的远期目标应当是在全国设立统一的综合家事法院,家事法院应当置于初审法院的地位,但它不是简易法院。家事法院包括处理家事案件的家事部和处理少年案件的少年部,各部设若干审判法庭。在人员配置上,家事法院除了家事法官和少年法官之外,还将配置专职或者兼职的家事调查官、家事调解委员、心理医师等。在具体设施上,除了设法庭外,还应当设置商谈室、调解室、心理疏导室等,此外,为了给家事案件当事人提供更多便利,还可设立婴幼儿等待室等便民场所。

至于设置多少所家事法院,由各个市根据具体情况进行规划,通常一个县应当设

---

〔1〕 参见[日]中村英郎:《民事诉讼理论の法系考察》,成文堂1986年版,第100页。

〔2〕 林玉棠、陈爱武:《关于建立我国家事审判专门机构的若干设想——兼论广西柳州市家事少年案件审理中心的样本意义》,载《民商事审判指导与参考》第72辑。

置一所，但在设区的市以及直辖市，可根据辖区大小、案件数量多寡、交通便利程度、经济发展状况等多种因素决定设立一所或者若干所，不必在每一个行政区都设一个家事法院。柳州市“家事少年案件审理中心”模式值得借鉴，因为该中心位于四个行政区的中心，充分利用了中心的区位优势，集中审理家事案件不仅不会给当地辖区当事人带来路途遥远、诉讼不便的困扰，相反，通过集中审理，一能利用中心的专业资源更加高效、更加人性化地化解家事纷争；二能更好地实现家事审判的独特价值和功能，为社会和谐和国家治理带来益处。家事案件的上诉法院与普通民事案件的上诉法庭相同，都是普通二审法院，但在二审法院内部可以设立家事和少年案件上诉庭，专门管辖上述案件的上诉事宜，以便更好地体现专业分工，实现家庭领域的正义。为了便于对家事法院实行统筹管理，最高人民法院可以设立类似于日本最高院设立的家庭局，专门负责家事案件的相关管理事宜，如制定并解释与家庭审判、家事调停以及少年审判相关的法规、规则；编辑、整理、出版与家庭审判相关的案例和资料；对家事审判中相关人员的资格和要求作出明确的规定和考核要求等。

3. 组建专业化的审判团队

家事案件不同于一般民商事案件，案件背后蕴含着人身依附关系，案件涉及的事不大但怨气大，标的不大但争议大，对法官队伍的要求较高。专业化审判团队的设立，既有利于确保家事审判团队的适岗性，也有利于提高家事审判的质量和力度。但从目前试点法院的情况来看，通常是抽调部分民事庭法官组成家事审判团队，这种家事审判团队模式应当是家事审判改革的一个方向，是值得肯定的。但是目前虽然在形式上成立了家事法官审判团队，但其并不具备审理家事案件所需要的专业化素质。实际上，家事审判的重心不在于通过严格的庭审作出裁判，而更多在于对当事人情感的修复、心理的疏导等，因此，我们必须提升家事审判队伍专业化水平，首要工作是选好法官。首先，在员额法官的选任上，选拔一批熟悉婚姻家庭审判业务，具有一定社会阅历，掌握相应社会心理学知识，热爱家事审判工作的法官成为主审法官，专业化团队成员由工作经验丰富、责任心强，具有一定家庭生活经验、善于进行心理疏导和未成年人沟通的人员组成。其次，要保持审判队伍稳定性。家事审判队伍确定后，应保持一定的稳定性，避免调整交流过快，影响工作开展。最后，加强对法官的培训。通过定期不定期培训、专家授课点评、业务能手传授经验、疑难案例解析、庭审观摩评议、优秀裁判文书评选、外出参观考察等形式，提高法官业务水平，提升法官综合素质。

4. 配齐家事审判辅助力量

家事审判改革的方向是多元化、社会化、人性化，因此，仅有专门审判机构和专业法官还不够,必须有一支社会化的家事辅助团队。如山东武城县法院建立了家事调查员、回访员、家事调解员、心理测试员、心理咨询员、少年观护员“六员”团队,从调查分析、情感调解、心理疏导等方面协助开展家事纠纷化解工作,协助化解了大量家事案件纠纷。在美国,一些州法院会将一般家事案件交由辅助人员处理,分担法官的审判任务,家事纠纷中对证据的调查、案件当事人的回访等大量工作需要相关辅助人员协助完成,辅助人员在家事审判中发挥了重要作用。[1] 广西法院目前在构建家事纠纷多元化机制的过程中所面临的一个难题是,具备解决家事纠纷相关经验和专业知识人员过于分散,大部分供职于法院、妇联、社区、农村等各种各样的社会机构或行政机关当中,他们文化素养良莠不齐、专业知识构成各不相同,参与家事纠纷的解决也多以兼职为主或者为了完成上级指派的工作任务,缺乏集中专业的培训,存在综合素质参差不齐、后备力量不足等问题。究其问题根源,在于法院没有专业的家事机构和制度对这些参与到家事纠纷解决中的人员进行培养和管理。

因此比较有效的解决途径是,首先在司法辅助人员的选聘上,应侧重选拔法学、心理学、教育学、社会学方面的人才,具有良好的沟通技能以及地方威望高,被群众认可的人才也应该适当吸纳到队伍中。通过引入社工、社会团体工作人员和政府向社会购买服务等方式,积极配备专门从事家事调查、社会调查、家事调解、心理测试、心理辅导等辅助工作人员。其次,协调妇联、民政、司法行政等部门,建立心理干预团队、调查回访机构、家暴受害人救助机构等。推动加大对公益慈善类、城乡社区服务类社会组织的培育扶持力度,通过政府购买服务等方式,支持社会组织参与婚姻家庭纠纷预防化解工作。发挥社区工作者、网格员及平安志愿者、“五老人员”等社会力量,推动工作进一步向家庭延伸、第一时间发现并处置婚姻家庭纠纷。最后,针对以往完全依赖家事调解员自主学习掌握工作细则而存在的弊端,法院可以定期开展培训课程和专题讲座,要求家事调解员必须到场接受培训,并采取考试的方式对家事调解员的业务能力和法律基础进行考核,从而筛选出合格的家事调解员。培训课程由法院资深法官主讲,并且定期邀请法学专家、心理学专家以及教育学专家开展专题讲座,传授知识,总结经验。

(五)努力推动家事审判与少年审判协同发展

未成年人案件与家事案件同根同源、理念相通。总结国内外家事少年司法的探

---

[1] 齐钉:《论家事审判体制的专业化及改革路径——以美国纽约州家事法院为参照》,载《河南财经政法大学学报》2016 年第 4 期。

索性实践经验，可以看到一个清晰的少年司法改革方向：充分整合现有优质司法资源，将具有共通司法理念和程序设计的少年案件和家事案件在同一机构审理，探索构建少年审判与家事审判融合的“大少审”工作格局。成立中国大陆首个少年法庭的上海长宁区人民法院，经过三十多年的探索，从最初的未成年人刑事案件合议庭发展成为全面受理涉未成年人的刑事案件、民事案件以及行政案件的综合审判庭。[1] 山东高院在全省范围内推行未成年人综合审判庭试点改革，先后将泰安、东营等9个中院确立为省内试点中院，把涉及未成年人的民、刑、行政案件，统一由未审庭审理，案件统一编号，目前已建立了受案范围和业务指导的完全统一的未成年人案件综合审判体系。这与我们广西柳州中院的做法思路基本一致。家事审判与少年审判目标一致，未成年人违法犯罪和婚姻家庭纠纷案件密切相关，家事案件能否得到妥善解决，直接关系到未成年人是否违法犯罪和健康成长。[2] 少年审判和家事审判融合的好处有三：一是可以有效缓解少年法庭因案源不足导致的生存危机。从广西的情况来看，少年审判工作普遍面临案源不足的问题。少年审判工作做得较好的南宁市、桂林市从2016年5月开始，部分法院便开始积极开展少年与家事审判机制改革创新。广西其他法院同样面临案源不足问题，特别是实行法官员额制改革后，如果案件达不到一定数量，可能面临分配员额法官太少，组不成合议庭的情况。融合以后，案件增多，这一问题迎刃而解。二是可以促进少年审判和家事审判的专业化发展。少年审判庭案源不足时，必然通过减少人员或办理其他案件来提高人均办案数量。减少人员不利于专业化审判队伍稳定，办理其他案件则冲击涉少案件的专业化审判，两者都不利于少年审判专业化水平的提高。反之，组建独立编制的家事审判庭也存在同样问题。少年审判和家事审判融合后，法官对少年与家事案件可以进行更为专业的审判和研究，有利于提升法官专业化水平。三是可以实现少年审判与家事审判特色审理机制的有机结合。融合以后，圆桌审判、心理辅导、社会调查等少年审判特色机制可以无障碍融入家事审判，形成少年审判和家事审判改革创新的整体推动和集群效应，达到“双赢”效果。

目前，广西家事审判改革一种模式是家事审判、少年审判统一审理，柳州中院即

---

〔1〕 1984年，上海市长宁区法院率先在刑庭设立专门审理未成年刑事案件的合议庭，1993年，江苏省常州市天宁法院创建少年综合庭，将涉及未成年人的刑事、民事、行政案件纳入少年综合庭的受案范围。方芳：《我国少年家事审判制度的构建》，载《中国青年社会科学》2016年第5期。

〔2〕 福建省高级人民法院联合课题《“少年审判与家事审判融合”专题调研情况概述》，载《司法改革论评》2016年第21辑。

采用了这种模式，成立广西首个家事少年案件审判中心，集中受理柳州市四城区的一审家事案件及未成年人刑事案件，杜万华专委考察后对此给予了充分肯定，认为符合家事审判改革建立家事少年法院的最终目标，希望在这个基础上继续探索，努力向前推进。另一种模式是少年审判和家事审判分头试点，维持现有的少年法庭格局，将所受理案件由涉及未成年人刑事案件调整增加涉未成年人民事案件。南宁市各基层法院在已有的未成年人审判庭基础上可以考虑将家事审判纳入其中。从实践效果和未来发展方向来看，调研组还是倾向于实行家事少年案件审判资源整合。无论哪种模式，都要认真思考在家事审判改革中继续稳固并发展少年审判经验，突出少年审判工作特色，实现“教育、感化、挽救”失足未成年人目标，体现未成年人利益优先、未成年人利益最大化原则。此外，是否融合还要各级法院结合各地案件数量和人员编制等实际情况，综合考虑是单独设立家事审判庭还是家事合议庭，不宜作硬性要求。

（六）加大家事纠纷化解物质保障

鉴于前文所述，法院家事改革普遍面临的另一个难题就是专项经费掣肘。人类已经进入信息化时代，家事纠纷化解也要与时俱进，通过信息化建设在信息共享、方便群众诉讼方面提高质效。积极运用信息化手段助力家事、少年审判工作，将家事审判与信息化联接融合，以大数据、大格局、大服务的理念为指导，始终坚持服务人民群众、服务审判执行、服务司法管理。要加强诉讼服务中心窗口建设，服务中心可分立案窗口、诉讼事务办理区、志愿者服务窗口等。家事案件当事人走进法院，就可通过机器人、导诉台为当事人提供引导，家事案件当事人可以通过信息端进行自助立案，或手机二维码预约立案，方便快捷。加强信息共享，可以通过网上视频与家事调解员、调查员、社会观护员直接对话，家事纠纷化解各阶段情况能够通过密码查询共享，以便对当事人的情况有更直观、更深入的了解，方便法院实时掌握家事、少年审判态势，更加积极主动地开展相关工作。

家事改革工作的持续推进如果没有物质保障和制度支撑，不解决社会力量参与家事纠纷化解的报酬和适当补偿问题，改革工作恐怕难以长久持续。因此，本文建议，法院设置专项经费预算，将家事纠纷多元化解资金纳入专项预算，用于设立纠纷解决机构、建设家事审判和调查、调解队伍，调查、调解补贴，开展调解工作等，报上级部门批准，由财政拨付，同时对司法辅助人员尤其是特邀社会调解员实行合同聘用制和绩效奖励机制，每月发放基本薪资，而且根据实际情况，法院还将向其发放误工和交通等补贴。可借鉴河南多地法院对调解员调解成功 1 个案件给予 50～100 元不等的奖励的做法，在成功调解家事纠纷后，以案定奖，对于表现突出的家事调解员和调查员，法院将给予物质或者荣誉奖励，从而保障司法辅助人员工作的长效和热情。

(七)积极推动家事审判实践与理论相结合

广西的家事审判改革工作已开展两年，积累了有益经验，各试点法院结合本地实际，打造出了各自的改革亮点。目前，家事审判改革仍处于探索阶段，需要进一步加强对家事审判诉讼程序和权力运行机制的深入研究，在改革实践的基础上多分析问题、研究对策、总结经验，推动实践经验向理论成果的转化，反过来通过理论进一步推动家事审判改革的科学发展。鼓励各试点法院建立与高校、学术机构的交流合作机制，解决家事审判中的热点、难点问题。南宁中院、西乡塘区法院与广西大学、南宁市法学会合作启动“心蕾”科研项目和教育实训基地建设。广西高院邀请南京师范大学陈爱武教授到广西法官学院给人民法庭庭长班的学员讲授《家事诉讼程序》，并实地考察了南宁和柳州的家事审判改革情况，广西高院还与南京师范大学合作开展家事审判理论与实践的调研，更好实现家事审判改革实践与理论成果的有机结合。

推进家事审判改革，不仅需要实现法院和社会力量的联动，还需要当事人的配合。法院在启动家事改革的过程中，不仅要转变审判人员的司法理念，更要使当事人在思想观念上接受改革新举措。因此，要充分发挥各种法制宣传教育活动潜移默化的影响作用。广西家事和少年审判改革起步早、措施实，但总结宣传不够，很多好的经验、创新举措和改革成效不为社会知晓，改革成果打了折扣。一是深入开展法制理念宣传教育活动。实现家事纠纷的多元化解决，可在各村部设置法律文化专栏，以案例说法，避免生硬晦涩的法律条文，以简明易懂的方式普及法律知识。另外，也可深入学校、社区开展法律知识竞赛以及其他多种法律法规活动。同时也可充分利用广播、电视、互联网等媒体工具的宣传作用，使法律知识通过多种渠道渗入更多人的日常生活中。二是开展多样的新闻宣传工作，营造良好改革氛围。要高度重视新闻宣传工作，与广西电视台、广西日报等新闻媒体加强合作，抓住三八、六一、重阳等重要节日，在广西法院范围内选取典型案例进行跟踪拍摄、报道，让全社会关注家事和少年审判、重视婚姻家庭建设，充分发挥家事审判在弘扬良好家风、传播家庭美德等方面的司法引领作用，营造珍惜家庭、享受关爱的浓厚氛围。要充分利用信息化、新媒体等手段，积极宣传家事审判先进经验和做法，让民众真正感受到家事与少年审判的司法柔情和弥合亲情的良苦用心，把家事与少年审判工作打造成广西法院一张亮丽的名片，获取社会各界更多的理解和支持。

五、结语

由上可以看出，家事审判方式和工作机制改革试点在取得成功经验的同时，也面临诸多困境以及方向性、法律性难题，特别是需要突破现行的民事诉讼法律制度框架，建立专门的家事程序法。我们相信，改革源于实践，改革源于创新，经过两年的积极探索，家事审判改革的共识已初步形成，基本制度也有了实践蓝本，经过进一步的深入论证，借新一轮司法改革之春风，建立专门的家事程序法必将指日可待，妥善化解家事纠纷在促进家庭文明社会和谐方面也将发挥着越来越重要的作用。

六、调研成果转化说明

课题组通过调查、分析和研究，并结合调研掌握的情况以及借鉴其他省区改革的先进经验，汇编形成了《家事少审案件工作规程》，共包含 19 项家事少审案件具体配套制度，已由广西高院审委会讨论通过，指导广西法院家事少年案件审理的规范化。此外，在调研期间，以该篇调研报告为蓝本，广西高院与南京师范大学进一步合作开展家事审判改革法律问题研究，并合作撰写了《柔性司法显温情、专业审判促和谐——广西家事审判改革掠影》的调研报告以及《关于建立我国家事审判专门机构的若干设想——兼论广西柳州市家事少年案件审理中心的样本意义》的学术论文，为我国家事审判改革理论研究提供实践蓝本。根据调研情况，我们还与共青团广西区委建立了青少年事务社工参与未成年人纠纷案件化解合作机制，下一步还将与广西妇联、司法厅建立婚姻家庭纠纷诉调对接机制。相关成果内容见附件。

附件：

关于建立我国家事审判专门机构的若干设想

——兼论广西柳州市家事少年案件审理中心的样本意义

林玉棠[*]　陈爱武[**]

婚姻家庭纠纷，也称家事纠纷，是一种性质特殊的民事纠纷，即它是一种复合性的复杂纠纷，不仅涉及家庭成员之间的身份关系纷争，还涉及身份人之间的财产关系争议；不仅涉及当事人之私益，还涉及国家、社会之公益；不仅涉及以讼争为特征的诉

---

* 林玉棠，广西高院党组成员、副院长。

** 陈爱武，南京师范大学法学院教授、博士生导师。

讼纠纷，还包括以预防纠纷为特征的非讼事件；不仅涉及成年人之间的争执，还涉及未成年子女的利益保护；不仅涉及法律上的争议，还可能涉及当事人情感上、伦理上的纠葛。现实生活中，家事纠纷数量多、涉及人群广泛、处理难度大，对社会和家庭的影响深远。

认真地对待家事纠纷，不仅彰显着守护家庭、关爱未成年子女和家庭弱势群体的制度关怀，而且也是实现小康社会、和谐社会、实现中国梦的现实基础，因此，有必要引起国家、社会、立法、司法的多重关注。为了进一步实现家事审判的专业化，在家事审判方式和工作机制改革的今天，有必要在中级和基层两个层次法院设立专门处理家事纠纷的“家事法庭”“少年与家事法庭”“少年或家事审理中心”等专门机构，或者设立专门的“家事审判合议庭”“家事审判专业团队”等专门审理机构；不远的将来，在条件成熟的地方，可以试点设立家事法院。

一、家事审判机构专门化的理论前提

法院是解决纠纷、实现正义的场所。为了更有效率地解决纷争，法院审判的专业化分工越来越细密，从全能审判到刑事、民事审判的具体分工，又从大民事审判细分为传统民事案件审判、商事案件审判、知识产权案件审判等具体分工。婚姻家庭案件一般被放置在传统民事案件审判庭进行审判，尽管各类传统民事案件统一由民庭进行审理，有一定的历史合理性，但在纠纷处理日益专业化的背景下，由民庭综合处理家事纷争已经不能满足民众对家事裁判的合理期待，家事审判的特殊功能和价值难以得到有效实现。

首先，一般民事审判庭，其最重要的职能是在双方当事人不能自行解决争议时，通过现实的裁判控制双方的激烈争端。而家庭纠纷要求法官不仅要消弭冲突、强行化解纠纷，还要有“治疗性”的司法理念，法官必须和家庭成员共同努力，为妥善解决家事纠纷提供积极且持久的方法，也即法官应当妥善处理双方当事人之间交流困难问题，挽救感情破裂情形下的当事人与其他家庭成员的关系。这些要求是传统审判庭法官力所不能及的。

其次，传统民事案件的审判往往通常通过严格的对抗制来发现案件事实，法官被视为消极的中立人，只能在庭审中被动地听取当事人的陈述和辩论，一般不能主动探知事实和调查证据。而家事案件尤其是家庭身份关系案件，很难通过庭审对抗来发现真实，因为当事人在对抗式诉讼中常常不由自主地陷于情绪激动的相互攻击中，双方当事人都视自己为家事纷争的受害者，此种情势下，法官反而不能发现真实，正所谓“清官难断家务事”。

再次,传统民事案件在审理活动中即使能够发现案件真实也是形式上的真实,是经过剪切后才能纳入法律框架内的个案事实,而且该事实仅仅涉及当事人本人之间的关系,不涉及当事人之外的第三人,法院通过裁判实现的是抽象意义上的一般正义。而家事纠纷的妥当解决并不局限于个案事实,可以在个案之外寻找双方冲突的根源,它要求法官或者法院透过表象发现案件的客观事实,因为家庭关系尤其是家庭身份关系往往具有较强的公益性,其判决结果不仅涉及当事人本人,还常常涉及当事人之外的未成年子女和其他家庭成员,因此,家事案件没有"一般的、抽象的"正义可供遵循,它所遵循的是"个别的、具体的"正义。而"具体的、个别的"处理要求赋予法官较大的自由裁量权、职权探知权以及证据调查权。

最后,传统民事审判庭的法官是判决型法官,要求法官是精通法律的专业人士,能严格按照法律适用的三段论模式来作出强制性裁判。而家事纠纷恰恰要求法院采取灵活的、柔性的、个别化的解决方式,因此,特别推崇和鼓励调解,甚至将调解视为法院(庭)处理家事纠纷的主要方式,而调解主导型的审判方式意味着处理家事案件的法官要有特别的职业素养及专门技能,即不仅要具备法律专业知识,更要有洞察家事纠纷产生、发展、变化规律的领悟力和体察力,缺乏生活经验的年轻法官尤其是未曾结婚的法官将难以胜任。

二、域外家事审判机构专门化的样态和趋势

1. 各国设置家事法院的具体样态

从理论上讲,设立家事审判专门机构主要是因为家事审判的处理对象——家庭事件具有不同于普通财产事件的性质,因此,为了妥当解决家庭纷争,不仅应当适用不同于普通财产案件的诉讼程序,而且还应当由特殊的法院、特殊的法官以及特定的辅助人员参与来共同完成。基于上述认识的支配,澳大利亚、日本、韩国、泰国、新西兰、新加坡、美国部分州以及我国台湾地区都设立了专门的家庭法院,其中澳大利亚的家庭法院属于联邦法院系列,位次最高,其他各国多将家庭法院设置在地方法院内或与地方法院并列的独立的家事法院。还有一些国家和地区如德国、英国、加拿大、我国香港地区等,通过在法院内部设立相对独立的家事法庭来处理家事案件,实现家事案件专门化的审理要求。另有一些国家如法国、意大利、比利时等国,虽然具有处理家庭事件的特殊程序,法官也有家事审判的特殊理念,如重视调解、和解等准司法形式的运用,但却没有单独的家庭法院或家事法庭,它们根据本国历史的沿革和事件的种类将案件分别归入青少年法院、治安法院、监护法院以及普通民事法院来管辖。其中,法国就是在大审法院(普通法院)设置专门的家事法官负责婚姻、亲子等家事事件。意大利通过青少年法院审理部分家事案件。另外,我国台湾地区对于家事案件较少的法院也通过指定民事庭专人兼办的形式解决家事事件审理专门化的问题。

2. 家庭审判机构专门化的规律和趋势

尽管各国家事审判机构专门化产生的原因、背景以及涉及的因素不完全相同,但对家庭事件具有特殊性,需要制定特殊的审判程序、特殊的审判机构进行处理这一点上已经取得较大的共识。正是在这个共识基础上,产生了早先的少年法院,后来的家事法院、家事法庭以及少年与家庭综合法院。

家事审判机构的审判理念趋于一致,都是强调家庭纠纷的圆满解决,为此,特别注重替代诉讼解决纠纷机制的利用,注重寻求社会公益机构的协助和合作。

家事审判机构审理案件的范围在当代呈现不断扩大之势,越来越多地体现其"综合性"特色,如日本原先的家庭法院,其性质是非讼法院,只能对家事非讼案件以及家庭身份关系之外的具有一定讼争性的部分案件实行调停和审判,不能按照诉讼程序进行审理和判决,涉及家庭身份关系的人事诉讼案件由地方法院管辖。但日本在2003年新修订的《人事诉讼法》中,已将包括人事诉讼案件在内的所有家事案件都交由家庭法院管辖,奠定了家庭关系案件一揽子解决的格局。韩国在1990年修订家事诉讼时,也将家事诉讼案件和家事非讼案件合并由家事法院管辖。美国一些州从20世纪90年代开始就尝试建构综合性家事法院体系,目的是将家庭刑事案件和所有的家庭民事案件统合归一个家事法庭管辖,甚至提出构想,由一名法官独自处理涉及一个家庭的所有诉讼,也就是"一名法官:一个家庭模式"。

综上观之,设立综合性家事法庭(院)或许是世界性的发展潮流,体现了各国处理家庭事件的共同性认识,是家事审判制度发展的必然结果。

三、家事纠纷与我国家事审判机构专门化

(一)家事案件数量大、比例高

域外实践表明,家事审判机构专门化的前提是有大量的家事案件存在,没有一定数量的家事案件作基础或支撑,构建专门的家事法院、家事法庭就失去了现实必要性和理论正当性。

从我国改革开放以来的审判实践来看,婚姻家庭案件呈现年年增长的态势,从20世纪80年代末至90年代末,婚姻家庭案件的数量几乎每年都在以5%~10%的速度递增,仅1998年至2002年的五年间,我国地方各级法院审结的此类案件就达到678

万件,[1]平均每年135.6万件;2003年至2007年的五年间,全国共审结一审民事案件2214.5万件,其中,因婚姻家庭、继承纠纷诉至法院审理的案件占26.80%,[2]每年平均数为118.7万件;2008年至2012年全国审结一审婚姻家庭和继承类案件数分别为132万件、138万件、142.8万件和160.9万件、164.7万件。[3] 近年来,我国婚姻家庭案件数量继续呈现"井喷式"上升态势,且一直在高位徘徊。如2015年全国法院新收民商事一审、二审、再审案件11 044 739件,上升21.8%;审结10 505 731件,上升20.06%。其中,新收婚姻家庭、继承纠纷案件1 817 278件,上升7.59%,占民商事案件的16.45%;从案件审结的情况来看,大致比例与前几年相当。[4] 2016年,各级法院审结一审民事案件622.8万件,审结婚姻家庭等案件173.3万件。[5] 审结的婚姻家庭案件占到民事案件的27.8%。

(二)家事案件类型多、处理难度大

从案件类型上看,婚姻家庭案件,不仅有传统的离婚、子女抚养、亲属间抚养、赡养、收养、分家析产等纠纷,还出现许多新类型案件,如在离婚案件中,要求确认或否认亲子关系的纠纷增多;子女姓名纠纷争议不断出现;老人精神赡养纠纷时有诉求;"婚外恋"引发情债纠纷屡现讼争;涉及家庭暴力的家庭案件日益增多,我国家庭暴力形势严峻。据2018年最高人民法院发布的离婚纠纷司法大数据专题报告显示,"全国2.7亿个家庭中,遭受过家庭暴力的妇女高达25%,而家庭暴力受害者有近15%是男性。青少年罪犯中有10%从小就生活在家暴环境中。每年约40万个解体的家庭中,25%缘于家庭暴力。特别是在离异者中,暴力事件比例则高达47.1%"。此外,值得关注的是,"占比14.86%的夫妻因'家庭暴力向法院申请解除婚姻关系'位列离婚原因的第二位"。[6] 离婚后财产纠纷后来居上,尤其是对房屋拆迁后的利益分配、企业产权、股权、经营权、土地承包权等财产的分割成为离婚案件的焦点和难点。

---

[1] 《最高人民法院工作报告》,载《最高人民法院公报》2003年第4期。

[2] 《从数字看2003~2007年度审判和执行工作》,载《人民司法》2008年第4期。

[3] 参见孙军工:《法院所受理的案件总数中婚姻家庭案件数量最多》,载人民网:http://lianghui.people.com.cn/2013npc/n/2013/0310/c357183-20738080.html,最后访问日期:2019年1月20日。

[4] 参见张春波:《2015年法院司法统计数据新鲜"出炉" 新收一审案件数量首次突破千万》,载中国审判杂志:http://blog.sina.com.cn/s/blog_a0a6578e0102w307.html,最后访问日期:2016年10月5日。

[5] 参见周强:《2017年最高人民法院工作报告》,载《最高人民法院公报》2017年第4期。

[6] 参见《中国司法大数据:离婚诉讼超七成为女方提出》,载搜狐财经搜狐网:http://www.sohu.com/a/226420416_355061,最后访问日期:2018年5月10日。

（三）家事案件涉及公益秩序

家事案件具有强烈的公益性，需要专门化的法庭进行专业化处理。

其一，家事案件多数涉及身份关系，此种身份关系不仅涉及当事人的私益，更涉及国家和社会之公益。因此，家事案件追求客观真实，需要法官更多地进行职权调查和职权探知，在此基础上，进行调解或者作出妥当判决。

其二，家事案件具有鲜明的道德性和伦理性。婚姻家庭关系既是事实关系，又是法律关系，同时还是伦理关系。因此，法院处理家庭身份关系纠纷，不仅要依据现行实体法规范，而且还要充分注意援引并适用诸如道德、习俗等特殊规范，甚至还需要动用情、理进行调解和说服。这些审理理念和裁判方法必须借助专门的家事法庭（法院）才能很好地体现和实现。

其三，家事案件涉及对未成年子女以及其他家庭弱势群体的关怀和保护。大数据显示，"全国离婚纠纷案件中，96%的案件涉及子女抚养问题"。[1] 家事纠纷中的离婚事件，从诉讼主体上看，当事人是夫妻双方，未成年子女不是当事人，但父母离婚一定会对其带来巨大影响，包括生活环境、抚养方式等都可能发生变化，未成年子女利益在诉讼中如何保护？设立家事法庭（法院），有利于法官形成特殊的审理理念，扩大审判机能，减少家庭成员之间的对抗、敌视，保护案外关系人的合法权益。

（四）家事纠纷与家事审判机构专门化

家事纠纷的特性需要特殊的家事审判程序，特殊的家事审判程序需要专门化的审判人员、审判团队和审判组织。家事审判机构专门化，是家事案件审判绕不开的话题，是未来家事审判的发展方向。原因如下：

1. 家事审判机构专门化，可以促进家事审判人员的专门化和相对固定化，使其审判的专业性更强，更有针对性地进行家事调解和审判。实践中，很多地方的家事审判庭配备由资深法官组成的合议庭，并邀请妇联干部担任人民陪审员，集中审理类型各异的婚姻案件，充分发挥家事审判的特殊理念和原则，妥当解决家事纷争。如针对家庭暴力的隐蔽性带来的取证、认定困难等问题，能动地发挥法官在个案中的举证责任分配职权，并根据逻辑判断和经验法则，谨慎合理采用优势证据。对于认定为家暴性质的离婚案件，充分考虑受害方的弱势地位，在财产分割上予以适当倾斜。

2. 家事审判机构专门化，使得法院能够完整提炼和整合家事审判不同于普通民

---

[1] 参见《中国司法大数据：离婚诉讼超七成为女方提出》，载搜狐财经搜狐网：http://www.sohu.com/a/226420416_355061，最后访问日期：2018年5月10日。

事审判的独特理念和规则,实现家事审判的积极功能。如实践中很多家事审判庭确立家事案件调解优先原则。法院在审理家事案件时,引导当事人客观对待纠纷,鼓励当事人通过协商、和解等方式化解争议,保证家事案件的案结事了。同时,借鉴涉少刑事审判相关制度,建立符合此类案件特点的工作机制。包括建立诉讼监护人制度、心理疏导干预制度,即在案件审理、执行过程中对家事身份关系案件的当事人及未成年子女开展心理疏导和干预,引导其树立正确的价值观,促进其身心健康;建立亲和的圆桌审判制度,即对于身份关系的案件,尽量在圆桌法庭审理,运用圆桌法庭对等、和谐的审判模式修复当事人之间关系,减少当事人之间的对抗性,化解矛盾。

如在家事审判改革实践中,广西试点法院推行"离婚冷静缓和期"制度,在缓和期内由主审法官实施挽救婚姻计划。引入婚姻家庭咨询师,开展庭前评估和心理疏导。其中良庆区法院引入专业心理咨询师、婚姻家庭咨询师驻院参与家事案件调解工作。一些法院聘请家事调查员,加大家事案件调查取证力度。面对家暴,可在离婚诉讼前、诉讼中及诉讼后免费向法院提起人身安全保护裁定申请。[1]

3. 家事审判机构专门化,更好地保护了家事案件中妇女儿童等弱势群体的利益。如家事审判改革中,很多法院在抚养纠纷、探望权纠纷等民事案件的审理中尝试引入"第三方"评估机制,即根据案件需要聘请适当的社会人士担任社会观察员,对涉案未成年人开展社会调查,提供更有针对性的保护;在相关案件中经当事人同意后组织具有心理咨询专业资质的人员提供心理干预机制;还有些成立了"妇女维权合议庭",合议庭由家事法官和同级妇联权益部共同负责。有些法院还建立"三优先"机制,即对涉及妇女权益案件,坚持依法优先立案、优先审理、优先执行;设立妇女维权诉讼绿色通道,对符合救助条件的妇女维权案件女性当事人依法减缓免诉讼费。

四、我国家事审判机构专门化的设置模式

在审判改革实践中,全国各试点法院积极探索符合婚姻家庭案件特点的审判工作机制——建立家事审判专门机构——家事法庭、家事审判庭或其他家事审判专门机构和人员。

1. 家事审判法庭模式

2011 年 3 月,江苏省徐州市贾汪区法院试点设立家事审判合议庭,专业审理涉婚姻家庭类案件。家事合议庭由 2 名法官、2 名专业从事心理学研究的人民陪审员组

---

〔1〕 参见《广西探索家事审判改革,从"一判了之"到"家庭救治"》,载新闻中心—北方网:http://news.enorth.com.cn/system/2017/12/19/034250024.shtml,最后访问日期:2018 年 5 月 10 日。

成,另外还特聘 1 名从事妇女儿童维权工作的区妇联副主席担任特邀调解员。2012 年 5 月 2 日,贾汪区法院家事审判庭经过一年试点正式获得该区机构编制委员会批准成立。这是全国首家获得正式编制的家事审判庭。[1] 家事合议庭坚持调解优先、不公开审理、维护家庭成员关系改善与和好以及倾斜保护弱势家庭成员的利益原则。在审判庭的场景布置上,突出浓厚的家庭的温馨和谐气氛,采取"圆桌式"布置。

2. 少年与家事法庭模式

2013 年 7 月,南京市中级人民法院积极改革创新,在江苏率先成立了未成年人及家事案件审判庭,2013 年 7 月 1 日正式挂牌。少年与家事法庭是在少年庭的基础上,整合民一庭部分擅长婚姻家庭案件审判的法官共同构成,实际上是对原有少年审判资源的继承,并且遴选富有家事审判经验的审判人员,充实到少年及家事法庭。少年与家事法庭分为少年部和家事部两个部分,受理少年刑事案件、涉少刑事案件、婚姻家庭案件等。

在家事审判改革实践中,作为全国试点的南宁市江南区法院、良庆区法院、崇左市宁明县法院设立了家事与少年审判庭,作为法院专门机构审理家事案件以及涉及未成年被告人的刑事案件。广西河池市都安县人民法院于 2017 年 7 月也成立了专门的"家事少年审判中心",受理案件的范围包括婚姻、追索赡养费等家事案件以及涉及未成年被告人的刑事案件。而为了方便一些因路途遥远或身体原因无法到中心的当事人进行诉讼,该中心在所辖四个法庭还设有专门的工作小组。

3. 少年法庭模式

江苏常州法院等基于其少年庭实践在全国的影响和优良口碑,除了钟楼法院以外,两级法院的精力放在少年庭业务的拓展上。近几年来,他们在少年庭的改革创新中,不断拓展涉少审判的案件范围,将婚姻家庭案件归入少年庭统合处理,在实践中采取了诸多新的改革举措,取得了不俗的成果。上海长宁法院也是在少年庭的业务范围拓展中引入涉少家事案件,特别注重运用心理干预机制防止家暴的发生。法院在案件审理过程中发现有家暴情形或苗头的,引入心理干预机制,聘请心理咨询师,对有心理阴影的当事人提供心理疏导和心灵修复。心理咨询师可帮助分析家庭矛盾产生的原因,夫妻吵闹对未成年人造成的伤害,家庭冷暴力对婚姻的影响,要求当事人学会如何保护自己不受到家庭暴力的伤害,同时对有暴力倾向的当事人进行有针

---

〔1〕《全国首个在编家事审判庭成立"清官难断家务事"将改善》,载 http://www.legaldaily.com.cn/locality/content/2012-05/08/content_3556202.htm?node=34638,最后访问日期:2012 年 7 月 26 日。

对性的心理矫治,以杜绝家庭暴力行为。

4. 民庭中的家事审判合议庭模式

在全国家事审判改革实践中,因案件数量、专业化人员或者其他配套措施的不足等原因,有部分试点法院和很多非试点法院既没有设置少年法庭,也没有设立家事法庭或者少年家事法庭,家事审判专业化的审判工作的开展主要有以下两种形式:一是挑选了经验丰富、善做调解工作、热爱家事审判的资深法官或者女法官组织专业化合议庭,充分发挥专业优势,依法保护当事人的合法权益;二是由员额法官组成专门化的家事审判团队,专门负责婚姻家庭、继承纠纷审判工作。

从审判经验来看,女法官比男法官更擅长也更适合处理婚姻家庭、继承纠纷,尤其是具有丰富人生阅历和审判经验的女法官。女法官更为感性、耐心、细致,处理婚姻家庭、继承纠纷时在与当事人的沟通方面具有明显的优势。

5. 家事与少年审判中心——广西柳州市家事少年案件审理中心

在家事审判改革的实践中,广西各试点法院纷纷设立家事法庭、巡回法庭、家事审判合议庭等,组建专业化审判团队。截至 2017 年年底,广西各级法院共成立家事法庭 69 个、家事巡回法庭 81 个、家事合议庭 147 个、调解室 114 个,共有家事独任法官 332 人。其中,柳城、宁明县法院成立了有独立编制的家事审判庭。最有特色的是广西在柳州市成立了全国第一个"家事少年案件审理中心",集中审理家事和少年案件。[1]

为了更好应对家事审判的特殊需求,实现其特定价值,广西柳州市中级法院、柳北区法院将原郊区法院办公楼改建成家事少年案件审理中心,集调查、调解、心理辅导、儿童观察、亲情会面等功能为一体。该中心于 2016 年 6 月 1 日正式启用,集中管辖该市四城区(城中、鱼峰、柳南、柳北)基层法院家事案件及未成年人刑事案件,形成了相对独立的家事少年案件的审理场所,是未来家事法院的雏形。该中心位于柳州市广雅路北三巷 10 号,分别在三、四楼新设圆桌法庭、少审心理疏导室、亲情会见室、家事调查室、家事调解室、心理辅导室、儿童观察室等功能区域,其中亲情会见室通过庭前或庭后,既使得未成年刑事被告人能轻松地与家人会面,又让法官、检察官得以进一步了解未成年刑事被告人成长情况;儿童观察室作为一间亲子互动室,室内温馨的装饰格调配搭欢快的游乐设施,更有利于家事法官从中观察孩子与家人的疏近关

[1] 参见《广西探索家事审判改革,从"一判了之"到"家庭救治"》,载新闻中心—北方网:http://news.enorth.com.cn/system/2017/12/19/034250024.shtml,最后访问日期:2018 年 5 月 10 日。

系。为营造家事审判文化氛围，中心还设置了以“家风、家训、家教”“家和万事兴”“夫妻和睦”“尊老爱幼”等为主题的文化墙，运用民俗典故、真实案例宣传法律知识和人生道理。该中心办公硬件场所的独立专设顺应了家事少年案件处理的专门化、专业化要求，提供了坚实的物质基础和保障，既便于实施适合家事案件、未成年人刑事案件的集中管辖审判模式，便于集中具有相应审判经验的办案人员，在专业审判机构内统一实行审判原则、裁判尺度和工作机制，更有利于实现与相关部门建立运行的多元化纠纷化解联动机制的“软着陆”，最大限度地达到维护婚姻家庭的稳定，依法保护未成年人的合法权益的目的。[1]

据悉，广西柳州家事少审案件集中管辖后，年均受理案件 1600 件左右，具有一定的规模效应，其独特的理念和广泛的社会联动，为将来家事法院的构建打下了现实基础。

五、结语

随着家事审判制度的不断发展，家事审判机构专门化已经成为我国司法机构改革的必然要求，我们有理由相信，在不远的将来，专门的家事审判机构将在我国遍地开花。

---

〔1〕 参见《广西首个家事少年案件审理中心正式启用》，载柳州市中级人民法院网：http://lzzy. chinacourt. org/public/detail. php? id =4916，最后访问日期：2018 年 5 月 20 日。

关于司法改革背景下人民法院物质装备管理模式研究*

——以广西法院为例

广西壮族自治区高级人民法院课题组**

从党的十八届三中全会明确提出全面深化司法体制改革的总体目标后，全国法院、检察院系统紧紧围绕总目标作了许多卓有成效的实践及探索。2017年10月18日习近平总书记在中国共产党第十九次全国代表大会上再次强调：坚持深化司法体制改革的总要求。[1] 当前改革向深水区迈进，新旧体制互相碰撞、新老观念激烈冲突、机构人员重大调整、利益格局根本重塑、各种矛盾复杂交织。要将司法体制改革进行到底，离不开强有力的经费保障和物质保障。目前，广西法院人财物统管改革工作正如期进行，但由于处在第三批试点及其他客观因素等原因，相比其他省级法院我们起步较晚且步伐较慢，为实现改革目标，课题组将以推动省级以下地方法院"物"的统一管理改革为切入点，运用实地调研、统计分析、归纳比较等方法，全面了解广西法院基础设施、审判设备配备、信息化建设及经费保障等现状，摸清各级法院物资装备底数，找

---

* 本文为广西壮族自治区高级人民法院2016年调研课题成果，项目编号：GXGY(2016)B05(01)，曾获最高人民法院第二届"司法保障学术论坛"主题征文三等奖。

** 课题组主持人：韦新荣，司法行政装备管理处处长。课题组成员：韦向明，司法行政装备管理处副处长。执笔人：葛琳玲，广西财经学院讲师；林园，办公室副科长。

〔1〕《决胜全面建成小康社会 夺取新时代中国特色社会主义伟大胜利》，习近平在中国共产党第十九次全国代表大会上的报告（2017年10月18日）。

准广西法院物资装备建设上存在的问题及困难。在充分调研的基础上，认真总结相关探索实践，从人员配备、完善机制、加大信息化建设力度、强化“两庭”建设、提高经费保障效益等方面提出对策和建议，并结合实际探寻法院物质装备省级统管的方法和路径。鉴于此，本文从分析目前广西法院物质装备建设状况入手，查找存在的问题，借鉴有关实践经验及做法，寻找总结一套适用于广西法院物质装备统管模式建立的方法。

一、广西法院物质装备构建的基本情况

人民法院的物质装备是国有资产的重要组成部分，是人民法院审判执行及司法行政工作的物资基础和重要保障，包括固定资产、流动资产、无形资产、在建工程、其他资产，其中固定资产、流动资产、无形资产是主要组成部分。目前，广西法院物质装备构建情况如下：

（一）广西法院法庭（“两庭”）概况

目前，广西共有 130 个法院，除高级法院外，有中级法院 16 个（含南宁铁路运输中级法院、北海海事法院），基层法院 114 个，派出人民法庭 328 个。广西法官学院 1 所，广西执行指挥中心和信息管理中心 1 个，中级人民法院固定刑场（含法警训练基地）10 个。目前，有不少法院执行指挥中心建设和诉讼服务中心升级改造已纳入当地政府投资计划，预计 2018 年年底前有 26 个项目投入使用。

（二）广西法院业务装备构建概况

1. 广西法院业务装备构建模式。广西法院物质装备的构建模式主要采用分级采购机制。2013 年，自治区财政厅会同自治区公、检、法、司等主管部门联合下发了《关于进一步加强和完善政法转移支付资金业务装备分级采购工作的通知》（桂财行〔2013〕59 号），再次明确政法转移支付资金业务装备经费总额为自治区下达的政法转移支付资金业务装备经费以及市、县按自治区要求安排的不低于自治区下达业务装备经费 10% 的配套资金部分。同时，还明确自治区高级人民法院负责采购武器弹药、法院及其他工作人员服装、司法警察服装、安全装备、网络设备、标志性设备等项目，各市中级法院和基层法院负责采购除了自治区组织采购项目之外的所有项目。

2. 广西法院业务装备配备情况。广西法院严格执行财政部、最高人民法院《关于印发〈基层人民法院基本业务装备配备指导标准（试行）〉的通知》要求，广西法院所有法庭标志性装备和配套装备达标配备率达到 91%；人民法庭信息应用装备（包括庭审记录系统、扩声系统、证据展示系统、法庭应用系统、网络设备、信息发布系统、音

视频设备等）配备率达到85%；档案室设备和档案数字化设备建设配备率达到81%。绝大部分法院配备安检防护装备，广西法院执法执勤用车全安装“双轨道”卫星定位系统。截至2017年年末，广西法院固定资产总值36亿元，比“十一五”增长33.34%，其中：车辆总数1622辆，计算机等信息化办公和办案装备、警用设备3.75万台（套），比“十一五”增25.6%。

3.广西法院信息化建设情况。近年来，广西法院信息化建设实现大跨步发展。从2008年至2016年，法院信息化建设从几乎“空白”状态，实现了全面性、根本性的飞跃。在硬件上，高速专网、高清会议、远程提讯、视频接访、科技法庭、窗口监控、执行指挥等基础设施建设实现全面覆盖；在软件上，研发了司法办案、综合政务、决策研判、队伍管理、诉讼服务五大平台90多个应用子系统。广西130家法院，甚至是边远少数民族地区的法庭，都能够实现庭审同步录音录像、远程电子签章、远程视频监控、数据互通共享。2015年仅用9个月时间建成启用，被最高人民法院周强院长称赞为：全国一流的广西法院信息化管理中心、执行指挥中心大楼。按照“两个一流”（信息化建设水平一流、应用水平一流）建设目标，该大楼集网络、数据、云计算、执行指挥等功能于一体，对内汇聚各种应用和数据，对外连接30多个部门，是广西三级法院审判、执行、政务、队伍、诉讼服务管理信息化、决策科学化、指挥程序化、保障统筹化、方法系统化的综合信息化管控中心，标志着广西法院信息化建设迈入了全新的时代。

（三）广西法院物质装备建设经费来源

广西法院物质装备构建经费源于以下几个方面：

1.政法转移支付资金。2017年，中办、国办联合印发《关于加强政法经费保障工作的意见》规定政法转移支付资金，[1]主要分中央政法转移和省级政法转移支付资金（省级政法转移支付资金是各省级财政按中央转移支付中业务装备经费总额给予的10%配套经费）两大部分。这部分经费主要用于法院设施设备、信息化、服装等装备购置。

---

[1] 2009年，中办、国办联合印发《关于加强政法经费保障工作的意见》，将政法经费保障体制改革为“明确责任、分类负担、收支脱钩、全额保障”的新体制，建立了分项目、分区域、分部门的政法经费分类保障制度。

表1 2014~2017年广西法院中央政法转移支付资金下达情况

单位:万元

年度	办案业务经费	装备业务经费	广西法院受理案件数	总额
2014年	29 351	16 562	353 437	45 913
2015年	29 351	16 562	438 050	45 913
2016年	28 235	16 885	528 539	45 120
2017年	29 264	19 509	584 505	48 773

从表1中反映出,近几年来,受国家财政紧控各类行政事业经费预算的支出及中央对违反八项规定和厉行节约反对奢侈浪费的有效整治多方的作用下,虽然法院案件量呈现出逐年大幅增长的现象,但法院保障经费增长幅度不大甚至出现零增长都属正常现象。不过,近几年无论是中央还是广西对法院的信息化装备建设仍是相当重视,在建设经费支持上力度不减。

2. 基础建设补助资金。主要包括中央预算内投资资金、省级配套投资资金、同级财政配套资金以及自治区通过统筹广西诉讼费分配补助资金,[1]广西大部分基建项目就适用这两种情况。[2]

表2 2014~2017年广西法院基础设施建设经费投资情况

年度	涉及项目	投资金额(万元)				
		总投资	中央投资	省级投资	同级投资	天平工程专项建设
2014	27	20 773	14 222	4740	1811	0
2015	22	23 431	13 627	3407	4251	2146
2016	8	4899	3768	942	189	0
2017	9	12 571	8572	2047	1952	0

〔1〕 根据2011年9月3日,国家发展和改革委、最高人民法院、最高人民检察院、公安部、国家安全部、司法部、财政部、国土资源部、住建部联合下发的《关于加强和改进政法基础设施建设管理工作的意见》,明确对政法基础设施建设采取新的投资保障机制,属于国家扶贫开发重点工作县,是维稳任务重以及经济困难地区,中央负担85%、省级负担15%,县级不用任何负担;属于西部和中东部除国家扶贫开发工作重点县以外的享受西部政策的县(市),中央负担70%、省级负担25%、同级负担5%。

〔2〕 最高人民法院司法行政装备管理局课题组:《人民法院司法行政管理改革的路径与成效(二)》,载《人民法院司法行政管理研究与参考》第2辑。

从表2可以看出:“十二五”期间广西法院基础设施建设发展较快,年投资量均达到2亿元以上,但受国家发展改革委严控“十三五”政法基础设施建设项目的影响,广西法院2015年以后只有在建项目获批纳入“十三五”规划中,因此2016年、2017年以来中央投资资金大幅缩减。

3.法院诉讼费收入返还和罚没款。从法院建设实际来看,通过统筹诉讼费方式仍是西部乃至全国大多数法院目前的一项重要收入来源。罚没款也是大多数人民法院经费的另一项重要来源。[1] 在实际调研中,有不少基层人民法院通过积极与当地政府、财政等部门协调,争取到了不等比例的诉讼费和罚没款的返还,补充了物资装备经费支出缺口。

表3　2014～2017年自治区统筹诉讼费统计情况

单位:万元

年度	全区诉讼费总收入	自治区统筹金额				
		总金额	用于补助办案经费	用于补助装备构建	用于基础设施建设	偿还债务
2014年	15 922.37	7340	1331	400	5609	0
2015年	28 087.28	20 775	950	350	19 315	160
2016年	38 937.05	27 720	150	500	27 070	0
2017年	42 602.5	27 903	400	2500	25 403	0

从表3中反映出,近几年,广西法院诉讼费随着案件量的增长,逐年高速递增,年均增长率达到51%。用于自治区统筹的诉讼费也是逐年高速递增,年均增长率达到71.3%。绝大部分统筹诉讼费用于补助基础设施建设。

二、近年来广西法院物质装备保障工作的成效

近几年,广西法院不断加大物质装备建设工作力度,通过科学规划、增加投入、强化管理,有效提高信息化、科技化、现代化办案办公水平,为审判执行各项工作和司法体制改革提供了坚实的物质保障。

(一)广西法院经费管理和保障水平稳步增长

近几年,广西法院经费保障能力保持较高态势。据统计,2017年广西法院年度经

〔1〕 根据财政部《罚没财务和追回赃款赃物管理办法》规定,各地区可对罚没款核拨一定比例作为办案费用补助执法机关使用,据此,各县、区财政部门统筹一定比例,核拨给人民法院用于补充办案经费。

费收入 371 701.2 万元，比 2016 年增加 47 800 万元，增长 14.7%。中央政法转移支付资金总体持平，2017 年全区政法转移支付资金 48 773 万元，与 2016 年相比增加 3653 万元，增长 8%；其次，诉讼费征缴连创新高。随着广西诉讼案件的增长及严格“依法征收，应收尽收”的要求，2017 年上缴自治区国库诉讼费 42 602.5 万元，比 2016 年增加 3665 万元，增长 9%，屡创历史新高；最后，积极推进财务省级统管工作，广西高院行装部门积极开展前期摸底测算，提前对前三年各级法院的人员经费、公用经费、项目经费和基本建设经费进行统计、汇总和分析，预判各级法院财物上划管理工作中可能出现的问题。2017 年上半年，自治区财政及各地财政已给法院、检察院逐步核发一定基数的增资工资。同时，注重强化财务管理机构和财务人员保障，不少法院招录、遴选了一批财务人员，90% 以上的基层法院配备了专职财务人员，78% 以上的法院配备了 2 名以上的专职财务人员，为全面统管做好了准备，如图 1 所示。

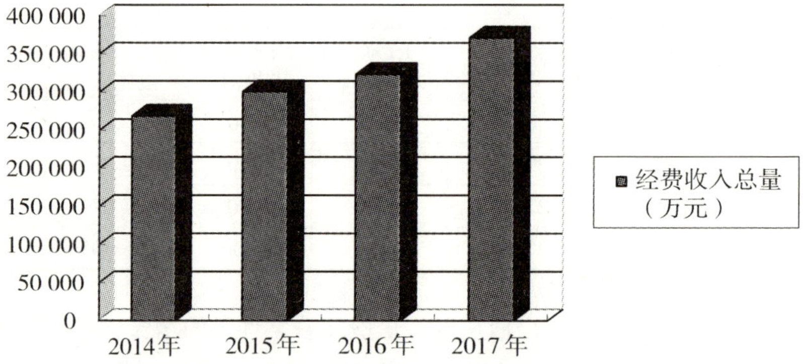

图 1　2014 ~ 2017 年广西法院经费收入总量

（二）“两庭”建设呈现新气象

“十二五”的五年是广西法院系统基础设施建设发展最快的五年，“两庭”建设的健康快速发展使法院的整体形象得到极大提升，广大干警的办公条件得到极大改善，社会效果和民生效应得到极大增强。“十二五”期间，广西三级法院实际动工项目共计 113 个，占规划项目总量的 59.5%，占全区法庭总数的 27.5%；已建成使用 68 个法庭（其中审判法庭 39 个，人民法庭实 29 个），新建法庭面积约 737 888 平方米，总投资约 212 254 万元，其中中央预算内投资约 84 161 万元（与“十一五”相比增长了217.4%），省级投资约 22 621 万元，地方投资约 53 911 万元。化解历史建设债务11 805.3 万元。在国家发改委严控政法基础设施项目的情况下，“十三五”广西法院仍有 10 个审判法庭建设项目纳入“十三五”建设规划篮子中，预计可获中央预算内资金18 208 万元。（见表 4）

表 4　广西法院“十二五”期间基础设施建设情况统计

截至 2017 年 3 月

序号	项目	建设性质	建设规模（平方米）	占地面积（亩）	投资金额（万元）					
					总投资	中央投资	省级投资	同级投资	拖欠债务	其他
合计		—	737 888.10	1241.87	212 253.85	84 161.98	22 621.95	53 911.10	18 794.64	16 551.93
各中级法院合计		—	115 014.77	181.38	42 006.3	12 281	4861.9	11 405.72	2067.79	11 573.4
基层法院合计		—	622 873.33	1060.49	170 247.55	71 880.98	17 760.05	42 505.38	16 726.85	4978.53
南宁基层法院小计		—	103 060.85	220.5	32 264.3	11 069.71	3169.95	10 762.58	754.1	115
柳州基层法院小计		—	83 881.36	114.346	27 783.94	6693.3	778	11 374.64	7734	1346
桂林基层法院小计		—	82 869.30	119.84	23 241.81	9428	3028	4210	1881.73	1494.64
梧州基层法院小计		—	41 888.59	61.91	10 147.10	6040.78	1600.70	1397.48	657.92	0
崇左基层法院小计		—	41 613	71	11 653	5367	1330	2121	1170	1465
来宾基层法院小计		—	27 289.21	157.31	7018.64	3143	733.80	2577.50	344.50	168.89
来宾基层法院小计		—	15 345.46	36.02	1395.46	258	91	691.84	0	0
玉林基层法院小计		—	34 339.20	30.81	7924.84	4411	1417.60	2096.24	0	0
百色基层法院小计		—	59 743	35.8	13 911.26	6913	545.5	603	0	213
河池基层法院小计		—	52 529.12	47.57	10 841.70	5748	1817	1378.90	1640	126
钦州基层法院小计		—	10 793	5.62	3642.1	2065	370	1157.1	0	50
防城港基层法院小计		—	25 970	49.98	7504.2	3636	800.5	1526.62	2141.6	0
贵港基层法院小计		—	41 621.24	106.8	12 316.2	7051.19	1939	2201.48	403	0
北海基层法院小计		新建	1930	3	603	57	139	407	0	0

（三）信息化建设和应用水平实现较大发展

近年来，广西高院党组坚决贯彻“科技强院”方针，牢固树立“一盘棋”思想，坚持统一规划、统一部署、统一实施，合理引进与自主研发相结合，信息化建设实现大跨步发展。从2008～2016年，法院信息化建设从几乎“空白”状态，实现了全面性、根本性的飞跃。在硬件上，高速专网、高清会议、远程提讯、视频接访、科技法庭、窗口监控、执行指挥等基础设施建设实现全面覆盖；在软件上，研发了司法办案、综合政务、决策研判、队伍管理、诉讼服务五大平台90多个应用子系统。现在，全区130家法院，甚至是边远少数民族地区的法庭，都能够实现庭审同步录音录像，远程电子签章，远程视频监控、数据互通共享。不仅如此，2015年仅用9个月时间建成启用，被最高人民法院周强院长称赞为，全国一流的广西法院信息化管理中心、执行指挥中心大楼。按照“两个一流”（信息化建设水平一流、应用水平一流）的建设目标，该大楼集网络、数据、云计算、执行指挥等功能于一体，对内汇聚各种应用和数据，对外连接30多个部门，是广西三级法院审判、执行、政务、队伍、诉讼服务管理信息化，决策科学化，指挥程序化，保障统筹化、方法系统化的综合信息化管控中心，标志着广西法院信息化建设迈入了全新的时代。

三、广西法院推行省以下物质装备统管面临的困境及现实中存在的问题

目前，广西法院积极推进司法体制改革，着力加强物质装备保障工作，为改革保驾护航，但受地方社会经济发展程度和自身客观因素等影响，广西法院财物统管改革工作仍处在准备阶段，要实现改革的预期目标，广西法院物质装备保障工作仍有不少问题值得重视和思考。

（一）部分法院对物质装备工作重要性认识不足

不少基层法院领导对于法院物质装备管理意识不强，重购轻管，“失之于松、失之于宽”，重视经费的严管，忽视对资产装备的监督和管理。同时，物质装备管理缺位。[1] 在调研中发现，一些物质装备采购回来后，记账不及时，以致账实不相符；一些单位物质装备超期服役的多，未能按期报销清账，以致账面资产过大；物质装备未能定人定位管理，以致出现提前报废的现象等。

〔1〕 郑文斌：《关于广州市法院基层物质装备建设情况的调研报告》，载《人民法院司法行政管理研究与参考》第4辑。

（二）法院物质装备建设发展不全面、不平衡、不扎实的问题仍然突出

一是广西属经济落后地区，地方财政实力不足，受理案件数量少，诉讼费收入少，但办案成本并不低于发达地区，这些地区的经费保障水平较低，导致地区间物资装备建设发展极不均衡。二是广西法院基础设施建设仍待加强。受广西地域经济条件和国家发改委严控政法基础设施建设项目影响，广西法院"十三五"期间基础设施建设任务依然艰巨和繁重，缺口资金的来源以及统管后法院基建项目的审批权限和经费来源等问题已凸显。三是广西法院信息化建设依然薄弱。比起北上广深等发达地区，甚至是云南、贵州等少数民族地区，广西法院的信息化建设步伐比较缓慢，离实现建设广西法院信息化3.0版的目标还很艰巨。

（三）物质装备保障体制需进一步理顺

一是物质装备资金来源单一，逐年增长机制尚未落实。中、基层法院物质装备资金主要来源于中央政法转移支付资金，还有地方财政给予的装备项目补助经费（根据各地法院自主协调力度而定）。同时，中央政法转移支付资金下达的周期较长，影响基层法院运转和正常工作开展。二是物质装备统管模式尚未成型，统管仍需时日。从全国司改工作来看，法院物质装备省级统管工作仍滞后，未形成可行性的操作模式可供参考借鉴。

（四）法院物质装备管理水平不高，管理队伍亟待加强

通过调研走访，了解到广西基层法院物资装备管理工作人员普遍存在：第一，综合素质偏低，没有经过系统专业知识学习和培训，专业知识缺乏，仅凭经验和传承的方法工作，很难胜任现代法院装备规范化、技术化管理的需要。第二，责任意识不强。认为物资装备是国家的、单位的，跟自己没有什么关系，对装备工作缺乏责任心。第三，往往身兼数职。多数基层法院的装备管理人员是兼职工作，有的甚至一人承担多项工作，难以专心从事装备管理。

（五）推行省级以下法院物质装备统管面临的困境

一是省级财政能力负担问题。省级以下法院物质装备的统一管理，最重要的是财源问题。物资统管后财源的统一管理机制如何构建。中央财政的转移支付能否保持有增无减，省级财政本身的额度能否保证有增无减。各级法院在办案中收缴的诉讼费、罚没款等能否做到应收尽收并统一上交省级财政，以保障省级财政有足够的财源来负担全省各级法院的经费开支。此外，广西各地经济发展极不平衡，各地各层级法院的办案数量、办案成本及对物资装备需求的程度也难以一一测定，如果建立全区统一的物资装备保障标准，容易造成部分法院的实际需求难以满足。二是物质装备

管理标准如何确定。由于各地区经济发展不均衡、办案数量不均，实行省级统管后如何科学、合理地确定物质装备配发标准、报废程序等都是急需解决的问题。三是骤增的工作量与人事管理矛盾如何化解问题。实行省级物资统管后，高院本级物资管理人员将由管理一个高级法院物资骤然变为统管上百家法院，在工作量增加上百倍的前提下，如何做好物资统管工作也是急需解决的问题。

四、部分省份法院物质装备省级统管经验借鉴

目前，有广东、海南等 13 个省（区、市）已在辖区内实行财物省级统管改革，在实行改革的地区有的地方不仅实现了省级统管，还出台了相应的管理办法，健全了相关机构，这些省（区、市）改革的成功经验都为广西的改革提供了借鉴。

（一）广东省物质装备省级统管经验借鉴

2016 年 3 月，我随同广西高院领导及有关部门走访了广东省法院。广东省作为第二批试点单位，从 2015 年起，全面启动法院财物省级统一管理工作，除深圳市法院（含市区）、前海合作区人民法院外，全省 157 个中、基层法院均作为一级预算单位纳入省级财物统一管理范围。具体做法是：

前期工作。一是制订改革实施具体方案。从 2014 年开始，广东省由省政法委牵头，建立以财政厅、法院、检察院、人社厅、编办、发改委主要领导组成的联席会议制度，制定法院、检察院财物省级统一管理的改革时间表，明确各单位职责分工。二是做好前期摸底预测。广东省高院司法行装部门在院司法改革领导小组的统一部署下，提前对前三年各级法院的人员经费、公用经费、项目经费和基本建设经费进行统计、汇总和分析，预判各级法院财物上划管理工作中可能出现的问题。由于前期工作准备充分，广东各级法院于 2015 年如期完成 2016 年省级财政的部门预算编制工作，按照省级财政部门的统一口径，2016 年各级法院部门预算的经费安排基数以 2014 年部门决算数为基准，遵循“保高托低”的原则，人员经费以 2014 年决算为基数并考虑 2015 年政策性增资因素进行核准，公用经费和项目支出经费以 2014 年决算数为基数增长 10% 进行核准，从而实现全省法院经费保障的平稳过渡和较好的保障。三是人员配置到位。为了满足各级法院财物省级统一管理改革需要，针对高院财务机构不足及财务人员缺乏，无法满足改革需求的问题，相应增加了财会专业人员的配置，2014 年年底，高院新增财务人员 4 名，以适应和保障全省法院财物统一管理工作的需要；四是有序出台相关政策。广东省财政厅牵头，会同省高院、省人民检察院联合印发《广东省以下法院、检察院财物统一管理暂行办法》（粤财〔2015〕700 号），细化《省

以下法院、检察院国库集中支付管理操作办法》《法院、检察院非税管理操作办法》《资产管理操作办法》《政府采购管理办法》，明确工作实际操作流程，用制度推动整个工作的有序推进。

统管后工作。一是加强统管工作培训、指导和监督。广东法院财物省级统一管理后，针对各级法院的财务人员素质参差不齐，部分法院尤其是基层法院配置的财务人员业务能力偏低无法适应财物统一管理的业务需要，以及部分法院采用地方财政统一报账制度而不适应省级财政管理方式等状况，通过定期组织业务培训、加强业务指导、严格审计监督等方法，推动各级法院财务管理水平的整体提升。二是大力推行政府购买社会服务。当前，广东省正着力开展各级法院资产上划省级统一管理工作，就通过购买社会服务的方式委托第三方对各级法院的资产进行清查。此外，案件裁判文书送达、信息化工程维护、食堂管理等均采取购买社会服务的方式，通过外包服务方式进行管理，在一定程度上缓解了各级法院人员偏少的问题。三是规范非税收入管理。对各级法院银行账户的上划过程中，广东省高院严格按财政部门的要求对银行账户进行清理，清理核准全省各级法院开设的银行账户。四是落实人员薪酬保障制度。广东省法院于 2016 年年底前已按司改工作要求，圆满完成法官入额任务，截至 2016 年 12 月 31 日广东省法院入额法官 6575 人，控制在全省法院在编人员 39% 以内。同时，按照“三类人员，两种待遇”的基本精神，广东省法院入额法官、司法辅助人员、司法行政人员工资已分别按基本工资(前四项内容)的 50%、20%、20% 的标准，从 2016 年 10 月开始发放，司法警察参照公安序列工资发放。

存在的问题。(1)人员经费保障问题。由于省纳入财政统一管理，工资审核和发放渠道的变更，退休人员退休费是否同步上划的问题，需要高院与人社厅、财政厅沟通协调审核程序和发放的流程。(2)法院聘用的司法辅助人员经费保障问题。改革后，除了入额法官可以依法办案外，对司法辅助人员尤其是书记员的需求量逐步增大。因此，由原当地同级财政负担的聘用人员经费，现上划省级财政统一负担，致使省级财政部门对此部分经费保障的理解存在不少差异，对此类经费保障必将造成很大影响。(3)基本建设项目的经费保障问题。由于前期工作没有省发改委的参与，没有明确项目立项审批管辖级次，因而各级法院财物上划省级统一管理后的“两庭”建设项目在经费保障上将受到影响。

(二)海南省物质装备省级统管经验借鉴

海南省在 2015 年 7 月起全部实现了省级以下法院财物统一上划省级财政管理，省内各级法院的经费管理权限划归省级财政，涉及追加预算调整事项须报经省级财政部门同意后按程序报批。全省法院收入经费上划的同时,法院资产和债权债务也同时上划省级统一管理。海南省法院物质装备省级统管得以顺利实施的前提是先由省财政厅联合两院按照先清理再划转的原则,摸清情况后,再通过制订相应方案来实施统管。其中,摸底环节由省财政厅聘请第三方对两院上一财政年度的资产、债权、债务进行彻底清查。清产核资结果还需得到各级政府确认后,由第三方交由省财政厅复核,复核结果经三方确认后资产与债权债务同时上划省级管理。为确保省级统管的顺利实施在资产、债权、债务清查的同时,省财政厅印发《海南省各级人民法院人民检察院政府非税收入收缴管理暂行办法》,并将两院的收入纳入政府非税收入征管信息系统,确保两院收入应收尽收,上缴省级国库管理。

(三)湖北省物质装备省级统管经验借鉴

2017年年初走访了湖北省法院。湖北省作为全国法院司法体制改革试点工作起步较早,也是唯一一个最早完成法院财政省级统管的省份。据了解,改革开始前,湖北省基层法院司法经费也是由市(区、县)财政负责,每年年底将下一年度的预算方案上报各地财政局,再经地方人大审核通过后,经地市财政局的手将经费下拨。

改革以后,湖北省高院专门设立了统管全省各法院财政的部门。首先,全省各级法院收的诉讼费和罚没款等费用悉数交归省财政,作为财政统管的经费来源。其次,全省各基层法院按照上几个年度的法院支出情况,根据省高院统一下发的操作手册,分门别类地制订下一年度的经费预算方案(制订方案前,省高院会召集全省各法院的专业科班出身的财务人员进行统一培训,确定预算的基础是设立法院的开支基数,跟法院编制有很大关系)。再次,各级法院将本院预算制作好后,通过所在市的中级法院汇总,再上报到省高院,省高院汇总全省法院的预算方案后报省财政厅。最后,由省人大会议审议通过。

在法院经费开支过程中,各市财政局成立财政办、监督办,对各法院的开支情况起到监督作用,对预算执行率进行通报,如有需要增加预算的,需要通过严格的审批制度进行增加。年终检查预算执行情况,对没有科学合理使用预算方案中各项费用的法院,对下一年度的预算审批进行压缩。

五、完善广西法院物质装备省级统管机制的建议

习近平总书记强调,司法体制改革要借鉴国外法治有益成果,但不能照搬照抄国外司法制度,要坚持从实际出发,结合不同地区、不同层级司法机关实际情况积极实践,推动制度创新。同时,最高人民法院张述元副院长在《2017年全国法院司法保障

工作会议》上强调,[1]目前,不少省份司法改革工作已走在广西的前面,不仅为广西司法体制改革工作提供了很多宝贵的经验和做法,同时这些省份在改革中碰到的问题也值得我们思考和重视,让广西在今后的工作中少走弯路。综上所述,对下一步统管工作有如下思考:

(一)加强引导,凝聚推动法院财物省级统管强大动力

深化司法体制改革政治性、政策性强,各级人民法院要高度重视法院经费省级统管过程中思想工作、政策解读和舆论引导,确保人心不散、秩序不乱、工作不断。最高人民法院的政策解读提到如何理解省以下地方人民法院人财物省级统管,[2]综上所述,一要牢牢坚持正确的政治方向,坚决维护以习近平同志为核心的党中央权威,始终在思想上政治上行动上同党中央保持高度一致,坚决抵制西方错误思潮,绝不能犯方向性错误。二要严格遵守政治纪律,对中央出台的改革政策措施,要不折不扣地贯彻执行,不允许说三道四、忘加议论,不允许消极观望、拖拖拉拉,不允许阳奉阴违走样变形。三要改变过去不敢说、不会说的工作方式,充分运用各种媒体和渠道,大力宣传司法改革取得的成效,增强各方认同,凝聚改革正能量,为推动法院财物省级统管营造良好的舆论氛围。

(二)抓好顶层设计,确立法院财物省级统管的模式

1.建议最高人民法院联合国家发改委、财政部等相关部门出台地方各级法院财物省级统管实施办法,明确各省、自治区、直辖市高级人民法院在省级统管中的地位和职责,明确省级统管后预算编制和执行的具体操作流程,明确省级统管后中基层法院基础设施建设投资保障体制的运行模式,明确法院资产装备省级统管后的管理机制,指导和监督各地制定完善省级统管后的财务管理、国有资产管理、政府采购管理

---

〔1〕 2017年8月31日,最高人民法院副院长张述元在全国法院司法保障工作会议上强调,推进省以下法院财物统一管理改革,是党的十八届三中、四中全会部署的重大改革任务。全国各级法院要认真总结、借鉴试点经验,积极稳妥推进财物省级统管改革。要坚持问题导向,针对改革面临的困难,统一思想认识,破解保障难题,确保改革目标实现。要加强分类指导,注重改革整体效果,明晰统管责任,健全工作机制。总结推广安徽、广东等试点法院的经验做法,充分释放改革"红利",使统管改革实现预期目标。

〔2〕 最高人民法院《关于深入司法改革政策解读工作的通知》(法〔2017〕86号)明确提到,"司法权是中央事权。推动省级以下地方人民法院人财物统一管理,是确保人民法院依法独立公正行使审判权的重要改革举措。考虑到我国法官及其他法院工作人员数量比较庞大,统一收归中央一级管理和保障,实践中难以做到,因此,党的十八届三中全会决定提出省级以下地方人民法院、检察院人财物由省级统一管理。需要注意的是,上下级人民法院在审判业务上是监督关系,不是行政隶属关系,人财物省级统管不等于垂直管理,而是在省级平台上统筹管理。"

办法,完善地方法院公用经费、项目支出经费保障标准和逐年增长机制。

2. 统一基础建设项目的实施。改革以后,建议由中央和自治区出台政策,理顺法院与地方的关系,从制度上保障法院基础设施建设有序发展。一要明确各部门职责。中央和省级政府是各级法院基础设施建设的责任主体,可由省级发改部门负责法院基建项目审批、投资安排及监管;省级国土部门负责组织落实建设用地和办理用地审核、规费减免等相关手续;省级住建部门负责协调落实城乡规划、施工许可和工程质量安全监督及工程造价等工作。二要调整项目申报立项程序。高级人民法院和省级发改部门负责省以下地方法院基础设施建设项目的统一立项工作。项目单位申报基础设施建设项目,应先落实建设用地再经省级发改部门和高级法院审查同意后,统一向国家发改委申报立项并报最高人民法院报备。三要明确项目监督管理职责。高级人民法院和省级发改部门对省以下法院基础设施项目建设实施监督职能,各级项目单位党委负有直接领导职责。四要按照"事前事后"的办法,对改革期间和改革后延续的项目以及对项目的资金保障、审批权限等采取分级管理方式,该由地方政府承担的继续由当地政府负责。[1]

3. 国有资产集中统一管理。省以下法院国有资产统一上收至省级直管是实现改革的最终目标,鉴于目前全区各级法院资产状况较复杂,笔者认为可采取三步走的方式实现统管,即第一步清产核资登记。清产核资登记是做好资产划转的前提条件,资产清理划转的范围应包括各级法院由政府划拨和使用政府财政资金或单位自有资金添置的动产和不动产的所有资产。一要对国有资产台账进行清理,各级法院的在用资产根据资产台帐面值如数录入划转范围。二要对实物进行清理。根据资产账面余额,逐项资产进行登记造册,对部分未办证的土地、房产进行实地测量,摸清资产总量,为资产划转办证准备资料。三要进行清产核资。根据各级法院进行登记造册的资产和资产账面余额,组织专项工作组进行清产核资,确保国有资产不流失。第二步资产划转。将清产核资的结果作为划转资产的依据,对动产和不动产类进行区别划转。对于动产类,按照事权和财权相统一的原则,应按现在账面余额和实物进行全部划转。对于不动产类,建议按资产功能及使用部门划转。属于法院资产,按现在的账面余额和实物进行全部上划自治区;属于法院资产,但实际被地方政府征用或使用的,划转给地方政府;属于地方其他部门的资产,但实际由法院使用的,建议根据工作

〔1〕 唐虎梅:《推动省以下地方法院财物统一管理改革研究》,载《人民法院司法行政管理研究与参考》第5辑。

需要将相关资产划转法院。第三步全面实施统管。在前两步扎实的工作基础上,高级法院会同省级发改、财政等相关部门制定法院、检察院资产管理相关制度,明确省以下法院资产的配置、处置等事项经由高级法院审查报批,再由高院统一报省财政部门审批;明确资产处置的变价收入和残值收入,按照非税收入管理规定纳入省级国库。[1]

(三)理顺物质装备统管采购机制,提高法院物管上的独立性和效率性

1. 结合司法改革工作同步改进分级采购机制。按照中央司法体制改革的总体部署,加强调查研究,积极探索创新,在全力推动司法审判改革、法院人财物统一管理改革的同时,将修改和完善广西法院政法转移支付资金业务装备分级采购工作一并纳入试点先行工作中,为全面改进基层法院业务装备采购工作积累经验。

2. 提高基层法院物质装备采购独立性。进一步细化分级采购项目,在确保广西法院重点项目尤其是信息化项目统一由自治区统一组织实施的同时,适当将原由市级组织采购的部分项目下放到县级法院组织实施采购,从而提高基层法院装备采购的及时性、自主权和灵活性。

3. 加强采购环节管理。高级法院和省级财政部门制定加强和完善法院、检察院采购管理暂行办法,通过适当减少采购流程,减少资金支付环节等办法,切实提高基层法院业务装备采购效率。同时,加强对采购装备的前期考察、中期验收及售后服务等全过程的监督,确保产品售后跟得上,对集中采购的装备设备要定期组织厂家进行回访、维护,确保满足市、县人民法院的需要。

(四)加强管理力量,依托信息技术,强化跟踪问效,着力解决法院物质装备管理质效不高的局面

1. 合理配置,加强财物人员力量。从外省改革的情况来看,虽然财物统一管理工作按照司法体制改革方案需由财政部门主导,但由于财政部门人员偏少,大量的工作实际上由各省级高院承担,中、基层院的各项财物管理工作的布置、编报、审核、汇总、统计、批复等都由各高院办理。目前,广西法院的财务人员远不能满足改革工作的需要。因此,为推进广西法院司法体制财物改革工作的开展,建议按最高人民法院的要求明确各级法院财物人员标准,即自治区高院财务管理人员应不少于 8 人,资产管理员不少于 2 人;中院配备 3 名以上财会人员和 1 名以上资产管理员;基层法院要配备

---

〔1〕 唐虎梅:《推动省以下地方法院财物统一管理改革研究》,载《人民法院司法行政管理研究与参考》第 5 辑。

有财务专业知识的专职财务人员2名以上和1名资产管理员。同时，国家法官学院各级分院作为独立预算单位，财物人员另予以配备。

2. 优化财物管理部门，完善职能。财务部门的职能是做好本机关预算编制和广西法院预算编制汇总、广西法院预算执行进度的监督指导，协助财政厅结合法院实际制定法院的财务管理办法，法院各项经费保障调研工作，各级法院银行账户管理，对广西法院财务日常业务指导和监督等；高院资产管理部门主要完成本院资产管理及对广西法院资产配置的预算管理，建立资产总账，对广西法院资产实施信息化监管和大项资产处置、流动、购置的审批核销工作，同时加强对广西法院资产的审计和监管。

3. 依据规定，建立健全相应的监管机制。完善各级法院内部监督机制的建设是实现法院经费和物资健康高效运行的必要措施。首先，广西高院和广西财政厅应当设置专门的审计部门，行使对法院经费预算执行和物资装备管理情况的审计职权，有权自主决定审计的时间、地点和内容，并向社会公开人民法院资产账务明细，接受公众监督；其次，可考虑高院应组建物资装备管理委员会，广泛吸收资产管理专家和基层法院财物管理人员参与委员会其中，日常管理由常设办公室处理日常业务，每年以年会方式讨论通过广西法院物质装备建设年度计划及重大事项，以保证物资装备管理规范、节约、效益。

4. 与建设“智慧法院”同步推进，打造广西法院财物综合管理信息平台。充分发挥信息化优势，建立“法院资产+大数据”模式的财物管理信息平台，研发广西法院司法行政综合管理系统，将全区各级法院经费、国有资产、车辆管理等全部纳入一个平台并与省级财政实现实时链接，进行基础数据管理、经费预算与采购管理、编码管理、调配与报销管理等，让全省各级法院财物都能实现“建、管、用”一体化无缝连接。同时，借力大数据，学会“用数据说话、用数据决策、用数据管理、用数据创新”的方法和手段，打造共建、共管、共享的现代法院财物管理智能新格局。

（五）抓好分类指导，加大对部分欠发达地区基层法院的资金支持和政策支持力度

1. 适应新时期需求调整“两庭”建设标准。现行的《中共中央办公厅、国务院办公厅关于印发〈国家发改委关于进一步加强地方政法基础设施建设规范投资保障机制的意见〉的通知》（厅字〔2011〕4号）和《人民法院法庭建设标准》（于2010年11月1日起施行）已经执行8年之久。随着市场经济的不断发展和法院案件数量的激增，建筑人工和工程材料价格不断上涨，现行建设补助标准和部分功能用房的核定面积（如指挥中心和诉讼服务中心的标准），已不能适应当前法院审判执行工作的需要，因

此，尽快修订完善人民法庭建设标准是广大基层法院迫切的期望。

2. 妥善处理基础设施建设债务问题。目前，在广西法院基础设施建设中，历史债务依然是困扰欠发达地区法院事业发展的重要问题。截至 2017 年 10 月，广西法院基本建设工程欠款总额 7857.61 万元。法院自行筹措资金还债的能力非常有限，仅靠法院自身能力解决欠债仍然较难。因此，建议在实施统管前由各地政府、财政部门或由自治区财政部门给予资金支持一次性偿还法院部门的历史债务，或者由各地财政部门兜底接管法院系统的历史债务。

3. 在确保法院公用经费保障标准并落实逐年增长机制的基础上，建议最高人民法院联合财政部、发改委、国土资源部等部门出台政策，加大对贫困地区法院基础设施建设、信息化建设项目的中央预算内投资的倾斜力度。同时，加大中央转移支付资金对欠发达地区，比如广西桂西桂北大石山区基层法院的支持力度和经费保障比重，逐步由三级保障过渡到两级保障。另外，建议可将中、基层法院诉讼费和罚没款统一上缴至省级国库，由高级人民法院和省财政厅统筹调配，重点保障经费不足或有重大建设项目等特殊需求的中、基层法院，把有限经费用在刀刃上，提高资金使用效益。

六、结语

本文所讨论的法院物质装备省级统管虽然难度很大，却是司法体制改革在整体上走向成功的一条必由之路。该项改革从 2013 年 11 月方案的提出到 2014 年部分省份试点再到 2017 年部分省份全面推进，在 4 年多的时间里，通过改革试点的实践探索，一些省份形成了框架结构的基本构建，但该制度及模式的改革成果目前仍存在试点实验探索阶段。在实践探索中有经验，亦有教训，改革本身就是一个试错的过程，任何制度的构建都需要时间酝酿和检验，因此如何完善和推广这一制度，则需要结合试点及实际运用的效果分析反馈，目前与未来法院财物省级统管改革必须在深刻认识基层法院财物制度、财物需求的特点、成因和利弊基础上，用可操作、有效果的改革举措来完善与推进。总而言之，法院财物省级统管的方向势在必行，既不能按部就班，也不可照搬照抄，只有在不断实践中总结，在反复总结中推进，才能实现改革的预期目标。党的十九大报告明确指出，深化司法体制综合配套改革，通过相关制度配套既是巩固前期改革成果，形成稳定长效机制，也是通过完善相关配套的措施和制度，填补各项改革的“空隙”，做到各项改革无缝连接，以期更好地推动改革落地。

民商事案件繁简分流机制改革运行的调研

广西壮族自治区高级人民法院课题组*

当前,我国处于经济社会快速发展的转型时期,党的十九大明确提出,全面深化改革总目标是完善和发展中国特色社会主义制度,推进国家治理体系和治理能力现代化。按照中央的部署,广西各级法院在2015年、2016年相继推行了立案登记制改革和法官员额制改革,一方面,有案必立、有诉必理,保障人民群众诉权;另一方面,加强法官职业化、专业化建设。在两种改革的双重作用下,"案多人少"的矛盾进一步加剧:2015~2017年,广西法院各类收案总数保持20.85%/年的增幅,其中,2017年,广西三级法院共登记立案404 616件,同比增加13.03%,当场登记立案率达95.11%,基层法院收案301 880件,占广西法院收案总数的74.61%;民事案件同比增加7.4%,行政案件同比增加4.9%,执行案件同比增加26.9%。但是,具备审理案件资格的法官绝对数量却从法官员额制改革之前的7257人减少到改革后的4091人,降幅达43.6%。人案配比呈现此长彼消的态势,全国法院的情况也概莫能外。"五加二""白加黑"已是法院和法官的工作常态,由于法官人数按照比例定额,不可能寄希望于通过增加编制、人员来解决"案多人少"的矛

---

* 课题组主持人:林玉棠,广西壮族自治区高级人民法院副院长。课题组成员:梁瑜,自治区高院立案庭庭长;贺利研,自治区高院立案庭副庭长;黄文臻,自治区高院立案庭法官、立案组组长;杨钉,自治区高院立案庭法官;刘艺坤,自治区高院立案庭法官助理;钟瑛嫦,自治区高院立案庭法官助理;黄育培,自治区高院立案庭法官助理;罗晖,南宁市中院民四庭法官;李文练,桂林市中院立案庭法官;欧阳九林,柳州市鱼峰区法院阳和法庭庭长。主要执笔人:林玉棠、黄文臻;执笔人:刘艺坤、杨钉、李文练、欧阳九林、罗晖。

盾,依靠层层加码、下指标、定任务,或者要求全员超负荷加班办案也并非长久之计。

广西各级法院深刻领会最高人民法院《关于进一步推进案件繁简分流的意见》《关于民商事案件繁简分流和调解速裁操作规程》的文件精神,积极探索,紧紧围绕如何有力破解执法办案中面临的"案多人少"这一供给侧结构性矛盾,优化司法资源配置,在立、审、执各领域,从立案、送达、审理、宣判到裁判文书等各环节,全方位推进繁简分流,优化审判资源配置,加快司法运行节奏,满足当事人诉讼需求的同时,兼顾案件差异,以实现公正与效率在更高层次上的平衡。尤其针对案件数量最多的民商事案件,广西法院采取了一系列的措施进行繁简分流,取得了一些成效,也发现了一些问题,如地区发展不均衡、繁简标准不确定、人员配备不足以及缺乏配套考核、激励机制等,这些因素制约着繁简分流机制的纵深发展。

为有效破解司法需求与司法资源供给之间的矛盾,进一步提升审判质效,本课题组对广西法院民商事案件繁简分流机制改革的开展情况进行深入调研,着重以广西基层法院为样本,以实证调查为基础,希望通过调研,全面、客观地掌握民商事案件繁简分流机制改革的实际运行情况,重点总结经验,探索规律,剖析存在问题,为进一步完善民商事案件繁简分流机制提供智力支持,并借此寻找推动民商事案件繁简分流向纵深开展的途径和空间。

一、广西法院实施民商事案件繁简分流的基本情况

(一)领导重视　组织有力

1. 健全机构周密部署

广西高院高度重视民商事案件繁简分流工作,将其确定为广西法院2017年的重要改革试点工作,成立了以院长为组长,分管副院长为副组长,政治部、办公室、行装处、技术处、立案庭及相关审判业务庭负责人为成员的工作领导小组,时任的黄克院长亲自部署,黄海龙常务副院长经常听取汇报,将民商事案件繁简分流与诉讼服务中心升级版基础建设、多元化纠纷解决机制作为广西法院提升司法质效的三个子建设项目,整体协同推进。为此,高院集中力量统筹资金,按中院60万元、基层法院30万元的标准,向广西16个中级法院、113个基层法院下发4350万元,专项用于诉讼服务中心升级版基础建设的启动资金,为民商事案件繁简分流(包括多元化纠纷解决机制建设)奠定坚实的物质基础。通过《广西法院诉讼服务中心升级版建设方案》《关于进一步推进民商事案件繁简分流优化司法资源配置的实施细则(试行)》《广西法院诉讼服务中心升级版建设方案的实施细则》《广西壮族自治区高级人民法院多元化纠纷解决机制实施细则(试行)》

等一系列方案、细则的下发执行，统一规范了广西法院民商事案件繁简分流工作。

广西各级法院也都成立了由院长担任组长的领导小组，制订改革试点方案，全面开展民商事案件繁简分流机制改革。宜州市法院通过及时由政府采购设备、提供技术保障等手段，确保了该项工作机制的顺利推行。

2. 厘清职责明确目标

过去，广西法院繁简分流试点、改革工作由高院各业务庭组织实施，各自为政，没有统一的责任主体，无法整体推进，难以最大限度地发挥作用。为切实解决“案多人少”的突出问题，配合立案登记制、法官员额制改革，广西高院党组根据全国第八次民事审判工作会议和最高人民法院《关于进一步推进案件繁简分流的意见》精神，结合诉讼服务中心升级版建设，于 2016 年重新调整布局，明确民商事案件繁简分流职能由立案庭负责，力争在立案窗口前端解决大量矛盾纠纷。在明确职能的基础上，高院提出现阶段广西法院民事商案件繁简分流的目标：在民商事案件中进行案件的繁简分流，运用简易程序、小额程序、督促程序或速裁机制，通过调解和裁决一批案件，争取将 30% ~ 50% 的民商事案件消化在立案阶段。梧州市中院则将本辖区民商事案件繁简分流目标定为 70% ，充分反映了广西法院系统的大胆创新和齐心协力精神。

3. 措施得力强力推进

2017 年 7 月，广西高院在梧州召开现场推进会，统一部署广西法院的民商事案件繁简分流改革、多元化纠纷解决机制建设与诉讼服务中心升级版基础建设。各地法院严格贯彻落实上级法院提出的理念、要求和标准，认真思考、积极探索，采取有力措施，强力推进民商事案件繁简分流工作。桂林市中院采取周报和月报制度，及时掌握全市法院简易案件的审结情况以便进行指导；梧州市中院采取规定每月分流任务数的办法，将分流指标布置到各基层法院，实行动态监测。

（二）基层为主　全面铺开

广西高院从 2016 年 7 月开始实行民商事案件繁简分流试点工作，针对广西法院受理案件主要在基层法院（占广西法院收案数的 80% ）的实际情况，2017 年广西三级法院全面推进此项工作，而且重点在基层法院展开。2017 年，广西基层法院共分流民商事简单案件 177 261 件，占一审民商事案件（262 453 件）的 67. 54% ，除来宾、宁铁中院的基层法院分流案件数分别为 34. 6% 和 36. 71% 外，其他基层法院分流案件数均超过 45% 。速裁结案数 156 852 件，占收案总数的 59. 8% ，上诉案件 6715 件，占收案总数的 2. 6% 。

本次数据采集的对象是广西 114 个基层法院，以 15 个中院辖区的基层法院、1 个专门法院为单位进行分析研究，时间涵盖 2017 年全年，综合说明如表 1 所示：

表 1　全区基层法院民商事案件繁简分流数据统计

名称	2017 年民商事案件总数	2017 年民商事案件速裁分流总数	分流总数占全年民商事案件总数比率	速裁结案数	结案数与分流的速裁收案数比率	调解数	调解数与速裁结案数的比率	撤诉数	撤诉数与速裁结案数的比率	裁判数	上诉案件数	上诉案件与裁判数比率
南宁	62 683	44 786	71.45%	38 038	84.93%	9944	26.14%	6956	18.29%	21 137	762	3.60%
柳州	31 406	19 278	61.38%	17 618	91.39%	6710	38.09%	3978	22.58%	9627	1159	12.04%
桂林	27 770	20 663	74.40%	18 187	88.01%	6835	40.70%	3662	21.80%	9964	502	5.03%
梧州	11 072	7589	69.35%	6752	88.49%	2754	41.09%	1044	17.41%	2954	428	13.86%
北海	8342	3870	46.39%	2988	77.20%	881	29.48%	590	19.74%	1615	220	13.62%
崇左	11 001	9418	85.61%	8735	92.57%	4528	51.84%	2195	25.13%	1879	182	9.68%
来宾	9622	3326	34.60%	3282	98.70%	1890	56.80%	770	23.10%	605	57	9.42%
贺州	8328	5183	63.23%	4344	83.81%	1678	38.62%	516	11.88%	2125	530	24.94%
玉林	18 977	13 763	72.52%	11 912	86.55%	5951	49.96%	2047	17.18%	4264	417	9.78%
百色	20 096	10 394	51.72%	9707	93.33%	4840	49.89%	1996	20.58%	2808	573	20.40%
河池	15 205	11 788	77.53%	10 577	89.73%	3659	34.59%	2067	19.54%	4903	983	20.05%
钦州	10 242	6076	59.32%	5987	98.54%	2249	37.56%	1201	20.06%	2419	168	6.95%
铁路	1272	467	36.71%	432	92.50%	112	25.92%	75	17.36%	245	6	1.38%
防城港	8498	5896	69.40%	5079	86.10%	1900	37.40%	852	16.80%	2196	252	11.48%
贵港	17 339	14 362	82.83%	12 822	89.27%	4773	37.22%	1626	12.68%	6135	434	7.07%
海事	600	402	67%	392	97.50%	62	15.67%	55	13.68%	392	42	10.71%
合计	262 453	177 261	67.54%	156 852	88.49%	58 766	37.47%	29 630	18.89%	73 268	6715	9.16%

（三）点面结合 有序推进

1. 试点先行重点突破

2016年7月，高院确定柳州市中院、桂林市中院、梧州市中院、南宁市江南区法院、南宁市良庆区法院、柳州市鱼峰区法院、桂林市象山区法院、资源县法院、梧州市万秀区法院、博白县法院为试点法院。试点法院中，既有案件数较多的中院和城区法院，也有案件数较少的山区法院和少数民族聚居区法院，还有收案增幅较大的城市新建法院。以数量最多的民商事案件为突破口，明确各试点法院开展民商事诉讼繁简分流审判机制改革工作的基本任务和要求，从立案、简易案件适用标准、送达、开庭准备、庭审、上诉和执行等各环节提出具体的改革建议，实行程序简化、文书瘦身，力求全面深入推进广西法院民商事案件繁简分流改革。

2. 因地制宜大胆探索

在试点中，各地法院结合自身实际，严格依照法律规定，出台了实施民商事案件繁简分流办法、方案、细则，制定了民商事案件速裁工作暂行规定，探索简案与繁案划分标准，规范分流规则、速裁程序以及适用速裁程序案件的适用范围，完善不同程序之间的衔接等。

南宁市江南区法院适用简易程序和普通程序不是采取“一刀切”的区分标准，而是主要根据案情和案件标的、类型等确定简单案件与复杂案件。案情简单、法律关系清晰的民间借贷、租赁合同、产品质量责任纠纷、买卖合同、劳动争议等类型的民事案件由民事速审团队审理。在该院审判较定型化的金融借贷类案件和涉工程机械类案件由商事速审团队统一集中审理。该院规定，由立案窗口根据分案标准，对案件进行初次分流，将有调解可能的案件划归调解团队优先进行诉前调解和立案调解，将分案方案中指定由速审团队审理的简单案件，交由隶属于诉讼服务中心的民商事速审团队审理。如案件不涉及评估鉴定或需追加当事人等不适宜继续由速审团队实现快速审判的特殊情况，不得再移送给民一、民二等审判庭审理。对由速审团队审理范围以外的案件，仍由民一、民二庭负责审理。民一、民二成立相应的繁案精审团队，实行专业化审理，如民一庭的家事审判团队主要以审理家事案件为主。

柳州市鱼峰区法院采用“二次分流”机制确保简案快审。该院通过在立案庭进行第一次甄别，初步判断使用何种审理程序，在诉讼卷面分别盖上简易程序、普通程序、小额诉讼、诉前调解等印章；诉讼服务中心和各业务庭在审理过程中根据送达情况、当事人是否进行诉讼保全、评估鉴定、诉讼主体是否追加、法律关系是否单一等情形进行第二次甄别。在不同审理阶段的分流，大大提高了审判质效。

3. 组建团队优化配置

各试点法院均组建起新型审判团队，确保简单案件由速裁团队快速审理，系列性、群体性或关联性案件由专业审判团队精审。团队大多采用法官、助理、书记员按1:1:1或1:2:2的模式，主审法官自行签发裁判文书。团队成员在主审法官的带领下自主安排审判事务，明确分工，各负其责。各地法院创新了一系列简案快审的新方法，达到了简案快审的效果。南宁市良庆区法院速裁法官个人全年最高结案596件；资源县法院速裁团队审理案件平均审限仅20天，实现零上诉的好效果。

在速裁团队人员构成上，各地法院均选取学历高、业务娴熟、审判经验与社会阅历丰富的法官组成，具有硕士以上学历人员约占40%，确保用最强的力量快速审理案件。桂林市象山区法院从各部门选配7名平均年龄不到35岁，全部具有法学本科以上学历的骨干法官，组建速裁团队集中审理简单民商事案件，2016年8月至2017年12月，该团队办结简单民商事案件3325件，占同期民商事收案数的71.3%，人均审理475件，结案率达99.7%，上诉率仅为1.2%，案件平均审理天数为25天。

4. 简化程序改革庭审

（1）积极推行“门诊式”庭审

针对标的较小、案情简单、事实清楚、当事人双方争议不大的简易案件，在令状式判决模式成功运行的基础上，创新与令状式判决相适应的“门诊式”庭审。这种庭审，开庭时不再宣布法庭纪律和核对当事人信息，对一定数量案件当事人集中进行诉讼风险和诉讼权利义务告知后，依次审理并当庭宣判。具有以下特点：①核对当事人信息以及询问当事人是否申请法官回避工作由法官助理在庭前进行，法官不再核查；②庭前法官集中进行诉讼权利义务和诉讼风险的告知，不再宣读法庭纪律；③开庭类似于医生看病，一个庭接一个庭，中间不休息；④庭审不严格区分法庭调查和法庭辩论，可以边审理边做调解工作。

“门诊式”庭审要求法官助理在庭前组织证据交换，充分听取双方当事人的意见。庭审时重点围绕当事人争议焦点展开，要求一次庭审全部查清案件事实，庭后即作出裁判。据统计，采用“门诊式”庭审方式的速裁团队，在同等时间内结案率比以往提高50%以上，审结时间平均缩短2～4个月。

（2）大胆探索“要素式”庭审

针对某些类型化案件，如劳动争议、交通事故、婚姻家事、民间借贷案件等，南宁市江南区法院、柳州市鱼峰区法院、桂林市象山区法院采取“要素式”庭审，以期对类型案件实行类型化庭审。该庭审模式根据案件相关要素并结合诉讼请求确定庭审顺序,围绕争议焦点同步进行调查和辩论,具有以下特点:①不按照法庭调查与法庭辩论阶段划分,而是按照案件相关要素确定审理顺序。②双方当事人均已提交要素表的,庭审时不再要求双方当事人陈述诉辩意见,但原告需明确诉讼请求,被告亦需针对诉讼请求作出承认与否认的表态。③被告否认原告诉讼请求的,即开始按照相关要素的顺序对案件进行审理,审理时先告知双方当事人以下内容:"根据本案的案件特点,今天的开庭采用按要素逐项审理方式,对于相关案件事实的调查及法律理由的阐述均包含在对要素的审理之中。结合原告的诉讼请求以及双方庭前填写的要素表,双方无争议的事实是……双方有争议的事实是……本案需要对以下要素(争议事实)进行审理。"然后由法官将需要审理的要素一一说明,说明时可以使用要素表中的序号,并询问双方当事人对于法庭所确定的审理范围有无异议。④对案件相关要素审理完毕后,法官需告知双方当事人"上述庭审活动已经包含了本案所需的法庭调查与法庭辩论工作",并询问当事人对于案件的事实与理由有无补充。⑤"要素式"庭审要求当事人进行最后陈述。⑥"要素式"庭审其他方面的要求,按照原有规定执行。

(3)充分发挥庭前会议功能

由于"门诊式"和"要素式"庭审均要求进行庭前会议,针对庭前准备不足导致的庭审效率不高的突出问题,试点法院试行了由审判团队中的法官助理根据法官指导意见召开庭前会议。法官助理在充分阅卷的基础上,梳理原、被告诉辩意见,明确是否有庭前必要释明的事项,组织双方当事人核实身份情况、交换证据、归纳争议焦点,并适时开展调解工作。庭审中法官只需针对双方争议的焦点重点开展调查和辩论即可,大幅缩减了庭审时间,提高了庭审效率,实现了主审法官一天完成多个不同案件庭审的目标,法官在一个工作日内审理多个案情不同的案件成为常态。

5. 大力推行裁判文书改革

各基层法院针对简单案件,采取因案而异、分类适用、统一样本的方法,根据不同案件裁判文书的特点,设计了令状式、要素式和填充式三种简易文书格式。法官可以根据案件类型和难易程度选择适用具体格式,切实做到该简则简,该繁则繁。适用简易文书不能将某些案件事实以及争议的法律问题说明清楚的,可以使用传统的文书格式。

(1)规范令状式文书

令状式裁判文书,是指只包含诉讼参与人称谓和法院裁判主文,不记载当事人诉辩主张和裁判理由的法律文书。

各基层法院规定,适用令状式裁判文书必须满足以下条件:①诉讼标的人民币 10

万元以下;②事实没有争议或争议不大;③适用简易程序(包含小额速裁程序);④当庭宣判;⑤庭审过程全程录音或者录像。

令状式裁判文书相当于传统裁判文书的判决主文,设计此种文书的目的主要是配合小额速裁案件的审理,让当事人及时拿到裁判文书,让案件审理真正快起来。适用令状式简易裁判文书,要求法官当庭认定案件事实、当庭陈述判决理由、当庭宣判、当庭出具裁判文书。

由于法院认定的事实和裁判理由记载在庭审笔录中,令状式文书不记载法院认定的事实和裁判理由,为保障当事人权利,各试点法院规定了以下保障措施:①要求庭审全程录音或录像并附卷保存,当事人可以调取;②当事人可以复印庭审笔录;③当事人可以申请答疑。

(2)简化要素式文书

要素式裁判文书是指对于某些能够概括出固定要素的案件,在撰写裁判文书时不再按照传统的裁判文书格式分开陈述原告诉称、被告辩称、本院查明和本院认为部分,而是围绕具体的案件要素,陈述原、被告意见及证据和法院认定的理由及依据的法律文书。

适用要素式裁判文书应当满足以下条件:①该类案件具有共同的要素;②通过对要素的陈述,能够明确双方争议的焦点、法院认定的事实和适用的法律。

使用要素式裁判文书的案件,要求当事人首先填写相关要素,法院围绕双方填写的要素开庭审理,重点调查双方争议的要素,在撰写裁判文书时对于双方一致认可的要素简单写明双方一致认可的内容,对于双方争议的要素,要写明双方的诉辩意见及证据和法院认定的事实、理由和依据。这种文书的特点是简单、明了、易懂,而且采用“夹叙夹议”的写作模式来说,相对于传统裁判文书“先叙述,后议论”的写作模式来说,是一种变革。

(3)强化文书模板标准化

在速审团队常用的裁判文书中,基层法院实行了标准化的文书模板制度。由团队的主审法官根据案件的不同类型制作不同的文书模板,方便法官助理套用各种不同的模板为法官草拟文书,在模板基础上根据个案的细微差别稍作修改就能完成文书初稿,既提高了文书制作效率,又保证了文书的质量。

6. 创新方式破解送达难

(1)建立智能化送达平台

一是成立送达保全中心。在 10 个试点法院中,有 8 个法院均成立了专门的送达保全中心，由专业送达组负责送达，避免重复劳动，节省司法资源。审判员将自己承办的案件交由送达组，注明相关情况，由送达组根据地址，统一安排路线，提高送达效率。中心还负责保全执行、调查取证等外勤工作，实现了分散送达到集约送达的转变。二是加强送达、保全、调查取证全程留痕的信息化管理。南宁市江南区法院通过智能化管理工具，搭配《送达日志》《保全日志》《取证日志》，实时了解各类送达节点情况，确保集中送达工作有序开展。

(2)广泛运用电子送达方式

南宁市江南区法院、南宁市良庆区法院、柳州市鱼峰区法院等均开通了专用于本院法律文书送达的电子邮箱，通过引导当事人在送达地址确认书中接受微信、电子邮箱等电子送达方式，提高送达效率。商事案件中，80%的原告通过电子送达方式接受法律文书，大大减轻了法院的送达压力。2017 年，南宁市良庆区法院通过微信成功送达法律文书 497 次，梧州市万秀区法院通过电子送达方式，"秒送"文书 382 份，实现指尖上办案，大大节约了送达成本。

(3)探索司法联络员送达模式

桂林市中院、南宁市良庆区法院启用司法联络员制度。该制度是由政法委牵头协调财政等部门给予经费保障，选任辖区街道、社区、村、屯综治员及村委妇代会主任作为法院司法联络员，协助法院开展文书送达、执行、法治宣传等工作，实现送达网格化管理。运用司法联络员制度，送达单次成功率较以前提升近 30%，平均送达周期为 3 日。

(4)试行律师调查令制度

南宁市良庆区法院自 2014 年 1 月以来，在立案阶段推行律师协助调查函制度，有效解决了当事人因无法提供"明确的被告"、认定案件事实初步证据等产生的"立案难"，得到当事人一致认可。在此基础上，2016 年 7 月，该院率先出台了《关于民事诉讼调查令的实施办法(试行)》，与之配套的统一制式的"调查令"模板、"调查令申请书"范本以及随案发放的"关于使用调查令的注意事项"等，将协助调查函制度向纵深推进。至今，该院诉前和诉中合计出具了 1239 份调查令。

7. 多元化解形成合力

(1)完善诉调对接机制

各基层法院纷纷搭建多元化纠纷解决机制的诉调对接平台，积极与妇联、司法局、律协、学院、保险协会等部门、机构、协会签订诉调对接合作协议，建立以人民法院为主导、多方社会力量为主体的矛盾纠纷综合化解机制。

(2)依托社会力量驻点服务

返聘退休老法官、邀请人民调解员、律师、学生、心理咨询师、婚姻家庭咨询师等人员作为特约调解员,通过设立人大代表、政协委员工作室、行业调解室、族老调解室等形式,充分调动社会各方参与纠纷化解的积极性,积极开展诉前和诉中调解,方便人民群众利用多种渠道解决纠纷,实现社会矛盾纠纷化解机制效益的全民共享。

(3)创新诉调对接新模式

建立集"现场立案、就地财产保全、立案调解和即时司法确认、开庭审理"五位一体的交通巡回诉服中心,运用社会治安综合治理等手段,达到预防和减少交通事故的目的。广西每年20多万起交通事故纠纷,85%以上通过各基层法院道路交通事故纠纷巡回法庭的"五位一体"(法院、检察、公安、司法、保险)"三调联动"(人民调解、行政调解、司法调解),通过当事人协商和解、调解等形式,在进入诉讼程序之前就得到化解。

各地法院还根据案件纠纷的实际情况,分别在医院设立医患纠纷调解室,在民政局婚姻登记处设立家事巡回诉服中心,在保险公司设立保险纠纷调解工作室,在信用社设立金融纠纷巡回调解点等,提高社会参与度,促进多元调解,有效化解纠纷。

截至2017年12月31日,广西法院设立专门诉调对接中心142个,特邀调解组织289个,特邀调解员812人。立案前委派调解案件24 282件,调解成功18 338件;立案后委托调解案件16 548件,调解成功9330件。

8. 辅助性事务集中管理

各地法院结合诉讼服务中心升级版建设,以需求为导向,立足"大服务、大平台、大辐射"的职能定位,不断推进系统化、信息化、标准化、社会化升级,实现了审判辅助性、事务性服务及社会性服务一体化运行。

诉讼服务中心对诸如申请调查取证、申请鉴定、申请增加、变更诉讼请求等与案件实体审理密切相关的事务,由中心有审判经验的法官完成接收、审查和决定,避免主审法官受各类"事务"干扰。诉讼服务大厅、审判流程、送达保全板块全面将辅助事务系统化剥离,确保法官专司审判。南宁市江南区法院诉讼服务中心去年完成12 000多件案件的送达、排期开庭工作及800多件诉讼保全案件的处理,大大提高了辅助性事务专业化水平,实现了人员、外出车辆、审判法庭的集约化管理,真正为法官服好务。

(四)规范流程　健全机制

1. 广西高院顶层设计

为贯彻落实全国法院诉讼服务中心建设推进会和第八次全国法院民商事审判工作会议精神以及最高人民法院《关于进一步推进案件繁简分流优化司法资源配置的

若干意见》《关于进一步深化多元化纠纷解决机制改革的意见》，全面推动和规范广西法院民商事案件繁简分流、速裁等工作，广西高院于 2016 年、2017 年分别制定《关于深入推进广西法院诉讼服务中心升级版建设实施细则》和《关于进一步推进民商事案件繁简分流优化司法资源配置的实施意见》，明确了民商事案件繁简分流工作的目标任务、职能分配、简案标准、类案审理、审判管理、业绩考评、多元化解等涵盖繁简分流全过程的所有流程规范。

同时，高院从相关业务部门抽调一批业务骨干编写了《民事、行政审判规范指引》一至三册，对买卖合同纠纷、民间借贷纠纷、离婚纠纷等十几类民事、行政案件制作了裁判指引，推广专业化审判，推进办案标准化建设。

2. 各地法院积极探索

各基层法院根据本院实际情况，纷纷出台实施民商事案件繁简分流的办法、方案、细则以及民商事案件速裁工作暂行规定等规范性文件。

通过以上高院的统一规范、各地法院制定的具体实施细则，初步搭建起广西三级法院民商事案件繁简分流的整体框架，使得这项工作有了制度保障。

（五）运行良好　成效显著

经过一年的试点效果宣传、经验总结、适时推广，广西 114 个基层法院的民商事案件繁简分流呈现出“两高两增两优一降低”的良好态势，即繁简分流案件数量及比例高，结案数、调撤数逐步增长，平均审限、人员配置情况优于往年，上诉率总体下降。南宁市江南区法院、柳州市鱼峰区法院被确定为繁简分流全国示范法院。

2017 年年底，最高人民法院姜伟副院长在视察广西法院诉讼服务中心升级版建设时，称赞广西法院民商事案件繁简分流、多元化纠纷解决机制改革工作做得好，处在全国的前列，为全国法院提供了可复制、可推广的经验，是全国法院未来的发展方向。

1. 繁简分流案件大幅度增加

2017 年，广西基层法院共分流简单案件 177 261 件，占收案总数（262 453 件）的 67.54%，大大超出以繁简分流模式审结 30%～50% 民事案件这一预定目标。其中，13 个中院、102 个基层院数据超出预期，崇左和贵港法院均超过 80%，崇左 7 个基层法院尤为突出，分流简单案件 9418 件，平均占比达到 85.61%。南宁法院收案最多，共 62 683 件，基层法院（12 个）占广西基层法院的 10.52%，收案数却占 35.36%，繁简分流案件数最多，为 44 786 件，简案占收案数的 71.45%；基层法院最多（17 个）的桂林法院，收案 27 770 件，繁简分流案件 20 663，占比达 74.40%。繁简分流案件数据最低的来宾基层法院也达到 34.60%。（见图 1）

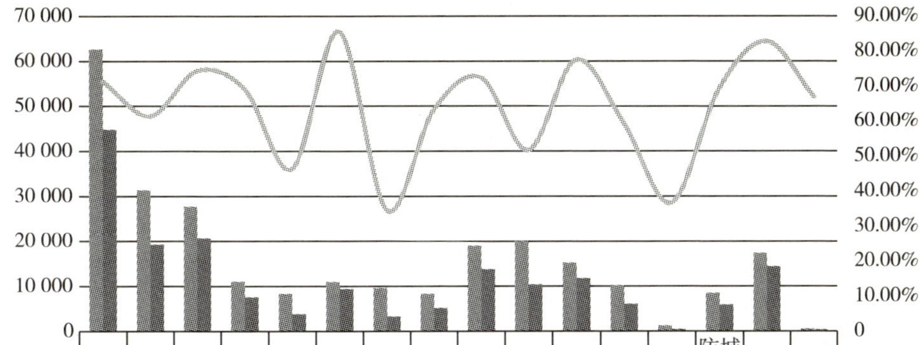

	南宁	柳州	桂林	梧州	北海	崇左	来宾	贺州	玉林	百色	河池	钦州	铁路	防城港	贵港	海事
繁简分流案件数	6268	3140	2777	1107	8342	1100	9622	8328	1897	2009	1520	1024	1272	8498	1733	600
全院收案总数	4478	1927	2066	7589	3870	9418	3326	5183	1376	1039	1178	6076	467	5896	1436	402
占全院收案数的百分比/%	71.4	61.3	74.4	69.3	46.3	85.6	34.6	63.2	72.5	51.7	77.5	59.3	36.7	69.4	82.8	67

图1　繁简分流案件数比较

2017 年,南宁市兴宁区法院收案 13 000 多件,立案庭三个速裁团队(其中法官 3 名,辅助人员 8 名)办结民商事案件 6196 件,占该院当年受理民商事案件的 69.1%。其中,调撤率 59.5%,裁判率 40.5%,上诉案件 17 件,上诉率仅为 0.68%。该院由王坚法官领衔的商事速审团队,结合当事人实际诉求,利用午间、夜间时段进行错峰调解,不到一年时间高效审结 1700 余件案件,审判效果好,受到最高人民法院姜伟副院长的高度肯定。

2. 结案总数明显增长

通过繁简分流制度的全面推行,2017 年基层法院共结案 263 262 件,比上一年度的 230 519 件的结案数增长 32 743 件,在收案总数略有下降的情形下,同比增长 14.20%(结案总数高于收案总数是由于结案总数为当年收案总数与旧存案件的共同结案之和)。其中,崇左、南宁的法院同比增长 29.14%、39.67%,铁路两个基层法院结案同比增长 89.55%,防城港基层法院增长幅度最大,为上一年度的 5 倍。2017 年,简案结案 156 852 件,占简案总数的 88.48%,高于上年 87.74% 的结案率。2017 年有 67.54% 的案件使用简案程序,让更多的人员审理繁案,通过繁案程序结案 106 410 件(其中旧存案件 21 218 件),简案结案数是繁案结案数的 1.47 倍。除北海、百色、铁路辖区基层法院外,简案结案数均高于繁案结案数,其中南宁法院的差值最大,为 13 802 件,海事法院比值最大,为 5.37 倍。(见图 2)

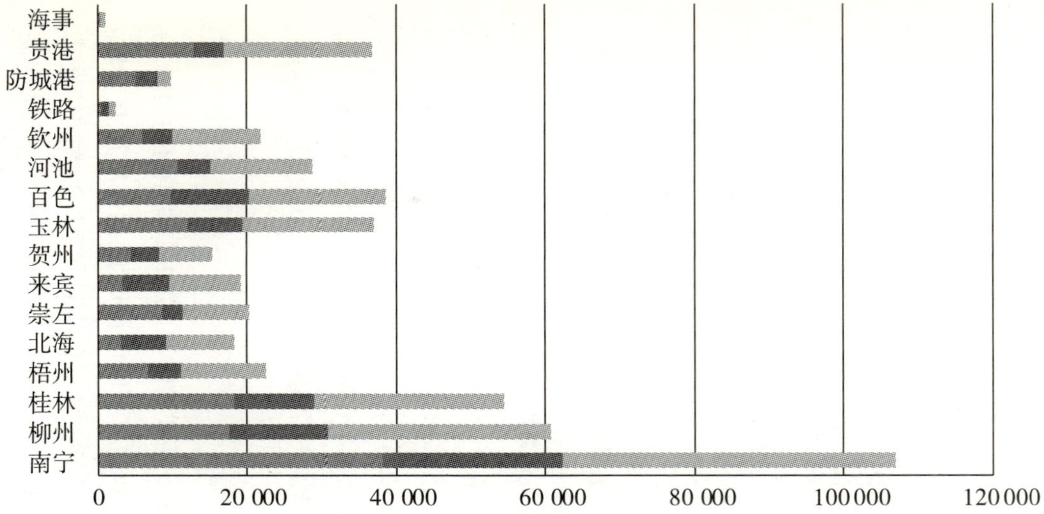

	南宁	柳州	桂林	梧州	北海	崇左	来宾	贺州	玉林	百色	河池	钦州	铁路	防城港	贵港	海事
简案结案数	38 038	17 618	18 187	6752	2988	8735	3282	4344	11 912	9707	10 577	5987	432	5079	12 822	392
繁案结案数	24 236	13 163	10 834	4321	6146	2663	6327	3853	7438	10 493	4667	4061	1073	2984	4078	73
2016年结案数	44 587	30 020	25 468	11 423	9190	8826	9499	7240	17 709	18 344	13 627	11 742	794	1625	19 885	540

图2　繁简分流结案数量

全面推行繁简分流工作一年多来,简案程序结案成效初显,繁案结案效果显著,但是与繁简分流成效预期还有差距,简案结案无论是数量还是比率都有很大的提升空间。通过繁简分流,实现简案快审、繁案精审,必将全面提升结案率。

3. 调撤案件明显增多

通过实施民商事繁简分流制度,2017 年广西基层法院共调撤案件 122 578 件,占结案总数的 46.56%,同比增长 17.88%。16 个数据单位仅有梧州、钦州、贵港地区法院略有下降,其他均不同程度的增长,调解总数与往年相比差值最大的前三位分别是:南宁 8213 件、防城港 2843 件、崇左 2600 件,其中南宁、崇左、防城港地区法院的简案调撤数以及北海的繁案调撤数单项就超过了往年同期成绩,单项差距最大的崇左和防城港地区法院分别是 1950 件、1951 件。2017 年的调撤数占繁简分流结案总数的46.56%,比上一年度的 45.11% 的结案占比高 1.45%。调撤数目和比率的增加,主要得益于简案程序的优势,拉动了案件调撤总数的向好发展。广西基层法院简案调撤案件 88 396 件,占全部调撤案件总数的 72.11%;繁案调撤案件 34 182 件,简案调撤案件数量是繁案调撤案件数量的 2.58 倍,是简案结案总数的 56.36%,繁案调撤数是繁案结案总数 32.12%。(见图 3)

从研究调撤数可以发现,民商事调解结案形式高于案件撤销数目,2017 年,基层法院共调解案件 58 766 件,占结案总数的 37.47%,撤销案件 29 630 件,占结案总数的 18.89%,调解案件比撤销案件多 29 136 件,是其 2 倍之多。

基层法院通过案件繁简分流,从程序上区分案件的性质和矛盾要点,综合考量案件事实、法律适用、社会影响等因素,选择适当的方式方法,科学调配审判资源,极大地提高了案件的调撤率。通过总结经验、创新方法,案件的调撤率势必取得更好的成效。

4. 上诉率明显下降

繁简分流制度实施后,基层法院 2017 年共裁判结案 140 684 件,占结案总数的53.43%,其中简单案件裁判 73 268 件,为裁判总数的 52.08%,上诉案件只有 6715 件,上诉率仅为 9.16%。16 个地区法院简单案件裁判上诉率均低于 25%,远远低于上一年度裁判后上诉率 22.49%,其中南宁、桂林、崇左、来宾、玉林、钦州、铁路、贵港地区基层法院平均上诉率低于 10%,南宁和铁路基层法院的平均上诉率只有 3.60% 和 1.38%,铁路法院的上诉案件数最少,只有 6 件。(见图 4)

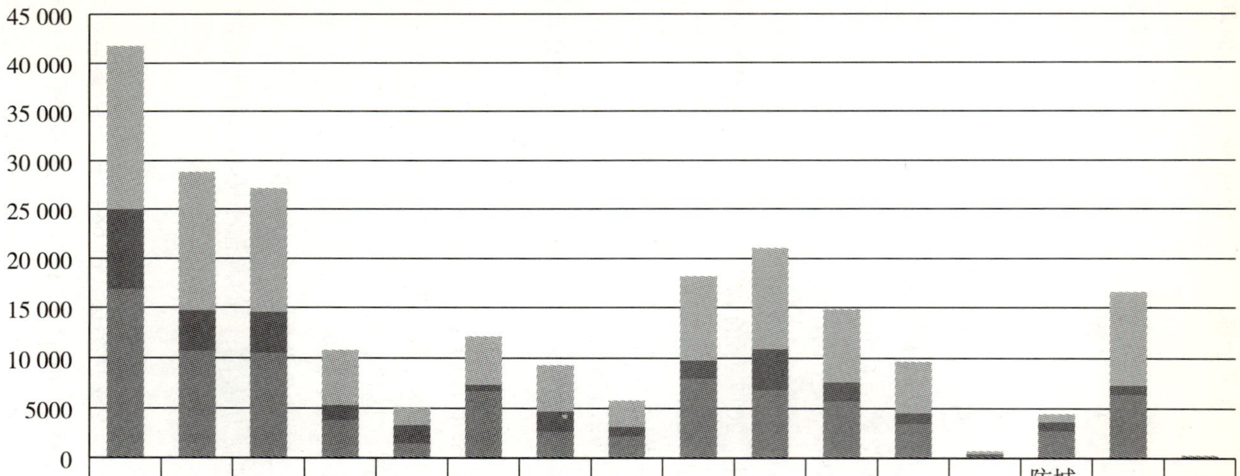

	南宁	柳州	桂林	梧州	北海	崇左	来宾	贺州	玉林	百色	河池	钦州	铁路	防城港	贵港	海事
2016年调撤数	16 789	14 095	12 576	5453	1715	4773	4623	2611	8429	10 163	7184	5120	275	801	9251	123
繁案调撤数	8102	4044	4062	1519	1846	650	2020	960	1788	4065	1900	1078	257	892	929	70
简案调撤数	16 900	10 688	10 497	3798	1471	6723	2660	2194	7998	6836	5726	3450	187	2752	6399	117

图3　繁简分流调撤数量

通过繁简分流，进入简单程序审理的案件有177 621件，占总数的67.54%。经过立案阶段的层层化解，一审法官的不懈努力，一审上诉案件仅占裁判结案总数的9.16%，占结案总数的4.28%，占简案总数的3.79%，效果显著。2017年繁案上诉率与上一年度相当，部分地区略高。整体上，繁简分流促使上诉率下降。

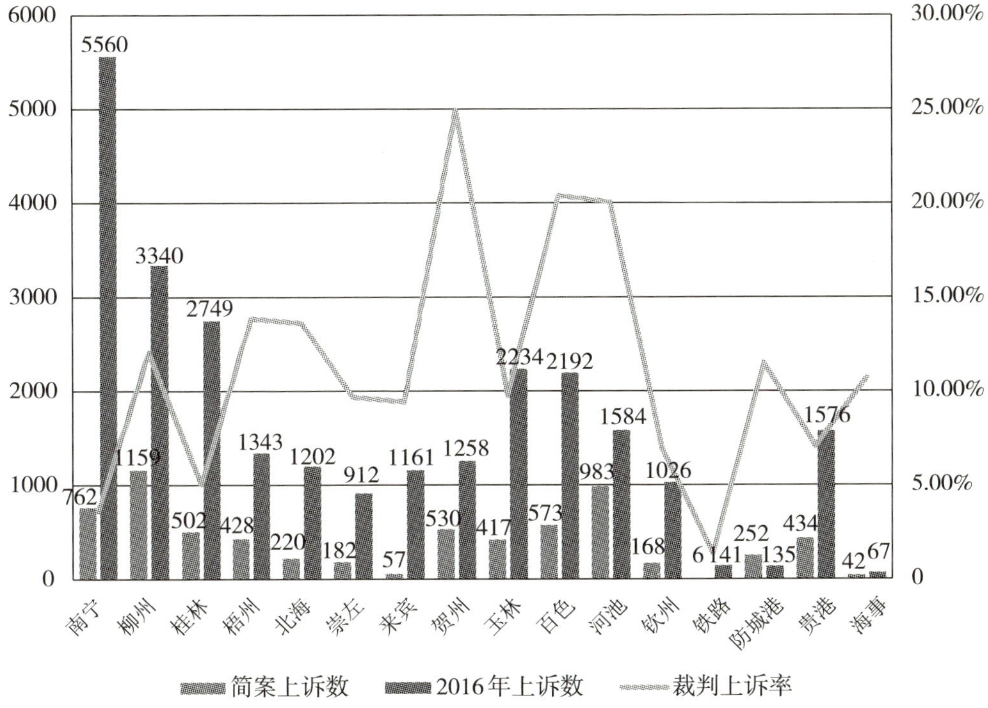

图4　繁简分流上诉数

5. 案件平均审限明显缩短

审理周期快，意味着审判效率高。为了便于观察，我们提取最早推行繁简分流试点的七个基层法院（南宁市江南区法院、南宁市良庆区法院、柳州市鱼峰区法院、桂林市象山区法院、资源县法院、梧州市万秀区法院、博白县法院）和三个中院（柳州市中院、桂林市中院、梧州市中院）2015年6月1日至2016年5月30日的审限数据。该十个试点法院通过民商事案件繁简分流，简单案件的审理期限均大幅度缩减，普遍保持在45日以下。2015年6月1日至2016年5月30日，10个试点法院中桂林市中院平均审限最低，仅为3日；南宁市江南区法院审限最长，从150日降至42.87日，繁案审限也有所降低，有效解决了审限畸长的问题。博白县法院、资源县法院、柳州市鱼峰区法院繁案平均审限大幅度延长，暴露出以往繁简案件混同模式下，繁案审理能力不足的问题。当然"繁案精审"就意味着在法律审限内对案件的精细化运作和高质量产出，合法合理的审限是必不可少的。(如图 5 所示)

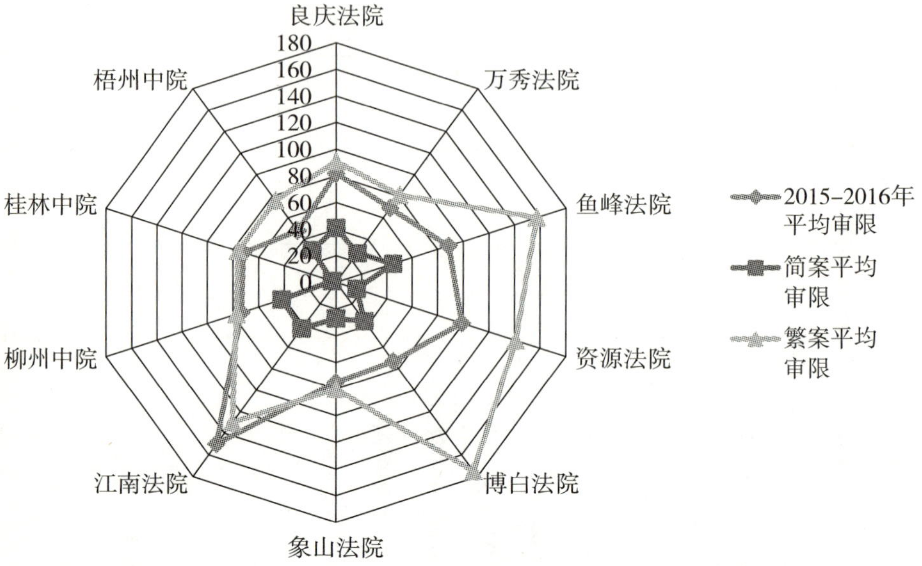

图 5 平均审限分布

从图 5 中可以明显看出，近一年来，试点法院简案和繁案的平均审限呈两极发展，实现了简案快审，繁案精审的目的。简案审限的提高源于简案速裁团队、人员的共同努力，可见广西法院案件流转速度加快、同类型案件集中审理、文书及庭审简化、当庭宣判、审判专业化等改革创新，是质量与效率的有机统一。

6. 繁简分流人员数量、学历普遍提高

试点法院均由立案庭(诉讼服务中心)负责繁简分流工作。实施繁简分流前，各基层法院立案庭(诉讼服务中心)总人数为 926 人，一年后为 1478 人，增加了 552 人。除法官外，其他岗位均有所增加，法官员额制改革后，新增法官助理岗位，包括部分没有入额的审判人员，总人数为 772 人，远高于上一年度 488 人的法官人数。从岗位上来看，以往办案人员大多数是法官，书记员和其他辅助人员占一半左右。改革后，法官人数减少，书记员和其他辅助人员数量增加，加上新增的法官助理岗位，呈现出其他辅助人员协助员额法官办案的新模式。审判团队由 1 + 1 + 1 或 1 + n + n 组成，即一名员额法官、一名(或 n 名)法官助理、一名(或 n 名)书记员。从学历来看，学历层次普遍提高,研究生以上学历的硕士、博士由原来的64人增加至103人,本科生学历人数则从原来的67.28%提高到现在的70.77%,法院繁简分流工作人员学历水平总体上升。(见图6、图7)

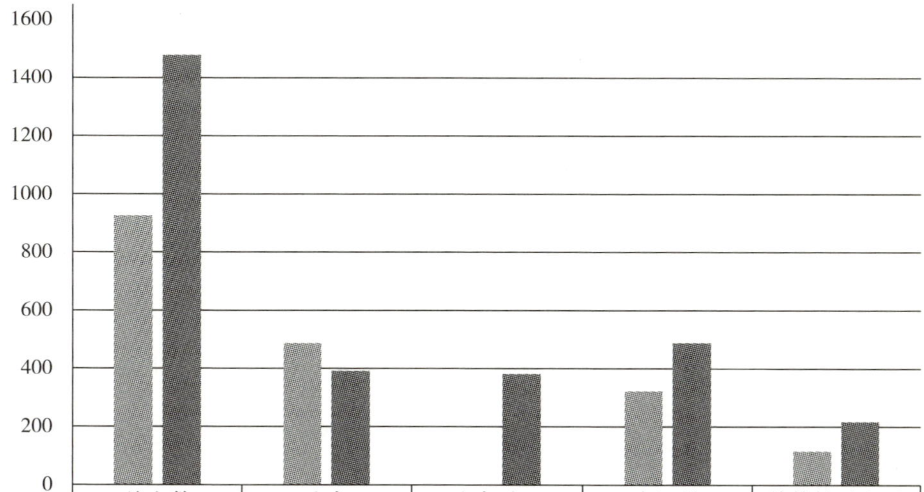

	总人数	法官	法官助理	书记员	其他辅助人员
试点前	926	488		322	116
试点后	1478	391	381	489	217

图6　人员配置情况

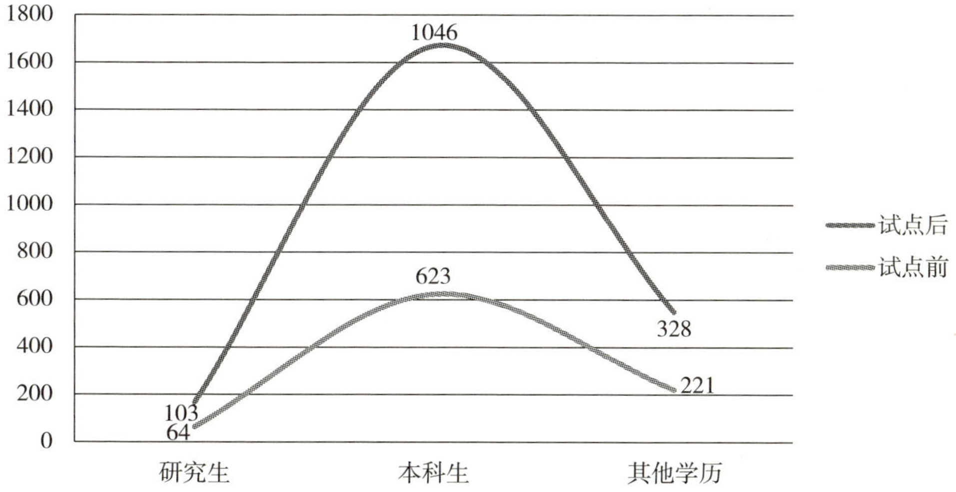

图7　学历情况

简单案件人力资源的优化配置，充实了立案一线审判力量，使审判更加专业化、精英化。矛盾化解前移至立案阶段，只有建立强有力的审判团队，才能实现案件的快速审理、高效处置，实现用较少的人员解决较多的纠纷的目标，有效缓解“案多人少”的矛盾。

二、民商事案件繁简分流运行中存在的问题

广西法院民商事案件繁简分流改革取得了显著成效，但由于繁简分流模式各异、标准不统一、重视程度不同等原因，改革结果良莠不齐。一年多的数据收集也可能存在偶然因素，繁简分流工作本身亦存在很大的人为因素，获取现实的真实情况需要更长时间或者更大的试点容量。从综合数据来看，繁简分流优势明显。通过总结梳理、扬长避短，结合广西区情来看，民商事案件繁简分流制度非常值得继续研究，适时推广。就广西而言，各地法院在民商事案件繁简分流运行中主要存在以下问题。

（一）各地法院发展不平衡

1. 区内与区外法院发展不平衡

广西法院试点开展民商事案件繁简分流工作，在全国法院中属于起步较早的，也取得了一定成效，但与案件数较多的发达地区法院如广东省，或大数据应用较为普遍的法院如贵州省相比，无论是司法资源配置，还是分流案件数，都存在一定差距。（见表2）

表2　区内、区外法院繁简分流对比[1]

	法院	审理简易案件司法力量比例	办理案件数量占比
1	广东	20%	80%
2	贵州	20%	80%
3	广西	14%	68%

2. 区内各地法院发展不平衡

由于各地法院开展此项工作有先后，再加之受主客观原因的影响，各法院改革进程发展不平衡。

---

[1] 最高人民法院《关于进一步推进案件繁简分流的意见》解读中提到，“广东、贵州等地法院用20%的司法人力资源办理80%的简单案件，用80%的人力办理20%的疑难复杂案件，对繁简分流改革进行了新的有益探索，形成了许多宝贵经验”。

起步较早的法院，充分发挥主观能动性，民商事案件繁简分流工作成效显著。如南宁市江南区法院，自 2013 年开始，先后在民商事审判、执行、刑事审判工作中试行部分繁简分流改革，在广西率先试行裁判文书简化改革和要素式庭审。2016 年 7 月开始全方位推进繁简分流改革，围绕员额的配比精准测算人员和案件数量，成立多个具有人案配比科学性的快速审判和快速执行团队，形成具有自己特色和亮点的“江南模式”，近几年的人均结案数均位于南宁市前列。南宁市兴宁区法院，从 2017 年年初开始，将民商事案件繁简分流工作交给立案庭，从各业务庭室抽调政治素质好、业务能力强的员额法官及司法辅助人员，组建两个民事速审团队，一个商事速审团队，团队采用 1 +1 +1(或 1 +2 +1)的配置，承办民商事案件的简案审理工作，实现了案件“简案快审、繁案精审、类案专审”。截至 2017 年 10 月 31 日，该院审结民商事案件 5607 件，其中适用简易程序的 2489 件，适用小额诉讼程序的 619 件，分流简案率为 55.43%，其中调撤结案 2691 件，调撤率 86.6%。

部分法院推进繁简分流工作方法不当，收效甚微。南宁市青秀区法院作为广西收案数最多的基层法院，2016 年年底首批员额法官入额比例为 55.5%，共计 75 人，已经是按最高比例配置员额法官；2017 年该院收案总数 36 476 件，因为办案压力大，当年有 15% 的法官辞职、调离和提前退休，多名法官助理辞职、调离，还有多名法官申请调离。该院为缓解审案压力，在业务庭成立了民事、商事共计 10 名员额法官的 2 个速裁团队，对案件进行繁简分流，2017 年结案 6958 件，即 13.3% 的法官审结 19.1% 的案件，基本未达到繁简分流的目的。

（二）繁简分流标准不统一

各地法院办案模式繁简混杂，繁简案件一起随机分案，导致法官办案平均用力，简案不简、欲快不能，且容易造成类案重复劳动，造成司法资源浪费。目前，广西法院对民商事案件繁简分流标准尚未统一。

1. 法律规定不具体

《民事诉讼法》第 142 条规定，基层人民法院和它派出的法庭审理事实清楚、权利义务关系明确、争议不大的简单的民事案件适用简易程序审理，该规定过于笼统、不好掌握。

最高人民法院《关于进一步推进案件繁简分流优化司法资源配置的若干意见》明确提出，要将案件的事实繁简程度、社会影响大小、法律适用和裁判结果的指导意义等方面作为划分繁简案件的主要考虑因素，但是该规定较为概括，难以直接适用。该意见第 4 条规定，对于标的额超过规定标准的简单民事案件，或者不属于民事诉讼法

第一百五十七条第一款规定情形但标的额在规定标准以下的民事案件,当事人双方约定适用小额诉讼程序的,可以适用小额诉讼程序审理。依法适用实现担保物权案件特别程序。积极引导当事人将债权人请求债务人给付金钱、有价证券的案件转入督促程序,推广使用电子支付令,虽然对民商事案件繁简分流的标准进行了细化,但仍然难以区分繁简。

2. 案件审理存在不确定性

“繁简分流”机制要求我们在案件审理前的立案环节即对案件繁简进行区分,但一个案件的繁杂程度、社会影响大小、法律适用和裁判结果的指导意义等往往只能在开庭审理之后才能做出准确判断。司法实践中,人民法院区分繁简案件通常都是通过对立案材料的初步审查来进行确定,具有较强的主观性质,经常出现“简案不简”的现象。由此可见,缺乏科学的繁简案件区分标准是制约“繁简分流”机制广泛运用的关键问题。

3. 人为因素导致多种划分

我国现行《民事诉讼法》并未规定繁简案件的划分标准,亦未规定各自适用的案件类型,这直接导致各地法院从各自的情况出发制定繁简标准。大部分法院根据案情、标的、类型划分繁简,划分方式归纳起来主要有以下五种:

(1)“定义划分法”,通过“下定义”的方式确定民商事繁简案件范围。比如,将涉外民商事诉讼案件、有重大社会影响的民商事案件、标的较大的民商事案件、重审和再审的民商事案件等列为“繁案”,将其余的案件一律推定为“简案”,10个试点法院均采用此种划分法。

(2)“要件划分法”,根据民商事案件具体类型预设不同类型“简案”的构成要件。如民间借贷纠纷,规定借贷金额不大、双方借贷关系明确、起诉时有书面借据的为“简案”,反之为“繁案”。南宁市江南区法院、柳州市鱼峰区法院在立案阶段通过询问当事人,让当事人填写案件要素表,综合考量后,区分繁简案件。

(3)“类型划分法”,根据《民事案件案由规定》中案件类型的规定,将一些类型的案件直接划分为“简案”或者“繁案”。如将人格权纠纷中的人身自由权纠纷、婚姻家庭纠纷中的撤销婚姻纠纷、合同纠纷中的定金合同纠纷定为“简案”,而将人格权纠纷中的隐私权纠纷、婚姻家庭纠纷中的离婚纠纷、合同纠纷中的房屋买卖合同纠纷定为“繁案”。大部分试点法院均采用此种划分方法,但由于各院实际情况不同,划分为简案的案件类型不完全相同。如物业纠纷,桂林市象山区法院作为简案处理,南宁市江南区法院则将其定为繁案。

(4)“程序划分法”,按照《民事诉讼法》第 142 条和最高人民法院《关于适用简易程序审理民事案件的若干规定》第 1 条的规定划分“简案” 和“繁案”。试点之前,所有试点法院以审理程序来划分,实行试点后,试点法院全部改变了此类划分方法。

(5)“经验划分法”,由经验丰富的法官在立案窗口把关,在立案时直接依据法官个人职业经验对案件的繁简难易程度进行判断。经验划分法是综合上述四种方法,并结合长期积累的审判经验进行划分的方式,目前,所有试点法院都采用此方法。南宁市江南区法院先由立案法官(分流员)进行粗分,庭长或副庭长再对分流员粗分的案件进行把关,个人因素占比重较大。

综上,前四种划分方法均试图按照一个预先设置好的要件、方案或程序对千差万别的民商事纠纷中的某些特性进行归类,并以此为基础对繁简案件进行甄别,但却未考虑到民商事案件自身具有的复杂性和多元特点。因而这种一厢情愿式的划分,难免出现似易实难与似难实易的困境。而第五种“经验划分法”则着重强调法官主观经验的重要性,忽略了立案时案件材料本身的限制对法官主观判断的影响,且主观判断往往具有一定的随意性,以上因素均可能对判断的结果造成不利影响。特别是从广西法院的实际情况来看,大部分法院立案庭所配置的一线立案干警普遍存在“业务素质偏低,年龄偏高”的现状,这严重影响了繁简案件的划分效果。

(三)繁简分流程序不够简化

1. 退出机制不明,简案不快,繁案不精

立案阶段进行民商事案件繁简初次分流,在很大程度上取决于立案法官的个人判断。这就使得一些“繁案”有可能因为立案法官个人的经验不足而错误的被划分为“简案”。繁简退出机制没有现成的经验可循,仍然处于“摸着石头过河”的探索阶段。

在实践中,广西各地法院对繁案退出机制都有不同的做法。资源县法院、梧州市中院、梧州市万秀区法院以繁简百分比确定繁简案件,只要案件进入速裁团队,不管是简案还是繁案,一律由速裁团队审结;柳州市 60% 的基层法院在繁简分流之前,由于立案庭速裁团队人员相对较少,没有建立考核机制,对办理案件指标没有要求,因此,只要稍有一定难度的案件就移送业务庭。博白县法院规定案件即使进入速裁团队,但一旦发现是繁案,不管是否已经开庭,都应一律移送繁案专业团队审理;柳州市鱼峰区法院、梧州市万秀区法院、南宁市江南区法院采取折中做法,案件在开完庭后才发现是案情复杂的案件不应移送繁案团队,其他时间节点发现的一律移送。

关于繁案移送审批手续也存在不同的做法。资源县法院、南宁市江南区法院由立案庭分案法官直接移送；柳州市鱼峰区法院、博白县法院经立案庭领导批准后移送，有的甚至需要经过主管副院长审批。之所以出现不同的移送方式和审判手续，取决于各地法院对于繁简分流机制价值取向的取舍，即更注重“简案快审”，还是更倾向于“繁案精审”。

由于没有建立科学的考评机制，办理简案的法官在案件处理过程中付出劳动，案件退出后，对前期工作量没有评判，因此，办理简案的法院官不情愿退出；而办理繁案的法官则认为，简案处理期间占用大部分的审限，在案多的情况下不愿接受繁案。

此外，由于简易程序和普通程序本身要求不同，无论繁案如何退出，都要涉及重新确定合议庭成员、开庭时间并履行送达义务等问题，这必然需要增加诉讼成本、延长审理时间。因此，如果不能建立健全繁案退出机制，不仅繁案难以有效退出，而且将人为制造速裁团队与繁案专业团队的矛盾，不利于法官团结，也与简案快审、繁案精审背道而驰。

2. 简化法律文书样式与文书上网标准不统一

2016 年 8 月 1 日施行的，最高人民法院统一的《民事诉讼文书样式》有 568 个，其中人民法院制作 463 个。广西部分法院对法律文书进行简化，但简化后的法律文书，如令状式文书、填充式文书等，法官在使用时存在一些顾虑，一是认为法律文书不严谨，容易引起当事人的怀疑。特别是填充式法律文书，存在书写文字不规范，当事人篡改文书内容等问题，令状式文书限于民事裁定书如撤诉裁定书和补正裁定书，而对判决并不适用。要素式法律文书与判决书没有什么差别，只是判决文书对各个部分进行分类。二是简化后的法律文书与案件评查的法律文书样式不一致，可能被确定为不合格法律文书。三是简化后的法律文书与法律文书的上网标准不一致，亦容易引起当事人对法院法律文书的怀疑。上述简化后的法律文书，广西法院不是强制使用，各地法院仍处于摸索阶段。

（四）繁简分流智能化程度不高

在“互联网 +”时代，信息技术是先进的生产力，是未来社会发展不可阻挡的趋势，谁能率先掌握、灵活应用，谁就能掌握工作的主动权。当前，广西所使用的智慧审判系统从立案到归档等环节尽可能为法官办案提供便捷化操作，能够做到卷宗自动归目、OCR 智能回填、自动立案审查和甄别、智能阅卷、研判参考、法条案例推送和智能文书自动生成等，但网上立案、网上调解、网上交费尚未普及，对案件繁简要素级别的智能提取还处于初级阶段，对案件审理过程中的争议焦点自动归纳，阅卷笔录、庭审提纲自动生成，当事人法律关系图表自动编绘等智能服务还需要进一步拓展延伸。

此外,广西地处我国西部地区,相对比较落后,网络普及率并不高,即使在人口相对集中的城市,当事人或律师出于习惯仍首选到法院窗口办理诉讼事务,更不用说村民、山民打官司,因此需要加强宣传推广等配套措施。

(五)速裁团队设置模式不统一

目前,人民法院的审判团队配置模式仍然停留在传统庭室格局的层面上,并未根据案件繁简或者类型差异进行区别化处理,虽然均专门成立了"速裁庭",大部分法院均将速裁团队设置在立案庭,但仍有少部分法院将速裁团队设置在业务庭,且其职能集中在调解和小额诉讼程序案件审理方面,除此之外并未进行更深层次的细分,离案件"繁简分流"机制提出的精细化审判要求尚有一定距离。在这种传统审判资源配置模式下,即便人民法院对案件繁简进行了有效划分,审判效果也会因为法官精力不够集中、专业化程度不够而大打折扣。因此,速裁团队的设置不统一也是制约"繁简分流"机制效果发挥的重要因素。

(六)繁简分流配套机制不健全

1. 法院硬件设施有待改善

除新建、重建的法院外,广西大部分法院硬件设施都比较落后,立案庭(诉讼服务中心)面积未达标,繁简分流后没有速裁法庭、没有调解室、没有办公设施等,特别是案件较少的基层法院认为繁简分流没有多大意义,并不积极改善硬件设施,严重制约了案件繁简分流工作的开展。

2. 送达方式缺乏制度保障

一方面,送达难的问题,送达制约案件审理周期。虽然被告下落不明的适用公告送达,但现实中人在本地却找不到人的情况也很多,因此送达的法律标准仍有待进一步明确,送达的方式有待进一步创新。

另一方面,简易程序不简易的一个重要原因是传唤的效力问题。尽管法律规定了以简便方式传唤当事人、证人,但是由于简便的传唤方式在法律上并没有相应的制度进行保障,一旦传唤对象不予配合,故意躲避、拒不到庭或否认接到法院传唤就无法进行下一阶段的审理,而法院也无法对其进行相应的惩罚,实践中法院只好再进行传票送达或书面传唤,影响了简易程序的效率。

3. 多元化矛盾纠纷解决机制有待完善

多元化解是案件繁简分流的关键一步,也是有效处理积案的有利抓手。社会矛盾纠纷多元化解决机制的实现需要行政机关、司法机关、社会力量多方协同、广泛参与和密切配合。但在司法实践当中,缺乏自上而下统一的制度设计。往往是由各家法院自己去和相关政府、组织进行协商、谈判，多元化处理纠纷机制运行的好坏完全取决于各家法院各自的社会关系处理，经常出现“剃头挑子一头热”的尴尬局面。

一是法院外部环境未形成多元化解矛盾纠纷的氛围。政府及大部分的行业组织〔1〕等并未制定多元化纠纷解决机制相关文件。政府相关部门在接待群众中，对于本来是在职权范围内解决的事情，因一时难以解决就书面建议走司法程序。而进入法院的案件，法院想将案件委托相关单位、社区、人民调解组织等进行调解，相关单位和组织有的出于应付接下来，但没有认真去做工作，有时就是委托不出去。

二是法院内部未对调解干警设立科学的考评机制。广西目前有相当多的法院未成立专门的调解团队，有的甚至没有专门从事案件调解的法官，调解队伍的主力来自没有“入额”的干警，基本都是其他部门不要的“老弱病残”。究其原因，就是没有合理量化调解法官工作量的考评机制。

三、民商事案件繁简分流运行机制问题成因分析

（一）思想认识缺位　重视程度不够

1. 思想认识不到位

广西法院开展民商事案件繁简分流工作的不平衡与各地法院领导的思想认识密切相关。随着立案登记制和法官员额制改革的推行，司法体制改革的艰巨性、复杂性、系统性愈加突出，出现了诸如案多人少、人民群众日益增长的司法需求与司法资源不足等深层次问题。对于如何改革传统审判模式、科学合理配置司法资源、最大限度地提高审判质效等问题，案件多的法院，院领导和其他干警“五加二”“白加黑”，忙于应付办案和其他工作，没有静下心来，集中力量研究案件的繁简分流问题；案件少的法院认为，按照传统的审判模式，现有的审判力量足以完成办案任务，没有必要对案件进行分流。这导致在民商事案件繁简分流机制改革中，法院参与的积极性不高，不愿改、不会改，在司法资源配置、诉讼体系调控、人员配备等方面开展不力、效果不佳。

2. 司法资源配置不尽合理

目前，广西有30个法院在审理阶段开展繁简分流。审理阶段分流，由业务部门设立速裁团队，工作重心在于快速审判。立案阶段分流，在立案部门设立程序分流员，成立调解团队和速裁团队，通过分流和第三方服务，引导当事人优先选择调解速

〔1〕 据了解，广西保险行业协会于2016年成立了涉及保险合同纠纷的调解中心，在行业组织中实属少数。

裁方式，有效形成诉前调解、分流、立案调解、速裁等一系列多层次诉讼体系的“协同作战”，使纠纷得以快速解决。两种方式比较，在立案阶段分流，更有利于科学配置资源，利用有限的审判力量，以及广泛的社会资源，合力化解矛盾纠纷。

2017 年 9 月，北京市高院组团来广西法院考察民商事案件繁简分流工作后，吸收采纳了广西法院的做法，于 2018 年 3 月 30 日出台《北京法院关于民事案件繁简分流和诉调对接工作流程管理规定（试行）》，该管理规定第 2 条明确指出，民事案件繁简分流和诉调对接工作是指法院在立案阶段根据案件性质和特点等因素，加大程序分流力度，综合运用立案前委派调解，立案后委托调解和法官调解、速裁等纠纷解决方式，实现大量纠纷在诉讼前端有效解决的一项工作机制。有的法院繁简分流成效不显，与分流阶段选择有很大关系。（见图 8、图 9、图 10）

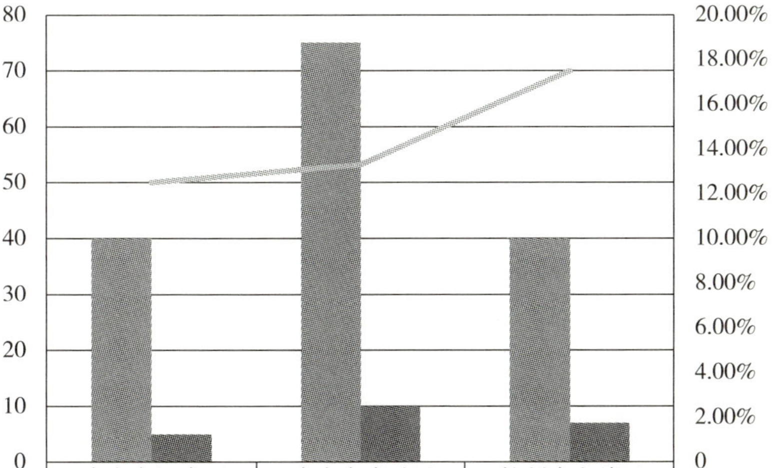

	南宁市江南区	南宁市青秀区	柳州市鱼峰区
全院员额法官总数	40	75	40
速裁法官数	5	10	7
分流人力占比	12.50%	13.30%	17.50%

图 8　繁简分流人力比较

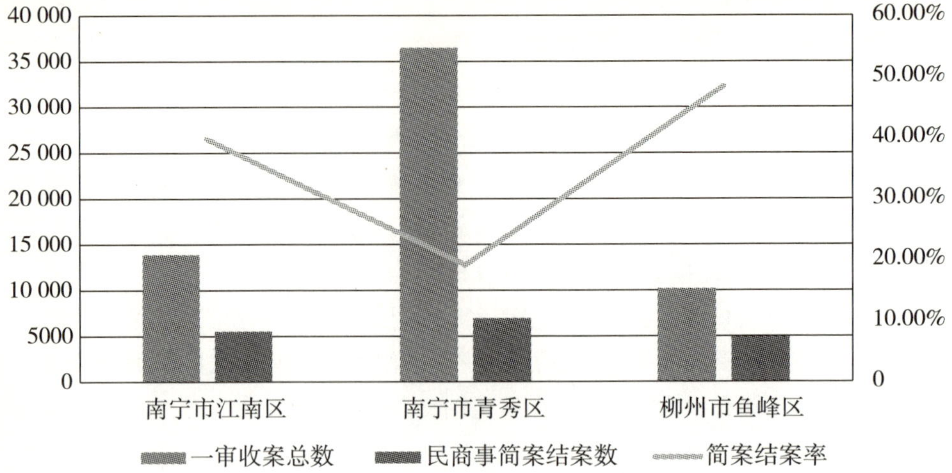

图 9 繁简分流结案率比较

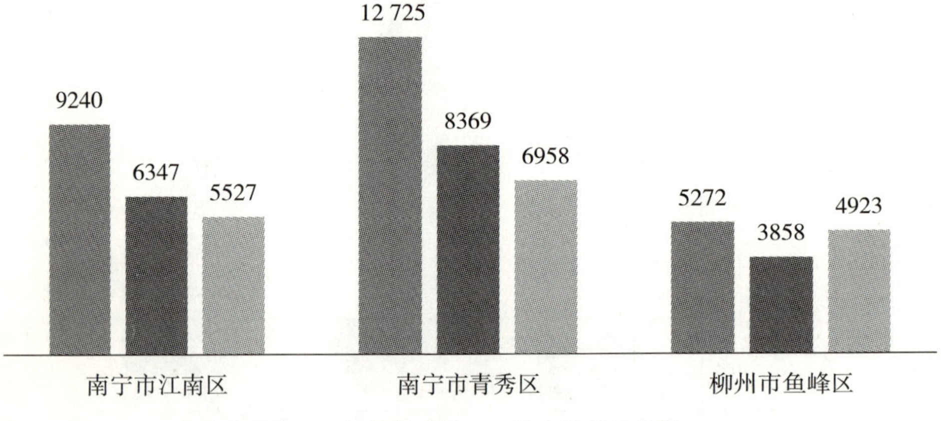

图 10 繁简分流数量比较

3. 多层次诉讼体系协同不够

直至 2017 年，广西大多数法院案件分配和人员配置主要是按照庭室进行，没有按审判团队分配，忙闲不均现象突出，队伍潜力未能充分挖掘，审判辅助人员的责任界限也没有很好地厘清。2018 年 3 月 1 日起，广西高院本级调整案件分配，实现了人工分案向自动分案转变。但是，《广西高院机关案件分配的规定（试行）》以随机分案为原则、指定分案为例外，尚未实现随机分案向按类分案、自动分案向智能分案突破。

(二)审判力量不足人员素质不高

本课题组抽取收案数最多的南宁市青秀区法院与收案数最少的龙胜县法院进行对比分析:2017 年,南宁市青秀区法院收案 36 476 件,龙胜县法院收案 923 件,两院收案数相差 40 倍。两院收案不同,但收案数均呈现增长趋势。青秀区法院收案增幅为 23.73%,龙胜县法院收案数虽然比上年降低了 5.72%,但 2018 年 1 月至 5 月,两院的收案增幅同比分别为 16.04% 和 19.23%。法官员额制改革后,每个法院的法官都是按照定额配备的。青秀区法院可配备法官 75 人,龙胜县法院有法官 20 人。收案数不断增加,员额法官却不能随意增加,员额一旦确定,不能随意变动,法官的人均办案数始终处于持续上升状态。因此,如何提高人案配比利用率,是每个法院必须认真研究的课题。(见表 3)

表 3　两基层法院收案及员额法官配备对比情况

法院	2016 年收案总数	2017 年收案总数	收案幅度	2017 年 1 月至 5 月	2018 年 1 月至 5 月	收案幅度	法官员额配比
青秀区法院	29 480	36 476	23.73%	8698	12 683	16.04%	55.5%
龙胜县法院	976	923	-5.72%	64	395	19.34%	29.4%

影响繁简分流工作开展的另一个重要原因是立案庭(诉讼服务中心)人员配置数量不足、素质不高。目前,从事繁简分流工作的立案庭(诉讼服务中心)主要职责涉及立案、审判流程管理、处理涉诉信访、诉前调解、诉前保全等多项事务,特别是立案审查、信访等占用较多的人员和时间。大多数法院的立案庭(诉讼服务中心)普遍存在员额法官偏少、辅助人员不足的问题。而且多数法院配置给立案庭的人员是接近退休或者体弱多病的人员,不利于工作的开展。

前几年,部分基层法院聘请了一批退休老法官成立了速裁庭,随着立案工作的日益增多,速裁经费无法保障,个别法院速裁庭已名存实亡。由于经费原因,各地法院立案调解和社会调解工作开展得参差不齐。

(三)案由复杂多样　标准较难把握

诉讼标的、案件类型与案件本身的繁简和复杂程度没有必然因果的关系。"简单案件"并不是一个内涵和外延十分确定的概念,民事法律的复杂性和案件本身的不确定性影响了民商事案件的繁简分流。各地法院采取的分流标准各异,直接影响到分流工作开展的效果。

民事案由反映案件所涉及的民事法律关系的性质,是对诉讼争议所包含法律关系的概括。案由的科学划分有利于法院对案件进行科学管理,方便当事人诉讼。《民事案件案由规定》划分三级案由,第一级细分为43类,第二级分为424种,第三级案由是司法实践中最为常见和广泛使用的案由。为了加强审判指导、规范司法统计,在第三级案由下又列出了第四级案由。由于民商事法律关系的复杂性,而无法穷尽第四级案由,这对民商事案件繁简分流造成了困难。

民事法律关系的复杂性,决定民商事案件繁简分流的不确定性。有些案件有多个法律关系交织,如离婚案件涉及婚姻关系、抚养关系、债权债务关系,在财产分割过程中涉及与财产有关的物权关系、股权关系等。以法律关系作为分流标准也不能正确区分繁简案件。

将案件标的作为划分案件繁简的标准也值得商榷。有的案件标的很大,但权利义务明确、当事人争议不大,只是在给付时间和给付方式上有争议,如金融借款合同纠纷,案件标的动辄几亿元甚至几十亿元,有合同、转账往来,借款企业也承认借款事实,案件很简单,可定为简单案件。有的案件标的较小,但案件涉及多种法律关系甚至虚假诉讼,如民间借贷纠纷,标的不大,往往是现金交易,当事人仅凭一张借条起诉,在证据认定上存在难点,若涉及虚假诉讼,会侵犯到他人的合法权益,需要主办法官认真审理,这类案件就不能作为简案处理。再如建设工程合同纠纷,其复杂程度无须赘述,应作为繁案审理,但若只是工程款纠纷,涉诉工程经过鉴定和结算,双方当事人无异议,只是判决确认问题,可作为简案处理。

由此可见,各地法院采取的分流标准不同,直接影响到分流工作开展的效果。

(四)审判系统欠缺 无法满足需要

1. 现有的审判系统缺乏民商事案件繁简模块。如缺少案件繁简分流的要素信息,系统不能根据要素信息自动分流;没有针对案件分流的司法统计分析;没有繁案退出模块等。

2. "互联网+司法"建设模式需要优化。不能通过跨域立案、证据网络交换、异地网上庭审、在线调解等手段,构建开放、动态、透明、便民的阳光司法机制,让信息多跑路,让群众少跑腿。

3. 人工智能在繁简分流中未能充分运用。没有运用大数据,精准测算各类案件人案配比,合理配置司法资源,提升人案配比的科学性。

(五)考评机制不科学 法官积极性不高

科学的法官考评机制,对民商事案件繁简分流改革具有推动作用。长期以来,我们对繁简案件缺乏正确的认识,总以为,简案简单,容易办理,对繁简案件折算标准不尽合理。法院的绩效考评只是对面上整体工作的考评，对法官个人业绩考评只是对案件结果的考评，缺乏对案件过程的考评，没有量化到每个案件审理的各个环节。

1. 没有制定合理的繁简案件折算标准。目前，各地法院对案件考评时，没有细化显性工作，且对隐性工作欠考虑。显性工作量通常表现为案件信息录入、文书送达、诉讼保全、开庭审理、法律文书的撰写以及判后答疑等。隐性工作量则主要是指法官在审理案件的过程中为了准确适用法律、查明案件事实所付出的外人难以看到和体会的时间和精力。[1] 正是由于社会的不断进步、案件日益复杂、裁判标准不断提高，法官在审判案件时除了要综合考虑案件事实、证据和法律适用等情况外，还要考虑案件裁判后对社会各个方面的影响。这就需要法官投入大量的时间和精力去掌握和更新法学知识，了解与案件有关的问题，形成正确的审判思路。虽然实践中“简案”多于“繁案”，但法官在审理“简案”过程中所付出的隐性工作量并不比“繁案”少，因为公正的基本要求不能“简”。简易审判在追求快的时候，也不能“糙”。[2] 实践中，繁简案件折算比例相差较大，容易挫伤简案承办法官的积极性。

2. 审判团队没有科学的考核指标。目前，各地法院没有对审判团队所承担的任务设定考核重点，审判团队的分工没有细化，一般都是由各审判团队自主安排，这造成团队不同成员分工不明确，出现“吃大锅饭”现象。

3. 没有建立人员分类业绩档案。未对员额法官、法官助理和其他司法辅助人员建立统一连贯的业绩档案，没有体现奖优罚差、优胜劣汰，没有充分调动法官的积极性。

四、完善民商事案件繁简分流的意见和建议

针对案多人少的问题，广西各地法院正在采取各种措施加以解决，对民商事案件实行繁简分流就是最有效的方式之一。为了充分发挥民商事案件繁简分流的功能作用，课题组提出如下意见和建议：

（一）更新思想观念，增强运用繁简分流重要性的认识

繁简分流机制改革是司法体制改革重要的配套改革之一，是落实司法责任制的

---

〔1〕 曾醒萍、李矿、崔友爱等：《科学核算法官工作　努力实现人案协调》，载《人民法院报》2015 年 10 月 15 日。

〔2〕 吴燕、张慧超：《积极推进我国“繁简分流”改革——专访社科院研究员、博士生导师王敏远》，载《人民法治》2016 年第 10 期。

重要保障;是解决“案多人少”的重要途径;是满足人民群众多元司法需求的重要方式。此项改革涉及面广,需要各方支持配合。要使改革取得实效,关键在于领导干部的认识和行动。实践证明,凡是“一把手”重视,推进工作力度就大,效果就好。各级法院领导,要站在讲政治的高度,充分认识繁简分流工作的重要意义,要统一思想,按照“早改早发展、早改早受益”的思路,把繁简分流机制改革放在法院工作全局去谋划,成立专门的工作领导小组,落实领导负责,统筹各方力量,根据本院实际情况有序推进。

(二)科学划分职责,配齐配强繁简分流工作人员

立案是繁简分流的基础,在立案阶段,通过调解、速裁等方式直接处理简案,繁案分流到各业务庭,能够最大限度地实现繁简分流机制各环节的高效、无缝对接,避免工作重复,浪费司法资源。南宁市江南区与青秀区法院采用不同的方式效果不一样,就很好地说明问题。广西高院党组为了解决案多人少的矛盾,结合法官员额制改革,推行案件繁简分流改革,出台《广西法院诉讼服务中心方案》,在方案中明确规定,案件繁简分流职能由立案庭承担,各地法院应该坚定不移地执行。

各地法院应创新思维,解决人员不足问题。在人员配备上,按照“二八规则”,至少要配备 20% 的员额法官组建速裁团队审理简单案件、10% 的立案法官负责立案、分流及审理程序案件。这样,立案部门至少应配备 30% 的法官。如浙江省高院立案庭法官人数占该院员额法官的 30%,该院的案件审理质效即走在全国法院前列。要注重速裁团队人员的配备,选好速裁团队的主审法官。主审法官是团队的灵魂,要选择工作积极性高、协调能力强、业务水平好的优秀人才为速裁法官。将人民调解员、专职调解员、人民陪审员、未入额法官等纳入速裁团队。南宁市良庆区法院组建的“6 + 18 + 4 + 62 + 44”型家事审判团队,包括:6 名优秀法官、18 名具备国家二级以上资质的心理咨询师和婚姻家庭咨询师、4 名青年律师志愿者、62 名人民调解员和 44 名家事调查员,解决了 95.11% 的家事少审案件,值得借鉴。

(三)完善各项机制,促进繁简分流规范有序

1. 明确划分标准,准确分流案件

我们认为,《民事诉讼法》第 157 条规定的事实清楚、权利义务关系明确、争议不大就是简案标准,不应以案件标的、类型来划分繁简案件。根据《民事诉讼法》“简案三要件”,结合广西法院实际情况,可以采取“概括 + 列举 + 排除”的方式,划分简案范围:

第一,概括性规定。按照《民事诉讼法》“简案三要件”原则,不以案件标的金额、

案件类型划分，而是以案件事实清楚、权利义务关系明确、争议不大为标准确定简案。

第二，列举式规定。按照是否存在争议焦点、难点，是否存在抗辩必要的甄别标准，下列案件可以作为简案：(1)适用小额诉讼程序案件。(2)选民资格案件、宣告失踪或者宣告死亡案件、认定公民无民事行为能力或者限制民事行为能力案件、认定财产无主案件、确认调解协议案件和实现担保物权案件等适用特别程序案件。(3)适用督促程序、公示催告程序案件。(4)不予受理、未预交案件受理费等程序性案件。(5)申请撤销仲裁裁决案件。(6)适宜速裁的简易程序案件、第二审程序案件。包括但不限于：①事实清楚、权利义务关系明确、争议不大的商品房预售合同、买卖合同、金融借款合同、民间借贷、租赁合同、居间合同、承揽合同、供用水、电、气、热力合同等各类合同纠纷；②银行卡纠纷、追偿权纠纷、股东知情权纠纷、产品责任纠纷；③侵害著作权纠纷、侵害商标权纠纷；④身份关系清楚，仅在给付的数额、时间、方式上存在争议的赡养费、抚育费、扶养费纠纷；⑤责任明确，仅在给付的数额、时间、方式上存在争议的机动车交通事故责任纠纷和其他人身损害赔偿纠纷；⑥劳动关系清楚，仅在劳动报酬、工伤医疗费、经济补偿金或者赔偿金给付数额、时间、方式上存在争议的劳动合同纠纷；⑦劳务关系清楚，仅在劳务报酬给付数额、时间、方式上存在争议的劳务合同纠纷；⑧法律关系明确的家事纠纷、离婚后财产纠纷；⑨不服第一审人民法院管辖异议、不予受理、驳回起诉裁定的上诉案件。(7)因被告下落不明适用普通程序审理但适宜速裁的简单案件。(8)事实清楚、权利义务关系明确、争议不大，适用普通程序审理但适宜速裁的简单案件，包括但不限于金融借款合同纠纷、民间借贷纠纷等各类民商事案件。(9)其他适宜速裁的简单案件。

第三，排除性规定。参考民事普通程序及小额诉讼程序适用标准，下列案件不能作为简案：(1)上级法院发回重审或指令立案受理、指令继续审理、指定管辖的案件；(2)再审案件；(3)第三人撤销之诉案件；(4)涉外、涉港澳台案件；(5)知识产权纠纷案件，但侵害著作权纠纷、侵害商标权纠纷案件除外；(6)原告在起诉时提出评估、鉴定申请，人民法院认为应予准许的，或者当事人对诉前评估、鉴定结果有异议，并申请重新评估、鉴定，人民法院认为应予准许的案件；(7)新类型案件；(8)破产清算案件；(9)涉及国家利益、社会公共利益的案件；(10)当事人一方人数众多的案件；(11)重大疑难复杂或具有重大社会影响的案件；(12)其他不宜作为简单案件审理的案件。

以上是课题组对案件繁简分流标准的初步构想，在实际工作中，各级法院还可以结合各自案件类型集中度、审结率、调撤权重、审理周期等进一步细化。

2. 完善繁案退出机制,确保繁简分流有序

繁案退出机制是繁简分流工作有序进行的最终保障。相对于"简案"而言,"繁案"本身案情复杂,适用简易程序审理并不恰当。有鉴于此,需要建立繁案退出机制,确保繁简案件审理程序有序转换,提高繁案审理效率和质量。

繁案退出机制是繁简分流工作有序进行的最终保障。繁案退出关键在于两点:一是繁案退出条件,即对于已经适用简易程序审理的"繁案",在何种条件下可以转为普通程序审理;二是繁案退出的时间,即已经适用简易程序审理的"繁案",在何时可以转为普通程序审理。

对于繁案退出的条件问题,符合下列条件的,已经适用简易程序审理的"繁案"应当转换为普通程序审理:(1)当事人增加或者变更诉讼请求致使案情复杂的;(2)被告提出反诉或管辖权异议的;(3)需要追加当事人的;(4)需要进行调查取证、勘验、鉴定、审计、评估、检测的;(5)有初步证据证明涉嫌虚假诉讼的;(6)属于社会舆论关注、社会影响重大或者有涉诉信访可能的;(7)其他情形致使案件不适宜作为简单案件审理的。

对于繁案退出时间问题,对划分为"简案"的"繁案",应当在法庭辩论终结前及时退回。经过一次开庭审理后,主审法官基本上可以判断该案是简案还是繁案,尽快将繁案从简案件中剔除,使繁案得到精细审理。

繁案退出机制的运行需要注意两个问题:一要加强审查和审批。对划分为"简案"的"繁案",必须经过审批方能退出,可以由立案部门负责人审核并报主管副院长批准。二要积极引导当事人自主选择适用简易程序。当繁案被错误划分为简案并已适用简易程序审理时,如果双方当事人选择继续适用简易程序审理的,可以适用简易程序继续审理,以便节省审理时间,提高审判效率。

3. 健全多元化解机制,强化繁简分流功能

(1)创新诉调对接新模式。在多元化解纠纷取得良好成效的基础上,可由高院牵头,对广西基层法院受理占比较大的交通事故纠纷、婚姻家庭纠纷、劳动争议纠纷三类案件,与交通、妇联和劳动仲裁部门开展试点,通过"四方会谈",形成诉调对接的合作机制,指导广西法院实践。通过建立示范性诉调对接中心,由各部门派人进驻办公,方便当事人咨询并选择适当的纠纷解决方式,及时化解矛盾纠纷。

然后将进一步扩大诉调对接的合作范围,把与三部门合作的成功经验推广到其他民商事领域。广西各级法院应加强与各级行政机关、人民调解组织、仲裁机构、行业性调解组织、民商事调解组织、公证机构、律师协会、工会、妇联和共青团等部门合

作，整合各方资源，促使更多的矛盾纠纷“一站式”解决，不断提升矛盾纠纷的预防和化解能力。

（2）搭建诉前联调平台。通过购买社会服务、引入第三方、聘请志愿者等方式，从退休法官、检察官、警官、各类专家学者、律师、人民调解员、法律服务志愿者，以及其他具有较高文化素质和水平的社会成员中选聘专业人员加入法院现有的调解队伍，弥补员额制改革后调解人员不足的问题，而且也为他们提供平台，充分发挥他们的知识背景和工作能力，更有效地化解各类矛盾纠纷。

（3）完善诉前联调考评机制。目前，诉前联调考评机制的缺失，挫伤了法官的工作积极性，影响了诉前联调工作的开展。最高人民法院《关于民商事案件繁简分流和调解速裁操作规程》第 18 条关于设置“诉前调”案号的规定，对在进入诉讼程序前通过第三方调解的纠纷予以登记，为考评多元化解纠纷工作提供了依据。各地法院可以根据操作规程的规定，将诉前联调案件作为法官工作量，建立综合的考评机制，加强对诉前联调案件的管理。充分调动联调人员工作积极性，有力促进联调工作的开展。

4. 简化裁判文书，提高审结效率

（1）简化现行裁判文书结构。简化现行裁判文书由首部、事实、理由、主文和尾部组成的“五部式”结构，对文书“事实”部分，双方没有争议或争议不大的案件事实和二审裁判文书中对一审判决情况的引述、“理由”部分中的诉辩意见，以及“主文”部分中本院查明的无争议事实，均可以简写或不写。

裁判文书的简化并不是要“一刀切”，应实事求是的根据案件情况，“当繁则繁”“该简则简”。简化后的裁判文书必须包括最基本的文书结构和最低限度的内容，并且不能遗漏案件的要点和重要的事实情节，真正做到“繁案精写”“简案简写”。

（2）全面推行新式裁判文书。令状式、表格式和要素式等新式裁判文书是当前裁判文书改革的方向。上述三种新式裁判文书在深圳市法院已经进行推广使用。该市宝安法院自 2014 年 4 月至 2016 年 6 月，制发令状式判决书 1168 份、要素式判决书 7100 份、表格式判决书 205 份，极大地提升了民商事案件的审判效率。广西法院可以吸收和借鉴深圳市法院的改革成果，因地制宜推广令状式、表格式和要素式裁判文书。在此基础上，针对常见的交通事故人身损害赔偿、婚姻家庭、民间借贷和劳动争议等案件，还可制定统一的通用格式样本，使法官能够根据相关要素及时作出裁判，进一步提升审判质效。

5. 简化送达方式，破解送达难题

（1）推广电子送达。严格执行最高人民法院《关于以法院专递方式邮寄送达民事诉讼文书的若干规定》《关于进一步加强民事送达工作的若干意见》,积极引导当事人在填写《诉讼文书送达地址确认书》时选择电子邮件、微信、QQ等电子送达方式。当事人为法人、其他组织,或者委托律师代理诉讼的,要求必须选择电子送达方式。

(2)鼓励当事人参与送达。相对法院来说,原告(上诉人)更熟悉被告(被上诉人)的情况,对被告(被上诉人)的身份、住址和朋友圈等信息更为了解,而且案件的进展与原告(上诉人)的利益密切相关,因此,应当充分利用原告(上诉人)的信息和资源,让原告(上诉人)尽可能在《诉讼文书送达地址确认书》中填写详细的送达信息,提高送达效率。此外,积极引导当事人在订立合同时约定送达地址,避免送达难。

(3)丰富送达方式。对适用简易程序审理的简案,可以采取传真、捎口信、电话、短信、微信等简便方式传唤当事人、通知证人和送达裁判文书以外的诉讼文书。如果受送达人因对法律知识不熟悉而对送达产生抵触情绪,可以事先联系受送达人的家属或近亲属,由其协助和配合送达。对经多元化解未达成调解协议的案件,可借鉴柳州市鱼峰区法院的经验,在化解结束前立即登记立案,当场送达受理案件通知书、应诉通知书、举证通知书等诉讼文书。立案后诉讼调解未达成调解协议,当事人不愿再调解的,可在调解结束前当场排期开庭、当场送达开庭传票等诉讼文书。

(4)创新送达机制。大力开展集中送达和跨部门联动送达。对内可以在立案庭或诉讼服务中心设立专门的送达组,安排专门的审判辅助人员负责全院民商事案件的集中送达工作,对外主动加强与各级党委、政府以及其他相关部门的联系,拓宽送达途径,特别是加强与邮政部门、电信部门以及基层政府、社区组织的沟通和配合,对送达过程中存在的问题及时会商、共同解决,保障送达快捷、规范、有效。

(四)强化信息运用,提高繁简分流质效

1. 树立"互联网+诉讼服务"理念。充分应用信息技术不断创新便民、利民举措,通过网上立案、网上查询、在线调解、远程庭审等方式,提供更有针对性、更加人性化的司法服务,减轻群众讼累,不断满足人民群众日益增长的多元司法需求。

2. 尽快建立智能分案系统。充分借助信息技术完善智能分流为主、人工分流为辅的案件分流机制,在分案环节通过应用软件对当事人情况、案件难易权重、法官司法能力和法官工作量进行评估分析,将繁简分流标准嵌入审判管理系统中,以智能代替人工,实现分案的公开透明。

3. 积极推进审判智能化。全面推行网上办案,审判活动全流程线上运行,优化审判管理和审判监督。通过运用智能语音识别技术、庭审录音录像替代书记员记录,努

力构建开放、动态、透明、便民的阳光司法机制,让暗箱操作没有空间,让司法腐败无处藏身;通过不断完善审判辅助系统、电子送达机制,减轻审判人员负担,不断提高办案效率。

4. 强化审判信息运用。健全司法案例数据库,加强类案分析研究、完善检索技术,为审判工作提供参考,规范法官自由裁量权,统一裁判标准,促进司法公正。

(五)改革考评机制,充分调动法官的积极性

1. 合理设置繁简案件的折算标准。如按0.6至0.8的系数比例进行折算,即审理1个"简案"等于审理0.6到0.8个"繁案"。既可以鼓励广大基层法官特别是"简案"承办法官多办"简案",从而"快结案",又充分照顾了"繁案"承办法官。基层法院"简案"数量较多,多"劳"意味着多"得",避免因"简案"折算比例低,无人愿意办简案的现象。要充分发挥信息技术和审判管理系统的优势,根据本院受理的民商事繁简案件数量、审理时间以及办案法官数量等因素动态调整繁简案件的折算标准,引导法官有针对性地调整办案方式,节约办案时间,提高审判效率。

2. 建立人员分类考核机制。繁案相对复杂,审理时间较长,法官投入的时间精力也更多。对于繁案审判团队中的员额法官,考核的侧重点应当在文书合格率、上(抗)诉案件发回改判率和申诉再审率等与案件裁判质量相关的指标。简案则相反,简案的数量远远多于繁案,如果严格按照繁案的审理标准有可能降低法官的办案效率。因此,对于简案审判团队中的员额法官,考核的侧重点应当在结案数、法定审限内结案率、超延审限率等与办案效率相关的指标。

值得注意的是,在繁简分流工作中,法官助理承担庭前准备、裁判文书起草、协助法官处理法律适用性问题等专业性司法辅助工作。法官助理素质的高低,直接影响到工作的成效。我们认为法官助理应优先从未入额的法官中选取,将参与诉前调解和简案速裁工作作为法官助理入额前的必经阶段。

3. 健全人员业绩信息档案。在日常管理中,可以通过审判管理系统将上述三类人员的民商事繁简案件审判业绩数据一一罗列、对比和展示,并进行动态量化跟踪管理,便于实时观察繁简分流的实施效果,充分保障季度考评和年终考评的客观性,真正做到权责一体、奖优罚差、优胜劣汰,进一步调动广大法官特别是一线法官的积极性。

五、结语

民商事案件繁简分流不仅仅是当前广西法院有限的司法资源与激增的司法需求

矛盾的应对之策，从长远来看，其出现和发展亦是我国司法体制改革特别是法官员额制改革后的必由之路。对于案多人少的中、基层人民法院来说，民商事案件繁简分流不是该不该改革的问题，而是该如何改革和完善的问题。程序的正当性与扩大简易程序的适用范围之间并非相互对立，合理的简易程序恰恰与程序的正当化过程相辅相成。[1] 因此，唯有正确认识民商事案件繁简分流的重要作用，多措并举完善繁简分流的各项机制，才能充分发挥"繁简分流"的作用，实现审判质效并举，真正让人民群众在每一个司法案件中都能感受到公平和正义！

六、成果转化说明

1. 课题组撰写的《借助外力优化资源　立足实际繁简分流》一文被最高人民法院司法改革领导小组办公室采用，刊于 2018 年第 3 期《司法改革动态》，报中央改革办、中央司改办领导阅。

2. 在对前一阶段试点法院的工作经验进行总结、调研的基础上，课题组起草了《关于进一步推进民商事案件繁简分流优化司法资源配置的实施意见（试行）》（以下简称《实施意见》），经高院审委会讨论通过，下发广西法院。《实施意见》结合广西法院的实际，吸收采纳本课题研究成果，着重对繁简标准的确定、繁简机制的转化、文书简化和庭审模式改革的确认与适用以及送达等问题进行了规定。

3. 课题组起草了《广西壮族自治区高级人民法院多元化纠纷解决机制实施细则（试行）》，经高院审委会讨论通过，下发广西法院。该实施细则结合广西法院实际，吸收采纳本课题研究成果，对多元化纠纷解决机制、诉调对接平台以及纠纷"诉前号"的设置等问题进行了规定。

4. 课题组制定并下发了《广西法院民商事案件立案受理规范指引》《广西法院行政案件立案受理规范指引》，对民商事案件及行政案件立案阶段应提交的立案材料和证据进行了规范和指引，反映了类案审理规律。

---

〔1〕 傅郁林：《繁简分流与程序保障》，载《法学研究》2003 年第 1 期。

法官权力、责任清单研究

——以主审法官权力、责任清单为中心

南宁市中级人民法院课题组*

自古以来，我国就重视对权力的限制，西汉初就设置御史大夫作为监察机构对权力进行监督，至明清时期改为督察院，主掌监察、弹劾和建议。习近平总书记在十八届中央纪委第二次全会上的讲话提到“要加强对权力运行的制约和监督，把权力关进制度的笼子”。法院作为行使审判权的国家机关，更加应该重视权力的行使、防止权力的滥用，因此设立法官权力清单和责任清单制度是司法改革的应有之义。实践中我国法官错案追究制度已经经过多年的探索，1990 年秦皇岛海港区法院率先确立了法官错案追究制度，最高人民法院在 1998 年出台《人民法院审判人员违法审判责任追究办法（试行）》和《人民法院审判纪律处分办法（试行）》对错案追究和司法问责制度进行了明确化和规范化规定。党的十八届三中全会提出完善办案责任制，“让审理者裁判，由裁判者负责”，再到今年 7 月 10 日在贵阳召开的全国司法体制改革推进会，习近平总书记再次强调了“全面落实司法责任制”，司法责任制在司法体制改革过程中，始终处于关键地位。确立司法责任制就需要明确司法责任的内涵和外延以及责任的承担形式，这就要求建立一套权力配置合理、权责界限明晰、权力监督有力的清单制度，使审判权归位，实现真正自己

* 课题组主持人：许威，南宁市中级人民法院研究室副主任。课题组成员（执笔人）：郜资源，刑事审判第一庭法官助理；刘洪源，民事审判第一庭法官助理；李慧，行政审判庭法官助理；王五洋，立案庭法官助理。

为案件负责。

对于司法责任这一论题,英美法系国家赋予了法官司法豁免权以保障司法独立,自20世纪60年代以来,随着法律和法院在社会经济生活中的作用不断上升,西方国家的民众对司法公正更为关注,对于法官个人的控告也日益增加,由此带来了法官责任制的强化。虽然西方国家经历了从淡化法官责任到逐步强化法官责任的演变,但该演变始终围绕着"保障司法独立"这一主线。K. G. Jan Pillai 在 *Rethinking Judicial Immunity for the Twenty – First Century* 一文中提出,司法独立应当符合民主的责任原则,法官应该和其他公职人员一样,是有责任在法律之下行事的。熊秋红的《法官责任制的改革走向》一文从追责事由、追责主体、追责程序、惩戒范围等方面论述了美国从赋予法官司法豁免权到强化法官责任的转变。齐树洁在《美国司法制度》中指出,根据美国联邦宪法规定,惩戒联邦法官的法定标准有两种:一是犯罪,二是行为不当。对于前一种法定的去职情形,宪法规定了严格的弹劾程序;关于后者,宪法则是一个有待填补的空白。美国国会1980年通过的《司法理事会改革与司法行为及资格丧失法案》(*Judicial Councils Reform and Judicial Conduct and Disability Act*)从投诉处理、调查程序、追责主体、惩戒措施及弹劾程序等方面填补了这一空白。美国在各州一般都设有司法惩戒委员会,当州法官有违法犯罪行为、不能胜任司法职责或者其他不当行为的情形时,委员会有权予以处理,并在审查后可以作出劝告、责备、剥夺职位、命令退休、提请弹劾等类似的惩戒决定。联合国《关于司法独立的基本原则》、司法独立第一次世界大会《司法独立的世界宣言》、国际法协会《司法独立最低标准》规定了惩戒法官的四大原则:无明文行为标准不受惩戒原则、秘密审理原则、听证原则、上诉权或请求复审原则。

在我国,政府的权力清单制度已经如火如荼地进行,现已日益成熟。自党的十七大报告提出"深化司法体制改革,优化司法职权配置,规范司法行为,建设公正高效权威的社会主义司法制度",为司法体制改革进入新境界提出了要求,提供了空间。再到党的十八届四中全会为我国进行司法体制改革作出了总部署、总动员。随之全国法院系统推进的"主审制"法官改革,无一不推动着构建法官"权力清单"和"责任清单"的工作。近年来,法学理论界和司法实务界对法官权力的研究和探讨给予了前所未有的重视,理论研究取得了显著成效。在实践中,广东省高院也是首个进行法官权力清单构建的试点单位,并下发了《广东省健全审判权运行机制完善审判责任改革试点方案》,明确实行院长、庭长"权力清单"和"负面清单"制度。这对法官"权力清单"和"责任清单"的构建进行了有益探索。江西遵义红花岗区人民法院向社会公布该院

《法官全员办案暂行办法》和《院长、庭长、审判长、合议庭法官和独任法官权力清单制度(试行)》,为司法的公正、高效、廉洁提供了必要保障。吴忠市中级人民法院也推行了权力清单制度,细化了院党组的权力、规范了院党组用权的廉洁、高效。洛阳市中级人民法院直接在院网站上公布从院长、庭长、法官、法官助理、书记员的权力清单。

法官清单构建不仅是法官权力公开化接受监督的需要,更是司法体制改革特别是“主审制”法官制度推行的现实所迫。但法学理论界对这一重大问题的研究还很不够,特别是对重大过失造成错案并造成严重后果的问题研究较少,研究人员和研究成果都很少,其中的很多问题甚至还没有触及,属于理论研究上的空白。本课题对此问题进行全面、深入、系统的研究,对完善司法体制改革及推进司法体制配套改革的落实有一定的促进作用。

本课题旨在从理论和实践两部分出发,借鉴相关经验构建主审法官的权力清单和责任清单制度。通过对本课题的研究,细化主审法官的各项权力和责任,真正实现“让审理者裁判,由裁判者负责”。同时,法官的权力和责任细化,也便于公众及其他监督机关的监督,有利于倒逼法官依法裁判,从而提高司法的权威,充分保障人民群众依法享有的权利,从而实现“让人民群众在每一个司法案件中都感受到公平正义”的目标。同时,该项研究也能形成既有理论价值,又贴合实际,能够反映人民法院司法实践的研究成果,供决策者和执行者参考,做到群众看得到权力、群众相信权力,以达到提升司法公信力的目的。

一、必要性、可行性

(一)必要性

司法责任制的核心是规范审判权运行,审判权运行机制的价值追求是提高审判质效,实现司法公正。构建权力清单、责任清单制度,是落实司法责任制,实现审判权公正、高效运行的有效途径,是回应社会发展、遵循审判规律、助力司改举措、明确行为指引的必要手段。

1. 维护社会公正的需要

“国无法则人无矩,法不公则国不稳”,司法作为法律实施的核心环节,是调整社会关系和秩序的总阀门,司法公正是社会公正的重要引领,社会公正则是司法工作开展的核心价值追求。党的十八大以来,一系列基础性、制度性的改革措施,有力推进了公正高效权威的司法制度建设,促进了社会公正。

但是在实际的司法活动中，还可以看到一些违反司法公正的突出问题，关系案、金钱案、人情案时有发生，有案不立、有罪不究、越权管辖仍然存在，徇私舞弊、刑讯逼供、贪赃枉法等违法行为还在出现，这些现象损害了群众权益，践踏了司法尊严，逾越了社会公平正义的底线。这些司法不公问题的出现，原因是多方面的，其中司法权配置不合理，司法责任不明晰是一个重要原因。制定适度放权、权责明晰、尺度统一、追责谦抑的权利清单、责任清单，对内可以以看得见的方式将权力、责任、惩戒、监督的具体事项、标准、后果等详细列出，倒逼审判者依法用权、正确履职、公正裁判；对外则以阳光公开的方式将权利清单、责任清单公之于众，接受群众监督，让司法权在阳光下运行，以公开促公正。

2. 遵循审判规律的需要

“让审理者裁判，由裁判者负责”是司法责任制的价值追求，也是审判权运行的基本遵循。让审理者裁判强调的是司法独立，即审理者能依法独立、公正地行使审判权；由裁判者负责强调的是司法责任，即裁判者要对违法、违纪的行为承担司法责任，保障司法权依法独立行使是实现司法责任的前提。在具体案件的审理中，如果审理者不能独立行使审判权，那么当出现冤假错案时，就无法明确责任主体、明晰权责范围，司法责任制将无法得以具体落实。

目前，我国审判权运行体系中存在层级管理、汇报审批、院庭长签发等现象，院长、庭长、审判委员会权力过大；审判权、行政事务管理权、监督权界限不明；审者不判，判者不审等问题突出，导致司法责任不清，案件质效不高，直接制约了司法独立的实现，影响了司法责任制的落实。从审判规律来看，司法审判活动是审判者通过庭审活动，查清案件事实，并依据现行法律居中裁判的过程，其强调了审理和裁判的双重亲历性。这个过程可以比作医生看病，只有直面病灶望闻问切，才能对症下药治病救人，审判者裁判案件，也只有深入其境，全面把握案情，才能准确适用法律，保证结果公正。因此，从审判规律来看，需要通过制定权利清单、责任清单的形式，对司法审判权进行重新配置，做到审判统一、权责统一、质效统一，实现审判权力的回归。

3. 助力司改举措的需要

司法改革是一系列的制度安排和程序设计，司法责任制作为司法改革的重要措施，其不是孤立地存在，而是多项措施一起有机结合、相互作用、共同发力，促进司法责任制改革全面、深入发展，审判权运行机制优化升级。司法责任制改革包括组建审判团队、改革文书签署机制、推行院庭长办案、规范审判管理和监督、建立专业法官会议制度、改革审委会制度、完善办案质量终身负责制和错案责任倒查问责制、建立法官惩戒制度、建立审判机关内部人员过问案件记录和追责制度等多项措施,而这些措施得以良好运行的基础就在于制定权责明晰的权力清单和责任清单。

通过权力清单、责任清单制度,明确不同司法主体拥有的不同类型的审判权力,制定法官、法官助理、书记员职责清单,优化配置各类司法人员,形成以法官为核心,分工明确、紧密协作的新型审判工作团队,最大限度地提高审判效率。通过权力清单、责任清单制度,促进审判权回归,将裁判文书签发权、审判流程管理权等权力切实赋予审判者,取消案件请示审批制度,限制审委会对集体案件的讨论,从而推进改革文书签署机制、改革审判委员会制度的进一步完善。通过权力清单、责任清单制度,构建明晰、统一、匹配的科学权力和责任体系,让审判者对其履行审判职责的行为承担责任,在其职责范围内对承办的案件终身负责,并需为违反审判职责的行为承担责任,更好地实现案件质量终身负责制、错案责任倒查问责制、法官惩戒制的改革目标。

4. 明确行为指引的需要

改革就是对现有格局的打破重组,改进运行效力低下的体制机制,革除阻滞事物发展的弊病旧习,犹如壮士断腕、刮骨疗伤,势必带来不可避免的阵痛。在司法改革深入推进的过程中,审判者作为司法改革最直接的实施者,也是改革阵痛最直接的体验者。立案登记制、主审制、终身追责、错案追究等改革措施相继开展,表面上似乎造成了一种加剧案多人少的矛盾,加重法官责任的局面,使得一些主审法官出现迷茫、焦躁的畏难情绪,有些甚至作出离开司法队伍的选择,出现这种情况的主要原因之一就是司法责任制还没有完全落实,审判权运行的行政化色彩严重影响了审判质效,权力责任配置不合理直接导致了权责失衡。

审判权力受限,权责配置不合理,一方面使得司法主体在行使审判权力、履行审判职责时无法按照自己的审理情况和内心确认进行依法裁决,不仅严重影响了审判质效,也损害了审判者的职业认同感和尊荣感;另一方面使得审判者因为害怕犯错不敢依法独立行使权力,或者滥用权力,妨害司法公正。[1] 因此,需构建权责明晰、权责统一的权力清单、责任清单,明确行为指引,让各类司法主体清楚地认识到其在司法活动中可为、必为、不可为的行为边界及其不同行为选择的法律后果,明晰司法行为评价的是非标准,在大胆依法独立行使审判权,释放出巨大“审判生产力”的同时加强自我约束。

---

〔1〕 梁玉霞:《司法责任认定标准的二元论》,载《暨南学报》(哲学社会科学版)2016 年第 4 期。

（二）可行性

在落实司法责任制的过程中，制定权力清单、责任清单制度是指引司法行为、遵循审判规律、维护社会公正的一致需求，但制定出权责统一明晰、配置科学的权力清单、责任清单只是前提和基础，还需要考量制定的权力清单、责任清单是否能得以有效实施。可以看出，在全面推进司法体制改革的大环境下，审判队伍素质的提高、各项司法保障措施的推进以及制度、科技的不断创新，都为权力清单、责任清单的实施提供了可行性保障。

1. 审判队伍素质提高

司法审判是一项高度专业化、技术性的工作，审判者要运用自己扎实的法律专业知识、丰富的社会阅历经验、清晰的逻辑思维推理等能力查明案件事实，依法进行居中裁判。在我国的司法体系中，审判权运行之所以具有浓厚的行政色彩，一方面是受传统的官本位思想的影响，司法权让位行政权，导致一些审判活动中出现“不管谁审案，官大的说了算”的司法怪相；另一方面则是审判队伍的素质水平较低，早期司法人才匮乏，许多非科班出身的法官难以独立完成审判工作，不得不向上级请示汇报。

但随着经济社会的进步发展，这些历史遗留的问题已经被逐步解决。从权力思维方面，法治已经成为我国治国理政的基本方式，一切权力的行使都要遵从有法可依、有法必依的基本要求，法治思维已随着依法治国的进程深入每个人尤其是依法行使公权的人心中，这种由官本位向法本位转换的思维为权力清单、责任清单制度的实施奠定了理论基础。从审判队伍素质方面，只有具备了法学本科以上专业学历，取得法律职业资格证书，通过公务员考试，才能进入司法队伍。如果想要被选任为法官，还需经过严格的选任程序，只有品行端正、经验丰富、专业水平较高的优秀法律人才才能成为法官人选，因此现在绝大多数主审法官已具备了独立办案的能力，这为权力清单、责任清单制度的实施提供了充足的人才保障。

2. 多项保障措施并举

为了保障权力清单、责任清单制度得以有效遵守，除了要求司法主体依据权力清单、责任清单进行自我约束外，干预登记制、依法履职保护制等改革措施也为其提供了充分的制度支持。

干预记录制包括领导干部干预司法活动、插手具体案件处理的记录、通报和责任追究制度和司法机关内部人员过问案件的记录制度和责任追究制度，前者通过对违法干预司法活动的领导干部进行记录、通报并给予纪律处分，甚至刑事处分的方式，排除外部对司法权独立行使的干预；后者通过对司法机关内部人员利用上下级、同事、熟人等关系插手其他审判人员主办案件的行为进行记录、追责的方式，排除司法机关内部对审判权独立行使的干预。干预记录制度从内、外两个方面排除了外界对依法独立公正行使审判权的干预，为审判者依照权力清单、责任清单依法行权，正确履职提供了有力保障。

近两年来，有关部门相继出台了《保护司法人员依法履行法定职责的规定》及其实施办法。规定和实施办法明确规定司法人员依法独立办案不受外界干扰；无须从事招商引资、行政执法、治安巡逻、交通疏导等超出其职权范围的工作；非因法定事由、非经法定程序不得被处分、追责；受追责时依法享有救济渠道和途径；人身安全和福利待遇受到保障，这些规定给司法人员构建了一个履职受保护、权益有保障、待遇相配备、生活有尊严的保障体系，为审判者依照权力清单、责任清单依法履职创造了良好的制度环境，解除了审判者依法独立公正办案的后顾之忧。

3. 信息化建设不断完善

在大数据、"互联网 + "、人工智能的新时代，将科技与司法体制改革紧密结合起来，转变传统思想观念和工作方式，全面促进审判体系与审判能力现代化，是法院进一步提高审判质效、落实司法责任制的新途径，为权力清单、责任清单制度的落实提供了技术支持。

比如，现在基本在全国法院都已经建立起的案件信息管理系统，该系统能够实时显示案件流程节点信息，实现节点信息网上流转和电子化管理，能够实现审限预警、流程监控、风险评估、质量评查，并能够为司法人员提供法律查询、案例指导、量刑参考、文书编辑等综合性功能。由此可以看到，通过节点信息管理、预警等功能，审判者可以更清晰地了解案件的进度，在法定时限内履行审判职责，确保审判权规范行使；通过文书编辑、网上流转、电子化管理，使案件依照审理流程，快速地在不同司法主体之间流转，这大大减少了非审判性事务的工作量，提高了审判效率；通过案例指导、量刑参考、风险评估等功能，可以在依法独立行使审判权过程中为审判者提供更多有效的参考，确保审判质量。除此之外，当出现冤假错案时，明确案件节点信息、流程信息、电子文件、操作留痕等数字化存储，也为错案追责提供了客观的事实依据，便于责任的追查和认定。

4. 审判权责逐渐明晰

自党的十八届三中、四中全会提出司法责任制以来，各地法院根据改革部署，按照"让审理者裁判，由裁判者负责"要求，结合自身实际，积极以完善办案机制，制定司法责任制实施细则，出台权力清单和负面清单等多种形式响应司法责任制的号召，明晰、细化审判权责。例如，广东省首先推出“院、庭长权力清单和负面清单”、上海推出“办案人员权力清单制度”、浙江省出台《关于各类司法人员职责清单的规定》、黑龙江省出台《法院审判人员权力清单》等。

在各地法院司法责任制改革试点的基础上，最高人民法院于2017年7月31日出台《司法责任制实施意见（试行）》，其中该实施意见第二点审判组织与人员部分，列明了合议庭和审判团队、院庭长、审判长、承办法官、法官助理、书记员、专业法官会议、审判委员会、赔偿委员会的职责职权，明确各类参与审判活动主体之间的可为与不可为。因此，在各级法院推进落实司法责任制的进程中，审判权的行政色彩逐渐剥离、审判权责逐渐明晰，为制定更加细化、可操作性更强的权力清单和责任清单奠定了坚实的制度性基础。

二、理论基础

随着行政法学界对行政法理论基础讨论的深入，“政府法治论”在我国法治建设中不断修正、完善，形成了一个系统的理论主张：民主政府、有限政府、高效政府、责任政府及平民政府。在此理论指导下，法治政府建设应运而生。简政放权，转变政府职能，激发市场活力成为我国当下法治政府建设的首要任务，而推行权力清单制度与行政审批制度改革则是推动政府职能转变的两个重要抓手。为了理论更好地指导实践，2015年3月中共中央办公厅、国务院办公厅印发的《关于推行地方各级政府工作部门权力清单制度的指导意见》，标志着“权力清单”走向国家“顶层设计”，全国各地也纷纷开始实践，并取得了良好的效果。由此，“权力清单”一路凯歌，逐渐占领我国国家治理和社会治理的高地。

党的十八届三中全会提出创新社会治理体制，推动实现国家治理体系和治理能力现代化。任何一种治理都离不开责任，社会治理亦是如此，但责任制度无疑是社会治理中最难确定的问题之一。社会治理需要不断地进行体制机制创新。2014年达沃斯论坛开幕式上李克强总理给中国制度建设开出三张清单——权力清单、负面清单和责任清单，其中，“责任清单”的首次提出便引起了广泛关注。总理所言的责任清单以服务市场经济发展为主线，但指出了责任清单的核心是“法定职责必须为”。这给我们带来了很大启发，如果说权力清单、负面清单是针对政府乱作为，那么责任清单则是针对政府不作为，对为官不为、懒政怠政的要严格追究责任。社会治理离不开严厉的责任追究，我国急需这样的责任清单制度。

（一）“双单”概念

1. 权力清单、责任清单的概念

权力清单作为一种规范权力行使的“利器”，在行政执法中得到广泛应用并取得良好的制度效果和社会效果，因此，可以通过丰富权力清单的内涵，将经过实践检验的权力清单制度推广至司法裁判领域，使其成为落实司法责任制规范司法权运行的有效手段。

权力清单制度，简单来说就是在界定各级政府、每个职能部门、每个岗位的职责与权力边界的基础上，依法优化和公开权力运行流程，规范和明确权力运行的程序、环节、责任，逐步形成权责清晰、程序严密、运行公开、监督有效的行政权力公开透明运行机制，以有效解决权力运行中存在的不作为、乱作为、权责交叉、多头执法、监管缺位、权力寻租等突出问题的制度。该制度主要包括全面厘清现有行政权力、清理权力、确定权力、制定关于权力的行使主体、范围时效、运行流程等一系列清单，并正确及时地向公众公布，更重要的是建立长效的动态管理和反馈机制以接受社会监督等。从基本概念来看，权力清单制度建设必须厘清政府权力来源的法律依据，并据此对政府权力进行梳理，通过清权、减权和制权，实现政府权力公开运行、规范运行和负责任地运行。可见，权力清单制度就是通过界定清楚每个政府职能部门、每个单位、每个岗位的职责与权力边界，公开政府职能部门的“权力家底”，规范和明确权力运行的程序、环节、过程和责任，依法行使行政权力、依法监督行政权力和依法追究权力责任的一种制度设计。

依据权责统一原则，责任清单是与权力清单相对应的一个概念，指的是依据不同司法主体的权力分配明确各自责任，通过列表的形式，细化责任归属、明确担责主体、列明担责事项、规范追责程序、具体责罚措施。权责统一要求，有权必有责、有责必担当、失责必追究，因此，责任清单的实质是与权力清单相对应的具有严格性、立体式、常态化的司法监督、责任追究机制。责任清单从案件质量、审判绩效、司法行为等方面对司法责任进行解构，[1]根据不同情形设置不同的责任形式，主要包括违法司法纪律行为的纪律责任、因故意或重大过失导致错案的惩戒责任以及枉法裁判、徇私枉法的刑事责任等。通过制定责任清单，明确不同司法主体的具体职责，设定科学具体的追责措施，将有效遏制司法权缺位、越位、不到位的司法乱象，有力规范审判权依

---

〔1〕 张颖：《权力清单、责任清单、行为清单让公平正义触“单”可及——辽源市中级人民法院审判权运行工作机制纪实》，载《辽源日报》2015 年 12 月 4 日。

法、依规有序运行，促进审判者负责这一制度设计的实现。责任清单由权力行使者与监督者责任配置、责任依据、责任内容、问责过程等构成。政府部门责任清单的性质进一步明确，“责任”的性质主要体现在四个方面：第一，责任主体是政府，即权力主体。政府部门是行使行政权的主体，具有法律行政权，有权有责任，政府部门必须承担相应的行政责任和法律责任，在责任清单中也是一种政治责任。第二，政治领导行政，行政是政治，行政是行政执法中的政治。第三，“责任”在责任清单中是一种监督责任。这一责任不仅是政府部门对下级的责任，是自我监督的部门，也是国家权力机构、新闻媒体、公众对政府部门的监督。第四，“责任”的责任清单是一个积极的行政责任。政府部门要承担的责任必须是积极的，敢于承担，积极履职，不推责，对不正确行使职能和权力，履行消极、不履行行政职责的行为应追责到底。

2. 法官权力清单、责任清单的概念

作为国家审判机关的人民法院执掌审判权，这一权力是与涵盖行政许可、行政处罚等子权力的“行政权”相并列的一项至关重要的国家权力，如何规范行使审判权及相关附属权力一直是法院内外决策者关心的重点。当前，有些法院正在试行审判人员权力清单制度，这一制度是司法责任制改革中法院向行政机关进行的一次良好的借鉴和有益尝试。2015 年，最高人民法院发布司法责任制改革意见，提出要明确司法人员权责并作了相关列举，虽然其未提出“权力清单”概念，但该意见中的列举对各级人民法院制定司法人员权力清单提供了蓝本。尽管人民法院的组织形式、机关运行机制和业务职能与行政机关大相径庭，但是国家机器权责一致的普遍规则同样适用于法院系统，将行政机关采用的权力清单制度适用于审判机关正是一种科学的创新。审判人员权力清单和行政机关权力清单还存在以下几个区别：前者强调责任，后者强调限权；前者侧重于后果——滥权后的追责，后者侧重于行为——保证正确用权；前者适用于法院内部行使审判权和附属权力的个人，后者适用于抽象化的某行政机关。所以，笔者认为主审法官权力清单是指在界定主审法官的职责与权力边界的基础上，通过依法优化和公开权力运行流程，规范和明确权力运行的程序、环节、责任，明确主审法官可为与不可为的制度。主审法官责任清单是指国家特定机关或特定主体根据法律规定，通过必要程序确认主审法官的行为是否应承担法律责任以及承担何种法律责任的制度。

（二）价值目标

权力清单制度建设的主要目的是，按照“让审理者裁判，由裁判者负责”的要求，梳理法官职责，分析履职情况，编制主审法官权力清单和“权力运行流程图”，建立健全事中、事后监管制度,并依法向社会公布权力清单和权力运行流程。因此,从法官权力清单制度构建来看,其逻辑思路是全面梳理职权、公开权力清单,明晰主审法官应有的权力,划分主审法官与其他司法人员的权力边界,为主审法官提供良好的司法环境,保证主审法官独立行使审判权,实现司法独立。实践中出现弄权腐败案例,很重要的原因就在于权力和责任的脱节。权力一旦脱离责任,必然被私欲俘获,成为谋求个人私利的工具,而问责制度的缺失正是产生公权力腐败的重要因素。所以,建立责任清单的目的还在于提供问责的依据。它和权力清单共同构筑限制权力的"篱笆",铸就制衡权力的"制度笼子"。

(三)划分依据

1. 主审法官权力清单与责任清单制度的关系

正如权力和责任的对立统一,权力清单和责任清单之间也存在相互制约、相互促进、不断发展的关系,只有通过权力清单划清审判权的边界,审判权才不会被滥用;只有通过责任清单明确司法责任担当,才能确保审判权正确行使,两者共同作用,倒逼各类司法主体自觉规范司法行为,杜绝"懒、散、庸、奢"等损害司法权威、伤害群众利益和情感等情形的发生。

第一,权力清单与责任清单之间的共生性。法官享有了宪法和法律赋予的权力,就必须承担相应的责任。只有有责任限制的权力,才能将权力关进制度牢笼,防止腐败的发生,抑或防止出现滥用权力损害司法公正的情形,这也是符合权力和义务相平衡的体现。我们的法官阳光行使权力,就必须明白自己的责任,必须使自己的责任透明。权力清单与责任清单的制定正是基于权力与义务相平衡原则的延伸。目前,司法改革也正是基于权责不明、行权混乱、责任追究机制不健全等导致权责失衡,进而影响司法独立,难以实现司法公正等问题而进行的。而且权责不平衡也致使权力制度往往将权力集中于上级,而责任则趋向于下级,这势必导致上下级的权责不平衡。这就需要通过深化司法体制改革,构建一个现代司法应有的权责制度体系。

第二,权力清单与责任清单之间的对等性。依法赋予、配置审判权是履行司法职责,开展审判工作的必要条件;积极承担司法职责,维护社会公平正义是审判权运行的目的;科学合理追责体系设计是指引司法行为,规范审判权正确行使的有力保障。赋权、履职、追责三者之间相互促进,在清单的设置层面上保持权责的对等性,即权力有多大,责任就有多大,司法主体只能行使权力清单上赋予的法定权利,只需承担与其授权相适应的法律责任。比如,取消院、庭长对非自身主办案件的签发权后,院、庭长作为部门的行政管理者,无须对被管理者的错误裁判承担司法上的错案追究责任。

第三，权力清单、责任清单之间的制约性。权力清单中对审判权种类、范围、效力、主体等方面的赋予或限制，直接制约责任清单中不同司法主体具体职责的设定。责任清单中具体的追责事项和科学的追责程序，直接制约权力清单中各项权力的规范行使。没有权力的职责是痴人说梦无从实现，没有监督的权力是笼外之虎肆意妄为，只有权力、责任、监督有机结合、相互制约，才能构建行之有效的权力清单、责任清单制度。

第四，权力清单、责任清单价值追求的一致性。权力清单、责任清单制度设计的逻辑起点和价值追求是一致的，一方面强调审判权的逻辑回归，通过合理配置审判权、划分审判职责，将司法审判权切实归还审判者，削弱审判过程中存在的行政性色彩，遵循司法权运行的逻辑起点，保障司法审判工作的相对独立性。另一方面强调审判权的规范运行，当滥用审判权导致司法不公，尤其是出现冤假错案损害群众权益，侵蚀司法公信和权威时，通过严格的责任追究制度，制裁违法违纪行为，[1]让审判权始终在法治轨道上规范运行，从而建立起公正、高效、权威的司法责任制度，保障司法公正的实现。

第五，权力清单的存在是建立责任清单的基础。有责的前提是有权，责任不会凭空产生，而必定是在权力行使过程中发生的，责任是督促权力正当行使的重要手段。制定责任清单的目的就是限权控权，其针对的就是每一项权力事项，因此，只有先厘清行政权力才有可能建立与之对应的责任清单。

第六，责任清单是权力清单顺利实施的保障。从实践效果的角度来看，责任清单更具约束性和惩罚性，通过明确与每项权力一一对应的责任，从而形成直观、具体的监督体系。从权责统一的角度出发，责任清单帮助权力监督者审视权力本身存在的合法性，从权力的来源开始对权力进行监督。这种监督显然更为深层和本质，有重大的现实意义。因为针对权力的监督，不仅应关注权力的实施过程，更应关注权为的来源本身是否合法。

权力清单必须与责任清单有机结合起来，总结来说：权力清单的建立是责任清单存在的前提，而责任清单的建立是权力清单发挥效用的保障，二者相辅相成，不可偏废其一。

2. 主审法官权力清单与责任清单制度的划分理论依据

权责清单制度是审判权力与审判责任统一的制度。权责统一是法治的应有之

---

〔1〕 陈光中、王迎龙：《司法责任制若干问题之探讨》，载《中国政法大学学报》2016年第2期。

义，权责清单制度实现了审判权力与审判责任的统一，要追究法官的审判责任，应以其享有并独立行使司法审判权为前提。法官拥有司法权是司法程序的第一步，司法程序的良好运转更关键在于法官独立行使司法权。首先，法官拥有司法权，意味着法官可以卷入当事人之间特定利益争端或纠纷，在听取各方意见的基础上对纠纷形成自己的合法认识，并中立于各方对纠纷作出裁判。司法权行使的被动性、亲历性、公开性和终局性决定了法官享有司法权对司法程序开始和推进的重要意义。其次，法官独立行使司法权是司法程序正常运转的根本保证，独立是作为法律人的法官所必须具有的品性，“审判独立是现代法治国家确立的一项基本准则，没有审判独立就没有司法公正，审判独立最根本的就是要确保法官依法独立行使审判权”。司法独立包含内部独立和外部独立两部分，内部独立即法官在审理案件过程中不受同事、上级领导的干涉，最后裁决的作出完全依循于自身法学理论素养，而非他人思想的复制。外部独立意味着法官审理案件不受任何外界因素的干预。法官独立行使职权，便不再有任何借口推卸自身的责任，这督促法官谨慎小心对待当事人的诉求。从某种程度上讲，司法独立并不具有目的意义，而是具有工具性价值，以确保实现法官公正无私地审理案件。

三、现状、问题与经验

（一）实践现状

1. 追责情况

（1）司法问责数据分析

关于全国法院系统法官错案责任追究的整体样态，缺乏相关材料予以精细地展示和阐释，但从最高人民法院历年来的工作报告可管窥一二。（见表1）

表1　2003年至2015年全国法院司法问责的数据

年度	违法干警人数	移送司法机关处理人数	所占比例
2003年	794	52	6.54%
2004年	461	—	—
2005年	378	66	17.46%
2006年	292	109	37.32%
2007年	378	66	17.46%

续表

年度	违法干警人数	移送司法机关处理人数	所占比例
2008 年	—	—	—
2009 年	712	105	14.74%
2010 年	795	137	17.23%
2011 年	783	113	14.43%
2012 年	519	77	14.83%
2013 年	381	101	26.50%
2014 年	863	138	15.99%
2015 年	735	120	16.32%

这些数据反映的是全国各地法院违法违纪案例总数,包括了错案责任追究案例。各地法院对错案责任的认定标准不一、运行模式各异,在此地被认定为错案而在彼地不是,抑或相反。因此,这些数据只能模糊地展示我国法官责任的司法实践面貌。但通过细致观察,仍然能够看到一些发展态势:①违法违纪人数“两跌两起”。从 2003 年至 2007 年,违法违纪干警人数持续走低,2009 年开始回升,2012 年和 2013 年大幅度降落,2014 年至 2015 年又急剧回升;②每年移送司法机关处理的人数保持较低水平。除 2006 年和 2013 年外,每年移送司法机关处理人数约占当年违法违纪总人数的 15%。

由于法官问责案例公布的数量有限,课题组穷尽所能共收集到 25 例案件,对其中 8 个样本进行梳理分析,考察司法实践中错案责任追究的具体运行机理。(见表 2)

表 2　八例司法问责案例

追责对象	身份	定案过程	追责事由	追责程序	处理结果	启动追责外因
王××	承办法官兼审判长	合议庭、审委会讨论、请示中院	未依法审查证据	刑事诉讼程序	判处玩忽职守罪	被告父母上访、政法委督办

续表

追责对象	身份	定案过程	追责事由	追责程序	处理结果	启动追责外因
水×	承办法官兼审判长	合议庭讨论	证据未经质证、滥用职权	刑事诉讼程序	因滥用职权被逮捕	媒体曝光、高院院长批示、政法委督办
李××	庭长	请示上级法院、集体讨论	程序违法、越权处理、导致上访、影响恶劣	刑事诉讼程序	判处无罪	上访
马××	承办法官					
莫××	承办法官	简易程序	玩忽职守、未听取领导意见径行裁判	刑事诉讼程序	判处无罪	当事人自杀
蔺××	承办人、审委会委员、庭长	合议庭、审委会讨论	徇私枉法	刑事诉讼程序	判处徇私枉法罪	
刘××	承办法官	合议庭讨论	违反政法委内部规定、玩忽职守	刑事诉讼程序	判处无罪	当事人被指涉黑头目、上级高度重视
王×	承办法官	简易程序	裁判错误	内部处分程序	调岗	舆论压力
李××	承办法官	简易程序	裁判错误	内部处分程序	撤销职务、免去审判员资格	省、市人大常委会要求处理

从表2可以管窥我国错案责任追究的运行机理：①定案模式多数是通过合议庭评议、审委会讨论或请示本院领导、上级法院而作出裁判；②错案责任追究适用的程序主要有刑事诉讼程序和内部行政纪律处分程序两种类型；③启动追责程序的主要原因是外部权力因素的介入或舆论压力的“包围”。

（2）司法问责典型案例

案例1 2014年12月15日，内蒙古高院以原审判决和裁定“事实不清、证据不足”为由宣告呼格吉勒图无罪。2016年2月1日，公安机关、检察院、法院分别依据

《中国共产党纪律处分条例》《中华人民共和国公务员法》之规定给予27位责任人警告及记过处分,甚至追究刑事责任。作为2014年十大法治影响力案件,其为案件终身负责制烙下深刻的时代印记。2014年年底,随着呼格案的昭雪,十八届四中全会明确提出错案问责倒查制。其作为向错案宣战的“集结号”,使得权力滥用及司法腐败得到了有效遏制。[1]

案例2 2002年6月18日,河南省周口市川汇区检察院就一起诈骗案向法院提起公诉,经审理,合议庭认为被告人构成诈骗未遂,并向审委会进行汇报。审委会因意见分歧向周口中院书面请示。周口中院复称被告人构成诈骗罪。据此,审委会讨论决定判处被告人有期徒刑10年。因被告人母亲上访,周口中院以院长发现为由提起再审,在证人全部翻供的情形下,宣告被告人无罪。2011年12月20日,原合议庭审判长王桂荣被舞阳县人民法院一审判处玩忽职守罪。

案例3 2001年9月27日,广东省四会市人民法院开庭审理李某某起诉张某某夫妇等民间借贷纠纷一案。经质证,张某某称借条系李某某持刀威逼所写,但未能提交证据证明。根据证据规则,法官莫兆军判令被告承担还款责任。2001年11月14日,张某某夫妇服毒自杀。2001年11月15日,公安机关传唤冯某某、李某某,两人承认借条确系威逼所写。2003年4月24日,肇庆中院开庭审理法官莫兆军玩忽职守案,最终作出无罪判决。

2014年年底,随着呼格案的昭雪,十八届四中全会明确提出错案问责倒查制。面对审判问责的“高压线”,合议庭无不谨小慎微,以求裁判的尽善尽美。作为一种倒逼机制,错案问责既彰显了司法系统有错必纠的决心,又在约束法官办案行为、改善学习风气方面起到了明显作用,为各地创建“学习型”法院提供了契机。在法官业务素养提高的同时,案件的审判质量也“水涨船高”,但同时我国的错案责任追究制还存在如下问题与不足:

首先,责任认定标准的混乱。根据最高人民法院审判责任追究办法的规定,责任追究以主观过错为前提,以行为违法为要件,坚持以主客观相统一的原则。然而在实践中,如山西省太谷县人民法院,扩大了主观要件的范围,凡故意、过失甚至业务低下造成错案的,均应承担责任。而天津市河北区人民法院,更是以结果为导向,凡发回、改判及再审的案件,一律假定为错案,须承办人自证清白、申诉甄别后得以免除责任。经统计,以主观过错为标准的法院有33个,占58%;以案件结果为标准的法院有24

---

〔1〕 张文:《呼格错杀案与死刑废止》,载《中外法学》2015年第3期。

个,占42%。

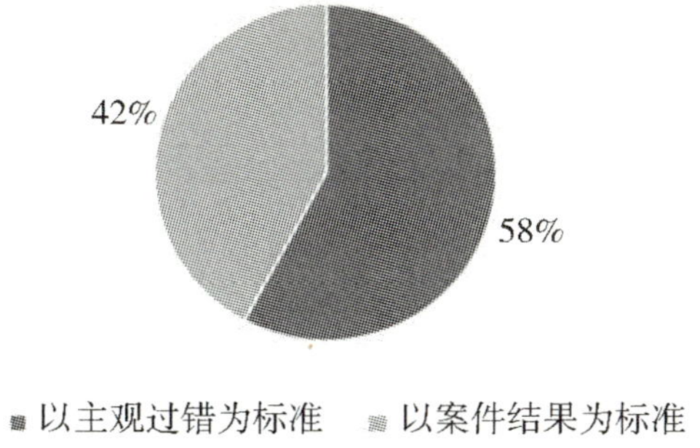

图1　责任认定标准比例

其次,责任追究范围的扩张。如果责任追究办法系规定"罪名",那么纪律处分办法即设定"量刑"。根据"罪刑法定"原则,办法以外的行为不应受到追究。然而实践中,如湖北省高级人民法院,追责的范围不只重大差错案件,还有一般差错案件甚至瑕疵案件。在处罚上,江苏省扬州市江都区人民法院除了纪律处分外,还包含取消承办人的目标管理奖;责任重大的,停职待岗数月,将处罚措施层层加码。据考察,追究范围严格控制在最高人民法院出台的两个办法中的法院有17个,占29%;责任范围超出最高人民法院规定的法院有40个,占71%。

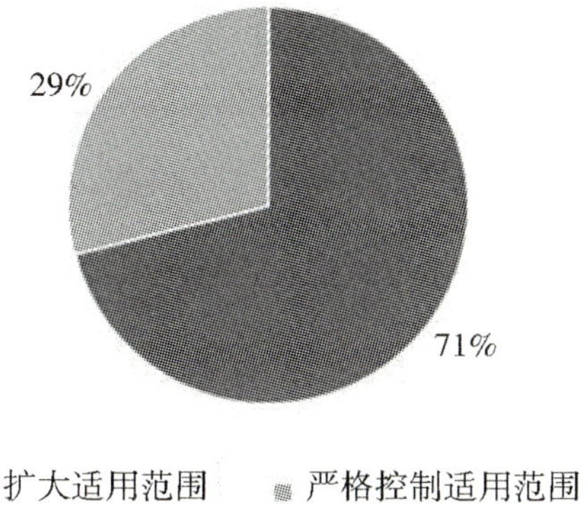

图2　责任追究范围比例

各地以结果为导向的问责标准以及泛化的适用范围让法官在敲响法槌时不免战战兢兢。究竟裁判是否存在唯一正解、惩戒标准如何衡量、有无更佳替代机制,成为司法实践中值得深思的热点问题。

最后,请示成为常态,损害独立裁判。案件审理本应遵循"获得案件事实→择取法律规范→解释法律规范→对法律规范与案件事实的价值和逻辑关系进行内心确信→形成判决”的推理过程。然而,在错案问责的“高压线”前,遇稍有疑难或久调不决的案件,合议庭不敢“妄自定夺”,主动求助于院、庭长或求助于审委会,形式上为裁判结果披上安全外衣,实则与还权于合议庭的改革精神向抵牾。提及王桂荣的案件,当事法官无不“噤若寒蝉”。其实,案件审理并非流水作业,法律体系亦非完美无憾,规则的释读与事实的采信与个人认知有关,并非如德沃金所言,每个案件都有唯一正确的答案。为转嫁风险,民事案件调解结案成为最佳选择,实践中预判案件结果、强制调解的事例屡见不鲜;刑事案件以“宁纵不枉”为最佳策略,在上诉不加刑的原则下,作出无奈而又稳妥的选择。

2. 文本考察

随着司法改革的深入,员额法官制度的逐步完善,为贯彻落实最高人民法院为贯彻中央关于深化司法体制改革的总体部署,优化审判资源配置,明确审判组织权限,完善人民法院的司法责任制,建立健全符合司法规律的审判权力运行机制,增强法官审理案件的亲历性,确保法官依法独立公正履行审判职责,各地法院先后针对主审法官的权责作了明确的规定。

(1)洛阳中院法官权力清单

洛阳中院规定审判长权力为:①指导和安排合议庭其他成员、审判辅助人员做好庭前调解、庭前准备及其他审判辅助工作;②确定案件审理方案、庭审提纲、协调合议庭成员的庭审分工以及做好其他必要的庭审准备工作;③依法定程序主持庭审活动,承办重大、疑难、复杂案件,完成规定的办案任务;④主持合议庭对案件进行评议;⑤依照有关规定,提请庭长决定将案件提交专业法官会议研究,或由庭长报请分管院领导召开审判长联席会议研究或提请审判委员会研究决定;⑥指导、审核、签署合议庭其他成员制作的裁判文书;⑦指导、督促合议庭成员按照案件审理期限的规定尽快办结案件;⑧在裁判文书印制之后、发出之前再次进行复核,并督促合议庭成员和审判辅助人员认真做好审阅、校对工作;⑨负责完成本院相关部门分配的调查研究、法制宣传、统计分析、工作信息等工作任务;⑩办理有关合议庭审判的其他事项。

规定主审法官权力为:①主持或者指导法官、审判辅助人员进行庭前调解、证据交换等庭前准备工作;②拟定庭审提纲,制作阅卷笔录;③协助审判长组织法庭审理活动;④在规定期限内及时制作审理报告;⑤案件需要提交专业法官会议、审判长联席会议、审判委员会讨论时,受审判长指派汇报案件;⑥制作裁判文书提交合议庭审核;⑦完成院领导、庭长交办的其他工作任务。

规定法官权力为:①与审判长、主审法官组成合议庭审理案件;②按照繁简分流的原则,快速调处矛盾纠纷;③根据审判长、主审法官的安排,完成案件调查取证、庭前准备、调解、撰写裁判文书等审判工作;④作为合议庭成员参加案件评议;⑤处理当事人的来信来访及案件的判后答疑;⑥接受审判长的业务指导和日常工作监督;⑦完成庭长、审判长、主审法官交办的其他工作任务。

(2)黑龙江省法院法官权力清单

黑龙江省法院规定审判长的权力为:①确定案件审理方案、庭审提纲、协调合议庭成员庭审分工以及指导做好其他必要的庭审准备工作;②主持、指挥庭审活动;③主持合议庭评议;④依照有关规定和程序将合议庭意见分歧较大的案件提交专业法官会议讨论,或者按照程序建议将案件提交审判委员会讨论决定;⑤签发裁判文书;⑥民商事、行政诉讼中,决定审判人员以外,其他人员的回避;⑦依法行使其他审判权力。

其规定独任制审判主审法官的职责为:①主持或者指导法官助理做好庭前会议、庭前调解、证据交换等庭前准备工作及其他审判辅助工作;②主持案件开庭、调解,决定是否准予撤诉,依法作出裁判,制作裁判文书或者指导法官助理起草裁判文书,并直接签发裁判文书;③依法决定案件审理中的程序性事项;④依法行使其他审判权力。

其规定合议制审判主审法官的职责为:①主持或者指导法官助理做好庭前会议、庭前调解、证据交换等庭前准备工作及其他审判辅助工作;②就当事人提出的管辖权异议及保全、司法鉴定申请等提请合议庭评议;③对当事人提交的证据进行全面审核,提出审查意见;④拟定庭审提纲,制作阅卷笔录;⑤参与案件评议,并先行提出处理意见;⑥根据合议庭评议意见制作裁判文书或者指导法官助理起草裁判文书;⑦依法行使其他审判权力。

其规定合议制审判其他法官的职责为:①阅读案件材料,参加庭审,按照庭审分工履行职责;②参加合议庭评议并提出对案件的处理意见;③签署参与审理案件的法律文书;④依法行使其他审判权力。

(3)扶沟县人民法院权力清单

扶沟县法院规定审判长的职责为:①指导和安排合议庭其他成员、审判辅助人员做好庭前调解、庭前准备及其他审判辅助工作;②确定案件审理方案、庭审提纲、协调合议庭成员的庭审分工以及做好其他必要的庭审准备工作;③依法定程序主持庭审活动,承办重大、疑难、复杂案件,完成规定的办案任务;④主持合议庭对案件进行评议;⑤依照有关规定,提请庭长决定将案件提交专业法官会议研究,或由庭长报请分管院领导召开审判长联席会议研究或提请审判委员会研究决定;⑥指导、审核、签署合议庭其他成员制作的裁判文书;⑦指导、督促合议庭成员按照案件审理期限的规定尽快办结案件;⑧在裁判文书印制之后、发出之前再次进行复核,并督促合议庭成员和审判辅助人员认真做好审阅、校对工作;⑨负责完成本院相关部门分配的调查研究、法制宣传、统计分析、工作信息等工作任务;⑩办理有关合议庭审判的其他事项。

其规定主审法官的职责为:①主持或者指导法官、审判辅助人员进行庭前调解、证据交换等庭前准备工作;②拟定庭审提纲,制作阅卷笔录;③协助审判长组织法庭审理活动;④在规定期限内及时制作审理报告;⑤案件需要提交专业法官会议、审判长联席会议、审判委员会讨论时,受审判长指派汇报案件;⑥制作裁判文书提交合议庭审核;⑦完成院领导、庭长交办的其他工作任务。

其规定法官的职责为:①与审判长、主审法官组成合议庭审理案件;②按照繁简分流的原则,快速调处矛盾纠纷;③根据审判长、主审法官的安排,完成案件调查取证、庭前准备、调解、撰写裁判文书等审判工作;④作为合议庭成员参加案件评议;⑤处理当事人的来信来访及案件的判后答疑;⑥接受审判长的业务指导和日常工作监督;⑦完成庭长、审判长、主审法官交办的其他工作任务。

另外,扶沟县人民法院还建立了责任清单,其内容主要是党风廉政建设责任清单,此清单主要有:党组主体责任清单、纪检组监察室监督责任清单、部门主要负责人"一岗双责"责任清单、法院工作人员党风廉政责任清单、奖惩清单、错案问责清单。其中,错案问责清单主要范围是:①故意篡改、伪造、毁弃、隐匿证据,导致裁判错误的;②协助、指使他人作伪证,导致裁判错误的;③未经审批,擅自违规办理案件,导致裁判错误的;④向合议庭和审判委员会报告案情时,故意隐瞒重要情节、遗漏主要证据或提供虚假材料,导致裁判错误的;⑤违背审判委员会和合议庭决议,伪造、私自制作诉讼、执行文书,造成严重后果的;⑥因重大过失,致使诉讼文书主文错误,并造成严重后果的;⑦案件诉讼主体错误、基本事实或证据认定错误、案件适用法律明显错误或者程序明显违法的;⑧违反法律规定剥夺当事人诉讼权利造成不良后果的;⑨违反规定在审理、执行中超审限三个月以上的;⑩在采取财产保全、执行措施或其他强制措施时,故意违反法律规定,或在采取上述措施时因重大过失,造成案件当事人、案外人或第三人人身伤害、财产损失等严重后果的;⑪内外勾结,制造假案的;⑫因故意或重大过失,致使裁判、执行结果错误,并造成严重后果或严重社会影响的;⑬程序违法,造成严重后果的;⑭其他应当认定为办错案情形的。

(4)淄博市博山区人民法院权力清单

博山区法院规定法官的共同职责为:①法官主要职责为审理案件,按照规定的办案数量,担任审判长承办案件或参加合议庭审理案件;②认真履行审判职责。合议庭各法官平等参与案件的审理、评议和裁判工作,独立发表意见,共同签署裁判文书;③合议庭审理案件,合议庭各法官对案件的事实认定和法律适用共同承担责任,合议庭各法官按照各自发表的意见和履职行为承担相应的办案责任;④法官对其履行审判职责的行为承担责任,在职责范围内对办案质量负责;⑤根据庭长安排,做好本部门的案例编纂、法律文书上网、庭审直播、优秀文书评选、调研、信息、宣传、司法建议和司法统计等工作。

其规定审判长的职责为:①主持召开庭前会议,确定案件审理方案、庭审提纲、协调合议庭成员的庭审分工以及做好其他必要的庭审准备工作;②依法定程序主持、指挥庭审活动;③主持合议庭对案件进行评议;④依照有关规定和程序,提请专业法官会议主持人召开专业法官会议讨论相关案件,按照程序逐级建议庭长、分管副院长决定是否将案件提交审判委员会讨论;⑤指导、审核、签署合议庭其他成员制作的裁判文书;⑥指导、督促合议庭成员按照案件审理期限的规定尽快办结案件;⑦督促合议庭成员和书记员认真做好裁判文书的审阅、校对和印制工作;⑧作为审判长根据庭长授权或委托,对合议庭成员裁判文书上网质量、数量、效率进行审核把关;⑨办理庭长安排的有关合议庭审判的其他事项;⑩依法行使其他审判权力。

其规定承办法官的职责为:①主持或指导法官助理、书记员做好庭前会议、庭前调解、证据交换等庭前准备及其他审判辅助工作;②就当事人提出的保全、鉴定、非法证据排除申请等提请合议庭评议;③根据案件流程工作要求,庭前认真阅看案件材料,对当事人提交的证据进行全面审核,梳理争议焦点,提出审查意见,并将案件基本情况向审判长以及合议庭其他成员及时通报;④报请审判长同意,召开庭前会议,对重大、疑难、复杂案件,制定阅卷笔录,提出审理方案,拟定庭审提纲,协调做好其他必要的庭审准备工作;⑤在审判长主持下依法定程序开展庭审活动;⑥根据案情决定进行调查、勘验、委托鉴定等工作;⑦及时起草案件审理报告提请合议庭合议;⑧参与案件评议,在审判长主持下,向合议庭汇报案件办理情况,回复审判长及合议庭其他成员有关案件的询问,结合案件事实、证据以及适用法律等先行提出明确的处理意见;⑨按照审判长梳理总结的合议庭意见,及时制作或安排、指导法官助理制作裁判文书初稿,并对合法性、规范性、准确性进行必要的审核和把关;⑩及时将合议庭笔录、裁判文书核签文稿送合议庭其他成员审阅签字,采纳并妥善办理合议庭其他成员对裁判文书核签文稿提出的合理修正意见；⑪起草准备专业法官会议以及审判委员会研究讨论案件的汇报材料，参加会议并发言；⑫严格按照案件审理期限的规定尽快办结案件，确需延长审限的，按照相关程序依法报批；⑬对裁判文书的规范印制进行监督、审核、把关，并依法及时送达当事人，按照流程工作要求及时监督、指导法官助理、书记员做好案件卷宗的装订、报结、归档等事务性工作；⑭认真做好案件全程调解和判后释法答疑工作；⑮及时履行好裁判文书上网的审批、报送手续，在规定时限内对符合上网条件的生效裁判文书按照规定要求进行文本纠错、格式处理和组织上传；⑯办理有关合议庭审判的其他事项；⑰依法行使其他审判权力。

其规定参加合议法官的职责为：①庭审中根据审判长安排发问，或根据案情主动发问；②结合实际情况，于庭前、庭中、庭后各个阶段对当事人进行针对性的劝解引导和释法说理，促使当事人达成调解和解；③在审判长主持下，按照民主集中制原则共同评议案件并充分发言，不得拒绝陈述意见或者仅作同意与否的简单表态；④认真审阅合议庭笔录并签名；参加专业法官会议、审判委员会并适时发言；⑤对承办法官拟定的裁判文书文稿进行修改或提出意见，会签裁判文书；⑥办理有关合议庭审判的其他事项。

(5)浙江省高级人民法院职责清单

浙江省高级人民法院以文件的形式规定了《关于各类司法人员职责清单的规定(试行)》，其中，规定法官独任审理案件时，履行以下职责：①审阅案卷材料，熟悉案情，必要时制作阅卷笔录、庭审提纲；②主持或者指导法官助理做好庭前会议、庭前调解、证据交换等庭前准备工作；③依法决定案件审理中的程序性事项；④办理或指导法官助理办理保全、鉴定、评估等事项；⑤审核或指导法官助理审核当事人、诉讼代理人、辩护律师提交的证据，提出审查意见；⑥主持庭审、调解等活动；⑦对本院已审结或正在审理的类案与关联案件进行全面检索；⑧案件需要提请专业法官会议的，向专业法官会议报告案件情况；⑨制作裁判文书或者指导法官助理起草裁判文书，并直接签发裁判文书；⑩依法行使其他审判权力。

规定合议庭审理案件时，承办法官履行以下职责：①审阅案卷材料，熟悉案情，必要时制作阅卷笔录、庭审提纲；②主持或者指导法官助理做好庭前会议、庭前调解、证据交换等庭前准备工作；③就当事人提出的管辖权异议及保全、司法鉴定、非法证据排除申请等提请合议庭评议；④根据合议庭决定，办理或指导法官助理办理保全、鉴定、评估等事项，并向合议庭报告情况；⑤审核或指导法官助理审核当事人、诉讼代理人、辩护律师提交的证据，提出审查意见；⑥主持或开展庭审、听证等活动；⑦组织或受审判长委托组织调解;⑧对本院已审结或正在审理的类案与关联案件进行全面检索,制作类案与关联案件检索报告;⑨必要时,撰写审理报告;⑩参与案件评议,并先行提出处理意见;⑪案件需要提请专业法官会议或审判委员会讨论的,向专业法官会议或审判委员会报告案件情况;⑫制作裁判文书或者指导法官助理起草裁判文书,并对裁判文书的格式、内容等制作质量负责;⑬依法行使其他审判权力。

规定合议庭审理案件时,合议庭其他法官履行以下职责:①参与阅卷,熟悉案情;②参加庭审,按照庭审分工履行职责;③参加案件及有关程序事项的评议,独立发表明确具体的意见;④复核裁判文书并签名;⑤完成其他相关审判工作。

合议庭审理案件时,审判长除承担由合议庭成员共同承担的审判职责外,还应当履行以下职责:①确定案件审理方案、庭审提纲、协调合议庭成员庭审分工以及指导做好其他必要的庭审准备工作;②主持、指挥庭审、听证活动;③按规定权限决定案件审理中相关人员的回避及有关程序事项;④主持案件及有关程序事项的评议;⑤依照有关规定和程序将合议庭处理意见分歧较大的案件提交专业法官会议讨论,或者按程序建议将案件提交审判委员会讨论决定;⑥审核并签发案件裁判文书;⑦完成其他相关审判工作。

审判长自己承办案件时,应当同时履行承办法官的职责;院长、庭长承办案件时,应相应履行承办法官或审判长的职责。

(二)存在问题

任何一项改革都有阻力,推行权力清单也是如此。其阻力表现为:第一,既得利益群体的阻力。改革的实质是对原有利益分配格局的调整。利益的得失决定了改革的利益相关群体对待改革的态度。从改革中获益的群体不但不会去阻挠变革,而且还会成为变革的推动力量,而原有体制下的既得利益者将会向改革者施加压力抵制改革,其抵制程度与其受损程度成正比。推行主审法官权力清单制是法院系统的一次自我改革,界分了独任法官、合议庭、审判委员会、院长、庭长的权力,这是对法院业务部门以及法官的权力进行重新建构和分配。在“官本位”价值观念的指导下,权力和利益是相辅相成的。权力清单制度的推行无疑会在一定程度上削弱某些部门及其工作人员手中的权力,危及各部门工作人员尤其是身居高位者的切身利益。该群体是当前我国最有发言权的利益集团,其抵制改革的力量不可忽视。如何有效化解既得利益者的阻碍是实行权力清单制度的一大难点。

第二,权力清单制度设计中的技术性难题。权力清单制度的设计应当全面而具体。权力清单应当涵盖主审法官的所有权力,不涉及国家机密等的公权都应公开;权力清单的内容也应当精确具体，不能模糊宽泛，要明确每项权力的名称、来源、行使部门、行使规则、监督投诉渠道等；权力清单公开运行应当规范合理，不能搞表面工程，并且需要有刚性手段作后盾。如何克服传统体制、固有思维模式的阻力，如何使新制度最大限度地降低成本，同时又使权力清单的制度价值得到体现，是值得思考的问题。例如，权利清单界分司法主体的权力，势必造成一线法官办案数量加大，进而造成责任和审判案件的数量加大，由于审判委员会的权限下放导致主审法官独自承担案件的压力加大，这势必造成权力与责任不配比。同时，法官待遇问题不解决，也会加大法官的人员外流。

第三，配套机制不完善。权力清单制度的实行是民心所盼。但是仅仅依靠权力清单制度不可能达到公正、高效、便民的目的。如果缺乏相应的配套机制，即使权力清单制度再清晰合理，其作用仍然得不到最大限度的发挥。权力清单制度是法官权力公开透明的基础与前提，有公开就需要监督，有监督就必然需要责任追究机制。同时随着权力清单制度的实施，法官权力行使过程的公开将得以充分实现，这可能会使法官权力滥用现象的曝光率大大提高，那么目前的责任追究机制能否将这些被曝光的违法违纪现象完全处理并且保证公开公正，尚需进一步探讨。另外，规定院长、庭长不得过问个案的审判，但在现实中司法“行政化”的弊病下，很难根治法官“上级”对“下级”指令，但这种“指令”会更加隐蔽化，成为“暗指令”。这就造成办案法官不得不承受“暗指令”下带来的错案追究责任。通过以上各个法院对主审法官权力、责任清单的对比，我们不难发现目前对法官权力、责任规范已经作了积极探索，取得了一定成绩，但权力清单与责任清单的构建还参差不齐，距离形成一部完善的制度规范还有一段很长的路要走。

1. 构建行动不协调

笔者在调查过程中发现，在“双单”制度构建呈现一定地域性特征，其中浙江、广东、江苏、上海沿海等省、直辖市在构建“双单”制度时表现出较大积极性，特别是省高院能够统一领导、统一部署，其往往通过试点法院形成宝贵经验，进而逐步铺开，保证了“双单”制度构建的连续性和深入性。中部地区只有河南、黑龙江等省份有了明确的规定，西部地区尚未有明确的文件规定。

2. 制定体例不统一

(1)法官权力清单与责任清单制度不规范。从制度的体例上看，以上五个法院在构建“双单”制度时是不同的。其中淄博市博山区人民法院是以图表形式罗列法官的权力，而洛阳市中级人民法院、扶沟县人民法院、黑龙江省高院则是以简单的逐条罗列形式列举，只有浙江省高院以规范的文件，形成了较为完整系统的“双单”制度。从内容上看，除了扶沟县人民法院，其余四个法院在构建“双单”制度时，更多的偏重于法官权力的明晰，即权力清单的构建，而且在表述权力时多以“职责”的形式体现，忽略了对法官责任清单的构建。

（2）对法官权力清单与责任清单的概念认识有偏差。主审法官权力清单是明确主审法官可为与不可为的制度。主审法官责任清单是指国家特定机关或特定主体根据法律规定，通过必要程序确认主审法官的行为是否应承担法律责任以及承担何种法律责任的制度。而实践中，大多法院只注重了对权力清单中审判权、监督权的构建，往往忽视对法官自身的保障，例如，无法定追责事由的惩戒豁免权以及未涉及享受与职权相匹配的利益权。而对法官“双单”概念的认识偏差也必然导致权力与责任相混淆，如在规定主审法官权力中有一条“完成院领导、庭长交办的其他工作任务”，既然是任务那么相对应的应该是责任才较为恰当，而非是法官自身的权力。

（3）构建法官权力清单与责任清单的内在逻辑不统一。上述五个法院在构建清单时出现了三种逻辑架构。其中，以洛阳中院为代表的“三足鼎立”划分法，其以合议庭成员组成为单位，将权力赋予审判长、主审法官、普通合议庭法官，形成了审判长权力、主审法官权力和普通法官权力三种权力类型。以浙江省高院为代表的“审制”两分法，其按照独任制和合议制两种审判组织划分法官的权力，形成了独任审理承办法官权和合议庭承办法官权两种。而淄博市博山区法院则是遵循了普遍和特殊逻辑思路，将法官权力分为法官共同权力和法官特殊权力两种。而法官特殊权力是因为审判长、承办法官、合议庭其他法官的角色不同而享有不同的权力，也即上述的“三足鼎立”划分法。

3. 权责划分不明晰

（1）承办法官的独立审判权仍受限。虽然规定了法官的权力清单，但实践中由于旧制度还未完全去除，仍然影响了法官独立审判权的行使。在法院，司法的审判权被分割成三个部分：一是法官对案件审理的权力，这一部分仅仅是对案件的事实作出法律的判断，只是审判权的法律适用部分，法官作出的判断结论还不是具有法律效力的判决。二是审判长的案件审批权，是决定法官判案的结果生效并约束当事人的重要一环。三是法院的审判委员会有权决定重大、复杂或疑难的案件、讨论决定对审判工作具有指导性意义（最高人民法院审委会）或本辖区的审判工作具有参考意义（地方各级法院审委会）的案例，增加了干预法官独立行使审判权的空间。因此，法官的独立审判权受到权力分享机制的约束，并不是一个完整的审判权。

第一,法官的职责定位不清。在我国,法官的职责定位是什么?理论界和实务界存在较多争论,主要有以下几种观点：

一是职务说,认为法官是经过一定的组织程序选拔出来并加以任命的职务,相当于合议庭的负责人。二是角色说,认为法官就是具体承办案件的法官或者合议庭中的审判长。三是权责说,认为法官是比其他法官享有更多权力、承担更多责任的法官。四是资格说,认为法官就是一种资格而已。这些不同观点产生的深层次疑问在于:法官是相对于一般法官而言的概念,还是审判组合中的领导者和核心人物?若作为审判组合中的核心,法官与独任制、合议制之间的关系如何?如何辨析改革中的法官与行政领导、合议庭以及其他法官间的关系,即法官的内涵和外延到底是什么?在缓解"案多人少"的矛盾和法官队伍素质参差不齐的现状后,通过从法官中选任部分有较高素质和审判能力的人作为法官,赋予其相对于一般法官更大裁判权的方式,解决审判工作中长期存在的法官权与责、审与判相脱离的弊端,使人民法院的诉讼方式与国际通行的诉讼结构与诉讼方式接轨,提高法院的办案质量和效率。法官是相对于一般法官而言,拥有更多案件裁判权的特殊法官。协调发展时期的法官作为审判组合中的核心主体,其除享有更多裁判权外,还拥有一定的组合管理权限,如组合内案件分配权、裁判决定权、文书签发权,对其审理案件裁判文书的直接签署权。但是,法官、审判组合、独任制、合议制之间的关系尚显凌乱,法官如何在审判组合中自如地发挥主导作用或者拥有哪些特殊的权力责任,有待进一步梳理并加以明确。

第二,法官的权力范围不明。关于法官权力方面的争议焦点主要在于:是否应当赋予法官较一般法官更多的权力。肯定者认为,法官应被赋予较一般法官更多的权力,如庭审排定、文书签发、强制措施决定、对案件作出裁判等权力,如此将会更好地理顺合议庭法官与院长、庭长及审判委员会的权、责、利之间的关系,杜绝院长、庭长径行改变合议庭决定的做法,防止审判业务的行政集权化。反对者则认为,法律赋予法官的权力是平等的,实行法官制虽然没有减少和削弱一般法官的现有权力,但是与法官相比,其权力显然被相对弱化了,必将导致一种局面:都是依法定程序经人大任命的法官,但却因院庭长"对法官知识与人品的信任"程度不同而行使不同的审判权力,这显然有悖于现行的立法规定和法官平等行使审判权的原理。概言之,肯定者从法官与行政领导间的关系角度着眼,以赋权将有利于减少行政干预为由,主张赋予法官相对更大的权力;否定者从现行立法规定和审判权平等行使的角度着眼,以赋权将导致人为破坏法律规定为由,反对赋予法官相对更大的权力。

第三,法官的责任范围不一。法官责任方面的争议焦点主要在于合议制中法官的责任定位与范围，即合议制中是否需要突出强调法官的个人责任？若需要，其责任的范围如何界定？

一是关于责任定位方面，《人民法院第三个五年改革纲要（2009—2013）》第5条规定“完善合议庭制度，加强合议庭和法官的职责”，将法官的职责加强作为合议庭制度建设的一个方面，前者从属于后者。但是，《中共中央关于全面深化改革若干重大问题的决定》（以下简称《决定》）中有关“完善法官、合议庭办案责任制”的规定似乎又有将法官责任与合议庭责任并列的意味，即法官办案责任制实质就是独任制法官办案责任制，两者是并列的关系。

二是若在合议制中区分法官的责任范围，相关规定和实践做法又有所不同。如上海市司法改革试点方案中明确指出，“在合议庭审理案件过程中，法官承担除应当由合议庭成员共同担责部分之外的所有责任”，即兜底式的责任追究；最高人民法院《关于完善人民法院司法责任制的若干意见》（以下简称《意见》）第30条规定：进行违法审判责任追究时，根据合议庭成员是否存在违法审判行为、情节、合议庭成员发表意见的情况和过错程度合理确定各自责任，即区分式的责任追究。概言之，法官与合议庭的关系，以及合议庭内部法官与其他成员的关系均会影响甚至决定法官的责任追究。

（2）法官责任豁免权的权责不明。《宪法》和《法官法》的相关规定虽然体现了我国对法官责任豁免的保障，但在实践操作中仍然存在很多问题。《法官法》第4条虽然规定了法官的履职受法律保护，但是这一规定过于抽象，不能作为我国法官享有责任豁免的法律依据。而《人民法院审判人员违法审判责任追究办法（试行）》第22条虽然规定了五项法官审判中不承担责任的情形，并且在最新的《意见》中得到明确，但是因为该办法的制定机关是最高人民法院，其性质属于司法解释，所以效力位阶过低，在法律上无法制约公安机关和检察机关。因此，还不能使法官责任豁免得到充分的保护。就最新的司法责任制改革《意见》来看，虽然在实现权责统一的目标导向下对审判责任的范围作了原则性和限定性的规定。但就具体的内容方面还存在一定的缺陷。首先是关于责任承担的范围。“办案质量终身负责制”的办案质量评价标准是什么？谁来评价？另外，关于第25、26条审判责任的规定，法官承担的到底是何种责任？是司法责任制意义上的责任还是审判责任意义上的责任？司法责任制意义上的责任是法官本身权限衍生出来的责任，有权就有责，额外的强调似乎有点多此一举；若是审判责任意义上的责任终身制，也是说不过去的。《刑法》对于案件的诉讼时效作了明确规定，作为制裁最严厉的《刑法》对案件都规定了追诉期，但对法官的审判责任规定终身负责，是否违反了罪刑法定原则。其次对于《意见》中规定的责任承担的主体范围。包括参与到案件审判和监督过程的所有人员，其中包括副庭长、庭长等明显带有行政级别职位的人员、没有参与到直接审理仅对法律适用问题进行讨论的审判委员会专职委员、审判辅助人员，其实并不是司法独立原则要求下的拥有独立审判权的主体，将这些人员划进司法责任制的问责对象范围，似乎泛化了法官责任豁免内涵。最后对于追责程序的规定中启动程序的主体为院长、审监部门或审判管理部门提出初步意见，并经过法院内部调查之后报法官惩戒委员会审议。这里就存在一个问题，因为在《意见》的前面关于权限部分已经对推行院长办案常态化进行规定了，既然院长参与审理的案件数量参照全院法官人均办案数量，那么存在对于院长的审判行为的监督的问题。这样一种既当运动员又当裁判员的机制设计本身就存在一定程度的不合理。另外，如果法官的违法审判行为构成犯罪并在受到刑事追究之后，法官惩戒委员会是否还有权作出处分，这里存在双重处罚的矛盾，在一定程度上会造成司法资源的浪费。出于保障司法独立和维护司法判决权威的需要，借鉴其他国家的做法，我们国家也应该建立较强意义上的法官责任豁免保障制度。但是，我们的制度似乎是在往相反的方向走去。在对法官责任豁免保障的制度还没有明确的情况下，最高人民法院又相继出台审判人员“错案追究”制度和人民法院院长、副院长“引咎辞职规定”。这两项制度制定的初衷都是希望通过约束法官依法实施审判行为进而达到对法官审判权松弛有度的监督，目的是建立一支廉洁奉公、严格适用法律的法官队伍。“然而在实际的实践操作中却要把握这样一个度的问题，即权力的监督和独立的审判之间的平衡。过分的监督会导致独立审判权的行使，而独立的审判权是实现司法正义的基础。为了解决这样一个问题，各国立法、司法以及理论界都应确立这样一个原则：审判权的独立相对于对法官审判的监督具有优先性。”在我国，对审判监督的强调往往甚于审判独立，为了实现司法公正，官方想到的首要利器就是加强审判监督。但是却忽略了司法独立、审判独立才是保障司法公正的基石。而审判监督往往是治标不治本式的应急措施，虽然可以暂时缓解矛盾，但是却达不到根本解决的效果，并且往往还损伤司法独立这个保障司法公正的基石。这个损伤是对整个司法体制甚至是这个体制运行的损伤。“法院改革并不是要一时减少枉法裁判而是一项制度的改革。”制度的改革是需要经过一个比较长的时间段才能起作用的，并且制度需要配套和协调。

因此，当我们在主动进行制度改革的过程中，要对相对长时间的制度进行考察，分析其中的利弊情况，并且要将即将推行的制度和当前运行制度的利弊进行比较分析，得出最有利于实现改革效果的办法。虽然法院当前存在不少枉法裁判现象，其中形成的原因很复杂，但是可以肯定的是，监督的缺乏并不是主要原因。从加强法官责任的角度，推行错案追究制和引咎辞职制度，试图减少枉法裁判的现象并不能切中时弊。实践中已经是“旧弊未除，新弊已生”。“现行尚未规范统一的有着形而上学明显特征的错案追究制弊端甚多。不仅无法实现错案追究之本身所应有的功能，甚至还产生了很大的负面功能。”所以我们需要建立完善的法官责任豁免保障制度，让法官在审判时无须瞻前顾后，发挥其所承担职能应当具有的权威性、正义性和独立性。

4. 法官职业保障缺失

（1）法官职业身份保障的制度缺陷。虽然我国有不少关于法官职业保障的法律规定，但是相关的规定过于原则性，没有明确的操作和保障的标准，对法官职业的身份保障作用微乎其微。如《法官法》第 13 条中对免除法官职务事由的规定，其中第 2 款，调出本法院的。那么调出这个行为是基于何种具体的原因，立法上没有作出明确的界限，这样就给了一些人随意操作的弹性空间。类似的情形规定也出现在《关于加强法官队伍职业化建设的若干意见中》第 10 条中，由于参照公务员体制管理，对于工作的变动有三种合法化的交流方式，这样宽泛的正常工作的变动理由将《法官法》中对于法官职业身份保障的规定置于虚设地位。同时按照我国现行的做法，对审判员以上的法官的免职权掌握在国家权力机关手中，助理审判员的免职亦是由同级法院院长作出的，并且对法官的纪律处分是与公务员无本质区别的六种方式。这就将法官的管理又与行政再一次挂钩，很难使法官在履行职务的同时能够做到百分百中立不受任何国家机关、社会团体及个人的干预。

《法官法》第 13 条第 4 款规定的依法提请免除法官职务的法定情形包括经考核确定为不称职的，那么考核的标准是什么？谁来作为考核成绩的打分人？在前面的讨论中我们知道，法官分为十二个等级，级别是与工资福利等密切相关的，根据现有的管理制度看，法官的考核机制可以划分为级别评定的基础，那么这样的话又将法官能力的强与否与行政挂钩，导致法官只能将职业当作糊口的工具，而不能全心投入案件中。同时也影响了法官的独立地位。并且一些免职事由过于随意，缺乏科学性，如因“不能胜任现职工作，又不接受另行安排、旷工”等事由让对法官职业身份的保障仅停留在立法层面而得不到真正的落实。

法官职业身份保障还具有程序保障，但是在现实的立法层面，对法官免职、辞退、处罚等缺乏严格、具体的程序规定，也没有给予法官在遭受非经法定程序、非因法定事由而被免职的救济手段的明确规定，这就增加了法官面临身份变动的风险。而且在实践中,法官的免职一般是按照公务员的辞退和免职程序进行的,具体来说是由党政部门决定,人大常委会履行例行手续就可以作出对法官的辞退和免职决定,这一实践做法具有浓厚的行政色彩,大大增加了党政机关和个人干涉司法的机会。我们知道,现代三权分立理论将权力分为立法、行政、司法,权力分立理论的根本在于因权力具有扩张性和强制性,如果不对权力进行分工和制约,将会导致权力的膨胀。审判权、行政权都是国家的权力,一个分管司法,一个分管行政,以行政的手段去决定司法官员的去留,必将影响司法公正的权威性。这既不符合司法规律也不利于我国的法治建设,因此,保障法官职业身份的稳定性不仅是法官职业保障制度的重要内容,而且是树立司法权威的重要子环节之一。

(2)法官职业安全缺乏有效保障。近年来,暴力袭击、威胁、诽谤法官的事件屡见不鲜。最高人民法院司改办主任胡仕浩认为,这说明当前在营造健康司法氛围、健全司法职业保障方面,还有很大的努力空间。这些事例,虽然是偶发的、个别的,但毫无疑问已经严重威胁到法官的人身安全,值得我们警醒。近年来,从有关媒体报道的事件和相关统计数据来看,暴力抗法等危害法官人身安全的事件多有发生,甚至呈不断上涨趋势。2001 年,全国范围内发生的法官受伤受害事件累计达 800 余起。从这些数据和事例来看,当前,我国法官的人身安全并未得到有效的保障。

案例一　2010 年 6 月 1 日,湖南省永州市零陵区人民法院发生一起枪击事件。凶手手持卫星冲锋枪冲进庭审现场,对着正在审理案件的法官和其他诉讼参与人员扫射,最终造成干警三死三伤,凶手自杀身亡的结果。案发后,社会舆论几乎一边倒地支持凶手,这其中传达的信息不禁让人心惊,对凶手的支持不正是对凶手杀害法官行径的赞同吗?如此可见社会对于法官的憎恶竟然到了何种程度。[1]

案例二　2010 年 6 月 8 日,广西梧州市长洲区人民法院法官到一栋三层楼房前执行公务,执行人员到达楼房前时,大门紧闭,无法进入。突然,被执行人妻子出现三楼阳台,情绪激动地辱骂法院工作人员,甚至有跳楼的举动。带队的长洲区法院院长廖克东和执行局局长吴志斌等人连忙对其进行劝说,正在这时,躲在二楼的被执行人突然从楼上向执行人员泼下硫酸,导致廖克东等在内的六名法官受伤。经医院检验,廖克东烧伤面积达 50%,吴志斌烧伤面积为 15%。[2]

案例三　2015 年 9 月 9 日上午 9 时 33 分,十堰中院的视频监控显示胡某某来到

---

〔1〕 李阳、傅召平:《湘江有泪祭忠魂》,载《人民法院报》2010 年 7 月 21 日。

〔2〕 曹全来:《历史、理论与实践——中国国情与司法改革》,人民法院出版社 2011 年版。

中院的二楼入口，在法院二楼大厅，胡某某左手捏着一份报纸，右手拿着手机。胡某某是在领完二审判决书后拔刀行凶的，在这起劳资纠纷的民事案中，胡某某败诉。谁都没想到，胡某某的右裤袋里，藏有一把折叠水果刀，展开有22厘米长。在湖北省十堰市中级法院6楼，胡某某拿着水果刀，先后捅伤4名法官，其中一名法官身中7刀。

案例四 2016年2月26日晚，北京昌平法院女法官马彩云遭枪击，财新网次日最先披露这一消息。2月28日凌晨3时许，最高人民法院官方微博证实此事并披露事情经过：2月26日21时30分许，两名歹徒手持钢珠枪闯入马彩云家中意欲行凶，企图向李某某射击，但声称是玩具枪未打响。后两名歹徒向楼下逃跑，在马彩云追赶过程中，两名歹徒分别向马彩云射击。马彩云身中两枪，一枪腹部中弹，一枪击中左侧面部。马彩云中枪后，歹徒又向随后追来的李某某开枪。子弹击中他的腰带，造成其轻伤。22时15分左右，马彩云被紧急送往医院，后经抢救无效，因公殉职，年仅38岁。

当今中国的法官，有人称其为“刀尖上的舞者”，这其中虽然不乏戏谑夸张之意，但也生动地点出了当前我国法官人身安全屡屡遭到侵犯的现状。正如笔者所反复强调的一样，当前，我国恰逢社会经济转型期与多元利益冲突凸显期，在这个时期内，大量的社会矛盾涌入法院，公众对法院和法官工作的期望空前提高，法院被期许为社会利益的调节器和平衡器。这就不可避免地使各种矛盾在法官身上聚焦，而由于我们长期以来对于法官职业风险的认识和防范不足，保护措施缺乏，导致我国法官屡屡遭受侵害。

（三）经验总结

1. 统一的行动部署

法官“双单”制度的构建，是司法改革工程中重要的一环，甚至关系到司法改革的成败。因此，不仅要有最高人民法院统一部署，而且其攻坚力量在各省高院，出成果在市、县（区）两级法院。各省高院应该积极贯彻落实最高人民法院的相关文件精神，把“双单”制度建设纳入司改办的年度重要工作范围，制定“双单”规范性文件，统一全省法院系统“双单”制度建设步调，收集并总结各基层法院的先进经验与教训，完善本省的“双单”制度。同时，高院要监督好基层院的落实情况，制定相关的奖惩制度，对在改革中工作有力、成绩突出的先进集体和先进个人予以表彰奖励，及时总结实践中形成好的经验做法并予以推广；对于工作推进不得力、成效不明显、拖拉不负责任、报送材料不及时，甚至欺上瞒下、弄虚作假的单位和个人，严肃处理并通报批评；情节严重的，要追究相应责任。

2. 规范的权责体系

“双单”制度要想落实到位，必须以规范性的文件予以固定下来。那么，作为规范性的法律文件，必须要有严密完整的体系，这是制度保障，也是由制度转化为实践的前提。首先，从形式看，实践中出现了图表概括式、罗列式及规范的体例三种形式，经过对比，显然，浙江高院的规范性文件更胜一筹，其不仅清楚、明了，而且更符合规范性文件的体例要求，充分显示了其逻辑严密性、内在协调性与文件的严肃性。其次，从内容看，必须从“双单”的概念出发，对“双单”的内涵和外延要充分理解到位。权力清单不仅包含法官对案件的独立裁判权、合议审案的审判监督管理权，还包括无法定追责事由的惩戒豁免权和享受与职权相匹配的利益权。责任清单不仅包含违法行为责任，如党风廉政建设责任；违法审判责任，如错案问责；还包括审判团队的管理责任和司法经验的传承责任。最后，其必须贯穿司法改革的中心精神，按照“让审理者裁判，由裁判者负责”的要求，梳理法官职责，分析履职情况，编制主审法官权力清单和“权力运行流程图”，建立健全事中、事后监管制度，将权力关进制度的“牢笼”。

3. 合理的逻辑架构

如上所述，实践中已经出现了三种逻辑架构：“三足鼎立”划分法、“审制”两分法、普遍和特殊相结合法。第一种划分方法主要在于区分了审判长、承办法官和合议庭其他法官的权责，但忽略了独任制情况下法官的权责是否与合议制情况下的权责相同的问题，特别是独任制下承办法官的文书签发权。第二种方式较好地处理了两种审制下承办法官的权责范围，但是却没有注意到法官权责的共性。第三种方式虽然存在和“三足鼎立”划分法相同的诟病，但其主要特色在于归纳总结了法官的权责，不仅区分了审判长、承办法官和合议庭其他法官的权责，还总结了三个角色虽有不同但其脱离不了法官这个本质，在此基础上概括了三个角色同为法官的共性权责。所以，取长补短，笔者更倾向于折中的方式，提炼出审判长、承办法官和合议庭其他法官之间的共性权责，然后按照审制区分三者的个性权责。

4. 明确的角色定位

“让审理者裁判，由裁判者负责”，最重要的裁判者即是主审法官，也即承办法官。五个法院权责清单，均明确了主审法官与审判长和合议庭其他法官的不同，但是仔细观察三者权责内容，并无太大差别。因此，主审法官的角色必须予以明确。在实践中，我们应该大胆探索，在“双单”制度构建时，尝试突出主审法官在审判组合中领导者和核心人物的地位，使其除享有更多裁判权外，还拥有一定的组合管理权，如组合内案件分配权、裁判决定权、文书签发权、对其审理案件裁判文书的直接签署权。但是，我们应该注意，为提高法院的办案质量和效率，必须注重对主审法官业务素质、职业操守和审判能力的考察。在加大对主审法官放权、突出其核心地位的同时，责任清单必须跟上，时刻拉拉袖子、扯扯膀子，提个醒，监督主审法官依法行权。

5. 独立的审判权力

审判权独立是司法改革的内在要求，也是构建“双单”制度的必然要求。只有审判权独立了，“让审理者裁判，由裁判者负责”才不是一句空话。这就要求“双单”制度建设不仅要明确法官的独立审判权，特别是独立的文书签发权，还要通过责任清单，去除审判机关的行政化因素，排除审判外部因素的干扰。另外，要加快审判委员会制度向法官专业委员会制度的转化，减少干预法官独立行使审判权的空间。而且，要区分法官权力的司法特性和行政特性，在构建“双单”制度时，去除法官具有行政特性的职权，寻求法官审判与法官行政管理之间的合理平衡点，实现法院适度放权、法官真正有权、双方正确用权的目标。最后，正确处理好合议庭内部成员的关系，特别是审判长与承办法官的关系，减少审判长的行政色彩，逐步实现承办法官即审判长的配置，更好地保障承办法官的独立审判权。

四、原因分析

（一）实践经验的缺乏

任何制度的出现都源于实践，是时代发展和检验的结果，随着时代的需要总结出规律及经验形成规范化的行为规范即制度，在实践中不断检验该制度的合理性并不断地完善。法律制度的生成也是如此，一是自下而上的实验主义路径；二是自上而下的建构理性路径。随着司法改革的推进，迫切需要建立法官权力清单和责任清单，但司法改革时间短暂，员额制度是我国首次推行，权力和责任的配套制度尚未成体系，实践基础不牢固，并且没有丰富的实践经验作为指导，更没有实践之后的完善措施，各地法院只是选取了以往最基本的法官权力和责任进行简单的列举和归纳，没有新的突破，各地法院对于该制度的建立也处于一种探索模式。因为本身实践经验的缺乏，清单制度就更加没有经过实践不断探索和改善的基础，因此该制度也没有完善的前提。

（二）司法公信力的缺位

近几年错案重审改判的新闻不断涌现，部分案件启动追责程序的主要原因是外部权力因素的介入或舆论压力的“包围”。实际上错案的改判正是司法机关自查自纠的结果，是司法不断进步的结果，但是部分公民以管窥豹，认为正是法官的枉法裁判才有了错案的产生，孰不知对于法院每年审结的几千万件案件来说其只是沧海一粟，但正是因为这数件被改判的案件影响了公民对司法公正的信任，也影响了法官独立判案。

（三）去行政化不明显

“让审理者裁判，由裁判者负责”是司法责任制的价值追求，也是审判权运行的基本遵循。由裁判者负责首先要求，裁判者可以独立审判，独立审判势必要求审判去行政化。任何改革都是一个漫长的过程，法院的人事制度长久以来和行政机关一致，在司法改革的浪潮下，虽然要求去行政化，但是需要一个过程，现今只是强调在改革过程中司法独立、审判独立，但是法院的机构仍未改革，庭室的划分仍然存在，有行政级别的存在就会有上下级的限制，行政化就仍然存在，势必会对法官对立审判产生略微的影响。同时，法院的财政支出、法官的工资基本源于本级政府的财政，这就势必会对法官的独立审判产生外部的影响。在没有明确制度保障即法官权力清单保障的前提下，不能完全阻断行政化对法官独立审判的介入。另外，司法改革是为了加强司法独立，但改革必然影响现有既得利益者，既得利益者势必会抵制改革的进行，具有较高行政地位的人就会阻碍或者减缓改革的进行，导致司法改革的不彻底、不全面、不到位，甚至造成了大量的法官离职潮。

（四）权责不统一

权利和义务的一致性是法律制度建立的基本要求，但现今各界对于权力清单和责任清单的研究单方面地侧重于错案追究机制。比如，行为论、过程论、结果论，但是对于法官权力的研究却寥寥无几。在这种明显责大于权的情况下，致使部分法官有权不敢用，有案不敢判，严重影响审判质效，影响司法公正。单纯的强调问责是不合理的，一直以来法官公权力的地位使得他受到的监督远大于其所享有的权力，近年来各种错案的纠正使得公民对司法公信力的信赖愈加降低，公民往往更加在意责任的追究，而非审判的实质，但是作为制度保障，权力不可或缺。权力的行使暗含程序正当，权力是法律赋予的，依照程序、制度、法规行使权力不但能更好地维护权力的行使，也能防止权力的滥用，阻碍错案的发生，也有法可依，不至于使法官在行使审判权时惴惴不安。通过对比各地法院问责情况，广东和天津最为严格，对于改判、发回重审，被投诉有质量问题的案件都纳入问责范围，天津甚至将凡发回、改判或再审的案件，一律假定为错案，承办人须申诉甄别后得以免除责任，这样的规定过于严格。对于一般刑事案件，也要遵循存疑不起诉的刑事法律原则，对于正当行使审判权力的法官却要先假定有罪，似乎有矫枉过正之嫌。

（五）司法体系不够完备

在司法改革过程中虽然确立了员额法官、法官助理、书记员的模式，但是各方的职责分工尚未清晰明确，对于已经存在的分工也尚未经过实践步入正轨。在各方面职责尚未明确的情况下，单独讨论法官的权力和责任不够全面清晰，可能存在权力和责任的交叉或空白。各方面分工明确到位对建立权责明晰、尺度统一、追责谦抑的权力清单、责任清单创造了有利条件。同时，各地已有的法官权力责任清单不够明晰，权力清单和责任清单的建立是要以看得见的方式将权力、责任、惩戒、监督的具体事项、标准、后果等详细列出。细化法官的各项权力和责任，是法官独立裁判的基本保障，也是公众及其他监督机关监督的依据，有利于司法独立和司法公正。

五、制度构建

（一）边界理论视野下的法官权力责任观

边界是作为实现管理目的而人为划分出来的一种稳定的秩序，没有边界，组织就会陷入混乱，任务也就没有了差别化，没有了资源和能力的协调，也就没有了方向感。根据主流的组织理论基本原理，组织边界往往被描绘成一个组织终止的地方和该组织所处的环境开始的地方，兼具限制和调整的双重属性。其中，边界的限制属性侧重“止于此”，强调发挥管理的控制和监督作用；而边界的调整属性则侧重“发于此”，强调发挥管理的协调和沟通作用。换言之，权力责任的边界包括内涵和外延两个方面，两者之间便是权力责任的行使空间。但是，边界仅确定了权力责任行使的范围和限度，并不能直接明确权力责任内容，是审判组合优化审判资源、提高审判效率必要条件而非充分条件。若想真正落实法官的权责统一，还需在边界框定的范围内明确权力责任的具体内容和作用对象，即权力责任的清单。

根据边界调整和限制的双重属性，审判组合中的法官权力责任边界可以划分为内边界和外边界，相应的清单可以分为正面清单和负面清单。法官的权力责任正面清单展示的是权力责任边界的调整属性，即审判组合内部的法官为了克服各主体间的差异性而充分发挥系统功能所行使的权力和履行的责任，类似正当化准则所要求的“在被确认为恰当的控制范围的特定限度内，上级拥有对下属更大和更稳定的控制”，如法官与法官助理以及书记员之间的权力责任；权力责任负面清单展示的是权力责任边界的限制属性，即在限制外部对审判组合过多干预的同时，又赋予外部环境一定的监督职责的内容，类似正当化准则所要求的“上级的权力需被限制在某些领域里”，如审判组合外的院庭长将部分直接关系具体案件裁判结果的审判监督管理权限归还于法官，真正实现“让审理者裁判”，同时对于审判结果行使事后监督权，切实落实“由裁判者负责”。如此，法官的权力责任清单必然涉及：(1) 其与行政领导间审判监督管理权的让渡与承接；(2)其与其他法官间的管理与协作；(3) 其与合议庭间的责任承担等。

(二)主审法官权力清单与责任清单制度的配置原则

主审法官权责清单的配置原则，是指在设置主审法官权责时应当遵循的基本要求或者准则。主审法官权责清单的设计必须遵循主审法官权责清单的配置原则，否则，就可能违法或者难以保证主审法官相关权力的正确行使及追责制度的落实抑或法官得到不当的追责。关于主审法官权责清单的配置原则，目前学者们鲜有涉足。但是，对于司法权力的配置原则，有的学者认为应当坚持公正、高效、节约的原则；有的学者认为，司法权力配置应当遵循法制原则、独立和监督原则、公正和效率原则、权威性原则。但是我们认为，基于我国主审法官司法权属性，在给法官配置权责时，除了应当遵循司法规律外，还应当坚持的原则是：

1. 程序与适度原则

(1)合法性。任何一项制度建立，必须以宪法和法律为原动力和出发点，审判权作为宪法赋予司法机关依法独立行使的权力，具有法定性，因此对司法审判权进行配置、规范的权力清单和责任清单，也必须要在宪法和现行法律的框架内进行，不得随意创设新型审判权力类型，不得超出宪法和法律规定设置追责方式，即权力清单、责任清单制度从设置、运行到评估、调整的整个过程，都要遵循审判权法定的根本原则，不得突破合法性的限定。按照《人民法院组织法》《民事诉讼法》及其他法规，法官只能享有在开庭前审理案件时相应的裁判权，而合议案件，特别是对案件进行最终裁判时，与其他合议庭成员应当是少数服从多数的关系，不能有凌驾于合议庭其他成员之上的特权。

(2)公开性。制定权力清单、责任清单的目的是规范审判权的运行，要实现这一目标，除了通过赋权、限权、担责、追责的制度设计倒逼审判者正确履职外，还需要让审判权力运行从“暗室”进入“玻璃房”，让审判权在阳光下接受群众的监督。因此，除了依法需要保密的事项外，要向社会全面公开权力清单和责任清单，包括公开权力内容、审判职责、审判流程、违法后果、担责主体、追责形式等，做到从立案到审理，从裁判到执行的全方位公开，深入引进社会监督的力量，以外部监督的形式进一步促进审判权规范运行。

(3)谦抑性。司法裁判的复杂性决定了责任清单的谦抑性特征，就司法裁判过程本身而言，其既包含了一系列与之相关的行为运作，又包含不同职业主体对案件情况的分析、判断和推理，同时该过程还会受到社会上各种因素的影响；就主导司法审判的审判者而言，其价值观、学识、能力、阅历等将影响和左右整个司法过程，不同的审判者对同一案件事实的裁判可能出现不同的裁判结果。换言之，就是严格按照法律规定行使审判职权、履行审判职责，不一定能得到正确的裁判结果，不严格依法依规操作，也不一定就必然出现错误的裁决。[1] 责任清单设置的目的在于保障公正司法，因此在设置责任清单的过程中应保持谦抑性，全面、综合考量司法行为的可追责性，必要时还要设置一定的职务豁免权，并保障审判者拥有陈述、举证、辩解等权益，避免让肆意追责挫伤审判者的积极性，变相成为伤及司法独立的手段。

2. 权责统一原则

(1)权责相一致。主审法官应对其工作的质量负责，合议庭组成后，法官还应向合议庭介绍其前期审判情况，对其汇报情况的真实性负责。相应地对法官放权，如对驳回起诉、准予或不准予撤诉、财产保全等裁判权及文书的签发权，可以落实给法官。但合议庭组成后，法官不应享有高于其他合议庭成员的特权。

(2)集体与个人负责相结合。根据《民事诉讼法》规定，合议庭评议案件实行少数服从多数的合议制。案件的裁判权特别是对实体权利的最终裁判权应当属于合议庭，每个合议庭成员的权利是平等的，相应地要落实合议庭责任制，即建立集体负责制。每个合议庭成员对其分工负责的活动应分别负主要责任；如审判长对其主持的庭审活动应负主要责任，其他成员同时要负监督责任，使集体负责和个人负责实现真正统一，使审判工作的全部责权落到实处并互相制约，防止法官产生特权思想，而其他法官和陪审员不负责任的现象。

(3)主审法官办案独立性。独立性，是指法官在审理案件的过程中，依法独立行使审判权，对案件负责，不受外界因素的干扰。法官居间裁判的性质，具有独立性。马克思指出："法官除了法律就没有别的上司"，这也是保证司法公正，维护司法权威的题中应有之义。但目前，受限于现有的制度，法官的独立还有很多的干扰因素。因此，在新一轮的司法改革中，如果要对法官的权力进行科学分类和有效配置，就应当考虑到我国法官具有独立性的特性，在给法官配置职权时，应当坚持维护法官的独立性原则，将一些具有司法特性的职权配置给法官，将一些具有行政特性的职权从法官的权力中剥去，寻求法官审判与法官行政管理之间的合理平衡点，实现法院适度放

---

[1] 梁玉霞：《司法责任认定标准的二元论》，载《暨南学报》(哲学社会科学版)2016年第4期。

权、法官真正有权、双方正确用权的目标。

3. 主观过错和客观行为一致

讨论主审法官的归责问题，实际上意在解决独立的审判权与责任的恰当平衡问题。目前，独立与责任之间恰当平衡的问题也是司法改革不能回避的问题。理论界对其讨论颇多，但在遵循司法规律，结合我国实际前提下，坚持主观过错和客观行为相一致的归责原则，较为合理。坚持主观过错和客观行为相一致的原则，意在限制主审法官责任的被追究范围，确保法官责任的追究不被任意化和扩大化，符合司法规律和中国实际。"主观过错"本是刑法中的概念，指在实施不当行为时具有故意或者过失，适用于此是指法官在实施违法违纪行为时主观上存在故意或者过失。"客观行为"是指实施的客观存在的行为，在适用责任清单追责时，是指法官实施的违法违纪的行为。总体来讲，这种主、客观相结合的原则是科学合理的，因为没有行为即没有责任，有行为还要考虑行为人的主观状态，即主观过错和客观行为相结合才能认定责任。法官在故意违法违纪的情况下，适用主、客观原则进行追责是没有问题的；但是在法官存在过失情况时，除了法官必须实施违法违纪行为以外，还必须要求造成了严重的后果，如果没有造成后果，或者造成的后果不严重，那么就不需要追究其司法责任。在这种情况下，一般意义上的客观行为涵盖不了客观结果的范畴。因此，当法官主观上存在过失情况时，对于主观过错与客观行为相结合原则中的"客观行为"应当作扩大理解，即其不仅意味着法官实施了违法违纪的行为，还包含着造成了严重后果的内容。

基于主观过错和客观行为相结合的归责原则，责任清单的追责主要适用以下情形：①故意违法行为，例如徇私枉法行为、违反法律规定程序办案的行为等。②重大过失行为，根据主、客观相结合的基本原则，在法官主观上存在重大过失的情况下，只有客观上造成了错案等严重后果时才承担责任清单上的责任。但我们应该特别注意两种情形，应当在归责之外：①一般过失与工作瑕疵。前已论及，法官在司法活动中的一般过失，在没有造成严重后果的情况下不追究清单责任。此外，对于法官的一些工作瑕疵，例如忘记在笔录签名、遗漏日期等，也不应当被追究司法责任。法官一般过失和工作瑕疵，危害性很小，不需要追究司法责任，属于司法责任豁免的范围。②事实与法律认识差异。法官对于案件事实、法律适用因认识上存在差异而导致处理结果的不同，更不应当以此来追究司法责任。因为，法官有一定自由裁量的权力，在事实、法律认识上可以根据自己的学识和经验作出判断，法律给予法官作出不同判断的空间，这是司法权运行的特点。而且，法官在能力、素质上往往有较大差异，如果法官谨慎地认定事实、适用法律，严格遵守法律程序，在行为方式上没有不妥或违纪，即便案件认定结果与客观上确有错误，也不应当承担责任。事实认识和法律认识差异是司法权运行中出现的正常现象，法官虽然按照内心确信作出裁判发生了结果错误，但是其主观并没有过错，因此并没有责任。这不属于司法责任豁免的情形，因为豁免是本来承担责任但是可以不予追究，而在这种情况下法官根本就没有责任，所以谈不上豁免的问题。

4. 权力的制衡和监督原则

制衡就是用合议庭其他权力去制约法官的权力。监督就是对法官行使职权进行检查和督促，应当在责任制系统的每个具体责任制中设置具体的监督条款，使合议庭每个成员都有监督的权力和职责，从而完善内部监督；此外，通过完善错案追究制等途径建立外部监督机制。总之，落实“法官责任制”是深化审判方式改革、缩短办案周期、提高办案效率和质量的有效途径。

（三）主审法官权力、责任清单的具体确定

党的十八届三中全会提出“让审理者裁判，由裁判者负责”，这是构建司法责任的价值目标。其中包含两层含义：首先是让审理者裁判，即审理者能独立、公正地行使裁判权；其次是让裁判者对自己的职责行为负责，存在违法违纪行为要负司法责任。第一层次的含义强调独立行使审判权，第二层次的含义强调司法责任，独立行使审判权是实现司法责任的重要前提。

1. 主审法官权力清单的确定

如前所述，法官是经过还权（裁判权归还）和赋权（审判监督管理权让渡）后，拥有绝大部分审理裁判权能和对团队成员审判监督管理权的主体。因此，法官的权力清单应当包括以下几个方面：

（1）案件的独立裁判权

审判权的判断性和中立性特点，决定了法官必须保持较高程度的独立性，以保证其活动的公正性、正当性和合法性。法官作为案件的直接承办者时，理应拥有案件审理和裁判的全部决定权，包括但不限于庭前调查、庭审主持和庭后合议，直至裁判结果的作出等各个环节。但需要注意的是，在当前中国的社会环境下，制度的科学设计与有效运行无疑是保证审判权独立行使的最佳选择。对外，应当严格落实《领导干部干预司法活动、插手具体案件处理的记录、通报和责任追究规定》以及中央政法委《司法机关内部人员过问案件的记录和责任追究规定》的相关规定，积极推动有关部门建立领导干部干预司法活动、插手具体案件处理的记录、通报和责任追究制度，抓紧研究法院内部人员过问案件的记录制度和责任追究制度，防止非法干预法官办案。对内，落实法院内部的去行政化，院、庭长要适应逐步放权，审判管理职责集中在对相关程序事项的审核批准、对综合性审判工作的宏观指导、对审判质效进行全面监督管理以及排除不良因素对审判活动的干扰等方面，不再过问具体案件的处理。

(2)合议审案的审判监督管理权

审判组合模式改革的直接目的是优化配置审判资源，真正还权于法官，将审判权和部分审判管理权交予优秀的职业法官行使。在此过程中，法官好比审判组合的“头”，指挥和调动着助理审判员、法官助理、书记员这些“手”和“脚”开展工作。换言之，司法改革中要探索建立赋予法官一定审判管理权和组合内部权责利分配权的工作机制，整合内部资源优势，确保法官依法独立公正行使职权。但是，审判管理权至少包括审前、审中和审后的管理三个方面。就目前的司法环境而言，根据《意见》的相关规定，法官享有的应仅限于审中的管理权，包括：①对程序事务的审批权，如决定合议庭成员的回避、财产保全、强制措施的实施等；②对案件实体处理的异议权，即有权依照有关规定和程序将合议庭处理意见分歧较大的案件提交专业法官会议讨论，或者按程序建议将案件提交审判委员会讨论决定；③合议庭文书的签发权，即合议庭的裁判文书除经审判委员会讨论决定的以外，均由作为审判长的法官签发后即可印发；④审判流程的管理权，即督促团队内的法官提高办案效率，减少长期未结案件的权力。需要注意的是，法官对于助理审判员所承办案件的实质裁判权的管理要保持一定的克制。换言之，法官对合议庭中其他人员所办案件的最终裁判结果并没有决定权，合议庭成员之间的权力是平等的，若法官不同意其他人员的意见，在符合一定条件的情况下可以提交专业法官会议咨询或者提交审判委员会讨论。

(3)无法定追责事由的惩戒豁免权

西方国家的法官之所以被尊为“法律的保管者”“活着的圣谕”，是与现代西方社会对法官的常规制度保障机制密不可分的，其中自然包含对从历史传统和宪政构架出发，严格区分法官所作判决及法官行为，逐渐确立起不审查法官所作判决，只审查法官行为举止的基本原则。德国法尽管对特定情形下的裁判结果予以追责，但对于法官不当行为的惩戒也较为严格。反观我国现有法官办案责任追究的相关规定，在追究的责任事由、不当行为的界定依据以及错误裁判责任追究的主观程度等方面均存在诸多不一致性，导致追责的混乱和法官群体的不安。为有效落实法官办案责任制，进一步规范法官司法行为，从而使责任追究与履职保障之间保持基本的平衡关系，我国应当构建以不当行为为追责基础，以错误裁判为从重情节的递进式的法官办案责任追究模式，即以不当行为为追究责任的前提和基础，当具有不当行为甚至错误裁判中的一般过失行为时，予以一般性追责；如因故意的不当行为导致错误裁判或者因重大过失的不当行为导致错误裁判并造成严重后果时，应当处以严重追责；如因徇私舞弊导致错误裁判的，则应当追究刑事责任。法定追责事由之外的情形，均应予以豁免，从而强化了法官办案的心理预期。

（4）享受与职权相匹配的利益权

随着改革的不断推进，青年法官普遍感到工作压力大、待遇相对低、晋升空间窄、职业荣誉感下降、职业前景渺茫；资深法官历经多轮司改，对改革能否成功抱有迟疑心态；综合部门法官感到制度设计存在一定的不公平性。在多种心态交织下，部分干警选择用脚投票。仅2014年，江苏省就有22名法官、69名书记员流失，还有不少干警去留态度不明，目前仍处于观望状态。不可否认，正义的实现是需要成本的。既然司法体制改革的目标是“让人民群众在每一个案件中感受到公平正义”，那么对于正义的最主要输出者——法官，就要根据其工作资历、能力、工作量、所受压力给予其公正合理的待遇。如此，才能增强体制内法律人的心理预期，才能吸收更多体制外的优秀法律人才加入司法审判事业，否则，廉价的正义无法实现正义的可持续发展。正如有的观点所言：赋予法官审理者裁判的权力，则相应的裁判者享有利益的机制应当同步到位，任何一项配套机制缺失，特别是职业保障的缺失将难以保障改革的顺利进行。

2. 主审法官责任清单的确定

权力与责任总是相伴而生、如影随形。法官作为本轮审判权运行机制改革甚至司法改革成败的关键，身兼审判权和审判管理权双项职能，因而对其责任必须进行严格限定。

（1）违法行为责任

一类与法官的特殊身份有关，如法官不得散布有损国家声誉的言论；不得参加非法组织；不得参加旨在反对国家的集会、游行、示威等活动；不得参加罢工；不得从事营利性的经营活动。另一类与法官所从事的司法活动有关，如法官不得泄露国家秘密或审判工作秘密；不得隐瞒证据或者伪造证据；不得刑讯逼供；不得贪污受贿、徇私枉法、滥用职权；不得拖延办案；不得玩忽职守；不得利用职权为自己或者他人谋取私利；不得接受当事人及其代理人的请客送礼。法官违反禁止性规定，应当按照情节轻重，分别追究其行政责任或刑事责任。

（2）违法审判责任

1992年，最高人民法院首次提出“错案责任追究制”，各方对于错案的理解一直存有争议，“错案”提法本身也是偏重于案件的结果意义。《人民法院审判人员违法审判责任追究办法（试行）》第 2 条规定，人民法院审判人员在审判、执行工作中，故意或因过失违法造成的严重后果，应当承担违法审判责任。根据该条规定，构成“违法审判责任”需具备以下构成要件：一是法官在主观上存在故意或者重大过失；二是法官违反法律、法规；三是造成严重后果。三个条件必须同时具备才可以追究法官违法审判责任。这一规定是以法官程序违法并造成严重后果作为追究法官审判责任的标准。同结果责任模式相比，程序责任模式引入程序违法因素，改变了单纯以案件裁决结果判断法官承担审判责任的情况。2015 年最高人民法院《关于完善人民法院司法责任制的若干意见》第 25 条规定，法官在审判工作中，故意违反法律法规的，或者因重大过失导致裁判错误并造成严重后果的，依法应当承担违法审判责任。第 26 条规定了法官承担违法审判责任的具体事由：①审理案件时有贪污受贿、徇私舞弊、枉法裁判行为的；②违反规定私自办案或者制造虚假案件的；③涂改、隐匿、伪造、偷换和故意损毁证据材料的，或者因重大过失丢失、损毁证据材料并造成严重后果的；④向合议庭、审判委员会汇报案情时隐瞒主要证据、重要情节和故意提供虚假材料的，或者因重大过失遗漏主要证据、重要情节导致裁判错误并造成严重后果的；⑤制作诉讼文书时，故意违背合议庭评议结果、审判委员会决定的，或者因重大过失导致裁判文书主文错误并造成严重后果的；⑥违反法律规定，对不符合减刑、假释条件的罪犯裁定减刑、假释的，或者因重大过失对不符合减刑、假释条件的罪犯裁定减刑、假释并造成严重后果的；⑦其他故意违背法定程序、证据规则和法律明确规定违法审判的，或者因重大过失导致裁判结果错误并造成严重后果的。其中第 1、2 项以违反法律为判断法官承担违法审判责任的标准，而不论案件最终处理结果如何；第 3、4、5 项以行为加结果为判断法官承担违法审判责任的标准；第 6 项针对减刑假释案件，以法官行为违法或行为失当并造成严重后果为判断法官承担违法审判责任的标准。

（3）审判团队的管理责任

审判组合是以法官为核心的团队，受法官管理，对法官负责，法官自然也应对审判组合所审案件的质量负责，但必须严格瑕疵、错误和违法审判案件的责任追究，明确并固定标准和追责流程，防止追责程序滥用，规避未知风险；对内，法官在被赋予一定管理职权的基础上，必须对组合内部成员的所为负责，遵循审判规律和改革要求，明确负责的范围应仅限于与审判有直接关系的行为，不宜扩大至其他非审判事务。

（4）司法经验的传承责任

司法工作是一种高度专业性和技术性的工作，既需要系统全面的法律专业知识，又需要丰富的司法实践经验。以往一般的培养模式是年轻的书记员经过短暂的法律工作经历提拔为助理审判员之后直接办案,毫无缓冲余地,客观上不利于司法公正的产出。因此,将助理审判权从独立办案法官“降为”合议庭法官,通过紧密跟随法官参与庭外调查、调解、庭审和裁判文书的草拟等环节,在实践中培养法官的案件审理水平和团队管理能力,提高司法实践经验,可以真正实现法官队伍之间的传帮带和审判经验的传承,实现审判事业的可持续发展。

图书在版编目(CIP)数据

公正司法前沿探索. 2018 年. 第 4 辑 : 总第 10 辑 / 黄海龙主编. -- 北京 : 法律出版社, 2019
ISBN 978 -7 -5197 -3047 -5

Ⅰ. ①公… Ⅱ. ①黄… Ⅲ. ①司法 - 研究 - 中国 Ⅳ. ①D926.04

中国版本图书馆 CIP 数据核字(2019)第 018915 号

公正司法前沿探索
(2018 年第 4 辑)(总第 10 辑)
GONGZHENG SIFA QIANYAN TANSUO
(2018 NIAN DI -4 JI)(ZONG DI -10 JI)

黄海龙 主编

责任编辑 田 浩
装帧设计 鲍龙卉

编辑统筹 法商出版分社

出版 法律出版社
总发行 中国法律图书有限公司
经销 新华书店
印刷 固安华明印业有限公司
责任印制 胡晓雅

开本 720 毫米×960 毫米 1/16
印张 18.75
字数 323 千
版本 2019 年 3 月第 1 版
印次 2019 年 3 月第 1 次印刷

法律出版社/北京市丰台区莲花池西里 7 号(100073)
网址/www.lawpress.com.cn
投稿邮箱/info@lawpress.com.cn
举报维权邮箱/jbwq@lawpress.com.cn
销售热线/010 -83938336
咨询电话/010 -63939796

中国法律图书有限公司/北京市丰台区莲花池西里 7 号(100073)
全国各地中法图分、子公司销售电话:
统一销售客服/400 -660 -6393
第一法律书店/010 -83938334/8335
西安分公司/029 -85330678
重庆分公司/023 -67453036
上海分公司/021 -62071010/1636
深圳分公司/0755 -83072995

书号:ISBN 978 -7 -5197 -3047 -5
定价:48.00 元
(如有缺页或倒装,中国法律图书有限公司负责退换)